le Guide du **routard**

Directeur de collection et auteur
Philippe GLOAGUEN

Cofondateurs
Philippe GLOAGUEN et Michel DUVAL

Rédacteur en chef
Pierre JOSSE

Rédacteurs en chef adjoints
Amanda KERAVEL et Benoît LUCCHINI

Directrice de la coordination
Florence CHARMETANT

Directrice administrative
Bénédicte GLOAGUEN

Direction éditoriale
Catherine JULHE

Rédaction
Olivier PAGE, Véronique de CHARDON,
Isabelle AL SUBAIHI, Anne-Caroline DUMAS,
Carole BORDES, André PONCELET,
Marie BURIN des ROZIERS, Thierry BROUARD,
Géraldine LEMAUF-BEAUVOIS,
Anne POINSOT, Mathilde de BOISGROLLIER,
Alain PALLIER, Gavin's CLEMENTE-RUÏZ
et Fiona DEBRABANDER

BRUXELLES

2012

Avis aux hôteliers et aux restaurateurs

Les enquêteurs du *Guide du routard* travaillent dans le plus strict anonymat. Aucune réduction, aucun avantage quelconque, aucune rétribution n'est jamais demandé en contrepartie. Face aux aigrefins, la loi autorise les hôteliers et restaurateurs à porter plainte.

Hors-d'œuvre

Le *Guide du routard*, ce n'est pas comme le bon vin, il vieillit mal. On ne veut pas pousser à la consommation, mais évitez de partir avec une édition ancienne. Les modifications sont souvent importantes.

routard.com

✓ Rejoignez la plus grande communauté francophone de voyageurs : plus de **2 millions** de visiteurs !

✓ Échangez avec les routarnautes : forums, photos, avis d'hôtels.

✓ Retrouvez aussi toutes les informations actualisées pour choisir et préparer vos voyages : plus de 200 fiches pays, une centaine de dossiers pratiques et un magazine en ligne pour découvrir tous les secrets de votre destination.

✓ Enfin, comparez les offres pour organiser et réserver votre voyage au meilleur prix.

✓ *routard.com,* le voyage à portée de clics !

Avis aux lecteurs

Les réductions accordées à nos lecteurs ne sont jamais demandées par nos rédacteurs afin de préserver leur indépendance. Les hôteliers et restaurateurs sont sollicités par une société de mailing, totalement indépendante de la rédaction, qui reste donc libre de ses choix. De même pour les autocollants et plaques émaillées.

Mille excuses, on ne peut plus répondre individuellement aux centaines de CV reçus chaque année.

TABLE DES MATIÈRES

LA RÉGION DE BRUXELLES-CAPITALE

LES ENVIRONS DE BRUXELLES

LES PROVINCES DU BRABANT FLAMAND (VLAAMS BRABANT) ET DU BRABANT WALLON 197

Recommandation à nos lecteurs qui souhaitent profiter des réductions et avantages proposés dans le *Guide du routard* par les hôteliers et les restaurateurs : à l'hôtel, prenez la précaution de les réclamer **à l'arrivée** et, au restaurant, **au moment** de la commande (pour les apéritifs) et surtout **avant** l'établissement de l'addition. Poser votre *Guide du routard* sur la table ne suffit pas : le personnel de salle n'est pas toujours au courant des offres et réductions et, une fois le ticket de caisse imprimé, il est difficile pour votre hôte d'en modifier le contenu. En cas de doute, montrez la notice relative à l'établissement dans le guide et ne manquez pas de nous faire part de toute difficulté rencontrée.

Remerciements

– Martine Van Romphey et Juliette Callou de l'OPT ;

– Étienne Matagne, guide à nul autre pareil ;

– Malika Hamza et toute l'équipe du Slow Food Bruxelles, pour leur passion à combattre la mal-bouffe !

Nous tenons à remercier tout particulièrement Loup-Maëlle Besançon, Thierry Bessou, Gérard Bouchu, François Chauvin, Grégory Dalex, Stéphanie Déro, Solenne Deschamps, Fabrice Doumergue, Cédric Fischer, Carole Fouque, Michelle Georget, Claude Hervé-Bazin, Emmanuel Juste, Dimitri Lefèvre, Sacha Lenormand, Fabrice de Lestang, Romain Meynier, Éric Milet, Pierre Mitrano, Jean-Sébastien Petitdemange, Thomas Rivallain, Dominique Roland et Solange Vivier pour leur collaboration régulière.

Et pour cette nouvelle collection, nous remercions aussi :

Maureen Abel
David Alon
Sarah Amoyel
Pauline Augé
Emmanuelle Bauquis
Gwladys Bonnassie
Jean-Jacques Bordier-Chêne
Michèle Boucher
Alain Chaplais
Stéphanie Condis
Agnès Debiage
Jérôme Denoix
Tovi et Ahmet Diler
Clélie Dudon
Sophie Duval
Clara Favini
Alain Fisch
David Giason
Adrien et Clément Gloaguen

Stéphane Gourmelen
Xavier Haudiquet
Bernard Hilaire
Sébastien Jauffret
François et Sylvie Jouffa
Laetitia Le Couédic
Solenne Leclerc
Jacques Lemoine
Valérie Loth
Jacques Muller
Caroline Ollion
Nicolas Pallier
Martine Partrat
Odile Paugam et Didier Jehanno
Délis Pusiol
Amélie Robin
Prakit Saiporn
Jean-Luc et Antigone Schilling
Laura Vanzo

Direction : Nathalie Pujo
Contrôle de gestion : Héloïse Morel d'Arleux et Aurélie Knafo
Secrétariat : Catherine Maîtrepierre
Direction éditoriale : Catherine Julhe
Édition : Matthieu Devaux, Géraldine Péron, Olga Krokhina, Gia-Quy Tran, Julie Dupré, Juliette Genest, Barbara Janssens, Anaïs Petit et Clémence Toublanc
Préparation-lecture : Laure Méry
Cartographie : Frédéric Clémençon et Aurélie Huot
Fabrication : Nathalie Lautout et Audrey Detournay
Relations presse France : COM'PROD, Fred Papet. ☎ 01-70-69-04-69.
● *info@comprod.fr* ●
Direction marketing : Muriel Widmaier, Lydie Firmin et Claire Bourdillon
Contacts partenariats : André Magniez (EMD). ● *andremagniez@gmail.com* ●
Édition des partenariats : Élise Ernest
Informatique éditoriale : Lionel Barth
Couverture : Clément Gloaguen et Seenk
Relations presse : Martine Levens (Belgique) et Maureen Browne (Suisse)
Régie publicitaire : Florence Brunel-Jars

LES QUESTIONS QU'ON SE POSE LE PLUS SOUVENT

➤ Quel est le meilleur moyen de transport pour y aller ?
Au départ de Paris, c'est *Thalys*, pour sa rapidité : compter 1h22 pour Bruxelles. En voiture, il faut 3h. Consulter les tarifs préférentiels de la SNCF pour profiter des meilleurs prix et des nombreuses promos.

➤ Comment circule-t-on à Bruxelles ?
Les transports en commun sont bien organisés : métro, tramway, bus. Il y a aussi des vélos à louer, mais la déclivité exige de bons mollets. Finalement, à pied c'est parfait !

➤ La vie est-elle chère ?
Le niveau de vie des Belges est très semblable à celui des Français. On paiera néanmoins un peu plus cher pour se nourrir, mais nettement moins qu'à Paris pour sortir. Et vous pourrez boire une bière pour 2 € ! À Bruxelles, les prix des hôtels sont bradés le week-end.

➤ Quelle est la meilleure période pour y aller ?
Toutes les saisons se valent ; les mois de basse saison, en janvier-février et juillet-août, l'hébergement est moins cher.

➤ Un week-end suffit-il pour tout voir ?
Vu la proximité depuis Paris, en prévoir peut-être plusieurs. En 3 jours et 2 nuits, on peut voir l'essentiel, une quatrième journée permettra de parcourir les environs.

➤ Bruxelles n'est-elle qu'une ville de bureaucrates ?
Pas le moins du monde : si des quartiers sont clairement dévolus aux structures techno-administratives, pas mal d'autres, en dehors du centre, vous apparaîtront comme agréablement aérés et conviviaux. La qualité de vie y est reconnue par tous ceux qui s'y sont installés.

➤ Où faire la fête précisément ?
Les Belges sont connus pour organiser des ripailles et des festivités à tout bout de champ. Les terrasses des cafés débordent dès que le temps le permet. Prévoir une soirée pour faire la tournée des estaminets typiques.

➤ On y mange bien ?
Assurément : le caractère cosmopolite et multiculturel fait qu'on y croise avec bonheur toutes les cuisines du monde, mais les spécialités belges ne sont pas à dédaigner.

➤ Et les fameuses frites ?
Votre guide préféré s'est sérieusement penché sur la question, a testé pour vous les meilleures friteries et les a positionnées sur le plan détachable.

➤ Quelle langue parle-t-on à Bruxelles ?
Le français est parlé partout, même si officiellement la ville est bilingue, mais avec des mots originaux et des expressions que vous n'avez jamais entendus auparavant ! L'anglais y est en train de devenir la seconde langue parlée.

➤ Que rapporter de Bruxelles ?
Des bandes dessinées de collection trouvées dans les bacs des bouquinistes, des bières d'abbaye avec des verres de marque, des *speculoos*, du *massepain* et des ballotins de pralines (chocolats).

➤ Et avec des enfants ?
Le musée de la B.D., les façades peintes dans toute la ville, les costumes du Manneken-Pis, les dinosaures du muséum des Sciences naturelles, Mini-Europe, les promenades en vieux tramway... Ils n'auront jamais une minute pour s'ennuyer.

LES COUPS DE CŒUR DU ROUTARD

• A la nuit tombante, s'émerveiller du merveilleux décor illuminé de la célèbre Grand-Place, sans doute une des plus belles au monde.

• Flâner dans les élégantes galeries Saint-Hubert, les plus anciennes galeries commerçantes d'Europe, pour faire provision de pralines et de *speculoos*, ces délicieux petits gâteaux au miel et à la cannelle qui accompagnent très souvent une tasse de café.

• Découvrir les bières locales : en toute occasion, au café, au resto, dans les réceptions... Elles font partie du paysage gastronomique, et leur variété a de quoi laisser pantois... et jaloux.

• Sortir du centre-ville pour dénicher les dernières façades Art nouveau épargnées par la boulimie des promoteurs immobiliers. On y croise aussi pas mal de façades dédiées aux héros du 9e art, la bande dessinée.

• Le dimanche matin, chiner dans les Marolles où se tient, par tous les temps, le marché aux puces de la place du Jeu-de-Balle et où Tintin acheta la maquette du bateau du *Secret de la Licorne*.

• Emmener ses enfants au pied de l'Atomium, cette incroyable construction métallique héritée de l'Expo universelle de 1958, et leur faire découvrir Mini-Europe, splendide sélection miniature des principaux monuments de l'Union européenne.

• Assister à une séance de marionnettes au théâtre de Toone et apprécier un des classiques du répertoire adapté en bruxellois.

• Admirer la magnifique collection de voitures anciennes (une des plus riches du monde) de Ghislain Mahy au musée Autoworld du parc du Cinquantenaire.

• Découvrir l'univers poétique et pictural de René Magritte, fer de lance du mouvement surréaliste en Belgique, dans le nouveau musée qui lui est consacré.

• Consacrer obligatoirement un repas à déguster une casserole de moules-frites. Celles qui viennent de Zélande vous feront oublier définitivement celles qu'on sert en France.

• Profiter de la floraison des orchidées fin avril début mai pour se rendre au palais royal de Laeken et s'émerveiller de la magnifique architecture de fonte et de verre des serres royales construites par Balat.

• Prendre le tram n° 44 pour parcourir jusqu'à son terminus, au musée de l'Afrique, la très longue avenue de Tervueren, bordée de magnifiques bâtiments, de parcs, d'étangs, de forêts et de massifs de rhododendrons.

• Swinguer dans les rues du centre avec les Bruxellois lors du Jazz-Marathon à la fin mai, et revenir fin juin pour le très coloré festival Couleur Café, proposant toutes les musiques du monde.

• Sortir du périmètre de la ville pour se balader dans la magnifique hêtraie de la forêt de Soignes et pousser jusqu'au champ de bataille de Waterloo ou à Louvain-la-Neuve, pour son musée Hergé.

COMMENT Y ALLER ?

EN VOITURE

➤ **De Paris,** 2 solutions :
– L'autoroute du Nord (A 1) vers Lille. Péage autour de 13 € selon les périodes. Bifurcation sur l'E 19 vers Bruxelles.
– L'autoroute du Nord (A 1) vers Lille, puis l'A 26-E 42 vers Tournai, puis l'A P vers Bruxelles.
➤ **De l'Est et de la Suisse :** par Metz, Thionville, Luxembourg et l'E 411, l'autoroute des Ardennes, via Namur.
Les autoroutes sont gratuites en Belgique mais il est question d'instaurer une vignette.
Attention au retour vers la France le dimanche soir : les camions attendent à la frontière jusqu'à 22h afin de pouvoir utiliser les autoroutes françaises. À 22h tapantes, c'est le rush, mieux vaut franchir la frontière avant cette heure.

EN TRAIN

Nettement la meilleure solution !

➤ *Thalys,* le train à grande vitesse, relie **Paris-Gare du Nord** à Bruxelles-Midi en seulement 1h22 (jusqu'à 27 départs/j.). D'autre part, les lignes sont prolongées vers Amsterdam via Anvers et vers Cologne via Liège. Les rames disposent toutes d'un équipement wifi, gratuit en *Comfort 1* et payant en *Comfort 2.*
➤ Au départ de **Lille,** *Eurostar* vers Bruxelles-Midi.
Si vous arrivez à Bruxelles en *Thalys* ou en *Eurostar,* il vous est possible d'acheter pour une poignée d'euros un billet « Toute gare belge (TGB) » et prolonger ainsi votre parcours sur le réseau belge. Avec le tarif TGB, votre billet *Thalys* est valable pour un voyage entre une des gares du réseau national belge et Bruxelles-Midi, Antwerpen Centraal (Anvers) ou Liège-Guillemins.
Le billet est valable 2 jours à partir du départ ou de l'arrivée du train *Thalys.* Il peut être acheté dans les gares et les boutiques SNCF.
Un billet *Thalys* au départ ou à destination de Bruxelles-Midi est aussi valable pour les correspondances en train avec les gares de Bruxelles-Nord, Centrale, Luxembourg et Schuman. Pratique pour se rendre donc dans le centre sans avoir à prendre le métro ou le tramway.

▲ VOYAGES-SNCF.COM

Voyages-sncf.com, acteur majeur du tourisme français qui recense neuf millions de visiteurs par mois, propose d'acheter en ligne des billets de train, d'avion, des chambres d'hôtel, des locations de voitures, de vacances et des séjours clés en main ou Alacarte®, ainsi que des spectacles, des excursions et des visites de musées. Un large choix et des prix avantageux sont offerts toute l'année, pour tous types de voyages dans le monde entier : SNCF, 180 compagnies aériennes, 84 000 hôtels référencés et les principaux loueurs de voitures.
Leur site ● *voyages-sncf.com* ● permet d'accéder tous les jours, 24h/24, à plusieurs services : envoi gratuit des billets à domicile, Alerte Résa pour être informé de l'ouverture des réservations et profiter du plus grand choix, calendrier des meilleurs prix (TTC), mais aussi des offres de dernière minute et des promotions...

MIQUE-AUX-NOCES

HEUREUSEMENT,
ON NE VOUS PROPOSE
PAS QUE LE TRAIN.

MYKONOS,
TOUTE L'EUROPE
ET LE RESTE DU MONDE.

Voyages-sncf.com

Voyages-sncf.com, première agence de voyage sur Internet avec plus de 600 destinations dans le monde, vous propose ses meilleurs prix sur les billets d'avion et de train, les chambres d'hôtel, les séjours et la location de voiture. Accessible 24h/24, 7j/7.

Pratique : • *voyages-sncf.mobi* • , le site mobile pour réserver, s'informer et profiter des bons plans n'importe où et à n'importe quel moment.
Et grâce à l'ÉcoComparateur, en exclusivité sur • *voyages-sncf.com* •, possibilité de comparer le prix, le temps de trajet et l'indice de pollution pour un même trajet en train, en avion ou en voiture.

Pour préparer votre voyage

– *Billet à domicile :* commandez votre billet par Internet ou par téléphone au ☎ 36-35 (0,34 €/mn hors surcoût éventuel de votre opérateur) ou sur Internet, SNCF vous l'envoie gratuitement à domicile.
– *Service bagages à domicile :* SNCF prend en charge vos bagages où vous le souhaitez et vous les livre là où vous allez. *Service disponible en France continentale, en Allemagne, en Suisse (enlèvement et livraison uniquement en gare) et au Luxembourg.*

Pour voyager au meilleur prix

La SNCF propose des tarifs adaptés à chacun de vos voyages.
➢ *TGV Prem's, Téoz Prem's et Lunéa Prem's :* **des petits prix disponibles toute l'année.** Tarifs non échangeables et non remboursables (offres soumises à conditions).
– *Prem's :* pour des prix minis si vous réservez jusqu'à 90 jours avant votre départ, à partir de 22 € l'aller en 2de classe avec TGV, 17 € en 2de classe avec Téoz et 35 € en 2de classe en couchette avec Lunéa (32 € sur Internet).
– *Prem's Dernière Minute :* des offres exclusives à saisir sur Internet. Bénéficiez jusqu'à - 50 % de réduction sur des places encore disponibles quelques jours avant le départ du train.
– *Prem's Vente Flash :* des promotions ponctuelles.
– *TGV Prem's Week-End :* 25 € ou 45 € garantis en 2de classe pour des départs sur les derniers TGV du vendredi et du dimanche soir (une offre exclusive TGV).
➢ **Les tarifs Loisirs**
Une offre pour tous ceux qui programment leurs voyages mais souhaitent avoir la liberté de décider au dernier moment et de changer d'avis (offres soumises à conditions). Tarifs échangeables et remboursables. Pour bénéficier des meilleures réductions, pensez à réserver vos billets à l'avance (les réservations sont ouvertes jusqu'à 90 jours avant le départ) ou à voyager en période de faible affluence.
➢ **Les cartes**
Et pour ceux qui voyagent régulièrement, profitez de réductions garanties tout le temps avec les cartes Enfant +, 12-25, Escapades ou Senior (valables 1 an) :
– Vous voyagez avec un enfant de moins 12 ans : pour 70 € la Carte Enfant + permet aux accompagnateurs (jusqu'à 4 adultes ou enfants, sans obligation de lien de parenté) de bénéficier de réductions allant jusqu'à 50 %, et à l'enfant titulaire de la carte, de payer la moitié du prix adulte après réduction (s'il a moins de 4 ans, l'enfant voyage gratuitement).
– Vous avez entre 12 et 25 ans : avec la Carte 12-25, pour 49 €, vous bénéficiez jusqu'à 60 % de réduction et - 25 % garantis sur tous vos voyages, même au dernier moment.
– Vous avez entre 26 et 59 ans : avec la Carte Escapades, pour 75 €, vous bénéficiez jusqu'à 50 % de réduction et - 25 % garantis sur tous vos voyages, même au dernier moment. Ces réductions sont valables pour tout aller-retour de plus de 200 km effectué sur la journée du samedi ou du dimanche, ou comprenant la nuit du samedi au dimanche sur place.
– Vous avez plus de 60 ans : avec la Carte Senior, pour 56 €, vous bénéficiez jusqu'à 50 % de réduction et - 25 % garantis sur tous vos voyages, même au dernier moment.

Pour obtenir plus d'informations sur les conditions pour réserver et acheter vos billets

– **Internet :** ● *tgv.com* ● *corailteoz.com* ● *coraillunea.fr* ● *voyages-sncf.com* ●
– **Téléphone :** ☎ 36-35 (0,34 € TTC/mn hors surcoût éventuel de votre opérateur).
– Également dans les gares, les boutiques SNCF et les agences de voyages agréées.

➤ Les Pass InterRail

Avec les *Pass InterRail,* les résidents européens peuvent voyager dans 30 pays d'Europe, dont la **Belgique.** Plusieurs formules et autant de tarifs, en fonction de la destination et de l'âge.
À noter que le *Pass InterRail* n'est pas valable dans votre pays de résidence (cependant l'*InterRail Global Pass* offre une réduction de 50 % de votre point de départ jusqu'au point frontière en France).
– Pour les grands voyageurs, *l'InterRail Global Pass* est valable dans l'ensemble des 30 pays européens concernés, intéressant si vous comptez parcourir plusieurs pays au cours du même périple. Il se présente sous cinq formes au choix.
Deux formules flexibles : utilisable 5 j. sur une période de validité de 10 j. (259 € pour les + de 25 ans, 169 € pour les 12-25 ans), ou 10 j. sur une période de validité de 22 j. (369 € pour les + de 25 ans, 249 € pour les 12-25 ans).
Trois formules « continues » : *pass* 15 j. (409 € pour les + de 25 ans, 289 € pour les 12-25 ans), *pass* 22 j. (479 € pour les + de 25 ans, 319 € pour les 12-25 ans), *pass* 1 mois (619 € pour les + de 25 ans, 409 € pour les 12-25 ans). Ces cinq formules existent aussi en version 1re classe !
Nouveauté 2011 : les voyageurs de plus de 60 ans bénéficient d'une réduction de 10 % sur le tarif de l'*InterRail Global Pass* en 1re et 2de classes (tarif senior).
InterRail vous offre également la possibilité d'obtenir des réductions ou avantages à travers toute l'Europe avec ses partenaires bonus (musées, chemins de fer privés, hôtels, etc.).
Tous ces prix sont applicables jusqu'au 31 décembre 2011.
Pour plus de renseignements, adressez-vous à la gare ou boutique SNCF la plus proche.

Tarifs du One Country Pass : Benelux

	+ de 25 ans	12-25 ans	4-11 ans
3 jours	115 €	75 €	58 €
4 jours	145 €	95 €	73 €
6 jours	195 €	125 €	98 €
8 jours	235 €	155 €	118 €

EN BUS

▲ EUROLINES

☎ *0892-89-90-91 (0,34 €/mn), tlj 8h-21h, dim 10h-17h.* ● *eurolines.fr* ● *Vous trouverez également les services d'Eurolines sur* ● *routard.com* ● Eurolines propose 10 % de réduction pour les jeunes (12-25 ans) et les seniors. Deux bagages gratuits par personne en Europe et 40 kg gratuits pour le Maroc.
– *Gare routière internationale : 28, av. du Général-de-Gaulle, 93541 Bagnolet Cedex.* Ⓜ *Gallieni.*
Première *low cost* par bus en Europe, Eurolines permet de voyager vers plus de 500 destinations en Europe et au Maroc avec des départs quotidiens depuis 90 villes françaises.
Pass Eurolines : pour un prix fixe valable 15 ou 30 j., vous voyagez autant que vous le désirez sur le réseau entre 44 villes européennes. Également un mini-*pass* pour visiter deux capitales européennes (six combinés possibles).

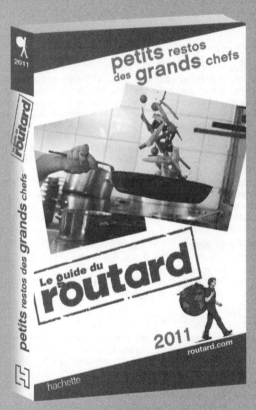

▲ **VOYAGES 4A**

– *Tarnos* : 306, rue de l'Industrie, 40220. *Rens et résas :* ☎ 05-59-23-90-37. ● *voyages4a.com* ● *Lun-ven 9h30-12h et 14h-18h.*
Spécialiste des voyages en autocar à destination de toutes les grandes cités européennes. Week-ends, séjours et circuits en bus toute l'année, grands festivals et événements européens. Formules pour tout public, individuel ou groupe, au départ de toutes les grandes villes de France.

EN AVION

Pas vraiment une bonne idée, puisque le train à grande vitesse *Thalys* relie Paris à Bruxelles en 1h22. D'ailleurs, Air France a supprimé sa liaison Paris-Bruxelles. Restent les liaisons d'Air France-KLM depuis les aéroports de province, sachant que la liaison Lyon-Bruxelles est la seule directe.

Les lignes régulières

▲ **AIR FRANCE**

Rens et résas au ☎ *36-54 (0,34 €/mn – tlj 6h30-22h), sur* ● *airfrance.fr* ●, *dans les agences Air France (fermées dim) et dans ttes les agences de voyages.*
Air France propose à tous des tarifs attractifs toute l'année. Vous avez la possibilité de consulter les meilleurs tarifs du moment sur Internet dans l'onglet « Achat & enregistrement en ligne », rubrique « Promotions ».
Le programme de fidélisation Air France-KLM permet de cumuler des *miles* à son rythme et de profiter d'un large choix de primes. Avec votre carte *Flying Blue,* vous êtes immédiatement identifié comme client privilégié lorsque vous voyagez avec tous les partenaires.
Air France propose également des réductions avec la carte *Flying Blue Jeune,* réservée aux jeunes âgés de 2 à 24 ans résidant en France métropolitaine, dans les départements d'outre-mer, au Maroc ou en Tunisie. Avec 800 destinations et plus de 100 partenaires, *Flying Blue Jeune* offre autant d'occasions de cumuler des *miles* partout dans le monde.

▲ **BRUSSELS AIRLINES**

Rens : ☎ *0892-64-00-30 (0,34 €/mn) depuis la France et* ☎ *0902-51-600 (0,75 €/mn) en Belgique.* ● *brusselsairlines.com* ●
➢ Liaisons vers Brussels Airport au départ de Lyon, Marseille, Nice, Paris-CDG (2 fois/j.), Strasbourg, Toulouse et Genève.

Les compagnies *low-cost*

Ce sont des compagnies dites « à bas prix ». De nombreuses villes de province sont desservies, ainsi que les aéroports limitrophes des grandes villes. Ne pas trop espérer trouver facilement des billets à prix plancher lors des périodes les plus fréquentées (vacances scolaires, week-ends...). À bord, c'est service minimum. Afin de réduire les files d'attente dans les aéroports, certaines font même payer l'enregistrement aux comptoirs d'aéroport. Pour éviter cette nouvelle taxe qui ne dit pas son nom, les voyageurs ont intérêt à s'enregistrer directement sur Internet où le service est gratuit. La réservation se fait souvent par Internet et parfois par téléphone (pas d'agence, juste un n° de réservation et un billet à imprimer soi-même) et aucune garantie de remboursement n'existe en cas de difficultés financières de la compagnie. En outre, les pénalités en cas de changements d'horaires sont assez importantes et les taxes d'aéroport rarement incluses. Il faut aussi rappeler que plusieurs compagnies facturent maintenant les bagages en soute ou limitent leurs poids. En cabine également, le nombre de bagages est strictement limité. À bord, tous les services sont payants (boissons, journaux...). Ne pas oublier non plus d'ajouter le prix du bus pour se rendre à ces aéroports, souvent assez éloignés

du centre-ville. Au final, même si les prix de base restent très attractifs, il convient de prendre en compte tous ces frais annexes pour calculer le plus justement son budget.
Voici des compagnies desservant la Belgique :

▲ **RYANAIR**
☎ *0892-555-666.* ● *ryanair.com* ●
➢ Vols vers Charleroi-Bruxelles Sud (à 60 km de Bruxelles) depuis Bergerac, Biarritz, Bordeaux, Carcassonne, La Rochelle, Marseille-Provence, Montpellier, Nîmes et Perpignan. De l'aéroport, liaisons directes en bus vers Bruxelles.

▲ **EASYJET**
● *easyjet.com/fr* ●
➢ Vols depuis Genève, Lyon et Nice vers Brussels Airport.

▲ **JETAIRFLY**
● *jetairfly.com* ●
➢ Vols depuis Lourdes-Tarbes, Bastia et Toulon vers Brussels Airport.

UNITAID

UNITAID a été créé pour lutter contre le VIH/sida, le paludisme et la tuberculose, principales maladies meurtrières dans les pays en développement. UNITAID intervient dans 94 pays en facilitant l'accès aux médicaments et aux diagnostics, en en baissant les prix, dans les pays en développement. Le financement d'UNITAID provient principalement d'une contribution de solidarité sur les billets d'avion mise en place par 6 pays membres dont la France. En France, la taxe est de 1 € sur les vols intérieurs et de 4 € sur les vols internationaux (ce qui représente le traitement d'un enfant séropositif pour un an). En moins de trois ans, UNITAID a réuni plus de 1 milliard de dollars. Les financements d'UNITAID ont permis à près de 1 million de personnes atteints du VIH/sida de bénéficier d'un traitement et de délivrer plus de 19 millions de traitements contre le paludisme. Moins de 5 % des fonds sont utilisés pour le fonctionnement du programme, 95 % sont utilisés directement pour les médicaments et les tests. Pour en savoir plus : ● *unitaid.eu* ●

BRUXELLES UTILE

ABC DE BRUXELLES

- **Superficie de la Région bruxelloise :** 161 km².
- **Population :** 1 102 000 hab., dont 280 000 étrangers.
- **Communes principales :** Bruxelles-ville (154 000 hab.), Anderlecht (106 000 hab.), Etterbeek (44 300 hab.), Forest (50 600 hab.), Ixelles (82 000 hab.), Jette (47 500 hab.), Molenbeek-Saint-Jean (89 000 hab.), Saint-Gilles (47 300 hab.), Schaerbeek (124 000 hab.) Uccle (77 500 hab.) Woluwe-Saint-Lambert (51 000 hab.).
- **PIB par habitant :** 60 860 €.
- **Taux de chômage :** 20,6 %.
- **Régime politique :** entité fédérée, composante du royaume de Belgique dont elle est la capitale mais aussi capitale de la région flamande. Parlement bruxellois composé de 89 députés régionaux au sein duquel sont choisis 5 ministres et 3 secrétaires d'État.
- **Ministre-président :** Charles Picqué.
- **Divisions administratives :** 19 communes formant la région de Bruxelles-Capitale, chacune dirigée par un bourgmestre élu au niveau local, assisté d'un collège d'échevins.
- **Langues officielles :** le français, le néerlandais.
- **Particularités :** Bruxelles est aussi le siège d'une grande partie des institutions de l'Union européenne, ainsi que le siège de l'OTAN.

AVANT LE DÉPART

Adresses utiles

En France

Fédéralisme oblige, la représentation touristique belge à Paris est scindée en deux ailes linguistiques.

🛈 **Office belge de tourisme Wallonie-Bruxelles pour la France :** 274, bd Saint-Germain, 75007 Paris. ☎ 01-53-85-05-20. ● info@belgique-tourisme. fr ● belgique-tourisme.be ● silvousplait. fr ● Fermé au public. Les brochures peuvent être téléchargées sur les sites internet ou commandées par téléphone.

🛈 **Tourisme Belgique, Flandre-Bruxelles :** BP 143, 75363 Paris Cedex 08. ☎ 01-56-89-14-42. ● theplaceto. be ● Fermé au public. Brochures à télécharger, dont la décoiffante Flandre, descendez en terre irrégulière.
■ **Consulats de Belgique :**
– Paris : 1, av. Mac-Mahon, 75017. ☎ 01-44-09-39-39. ● paris@diplobel.

org ● Ⓜ et RER A : Charles-de-Gaulle-Étoile. Lun-ven 9h-12h30.
– Également des consulats à Bordeaux, Lille, Lyon, Marseille, Nantes, Nice, et Strasbourg. Adresses disponibles sur ● diplomatie.be ●

Au Canada

🅱 *Représentation au Québec de l'office de promotion du tourisme Wallonie-Bruxelles :* 43, rue de Buade, bureau 525, Québec (Québec) G1R-4A2. ☎ (418) 692-49-39.
■ *Ambassade de Belgique :* 360, rue Albert, bureau 820, Ottawa (Ontario) K1R-7X7. ☎ (613) 236-72-67 à 69. ● ot tawa@diplobel.fed.be ●
■ *Consulat de Belgique :* 999, bd de Maisonneuve Ouest, suite 1600, Montréal (Québec) H3A-3L4. ☎ (514) 849-73-94.

En Suisse

■ *Ambassade de Belgique :* 41, Jubi-laümstrasse, 3005 Bern. ☎ (031) 350-01-50 à 52. ● bern@diplobel.fed.be ●
■ *Consulat de Belgique :* 58, rue Moillebeau, 1209 Genève 19. ☎ (022) 730-40-00.

Formalités

Depuis l'entrée en vigueur des accords de Schengen, en principe, plus aucun contrôle n'est exercé entre la Belgique et la France. Mais il vaut mieux vous munir d'une pièce d'identité en cours de validité ou d'un passeport valide ou périmé depuis moins de 5 ans (ainsi que de votre permis de conduire et des papiers de votre véhicule, si vous conduisez).
Pour bénéficier des soins de santé, les Français ont intérêt à se procurer la carte européenne d'assurance-maladie, disponible auprès de votre centre de Sécurité sociale.
Les ressortissants suisses doivent également avoir leur carte d'identité nationale.
Les Canadiens n'ont pas besoin de visa à condition de ne pas séjourner plus de 3 mois.

À chaque voyage, pensez à scanner passeport, visa, carte bancaire, billet d'avion et vouchers d'hôtel. Ensuite, adressez-les-vous par mail, en pièces jointes. En cas de perte ou de vol, rien de plus facile pour les récupérer dans un cybercafé. Les démarches administratives en seront bien plus rapides. Merci tonton Routard !

Assurances voyages

■ *Routard Assurance :* c/o AVI International : 28, rue de Mogador, 75009 Paris. ☎ 01-44-63-51-00. ● avi-interna tional.france@wanadoo.fr ● avi-international.com ● Ⓜ Trinité-d'Estienne-d'Orves. Depuis 1995, Routard Assistance, en collaboration avec AVI International, spécialiste de l'assurance voyage, propose aux routards un tarif à la semaine qui inclut une assurance bagages de 2 000 € et appareils photo de 300 €. Pour les séjours longs (2 mois à 1 an), il existe le Plan Marco Polo. Depuis peu, également un nouveau contrat pour les seniors, en courts et longs séjours. Routard Assistance est aussi disponible en version « light » (durée adaptée aux week-ends et courts séjours en Europe). Dans les dernières pages de chaque guide, vous

trouverez un bulletin d'inscription.
■ *AVA :* 25, rue de Maubeuge, 75009 Paris. ☎ 01-53-20-44-20. ● *info@ava.fr* ● *ava.fr* ● Ⓜ *Cadet*. Un autre courtier fiable pour ceux qui souhaitent s'assurer en cas de décès-invalidité-accident lors d'un voyage à l'étranger mais surtout pour bénéficier d'une assistance rapatriement, perte de bagages et annulation. Attention, franchises pour leurs contrats d'assurance voyage.

■ *Pixel Assur :* 18, rue des Plantes, 78600 Maisons-Laffitte. ☎ 01-39-62-28-63. ● *contact@pixel-assur.com* ● *pixel-assur.com* ● RER A : Maisons-Laffitte. Assurance de matériel photo tous risques, basée sur la valeur du matériel. Devis basé sur le prix d'achat de votre matériel. Avantage : garantie à l'année. Inconvénient : franchise et prime d'assurance peuvent être supérieures à la valeur de votre matériel.

Carte internationale d'étudiant (carte ISIC)

Elle prouve le statut d'étudiant dans le monde entier et permet de bénéficier de tous les avantages, services, réductions étudiants du monde concernant les transports, les hébergements, la culture, les loisirs, le shopping... C'est la clé de la mobilité étudiante !
La carte ISIC donne aussi accès à des avantages exclusifs sur le voyage (billets d'avion, hôtels et auberges de jeunesse, assurances, cartes SIM, location de voitures...).
Pour plus d'informations sur la carte ISIC et pour la commander en ligne, rendez-vous sur le site ● *isic.fr* ●

Pour l'obtenir en France

Pour localiser le point de vente le plus proche de chez vous : ☎ 01-40-49-01-01 ou ● *isic.fr* ●
Se présenter au point de vente avec :
– une preuve du statut d'étudiant (carte d'étudiant, certificat de scolarité...) ;
– une photo d'identité ;
– 12 €, ou 13 € par correspondance incluant les frais d'envoi des documents d'information sur la carte.
Émission immédiate sur place ou envoi à votre domicile le jour même de votre commande en ligne.

En Belgique

La carte coûte 9 € (+ 1 € de frais d'envoi) et s'obtient sur présentation de la carte d'identité, de la carte d'étudiant et d'une photo auprès de :

■ *Connections :* rens au ☎ 070-23-33-13 ou 479-807-129. ● *isic.be* ●

En Suisse

Dans toutes les agences *STA Travel* (☎ 058-450-40-00 ou 058-450-49-49), sur présentation de la carte d'étudiant, d'une photo et de 20 Fs. Commande de la carte en ligne : ● *isic.ch* ● *statravel.ch* ●

Au Canada

La carte coûte 20 $Ca. Elle est disponible dans les agences *TravelCuts/Voyages Campus,* mais aussi dans les bureaux d'associations d'étudiants. Pour plus d'infos : ● *voyagescampus.com* ●

Carte FUAJ internationale des auberges de jeunesse

Cette carte, valable dans plus de 90 pays, vous ouvre les portes des 4 000 auberges de jeunesse du réseau *Hostelling International,* réparties dans le monde entier. Les périodes d'ouverture varient selon les pays et les AJ. À noter, la carte est obligatoire pour séjourner en auberge de jeunesse, donc nous vous conseillons de vous la procurer avant votre départ.

Vous pouvez adhérer

– En ligne, avec un paiement sécurisé, sur le site ● *fuaj.org* ●
– Directement dans une auberge de jeunesse à votre arrivée.
– Auprès de l'antenne nationale : *27, rue Pajol, 75018 Paris.* ☎ *01-44-89-87-27.*
● *fuaj.org* ● Ⓜ *Marx-Dormoy ou La Chapelle.* Horaires d'ouverture disponibles sur le site internet rubrique « Nous contacter ».
– Dans l'une des trois antennes régionales de la FUAJ. *Coordonnées sur le site internet, rubrique « Nous contacter ».*

Les tarifs de l'adhésion 2011

– Carte internationale FUAJ moins de 26 ans : 11 €.
Pour les mineurs, une autorisation parentale et la carte d'identité du parent tuteur sont nécessaires pour l'inscription.
– Carte internationale FUAJ plus de 26 ans : 16 €.
– Carte internationale FUAJ Famille : 23 €.
Seules les familles ayant un ou plusieurs enfants de moins de 16 ans peuvent bénéficier de la carte « famille » sur présentation du livret de famille. Les enfants de plus de 16 ans devront acquérir une carte individuelle.
– La carte donne également droit à des réductions sur les transports, les musées et les attractions touristiques dans plus de 90 pays. Ces avantages varient d'un pays à l'autre, ce qui n'empêche pas de la présenter à chaque occasion. Liste de ces réductions disponible sur ● *hihostels.com* ● et celle des réductions en France sur ● *fuaj.org* ●

En Belgique

La carte d'adhésion est obligatoire. Son prix varie selon l'âge : de 3 à 15 ans, 3 € ; de 16 à 25 ans, 9 € ; après 25 ans, 15 €.

■ *LAJ :* rue de la Sablonnière, 28, Bruxelles 1000. ☎ *02-219-56-76.* ● *info@laj.be* ● *laj.be* ●
■ *Vlaamse Jeugdherbergcentrale (VJH) :* Van Stralenstraat 40, B 2060 Antwerpen. ☎ *03-232-72-18.* ● *info@vjh.be* ● *vjh.be* ●

– Votre carte de membre vous permet d'obtenir de 3 à 20 € de réduction sur votre première nuit dans les réseaux LAJ, VJH et CAJL (Luxembourg), ainsi que des réductions auprès de nombreux partenaires en Belgique.

En Suisse (SJH)

Le prix de la carte dépend de l'âge : 22 Fs pour les moins de 18 ans, 33 Fs pour les adultes et 44 Fs pour une famille avec des enfants de moins de 18 ans.

■ *Schweizer Jugendherbergen (SJH), service des membres des auberges de jeunesse suisses, Schaffhauserstr. 14,* 8042 Zurich. ☎ *44-360-14-14.* ● *booking@youthhostel.ch* ● *contact@youthhostel.ch* ● *youthhostel.ch* ●

BRUXELLES UTILE

Au Canada

Elle coûte 35 $Ca pour une durée de 16 à 28 mois et 175 $Ca pour une carte valable à vie. Gratuit pour les enfants de moins de 18 ans qui accompagnent leurs parents.

■ *Auberges de jeunesse du Saint-Laurent / St Laurent Youth Hostels :* – À Montréal : 3514, av. Lacombe, (Québec) H3T 1M1. ☎ (514) 731-10-15. N° gratuit (au Canada) : ☎ 1-866-754-1015. – À Québec : 94, bd René-Lévesque Ouest, (Québec) G1R 2A4. ☎ (418) 522-2552.
■ *Canadian Hostelling Association :* 205, Catherine St bureau 400, Ottawa, (Ontario) K2P 1C3. ☎ (613) 237-78-84. ● info@hihostels.ca ● hihostels.ca ●

ARGENT, BANQUES, CHANGE

Comme en France, l'*euro* est la monnaie en circulation en Belgique. Nos amis suisses et canadiens devront donc encore changer leur monnaie nationale.
– *Les banques* sont ouvertes du lundi au vendredi de 9h à 16h (pour la plupart) et quelques-unes le samedi matin.
– Le pays est quadrillé par un réseau de *distributeurs* de billets (les réseaux *Mister Cash* et *Bancontact*), où vous pourrez retirer des billets à l'aide de votre carte de paiement. Le logo des cartes acceptées figure en bordure de chaque distributeur. Les cartes *Visa* et *MasterCard* sont de plus en plus acceptées, mais pas à toutes les pompes à essence, surtout celles de nuit (sans guichet). Attention, lors de week-ends prolongés, certains distributeurs voient leur stock de billets s'épuiser rapidement, prenez vos précautions. Si vous avez à régler votre hébergement en liquide, vérifiez bien auprès de votre banque le montant du retrait maximum autorisé par semaine (souvent 300 €).
– *Change :* de manière générale pour nos lecteurs privés d'euros, il est recommandé de vous munir d'euros car vous risquez de voir vos billets nationaux changés à un taux qui vous laissera quelques regrets... Préférez les banques aux bureaux de change (surtout dans les lieux touristiques) – les commissions peuvent varier – et comparez les panneaux indiquant le cours des devises.

Les cartes de paiement

Quelle que soit la carte que vous possédez, chaque banque gère elle-même le processus d'opposition et le numéro de téléphone correspondant ! Avant de partir, notez donc bien le numéro d'opposition propre à votre banque (il figure souvent au dos des tickets de retrait, sur votre contrat, ou à côté des distributeurs de billets), ainsi que le numéro à seize chiffres de votre carte. Bien entendu, conservez ces informations en lieu sûr et séparément de votre carte. Par ailleurs, l'assistance médicale se limite aux 90 premiers jours du voyage.
– *Carte MasterCard :* assistance médicale incluse ; numéro d'urgence : ☎ (00-33) 1-45-16-65-65. ● mastercardfrance.com ● En cas de perte ou de vol, composez le numéro communiqué par votre banque ou à défaut le numéro général : ☎ (00-33) 8-92-69-92-92 pour faire opposition ; numéro également valable pour les autres cartes de paiement émises par le Crédit Agricole et le Crédit Mutuel.
– Pour la carte *American Express,* téléphoner en cas de pépin au ☎ (00-33) 1-47-77-72-00. Numéro accessible tlj 24h/24. ● americanexpress.fr ●
– *Carte Bleue Visa Internationale :* assistance médicale et véhicule incluse ; numéro d'urgence (Europ Assistance) : ☎ (00-33) 1-41-85-85-85. Pour faire oppo-

sition, contactez le numéro communiqué par votre banque, à défaut si vous êtes en France faites le ☎ 0892-705-705. ● carte-bleue.fr ●
*– Pour ttes les cartes émises par **La Banque Postale,** composer le ☎ 0825-809-803 (0,15 €/mn) depuis la France métropolitaine ou les DOM, et depuis les DOM ou l'étranger le ☎ (00-33) 5-55-42-51-96.*
*– Également un numéro d'appel valable **quelle que soit votre carte de paiement :** ☎ 0892-705-705 (serveur vocal à 0,34 €/mn). Ne fonctionne ni en PCV, ni depuis l'étranger.*
Petite mesure de précaution. Si vous retirez de l'argent dans un distributeur, utilisez de préférence les distributeurs attenant à une agence bancaire. En cas de pépin avec votre carte (carte avalée, erreurs de numéro...), vous aurez un interlocuteur dans l'agence, pendant les heures ouvrables du moins.

Western Union Money Transfer

En cas de besoin urgent d'argent liquide (perte ou vol de billets, chèques de voyage, carte de paiement), vous pouvez être dépanné en quelques minutes grâce au système *Western Union Money Transfer*. Pour cela, demandez à quelqu'un de vous déposer de l'argent en euros dans l'un des bureaux *Western Union* ; les correspondants en France de *Western Union* sont *La Banque Postale (fermée sam ap-m, n'oubliez pas !* ☎ *0825-00-98-98 ; 0,15 €/mn)* et *Travelex* en collaboration avec la *Société financière de paiements (SFDP ;* ☎ *0825-825-842 ; 0,15 €/mn)*. L'argent vous est transféré en moins d'un quart d'heure. La commission, assez élevée, est payée par l'expéditeur. Possibilité d'effectuer un transfert en ligne 24h/24 par carte de paiement (*Visa* ou *MasterCard*) émise en France. ● *westernunion.com* ●

ACHATS

Magasins

Bruxelles offre la gamme complète des commerces, depuis la boutique de nuit où l'on peut trouver des boissons et des cigarettes 24h/24, jusqu'aux boutiques de luxe de l'avenue Louise et les adresses branchées de la rue Antoine-Dansaert. Le jeudi, beaucoup de magasins du centre restent ouverts jusqu'à 20h. Dans les faubourgs, de grands *malls* à l'américaine drainent les fondus du shopping et sont parmi les premiers à avoir été créés en Europe, comme le *Woluwe Shopping Center* dans le quartier élégant de Woluwe-Saint-Lambert.
Pour vous donner un coup de main (pas pour porter !), quelques petits conseils pour faire de bonnes affaires... sans être contaminé par la fièvre acheteuse. Les soldes sont organisés en janvier et juillet, mais les achats de fin d'année débutent plus tôt, en raison de la célébration de la Saint-Nicolas, le 6 décembre.
Pour les adresses détaillées, se reporter à notre rubrique « Shopping ».

Ce qui se mange

– Les *chocolats* (pralines) : les enseignes les plus connues se retrouvent dans les galeries Saint-Hubert ou sur la place du Grand-Sablon.
– Les *couques* (viennoiseries) et les biscuits dans toutes les bonnes boulangeries-pâtisseries, les *speculoos,* le *pain d'épice* et le *pain à la grecque.* La meilleure adresse : chez *Dandoy,* à deux pas de la Grand-Place.

Ce qui se boit

– Un petit casier des innombrables bières « spéciales » et d'abbaye, et les verres qui vont avec ; de la Gueuze fabriquée à Bruxelles.

Ce qui se lit

La B.D. bien sûr ! Les fanas et collectionneurs ne sauront où donner de la tête, attention à l'ivresse des bulles ! Les amateurs de vieux bouquins auront de quoi fureter dans les bacs de la galerie Bortier ou les rayons des magasins spécialisés rue du Midi.

Ce qui se porte

Les fashionistas ne manqueront pas la rue Antoine-Dansaert pour découvrir les créations déjantées de la mode belge.

Gadgets

– Le credo européen s'affiche sur un tas d'objets et d'accessoires aux couleurs bleu et jaune du drapeau de l'Europe des 27 : il y en a pour tous les goûts.
– Pour les enfants de 7 à 77 ans, la *Boutique Tintin,* rue de la Colline, propose vêtements et produits dérivés des aventures du petit reporter à la houppe.
– Quelques magasins de design pointus valent une visite du côté de la rue des Chartreux, dans le quartier Saint-Géry.

Artisanat

– *La dentelle :* c'est LA spécialité. Si vous avez une tante à héritage à qui faire plaisir, ne cherchez pas plus loin ! Points de Bruxelles, de Bruges, de Malines, si cela vous passionne, faites-vous expliquer toutes les subtilités de ce qui constitua naguère une véritable industrie.
– *La tapisserie :* destinée à l'ornementation, elle a connu ses heures de gloire aux XVe et XVIe s. Il en subsiste des objets et accessoires divers vendus dans des boutiques touristiques. Mais il faut aimer !
– Avec un peu de chance, vous pourrez peut-être acquérir à prix d'or quelques objets d'*artisanat ancien* chez les innombrables antiquaires et brocanteurs sur le marché du Sablon ou aux abords des Marolles. Si vous y connaissez, c'est un régal de chiner en Belgique. Objets recherchés : le style « Expo 1958 », avec tout ce qui rappelle les *fifties* autour de la construction de l'Atomium.
– Le marché aux puces de la place du Jeu-de-Balle dans les Marolles attirera les amateurs de pittoresque et de fripe bon marché.

BUDGET

Le coût de la vie à Bruxelles est, dans les grandes lignes (hormis les loyers bien plus modiques), comparable à celui des autres capitales européennes. Manger au resto coûte en moyenne un peu plus cher, mais les portions servies sont plus généreuses. Les prix indiqués comprennent le service mais il est toujours bienvenu d'arrondir le montant dans les cafés et restaurants.

Logement

Les prix indiqués sont pour deux personnes, sauf pour les auberges de jeunesse (valeurs en euros arrondies).
– *Bon marché :* de 18 à 25 € par personne (auberge de jeunesse).
– *Prix modérés :* jusqu'à 60 €.
– *Prix moyens :* de 60 à 90 €.
– *Plus chic :* de 90 à 125 €.
– *Chic :* plus de 125 €.
– *Très chic* suppose qu'on est encore au-delà.

Nourriture

– **Bon marché :** jusqu'à 10 € le plat.
– **Prix modérés :** de 10 à 15 € le plat.
– **Prix moyens :** de 15 à 20 € le plat.
– **Chic :** plus de 20 € le plat.
Un resto chic peut très bien servir un plat du jour pas cher le midi. Ainsi, un resto que nous avons placé dans « Plus chic » peut-il très bien figurer dans « Prix modérés » et inversement.
Grosso modo, au déjeuner, on peut se contenter d'un plat du jour pour 7,50 à 10 € et souvent cela suffit pour assouvir une honnête faim, mais, le soir, pour faire un bon repas complet dans un vrai resto, compter pas moins de 30 € par personne. C'est donc plutôt cher.

PROMOTION SUR INTERNET

De plus en plus d'hôtels modulent les tarifs de leurs chambres sur Internet en fonction du taux d'occupation. Il y a donc les prix de base (ceux que nous indiquons) et les promos proposées sur le Net. À certaines périodes, le prix des chambres évolue en permanence, ce qui permet d'optimiser le chiffre d'affaires (comme le font les compagnies aériennes). Ces promotions sont extrêmement variables d'une semaine à l'autre, voire d'un jour à l'autre. Elles sont particulièrement intéressantes pour les hôtels de gamme supérieure (3-4 étoiles). Bref, lorsque vous avez choisi votre hôtel dans votre guide préféré, allez donc faire un tour sur son site pour voir ce qu'il propose. De vraies bonnes affaires en perspective !

CLIMAT

Mois	J	F	M	A	M	J	J	A	S	O	N	D	Année
Températures minimales moyennes (°C)	0,7	0,6	2,9	4,8	8,9	11,5	13,6	13,3	10,8	7,6	3,7	2,0	6,7
Températures moyennes (°C)	3,1	3,5	6,3	8,9	13,2	15,6	17,7	17,7	14,5	10,6	6,2	4,1	10,1
Températures maximales moyennes (°C)	5,6	6,4	9,9	13,2	17,7	20,0	22,3	22,5	18,7	14,4	9,1	6,5	13,9
Moyennes mensuelles de précipitation (mm)	71	53	73	54	70	78	69	64	63	68	79	79	821 (68)

MOYENNE DES TEMPÉRATURES ET DES PRÉCIPITATIONS

Les Parisiens ne seront pas dépaysés. Les conditions climatiques à Bruxelles sont, à un ou deux degrés près, les mêmes que dans l'Île-de-France. Le climat étant océanique et tempéré, vous devrez en toute saison prévoir un vêtement de pluie. C'est vrai qu'une idée tenace fait croire qu'il y pleut tout le temps ! Pas plus qu'en Normandie et moins qu'au Pays basque. Les températures ne subissent pas de gros écarts, bien qu'on ait vu récemment des étés torrides. De même, pendant l'hiver, en principe humide et doux, le gel peut s'installer assez longtemps et donner des journées froides et ensoleillées.
La dominante sera un temps ni chaud ni froid avec des alternances rapides entre soleil et pluie, mais aussi parfois de longues périodes de temps gris avec ciel couvert. En moyenne, on observe un peu plus de 130 jours de pluie par an dans la région de Bruxelles.
Les floraisons du printemps sont idéales pour se balader dans les quartiers du sud-est de Bruxelles, qui resplendissent de la parure des cerisiers du Japon.

– **Prévisions météo** (Institut royal météorologique) **:** ☎ 090-02-70-03 ou ● meteo. be ●

HÉBERGEMENT

Toute la gamme classique pour se loger. Des AJ, des pensions familiales, des *B & B*, des hôtels pour tous les goûts et toutes les bourses. Il y a abondance sauf, peut-être, dans la catégorie des hôtels sympas, confortables... et bon marché.

Par ailleurs, lorsque vous souhaitez bénéficier d'une des réductions que nous avons obtenues pour nos chers lecteurs, n'oubliez pas de vous la faire confirmer À LA RÉSERVATION. Cela évitera des malentendus au moment du paiement avec les employés de la réception soi-disant pas au courant.

– **Combine vraiment intéressante à Bruxelles :** les hôtels haut de gamme qui accueillent une clientèle d'affaires en semaine bradent des chambres libres en pagaille du vendredi soir au dimanche soir... Furetez sur les sites spécialisés d'Internet, par exemple ● brusselsbookingdesk.com ● Parfois, on peut même négocier avant de réserver.

Le petit déjeuner est quasiment toujours compris et généralement copieux.

Les catégories de prix sont assez variables et sont fonction :

– du quartier ; les centres historiques sont beaucoup plus chers ;

– de l'époque de l'année ; les mois les plus intéressants (en semaine) sont janvier, février, juillet, août et décembre.

Pour des indications précises, voir la rubrique « Budget ».

Les chambres d'hôtes sont en plein développement, nous en avons dégotté quelques-unes pour vous.

Auberges de jeunesse

Bruxelles héberge une grosse poignée d'auberges de jeunesse, officielles et indépendantes. C'est donc une ville accueillante pour les budgets serrés.

– Il n'y a pas de limite d'âge pour séjourner en AJ. Il faut simplement être adhérent.

– La FUAJ offre à ses adhérents la possibilité de réserver en ligne grâce à son système de réservation international ● hihostels.com ● jusqu'à 12 mois à l'avance, dans plus de 1 200 auberges de jeunesse dans le monde. Et si vous prévoyez un séjour itinérant, vous pouvez réserver plusieurs auberges en une seule fois.

L'intérêt, c'est que tout cela se passe avant le départ, en français et en euros, donc sans frais de change ! Vous versez simplement un acompte de 5 % et des frais de réservation de 1,60 €.

Vous recevrez en échange un reçu de réservation que vous présenterez à l'AJ une fois sur place. Ce service permet aussi d'annuler et d'être remboursé selon le délai d'annulation, qui varie d'une AJ à l'autre. Le système de réservation international accessible sur le site ● hihostels.com ● permet d'obtenir toutes informations utiles sur les auberges reliées au système, de vérifier les disponibilités, de réserver et de payer en ligne, de visiter virtuellement une auberge et bien d'autres astuces !

HORAIRES D'OUVERTURE ET JOURS FÉRIÉS

– Les **banques** sont ouvertes du lundi au vendredi de 9h à 16h. Certaines ferment pendant l'heure du déjeuner. Quelques-unes assurent une permanence le samedi matin.

– Les **bureaux de poste** sont ouverts du lundi au vendredi de 9h à 17h ; de 9h à 12h le samedi matin dans les grandes villes. Attention, vous ne trouverez pas forcément de téléphone dans les bureaux de poste, ces organismes occupent des bâtiments différents.

– Les **magasins** ouvrent en majorité à 9h ou 10h et ferment à 18h ou 19h. Les grandes surfaces prolongent jusqu'à 20h et même 21h le vendredi. Tout est fermé le dimanche (sauf au centre-ville), mais des *night shops* peuvent vous dépanner 24h/24.
– **Jours fériés :** 1er janvier, lundi de Pâques, 1er mai, jeudi de l'Ascension, lundi de Pentecôte, 21 juillet (fête nationale), 15 août, 1er novembre, 11 novembre et 25 décembre. Les « fêtes de communauté » peuvent induire la fermeture de services officiels, comme le 8 mai pour la fête de l'Iris et le 27 septembre, fête de la communauté française.

LANGUES

Parlez-vous le belge ?

Un bon conseil : n'essayez pas d'imiter l'accent belge ! Vous n'y arriverez pas : il y en a plusieurs et, de toute façon, vous ne duperez personne ! Cela dit, pour comprendre et vous faire entendre, quelques précisions ne seront pas superflues.

Le *brusseleir*

Bruxelles est une ville au statut **officiellement bilingue** mais où plus de 85 % des habitants parlent le français.
En dehors du français standardisé, la langue encore parfois parlée à Bruxelles, le *brusseleir,* est la résultante d'un ensemble de parlers populaires dérivés du néerlandais comme à Louvain ou Anvers. À l'origine, le brabançon, ou thiois, était la langue parlée à Bruxelles, mais le brassage des populations ainsi que le choix de la ville comme capitale de l'État ont « francisé » la population locale. Le français utilisé par les élites prédomina dans le jeune État belge, en réaction aux 15 années que dura le royaume des Pays-Bas dominé par les Hollandais, de 1815 à 1830. Drainés par les besoins en personnel de l'administration, de nombreux nouveaux arrivants de la classe moyenne, issus de la partie sud et romane du pays, ont accru encore cette prépondérance du français à Bruxelles. Mais, jusqu'à ce que la Belgique reconnaisse le flamand comme langue officielle en 1898, la raison principale en fut le manque de considération dont souffrait le néerlandais en tant que langue de culture au sein de la société belge (même parmi la bourgeoisie flamande), renforcé par l'attrait que représentait à l'époque le français comme langue de culture et d'échanges internationaux. La **francisation progressive** des classes populaires, par besoin d'ascension sociale, a produit une langue vernaculaire qui s'est dès lors adaptée à cette double réalité germano-romane, adaptation dont résulte le **brusseleir,** langue savoureuse où les mots aux intonations germaniques et à la syntaxe saugrenue restent nombreux. On y décèle aussi des apports espagnols qui datent du XVIe s ! Toujours présente dans les quartiers populaires (bien que ses locuteurs soient en diminution), elle fait l'objet d'une littérature dialectale dont on peut avoir une bonne illustration au théâtre de marionnettes de Toone (se reporter plus loin à la rubrique « À voir. L'îlot sacré »).
Le répertoire bruxellois est particulièrement prolifique dans le domaine des insultes, lesquelles font partie du patrimoine culturel de la ville. Alors, pour vous permettre de suivre un échange dans un café (*caberdouche* ou *staminei*), voici quelques invectives que n'aurait pas désavouées le capitaine Haddock. Les albums de Tintin sont d'ailleurs truffés de mots bruxellois : *Eih Bennek, Eih Blaveh,* la devise de la Syldavie, signifie « J'y suis, j'y reste » en *brusseleir.*

moukère	femme (de l'espagnol *mujer*)
smeerlap (« sméer-lap »)	salaud
snotnuis (« snot-neuills »)	morveux

dikkenek (« dikeu-naik »)	prétentieux (gros-cou)
froecheleir (« frouche-lair »)	tripoteur
ettefretter (« aite-frai-tteur »)	ronge-cœur
broebeleir (« broube-lair »)	bègue, confus
puuteleir (« pû-te-lair »)	peloteur
klachkop (« klache-kop »)	chauve

Vous voilà armé pour affronter les soirées bruxelloises, on ne pourra pas vous *enqui-quiner* (se moquer de vous) ni vous faire avaler des *zieverderâ* et des *carabistouilles en stoemelinks* (des racontars et des bobards en douce).

Ne perdez jamais de vue que lorsqu'on vous invite pour « dîner », vous êtes attendu entre 12h et 13h, que le repas du soir s'appelle le « souper » et qu'à l'hôtel vous pouvez prendre votre « déjeuner » au lit (pour le petit

> **LE SCHIEVE ARCHITEK**
>
> *Cette injure (littéralement « architecte tordu ») provient du quartier des Marolles, qui fut partiellement rasé lors de la construction du babylonien palais de justice confiée à Joseph Poelaert ; les habitants délogés en ont gardé une ran-cœur tenace pour toute la corporation des architectes.*

déjeuner). Et si on vous demande si cela vous a « goûté » (vous a plu), vous pouvez répondre : « oué sans doute ? » (non !) ou « non peut-être ? » (oui !)...

Cela dit, pour vous rassurer, les Bruxellois parlent en majorité un français parfaite-ment compréhensible, mais ils tiennent, comme tous les Belges francophones, aux particularités de leur langue.

Le français de Belgique

Les belgicismes

« Septante » et « nonante » ! Voilà à quoi un Belge se fait repérer immédiatement dans un rassemblement de francophones (avec le Suisse qui poussera le bouchon jusqu'à oser « huitante »). Et il y tient, puisque la logique linguistique est de son côté : les langues cousines de la latinité utilisent *setenta, ochenta, noventa* (espa-gnol) et *settanta, ottanta, novanta* (italien).

Le français de Belgique est aussi du français. Les particularismes belges ne sont, ni plus ni moins, que des archaïsmes bien authentiques, alors qu'en France le jaco-binisme centralisateur a eu tendance à réduire les saveurs des provincialismes. Des tournures de phrase sont communes au *ch'ti* du Nord. Par exemple, l'usage du « quoi » en fin de phrase (« je te raconterai quoi... » en place de « je te raconterai ce que... »).

Petit lexique des originalités du français de Belgique

amitieux	affectueux
à tantôt	à tout à l'heure
athénée	lycée
aubette	kiosque à journaux
bac à ordures	poubelle
bisser, trisser	redoubler, tripler (une année scolaire)
blinquer	reluire
bloquer	étudier, bûcher
boules	bonbons
bourgmestre	maire
brol	désordre, foutoir
brosser	sécher (les cours)

carte-vue	carte postale
ça va ?	D'accord ?
chicon	endive
clenche	poignée de porte
coussin	oreiller
crollé	bouclé, frisé
cumulets	culbutes (faire des)
déforcer	affaiblir
délibérer	discuter, mettre en délibération
dépôt d'immondices	décharge publique
drache (aussi chez les ch'tis)	averse
drève	allée forestière
dringuelle	pourboire
écolage	apprentissage
essuie-main	serviette de toilette
estacade	jetée
évier	lavabo
faire la file	faire la queue
farde	chemise, dossier
feu ouvert	cheminée, âtre
flat	studio
fourche	temps libre
fristouiller	cuisiner, cuire
friture	baraque à frites
guindaille	fête, beuverie d'étudiants
il n'est pas contraire	il est accommodant
jouer avec ses pieds	le faire marcher
koter	habiter une chambre d'étudiant *(kot)*
margaille	dispute
navetteur	travailleur se déplaçant tous les jours de son domicile à son lieu de travail
pain français	baguette
pensionné	retraité
piétonnier	rue commerçante réservée aux piétons
pistolet	petit pain rond (qui coûtait une pistole)
plafonner	plâtrer
postposer	retarder, différer
posture	statuette
pour du bon	sérieusement
prester	effectuer une prestation
remettre	vomir ou céder (commerce à remettre)
renseigner	indiquer, signaler
rhétoricien	élève de terminale
roter	râler, être en colère
sacoche	sac à main
salade	laitue
singlet	« marcel », maillot de corps
socquet	douille (d'ampoule d'éclairage)
spittantsubside	vif, alerte
tapis plain	moquette
tirer son plan	se débrouiller
tirette	fermeture Éclair, zip
toquer	frapper à la porte
valves	tableau d'affichage
vidange	bouteille consignée

LIVRES DE ROUTE

– *Jacques Brel : une vie* (1984), d'Olivier Todd, 10/18. La biographie la plus fouillée et la plus juste que l'on puisse trouver sur l'auteur des *Flamandes* et de *Bruxelles*.

– *Hergé* (1998), de Pierre Assouline, Gallimard, coll. « Folio », n° 3064. L'incontournable biographie du père de Tintin, réalisée à partir d'archives inédites, écrite sans complaisance gratuite pour un personnage complexe mais avec une admiration non dissimulée pour le créateur.

– *Le Mal du pays* (2003), de Patrick Roegiers, Le Seuil, coll. « Points ». Sous forme de lexique alphabétique, un panorama de la Belgique délirant, décapant, féroce et néanmoins attachant. À déguster à petite dose.

– *La Belgique* (2005), du même auteur, Gallimard, coll. « Découverte ». Joliment illustrée, l'histoire tumultueuse de ce pays complexe et contradictoire est abordée par Patrick Roegiers à la manière d'un roman, avec ses héros, ses aléas, et évoque les questions cruciales qui se posent à l'occasion des 175 ans de son indépendance.

– *Le Roman de Bruxelles* (2008), de José-Alain Fralon, Éditions du Rocher. L'ancien correspondant du *Monde* à Bruxelles part de la fabuleuse Grand-Place, parcourt les petits estaminets d'Ixelles et décrit la joyeuse impertinence du Manneken-Pis et les merveilles de l'Art nouveau. On y voit passer les ombres de Maurice Béjart et de Tintin, de Raymond Goethals et de Jacques Brel, de Rimbaud et de Karl Marx. Bourré d'anecdotes amusantes et de points de vue décalés.

– *Le Goût des Belges* (2006), d'Éric Boschman et Nathalie Derny, Racine. 150 produits et recettes estampillés *made in Belgium*. 150 produits emblématiques passés au crible et assaisonnés à l'humour belge. Irrésistible !

– *400 Façades étonnantes à Bruxelles* (2003), d'Isabelle de Pange et Cécile Schaack, Aparté. Ce livre s'adresse à tous les fans d'architecture et d'urbanisme. 400 façades de caractère, qui nous content Bruxelles.

– *Dictionnaire du dialecte bruxellois* (2006), de Louis Quiévreux, Les Éditions de l'Arbre. Savoureuse balade à travers les mots, le folklore et l'esprit bruxellois. On y trouve toute la bonne humeur et le goût de la moquerie sous laquelle se cache souvent un fin sens de l'observation.

– *Café Belgique* (2010), de Bernard Marlière, Éditions Jourdan. Plus de 800 « brèves de comptoir » truculentes glanées au fil de longues séances d'observation et d'écoute attentives dans les estaminets de Bruxelles et d'ailleurs. Allez, une pour vous mettre l'eau à la bouche : « *Patron, vos frites, elles n'ont sûrement pas fait le marathon de Bruxelles, avec toute la graisse qu'elles se paient.* » Le reste est à l'avenant...

Et pourquoi pas quelques B.D. pour aborder Bruxelles ?

– *Le Fantôme espagnol (Bob et Bobette)*, de W. Vandersteen, Standaard. Largement inspiré par Bruegel, cet album de la première époque de Vandersteen restitue dans son style naïf les Pays-Bas espagnols à l'époque de la répression du duc d'Albe.

– *Quick et Flupke* (1930), d'Hergé, Casterman. Les *ketjes* (gamins) des Marolles, ce quartier populaire de Bruxelles, jouent des tours pendables à l'agent 15 au lieu d'aller à l'école ou d'apprendre le violon. Plus facétieux que méchants, ils incarnent la *zwanze* (gouaille) de la ville.

– *Brüsel,* dessins de Schuiten, scénario de Peeters, Casterman. La capitale, ses trams, sa pluie et ses chantiers ouverts par des promoteurs immobiliers délirants. Un fleuriste (il a les traits de Philippe Geluck !) se débat dans un univers à la Kafka pour ne pas succomber à la maladie du progrès. Le dessin de François Schuiten est un hymne à l'architecture. Fait partie de la saga des *Cités obscures*.

– *Africa Dreams,* de Maryse et Jean-François Charles, et Frédéric Bihel, Casterman. Une illustration des rêves de conquête africains de Léopold II sur l'Afrique

centrale et l'exploitation systématique de ses richesses par des capitalistes cruels avec la bénédiction des missionnaires du XIXe s.
– *Astérix chez les Belges,* Hachette. Pour retrouver les Belges célèbres au temps des Romains, croqués par Uderzo et campés dans tous leurs travers par ce diable de Goscinny qui nous y donne sa version de l'invention des frites.
– *Bruxelles dans la B.D., la B.D. dans Bruxelles, itinéraire découverte,* de Thibaut Van Dorselaer, Versant Sud. Comme son titre l'indique, ce guide propose un circuit au cœur de Bruxelles, avec la B.D. pour fil rouge. Il répertorie les vignettes qui ont Bruxelles pour décor et les fresques des façades B.D. dans la ville.

POSTE

– *Horaires :* voir plus haut la rubrique « Horaires d'ouverture et jours fériés ».
– *Timbres :* le prix d'un timbre pour affranchir une carte postale ou une lettre pour la France ou la Suisse est de 1 € en service prioritaire et de 1,15 € pour un autre pays. 10 % moins cher à partir d'un achat de cinq timbres.

SANTÉ

Pour un séjour temporaire en Belgique, pensez à vous procurer la carte européenne d'assurance-maladie. Il vous suffit d'appeler votre centre de Sécurité sociale (ou de vous connecter au site internet de votre centre, encore plus rapide !) qui vous l'enverra sous une quinzaine de jours. Cette carte fonctionne avec tous les pays membres de l'Union européenne. C'est une carte plastifiée bleue du même format que la carte Vitale. Attention, elle est personnelle et valable 1 an (chaque membre de la famille doit avoir la sienne, y compris les enfants).

SITES INTERNET

● *routard.com* ● Rejoignez la plus grande communauté francophone de voyageurs ! Échangez avec les routarnautes : forums, photos, avis d'hôtels. Retrouvez aussi toutes les informations actualisées pour choisir et préparer vos voyages : plus de 200 fiches pays, une centaine de dossiers pratiques et un magazine en ligne pour découvrir tous les secrets de votre destination. Enfin, comparez les offres pour organiser et réserver votre voyage au meilleur prix. Routard.com, le voyage à portée de clics !
● *lesoir.be* ● *lalibre.be* ● *dhnet.be* ● Les sites des principaux quotidiens francophones.
● *rtbf.be* ● Celui de la radio-TV publique en français.
● *tintin.be* ● Le site de la Fondation Hergé. Liens intéressants.
● *frites.be* ● Site humoristique sur le thème de la frite, déconseillé aux Français.
● *autoworld.be* ● La plus belle collection de voitures du royaume.
● *bruxelles.irisnet.be* ● Le site du gouvernement de Bruxelles-Capitale.
● *europa.eu* ● Tout savoir sur les institutions et le fonctionnement du Big Bazar européen.
● *agenda.be* ● Le site le plus complet sur les activités culturelles à Bruxelles.
● *sofei-vandenaemet.skynetblogs.be* ● Un blog truffé d'histoires croustillantes et inattendues sur le passé de la ville.
● *shopinbrussels.be* ● Liste très complète des commerces bruxellois sur site-service de l'agence régionale créée pour favoriser le développement commercial, améliorer l'environnement urbain et l'attractivité de ces quartiers.

TABAC

La législation sur la consommation du tabac dans les lieux publics en Belgique s'est alignée sur ses voisins :
– *Lieux de travail :* interdiction totale depuis le 1er janvier 2006.
– *Restaurants et bars :* interdiction totale depuis juillet 2011 ; sauf en cas de local clos, permettant la tabagie.

TÉLÉPHONE ET TÉLÉCOMMUNICATIONS

Pour téléphoner vers la Belgique

– *De France :* 00 + 32 suivi du numéro à 7 chiffres du correspondant, sans le zéro initial.
– *De Suisse :* idem que de France.
– *Du Canada :* 011 + 32 suivi du numéro à 7 chiffres du correspondant, sans le zéro initial.

Pour téléphoner de Belgique

– *Vers la France :* 00 + 33 + les 9 chiffres du correspondant (donc sans le zéro initial).
– *Vers la Suisse :* 00 + 41 + indicatif ville + n° du correspondant.
– *Vers le Canada :* 00 + 1 + indicatif ville + n° du correspondant.

Les cabines publiques

Vous trouverez essentiellement des appareils à carte ; les télécartes s'achètent dans les bureaux de poste ou chez tous les commerçants qui apposent la petite affichette rouge sur leur devanture.
On commence à voir des appareils publics qui permettent l'emploi des cartes de paiement internationales.

Les tarifs

Téléphoner entre 18h30 et 8h ainsi que les samedi, dimanche et jours fériés vous permet une communication deux fois moins chère qu'en temps normal.

Quelques numéros utiles

■ *Secours médicaux, pompiers :* ☎ 100.
■ *Police fédérale :* ☎ 101.
■ *Croix-Rouge :* ☎ 105.
■ *Renseignements abonnés :* ☎ 1307.

> ☎ **112** : voici le numéro d'urgence commun à la France et à tous les pays de l'UE, à composer en cas d'accident, agression ou détresse. Il permet de se faire localiser et aider en français, tout en améliorant les délais d'intervention des services de secours.

Le téléphone portable en voyage

Le routard qui ne veut pas perdre le contact avec sa tribu peut utiliser son propre téléphone portable en Belgique avec l'option « Europe » ou « Monde ». Mais gare à la note salée en rentrant chez lui ! On conseille donc d'acheter à l'arrivée une carte SIM locale prépayée chez l'un des nombreux opérateurs *(Mobistar, Base, Belga-*

com, Proximus, Orange...) représentés dans les boutiques de téléphonie mobile des principales villes du pays et souvent à l'aéroport. On vous attribue alors un numéro de téléphone local et un petit crédit de communication. Avant de signer le contrat et de payer, essayez donc, si possible, la carte SIM du vendeur dans votre téléphone – préalablement débloqué – afin de vérifier si celui-ci est compatible. Si besoin, vous pouvez communiquer ce numéro provisoire à vos proches par SMS. Ensuite, les cartes permettant de recharger votre crédit de communication s'achètent dans ces mêmes boutiques ou dans les supermarchés, stations-service, tabacs-journaux, etc. C'est toujours plus pratique pour trouver son chemin vers un B & B paumé, réserver un hôtel, un resto ou une visite guidée, et bien moins cher que si vous appeliez avec votre carte SIM personnelle. Malin, non ?

Urgence : en cas de perte ou de vol de votre téléphone portable

Suspendre aussitôt sa ligne permet d'éviter de douloureuses surprises au retour du voyage ! Voici les numéros des trois opérateurs français, accessibles depuis la France et l'étranger :

■ **SFR :** depuis la France, ☎ 1023 ; depuis l'étranger, ☎ + 33-6-1000-1900.
■ **Bouygues Télécom :** depuis la France comme depuis l'étranger, ☎ 0-800-29-1000 (remplacer le « 0 » initial par « + 33 » depuis l'étranger).
■ **Orange :** depuis la France comme depuis l'étranger, ☎ + 33-6-07-62-64-64.

Vous pouvez aussi demander la suspension depuis le site internet de votre opérateur.

TRANSPORTS INTÉRIEURS POUR ARRIVER À BRUXELLES

La voiture

Les autoroutes

Lorsqu'un astronaute, au retour d'un voyage dans l'espace, raconte ce qu'il a vu de là-haut, il ne manque jamais de décrire les grandes métropoles mondiales qui scintillent dans la nuit, ainsi que, dans un coin d'Europe occidentale, une curieuse toile d'araignée lumineuse : le réseau autoroutier belge !
Voilà un pays où, tous les soirs, des milliers de lampadaires au sodium éclairent un des réseaux de communication les plus denses du monde. Depuis peu, des économies d'énergie sont faites en coupant l'éclairage de 0h30 à 5h30 du matin.
Attention : une différence qui peut porter à confusion : à l'inverse de la France, les panneaux directionnels autoroutiers sont en vert, les autres panneaux sont en bleu.

Les équivalences linguistiques des noms de lieux

Pour vous éviter de tomber dans le piège sournois des appellations de lieux, différentes selon la zone linguistique où est planté le panneau indicateur, nous vous soumettons, cher lecteur, la liste de quelques équivalences linguistiques que vous risquez de rencontrer autour de Bruxelles (Brussel), comme on l'a dit enclavée dans la région flamande.

Français	Flamand
Anvers	Antwerpen
Braine-le-Comte	'S Gravenbrakel
Bruges	Brugge
Bruxelles	Brussel
Courtrai	Kortrijk

Furnes	*Veurne*
Gand	*Gent*
Grammont	*Geraardsbergen*
Jodoigne	*Geldenaken*
Liège	*Luik*
Louvain	*Leuven*
Malines	*Mechelen*
Mons	*Bergen*
Namur	*Namen*
Renaix	*Ronse*
Soignies	*Zinnik*
Tirlemont	*Tienen*
Tournai	*Doornik*

Pour clore, sachez que vous risquez de tomber sur *Parijs* pour Paris, et *Rijsel* pour Lille. Et que *uitrit* n'est pas la ville la plus répandue de Belgique mais signifie simplement « sortie ». *Omlegging* signifie « déviation ».

Le code de la route

Vitesses maximales autorisées : autoroutes, 120 km/h ; routes à 4 voies, 90 km/h ; agglomérations, 50 km/h. Triangle de signalisation, trousse de secours, gilet réfléchissant et extincteur de bord (non périmé) sont obligatoires.
Depuis 2010, la circulation dans le centre-ville (le Pentagone) est limitée à 50 km/h. Le port de la ceinture est imposé partout (même à l'arrière), et la police fédérale effectue de nombreux contrôles les nuits de week-end, tant pour réprimer les abus d'alcool (maximum : 0,5 g/l de sang) que pour dépister l'usage de drogues au volant. De même, il faut savoir qu'en cas de contrôle de police et d'amende, celle-ci est exigible immédiatement (en liquide) sous peine d'immobilisation du véhicule.
Attention également à la priorité à droite : depuis 2008, elle est devenue « absolue ». Tout conducteur doit céder le passage à tout véhicule venant de droite, même si celui-ci a marqué un temps d'arrêt avant de franchir le carrefour.
Pour consulter l'état des routes : ● *inforoutes.be* ●

Essence

Attention : beaucoup de pompes à essence ne sont accessibles le soir et le week-end qu'avec une carte de paiement belge compatible avec le réseau *Bancontact.* Si vous ne disposez que d'une carte de paiement de type *Visa* ou *MasterCard,* il vous faudra impérativement chercher une pompe où une caisse est accessible toute la nuit. C'est la plupart du temps le cas le long des autoroutes.

TRAVAILLER À BRUXELLES

Ville d'institutions internationales, siège de nombreuses multinationales et carrefour d'échanges commerciaux, Bruxelles est un vivier d'emplois qualifiés en renouvellement constant. Peu éloignée de l'Hexagone et agréable à vivre (les loyers sont modérés et les logements faciles à trouver), Bruxelles est un excellent marchepied pour s'essayer à la vie d'expat' sans trop s'éloigner de ses bases.

Expatriés, les secteurs qui recrutent

Malgré un taux de chômage qui flirte avec les 20 % mais qui affecte surtout les métiers aux faibles qualifications, les perspectives d'emploi en région bruxelloise sont intéressantes, principalement dans les sociétés françaises et internationales basées à Bruxelles ou dans l'administration (sur concours), en particulier dans les institutions européennes (où plus de 3 000 fonctionnaires français travaillent). Dans tous les cas, sachez que le secteur tertiaire emploie 69 % de la population. Les services, mais aussi le commerce, les télécommunications et l'industrie de pointe y sont particulièrement développés. Parmi les avantages, quand on est français et donc européen, le permis de travail n'est pas obligatoire et la Sécurité sociale belge, dont vous bénéficiez automatiquement par convention avec la Sécurité sociale française, est aussi performante que notre bonne vieille Sécu.

La protection sociale

Personne ne le niera, la Sécurité sociale belge figure parmi les plus généreuses. Une partie des cotisations est prélevée directement à la source et est déduite du salaire brut (environ 13 %), tandis que l'autre est versée par l'employeur. Les prestations sont prévues tant en cas de chômage que de maladie, d'accident du travail ou encore de retraite. Pour bénéficier d'une couverture en soins de santé, tout travailleur doit s'inscrire dans une « mutuelle ». Après une période de stage – il faut donc effectuer cette démarche dans les plus brefs délais –, cette dernière paie des indemnités de maladie au-delà d'un mois d'incapacité de travail et intervient pour couvrir une partie des frais de soins de santé et des médicaments. Autre avantage : les congés payés. Même s'ils ne sont accordés qu'après une année complète de travail, les montants octroyés à cette occasion, qui dépendent notamment du nombre de mois prestés l'année précédente, peuvent aller jusqu'à 4 semaines. Une cagnotte dont ne bénéficient pas les travailleurs indépendants, dont le nombre tend à croître dans le pays même si leur statut social n'est pas aussi intéressant que celui du salarié.

La fiscalité

Le revers de la médaille, c'est le niveau assez élevé de l'impôt sur les revenus, également déduit à la source. Il dépend notamment de la situation familiale de l'intéressé et du nombre de personnes à sa charge. L'ensemble des dispositions légales en matière de travail diffère en fonction du statut du travailleur et donc selon qu'il est ouvrier ou employé, actif à temps plein ou partiel, personnel intérimaire, travailleur à domicile ou étudiant. Autant le savoir !

Trouver un emploi

La plupart des Bruxellois sont bilingues français-néerlandais et maîtrisent très bien l'anglais. Si vous voulez décrocher un boulot, il vous faudra parler au moins deux langues et vous mettre assez vite au néerlandais. Pour trouver un emploi, les techniques les plus utilisées sont la consultation d'annonces dans la presse ou sur Internet ainsi que l'envoi de candidatures spontanées. Les diplômes et les connaissances linguistiques y occupent une place essentielle. On peut aussi s'adresser aux services publics tels que l'ACTIRIS, comme aux agences de travail intérimaire, aux cabinets de recrutement et visiter des salons tels que Talentum Reference.

Internet
● *vacature.com* ● *references.be* ●

L'organisme officiel de l'emploi
■ *ACTIRIS :* bd Anspach, 65, Bruxelles 1000. ☎ 02-505-14-11. ● actiris.be ● Pour Bruxelles uniquement.

Interlocuteurs commerciaux

■ *Mission économique :* rue de la Loi, 38, Bruxelles 1000. ☎ 02-404-30-55. │ ● *missioneco.org/Belgique* ● │ ■ *Chambre française de commerce*

BRUXELLES UTILE

et d'industrie à *Bruxelles :* av. des Arts, 8, Bruxelles 1210. ☎ 02-506-88-12. ● cfi.be ●
■ *Section Belgique des conseillers*

du commerce extérieur de la France : bd de la Cambre, 33, Bruxelles 1000. ☎ 02-245-50-70.

Spécial Europe, les stages

Si l'aventure européenne vous intéresse, sachez que les stages officiels au sein de la Commission européenne visent plusieurs objectifs.

– Fournir à de jeunes diplômés une expérience unique du fonctionnement de l'Union européenne en leur donnant la possibilité de mettre en pratique les connaissances acquises pendant leurs études, dans leurs domaines spécifiques de compétence.

– Permettre aux stagiaires d'acquérir une expérience pratique des activités des départements et des services de la Commission, tout en leur offrant la possibilité de travailler dans un environnement multiculturel, multilingue et multiethnique.

– Promouvoir l'intégration européenne dans l'esprit de la nouvelle gouvernance par une participation active et les sensibiliser à une véritable citoyenneté européenne.

– Grâce à ses programmes de stages, la Commission bénéficie de l'enthousiasme de jeunes diplômés, pouvant offrir un point de vue neuf et des connaissances actualisées qui enrichiront le travail quotidien des institutions européennes. De ce fait, elle crée des « ambassadeurs de bonne volonté » à long terme pour les idées et les valeurs européennes tant à l'intérieur qu'à l'extérieur de l'UE. ● ec.europa.eu/stages ●

Avant le départ

Les papiers

Bonne nouvelle : venant d'un des pays de l'Union européenne, vous n'avez pas de restriction particulière pour travailler dans le plat pays. Seuls une carte d'identité ou un passeport en cours de validité vous seront demandés pour séjourner et travailler. Les ressortissants en dehors de l'Union européenne devront, quant à eux, obtenir visa et permis de travail.

Toutes les formalités à remplir sont détaillées sur le site ● bruxelles.irisnet.be/fr/citoyens/home/expatries/s_installer_en_belgique.shtml ●

■ Avant de partir, contacter la *maison des Français de l'étranger :* ministère des Affaires étrangères, salle d'accueil, rez-de-chaussée, salle A, 244, bd Saint-Germain, 75303 Paris 07SP. ☎ 01-43-17-60-79. ● expatries.org ● mfe.org ● Ⓜ Rue-du-Bac. Lun-ven 14h-17h. Un service du ministère des Affaires étrangères. Des infos sur le pays, des petites annonces, des conseils et des astuces sur les filières liées à votre profil et à vos envies. Très utile.
■ N'oubliez pas non plus l'*Espace emploi international,* émanant du Pôle emploi : 48, bd de la Bastille, 75012 Paris. ☎ 01-53-02-25-50. ● pole-emploi-international.fr ● Ⓜ Bastille. Pour les annonces et les renseignements d'ordre social.

Et mes valises, j'en fais quoi ?

Lorsqu'on part pour quelques mois, voire pour plus longtemps, on a forcément besoin d'un peu plus d'affaires. Problème : on a du mal à se séparer de ses chaussures préférées, de la jupe offerte par Tatie ou du pull fétiche de la communion... Comment faire un choix ? Ou ne pas en faire... Du coup, on emporte plein de choses et on fait appel à un groupeur en transport international, qui peut aussi faire fonction d'emballeur. Attention à ne pas oublier de régler les questions d'assurance : pensez à être couvert tous risques, à prendre les coordonnées de l'agent d'assurance local pour les avaries, etc.

■ *AGS Paris :* 61, rue de la Bongarde, 92230 Gennevilliers. ☎ 01-40-80-20-20.
● ags-demenagement.com ●

Pour dormir, on fait comment ?

Achats et locations de maisons ou d'appartements se trouvent aisément sur le site
● immoweb.be ●

Bien malheureusement, il n'est pas à la portée de toutes les bourses de pouvoir acheter un logement à Bruxelles. Nombreux sont ceux qui préfèrent, pour des raisons pratiques, louer un logement plutôt que d'investir dans l'achat d'un appartement ou d'une maison.

Le portail ● bruxelles.irisnet.be/fr/citoyens/home/logement ● propose une section très détaillée sur le thème de la location, notamment sur le bail locatif et les litiges et garanties d'un tel bail.

Pour ceux qui désirent s'installer à Bruxelles pour une période limitée, pour des raisons de travail ou autres, il existe des solutions de logement plus adaptées que les hôtels ou les locations à long terme, à savoir des appartements meublés, des aparthotels ou des flathotels.

Consulter ● traineesinbrussels.be ● ou également ● brusselsinternational.be/wabx lint/fr/visiteur/loger/logement-jeune-bruxelles ● qui proposent des locations à la semaine pour des stagiaires.

Divers

Compte tenu du nombre important de personnes venant de l'étranger pour s'installer à Bruxelles, on voit se multiplier les sites s'adressant à la communauté des expatriés. En voici une petite sélection :

● *expatries-France.com* ● Les francophones étant peu représentés sur le Web des expats, en voici un offrant grosso modo les informations essentielles dans la langue de Voltaire.

● *brusselslife* ● Offre un agenda sélectif d'activités et un répertoire d'adresses pour le shopping et les loisirs à Bruxelles.

● *expatriates.com* ● La vocation de ce site se limite à la publication de petites annonces, réservées aux diverses communautés d'expatriés, toutes nationalités confondues.

Association française en Belgique

■ *UFE, siège de Belgique :* av. du Bois-de-la-Cambre, 98/8, Bruxelles 1050. ☎ 02-675-93-30. ● ufe.be ●

Établissement scolaire français à Bruxelles

■ *Lycée français Jean-Monnet :* av du Lycée-Français, 9, Bruxelles 1180. ☎ 02-23-74-58-78. ● lyceefrancais-jmon net.be ● De la maternelle au lycée.

HOMMES, CULTURE ET ENVIRONNEMENT

« Paris, c'est un magasin d'antiquités où l'on vous indique où se trouvent les plus belles pièces ; Bruxelles, c'est un marché aux puces où vous pouvez trouver des pièces de collection mais sans qu'on vous le dise. »

José-Alain Fralon, *Le Roman de Bruxelles*

Une ville déroutante, mais ô combien attachante. Ceux qui la visitent pour la première fois n'en ont généralement qu'une représentation mentale floue. Peut-être une photo de la Grand-Place ou de l'Atomium, voire un des bâtiments des communautés européennes entraperçus à l'arrière-plan d'un correspondant de presse... En réalité, Bruxelles n'est jamais présente là où on l'attend.

À l'instar de Rome, Paris ou Vienne, on croit visiter une grande capitale, on découvre une cité à taille humaine, presque provinciale. On pense découvrir une ville au riche passé médiéval issu de son rang de capitale des États bourguignons, on reçoit de plein fouet l'impact d'une ville moderne, fruit du développement urbain et industriel du XIXe s. On emprunte une rue tortueuse, on bute sur une voie rapide... on cherche des remparts, on tombe sur des tunnels. On l'imagine cohérente, telle que l'avait rêvée Léopold II, le roi-bâtisseur, et on la trouve incroyablement brouillonne, voire insaisissable... Cette ville est multiple, comme un gigantesque kaléidoscope où chaque perception visuelle est immédiatement contredite par celle qui suit. Ses habitants eux-mêmes ont pour leur cité un sentiment diffus, mêlant attachement profond et dénigrement moqueur.

Alors on pense pouvoir la visiter comme ça, juste avec les yeux... mais on se surprend presque malgré soi à l'aimer, avec le cœur... Pourquoi ?

Difficile à dire. Bruxelles n'est pas toute la Belgique mais elle vous aidera à mieux la comprendre. On y trouve tout... et son contraire. Il faut dire qu'il n'est pas toujours aisé d'être capitale de la Belgique, siège des institutions européennes et capitale de la Région flamande, alors que 85 % de ses habitants parlent le français.

Ce qui est sûr, c'est que dans cet îlot francophone en pays flamand qui, de surcroît, abrite 30 % d'étrangers, le visiteur s'aperçoit bien vite qu'au sein de cette nouvelle Babel, rien n'est jamais simple. Bruxelles n'est pas la plus belle ville d'Europe, mais toute l'Europe l'a voulue : Espagnols, Autrichiens, Français, Hollandais... 800 ans d'administration sous influence étrangère, pour finalement se retrouver... à la tête de l'Europe. Beau parcours...

Si, administrativement, les compromis belgo-belges l'ont hissée au rang de région de l'État fédéral, prise en sandwich entre Flandre et Wallonie, on ne peut pas dire que cela se soit fait autour d'une identité claire, quoique... Cette diversité sociale et culturelle pourrait accoucher d'un modèle original où cohabitent Bruxellois de souche, Flamands, Wallons, cafetiers et restaurateurs espagnols ou portugais, tenanciers de snacks grecs, turcs ou chinois, conducteurs de bus marocains, taxis africains, lobbyistes américains, marchands de fringues pakistanais, ouvriers du bâtiment polonais, financiers anglais et promoteurs scandinaves, exilés fiscaux français, bijoutiers sikhs et toutes les nations européennes ou méditerranéennes... un passionnant laboratoire de la multiculturalité.

Bruxelles est une de ces villes où le visiteur a intérêt à être pris par la main pour lui faire comprendre que la Grand-Place, certes « le plus beau théâtre du monde », comme disait Cocteau, est plus qu'une façade. Il faut l'encourager à pousser plus loin et regarder au-delà des apparences. En dépassant le périmètre d'arrosage du Manneken-Pis tout proche, on entre dans les coulisses d'une scène passionnante. Allez donc faire un tour aux Marolles le dimanche matin, arpentez Ixelles et Saint-Gilles à la découverte des façades Art nouveau, allez humer, le dimanche, les sen-

> ## MAIS POURQUOI DIT-ON « BRUSSELLES » ?
>
> *On se trouve devant une exception de la langue française : le « x » se prononce ici « ss ». En fait, l'orthographe actuelle de la ville provient de l'habitude qu'avaient les scribes du Moyen Âge de remplacer les doubles « s » par une croix, tout en n'en modifiant pas la prononciation. Cette croix, assimilée au « xi » du grec ancien, a été prononcée « ks » en français à partir du XVIIIe s, mais ça n'a pas modifié l'usage pour Bruxelles dont le nom flamand d'origine est Brussel. Il existe d'autres exemples connus, comme Auxerre en Bourgogne qui se prononce « Ausserre ».*

teurs safran et menthe fraîche du marché coloré du Midi, découvrez, au hasard des coins de rues, les façades B.D., égarez-vous dans ces micro-villages au milieu de coquets faubourgs arborés, descendez une bière dans un estaminet – comme on appelle ici les tavernes – et prenez-y du plaisir.

Car si Bruxelles paraît sérieuse, elle aime par-dessus tout la dérision. L'humour bruxellois porte même un nom : la *zwanze*, une gouaille bonhomme qu'on rencontre souvent dans les cafés populaires. C'est dans ces lieux de partage qu'on découvre que le Bruxellois sait se moquer de lui-même, bien plus que des autres. Et c'est une sacrée qualité.

Est-ce un hasard si c'est ici que la bande dessinée, le 9e art, a établi son temple ? Est-ce si surprenant si les deux emblèmes de la ville font, l'un, 51 cm, avec un petit zizi qui éteignit paraît-il un jour la mèche d'un tonneau de poudre, et l'autre 100 m de haut, énorme assemblage de boules de métal ? Et que dire de ce palais de justice qui fut le plus vaste bâtiment construit au XIXe s et qui domine de sa masse un quartier où vécut autrefois Bruegel ?

Truculente et gouailleuse, surréaliste et décontractée, un peu à l'image de la banale silhouette du petit monsieur au chapeau boule qui fut un véritable artiste subversif, Bruxelles est une cité qui ne se révèle qu'à qui sait regarder.

BANDE DESSINÉE

C'est principalement en Belgique que s'est développé ce qu'on appelle désormais le 9e art. Bruxelles en est devenue incontestablement la Mecque et a tenu à matérialiser le chemin parcouru depuis les années 1920 en érigeant ce superbe musée qu'est le Centre belge de la bande dessinée.

Comment en est-on arrivé là ? Nous allons nous employer à le raconter, sans pouvoir malheureusement être complet...

Au pays des boy-scouts

Il était une fois... en 1925, un certain Georges Remi, chef de patrouille chez les scouts, qui illustrait la revue *Le Boy-Scout belge* par des histoires mises en images. Son personnage se nomme Totor, « chef de la patrouille des Hannetons ». À 18 ans, ses études achevées, le jeune Georges entre comme illustrateur au quotidien *Le XXe Siècle,* dirigé par un abbé de choc et fortement marqué à droite. Il devient l'homme à tout faire du journal et lorsque l'abbé Wallez décide de créer un supplément pour la jeunesse, c'est à Hergé (RG, contraction de ses initiales) qu'il confie le travail. Le 10 janvier 1929, Tintin (et Milou), reporter au *Petit XXe*, fait son apparition dans sa première aventure : *Au pays des Soviets*. Le ton est franchement anticommuniste – c'est dans l'air du temps – et le dessin assez grossier (inspiré par les *Zig & Puce*, d'Alain Saint-Ogan) recèle déjà plein de promesses.

Les ventes du journal grimpent, Hergé crée *Quick et Flupke,* les gamins facétieux des rues populaires de Bruxelles, et Tintin part au Congo, en Amérique, puis en Égypte et aux Indes *(Les Cigares du pharaon)*. Le scénario est toujours simpliste – bagarres et poursuites – mais pour la suite *(Le Lotus bleu),* l'auteur prend la peine de se documenter auprès d'un jeune étudiant chinois : Tchang. Celui-ci lui fait comprendre la nécessité de raconter la vérité aux jeunes lecteurs et, désormais, Hergé prendra son métier au sérieux, sans se douter que son héros connaîtra une notoriété universelle.

Des imprimeurs malins

À Tournai, l'éditeur Casterman se charge de publier les albums d'Hergé en leur assurant une large diffusion.

La formule des suppléments du jeudi pour les jeunes fait des émules et, en 1938, à Marcinelle, l'imprimeur Jean Dupuis crée le magazine *Spirou,* du nom d'un groom d'hôtel créé par Rob-Vel, en y associant Joseph Gillain (Jijé), qui dessine *Blondin et Cirage* pour le supplément du *Patriote illustré*... Les piliers de « l'école belge » de dessin se mettent en place.

Arrive la guerre et ses vicissitudes. Réduction du papier (et publication en couleurs pour compenser la réduction des pages), collaboration à des journaux aux mains de l'occupant (Hergé, avec *Le Soir*), mais la pénurie de *comics* venus des États-Unis amène des jeunes dessinateurs à inventer leurs propres scénarios. Un nouveau magazine voit le jour en français : *Bravo* (il existait en néerlandais), où fleurissent les histoires dessinées par E.-P. Jacobs, Vandersteen, Laudy et Reding.

Après la Libération, une pléiade d'autres titres sont publiés, ils connaissent une existence plus ou moins éphémère et ne pourront se développer, faute d'une diffusion vers la France pour cause de censure ! En 1946, Hergé, sans travail, accepte du résistant Raymond Leblanc la proposition de donner le nom de Tintin à un nouvel hebdomadaire. Le *Journal de Tintin* et son concurrent *Spirou* font le vide autour d'eux. Désormais, on parlera de l'école de Bruxelles (autour d'Hergé, Jacobs et Martin) et de l'école de Marcinelle (autour de Franquin, Morris et Jijé). Dans les cours de récré, les gamins se divisent en pro-*Spirou* et pro-*Tintin*.

L'école de Bruxelles

Elle se distingue par un grand souci de la précision du trait, de la lisibilité et par le parti de privilégier les récits réalistes. Hergé y fait entrer les collaborateurs de son studio et accueille de nouveaux talents à qui il transmet ce goût pour les histoires bien structurées, au graphisme précis, souvent moralisantes ou didactiques. L'âge d'or du *Journal de Tintin* va durer près de 30 ans et faire la fortune d'éditeurs tels que Casterman, Lombard et Dargaud, qui reprendront les histoires en albums.

Les acteurs de cette épopée sont légion : Jacobs *(Blake et Mortimer),* Martin *(Alix, Lefranc),* Cuvelier *(Corentin, Line),* Vandersteen *(Bob et Bobette),* Liliane et Fred Funcken *(Capitan, Chevalier blanc),* Bob De Moor (le bras droit d'Hergé), Tibet, Reding, Craenhals, Macherot, Graton, Aidans, Hermann, Greg (rédac' chef), Attanasio, Derib, Vance, Dupa... et même Uderzo qui, avec Goscinny, crée le personnage d'*Oumpah-Pah* avant de lancer *Astérix*. Le *Journal de Tintin* a cessé de paraître dans les années 1980.

L'école de Marcinelle (faubourg de Charleroi)

Ce qui fait la spécificité de l'autre école de la B.D. belge, c'est un penchant pour l'humour plutôt qu'un style graphique particulier. Le goût de la parodie et de la caricature est partagé par une bande de joyeux zigues : Jijé (*Jerry Spring, Blondin et Cirage*), Sirius (*L'Épervier bleu, Timour*), Franquin (*Spirou et Fantasio, Gaston Lagaffe*), Morris (*Lucky Luke*), Peyo (*Johan et Pirlouit, Les Schtroumpfs, Benoît Brisefer*), Hubinon (*Buck Danny*), Will (*Tif et Tondu*), Tillieux (*Gil Jourdan*), Paape (*Marc Dacier*), Roba (*Boule et Bill*). Bien d'autres s'y sont ajoutés : Mitacq, Cauvin, Leloup, Jidéhem, Walthéry, Lambil... Les *Histoires de l'oncle Paul* ont fourni un alibi de sérieux à la publication, mais, au fil de son histoire, le journal *Spirou* a connu des expériences originales et des tentatives de renouvellement de l'intérieur.

> **NUL N'EST PROPHÈTE EN SON PAYS**
>
> *À l'époque, le buste de Tintin et Milou qui coiffait l'immeuble des éditions du Lombard, près de la gare du Midi, était la plus grande enseigne lumineuse tournante de Belgique. Raymond Leblanc, fondateur du Journal de Tintin, racontait sa construction : « On a fait venir des ingénieurs allemands qui avaient installé l'enseigne Mercedes à Stuttgart. J'ai voulu vérifier l'impression qu'elle donnait quand on sortait du tunnel en tramway. Sur la banquette en face de moi, un petit garçon, accompagné de sa maman. Le tram s'est arrêté et le petit garçon s'est écrié : "Maman ! Regarde c'est Spirou !" Mille sabords, raté ! »*

Les années fastes du journal *Spirou* correspondent à la période où le scénariste Yvan Delporte en fut le rédacteur en chef.

La B.D. devient adulte

En France, la B.D. prend le virage historique qui ne la confinera plus au public « enfantin » avec l'arrivée de *Pilote* puis, dans les années 1970, de *L'Écho des savanes, Métal hurlant* et *Circus*. La Belgique cesse d'être le laboratoire principal de toutes les expériences nouvelles. Désormais la B.D. ne s'adresse plus uniquement aux enfants.

Casterman relève le défi de la modernité en publiant le magazine *À suivre* en 1978. Il accueille de nombreux auteurs formés à l'institut Saint-Luc de Bruxelles, vivier de nouveaux talents : Schuiten, Andreas, Sokal, Yslaire... Les collaborations se sont dispersées vers divers supports graphiques et les histoires complètes sont désormais publiées directement en albums, avec quelques gros succès, tels les séries *XIII* ou *Largo Winch* de Van Hamme ou les *cartoons* désopilants du *Chat* de Philippe Geluck.

La « ligne claire » (étiquette sous laquelle est rassemblée la majorité des créateurs belges) fait à présent partie de l'histoire. La B.D. quitte la sphère d'influence franco-belge pour devenir internationale.

Bruxelles et la B.D.

Bruxelles, dans son décor urbain des années 1930-1940, est présente dans certaines aventures de Tintin : le marché aux puces dans le *Secret de la licorne*, l'observatoire d'Uccle dans *L'Étoile mystérieuse*, l'hôtel *Métropole*, la villa du professeur Bergamotte et la salle à l'italienne du théâtre du Parc dans *Les Sept Boules de cristal*, le parc de Bruxelles dans le *Sceptre d'Ottokar*, le muséum des Sciences naturelles dans *L'Oreille cassée*... Avec la notoriété internationale, les décors se neutralisent, mais Hergé utilise de plus en plus le dialecte bruxellois pour faire parler des populations étrangères. Le syldave et la langue des Indiens d'Amazonie de *L'Oreille cassée* en sont truffés.

On identifie aussi la Grand-Place au XVIe s dans le *Fantôme espagnol* de Willy Vandersteen, ses rues dans les aventures de Freddy Lombard d'Yves Chaland et de bien d'autres...

Si vous êtes fan de bulles, ne manquez sous aucun prétexte le Centre belge de la bande dessinée à Bruxelles (CBBD), le nouveau musée Hergé à Louvain-la-Neuve (un must), la Maison de la bande dessinée, la Fondation Raymond-Leblanc ainsi que le parcours des façades B.D. de la ville.

BOISSONS

> **ATTENTION ! Dans les restaurants en Belgique, il n'y a pas de carafe d'eau sur la table. Si vous demandez de l'eau, on vous servira de l'eau minérale en bouteille, souvent facturée assez cher, et on s'attendra à ce que vous commandiez des boissons à la carte. Prenez une bière à la pression, c'est ce qui sera le plus économique. La carafe d'eau, sachez-le, est vraiment une exception culturelle française !**

Lorsque vous commandez un café, vous serez peut-être confronté à quelques spécificités locales : pour un expresso, demandez un « petit » ; quant au café au lait, il s'appelle ici « lait russe ». Si vous commandez un « café au lait », on vous apportera une tasse de café avec un petit pot de crème... Le café est souvent servi avec le biscuit local : le *speculoos*.

Bières

Chaque Belge consommerait chaque année près de 150 l de bière ; cela le place dans le peloton de tête européen avec le Tchèque, l'Allemand et le Danois. Brel a chanté : « Ça sent la bière de Londres à Berlin, Dieu qu'on est bien ! » Et sur le fronton de la maison des Brasseurs, qui borde la Grand-Place de Bruxelles, sont gravés ces mots : « Des bienfaits du ciel et de la terre, par la grâce de saint Arnould et le savoir des hommes, est née cette boisson divine : la bière. » C'est dire l'importance de ce breuvage dans la vie quotidienne au pays de Gambrinus (du nom de Jean Ier, Johan Primus, duc de Brabant et soiffard notoire).
La bière est partout : à l'apéro, sur une terrasse, en famille, après le sport, devant la télé, lors d'une réunion, avant, pendant et après les repas. Sachez que dans un restaurant coté, on ne vous regardera pas de haut si vous prenez le soin de commander une bière de qualité en harmonie avec les plats à déguster (demandez conseil, vous serez surpris et vous ferez des économies).
Même si la répression de l'ivresse au volant (alcool toléré : 0,5 g/l de sang) inquiète le secteur économique des cafetiers et restaurateurs, on trouve encore près de 50 000 bistrots où l'on peut déguster près de 350 variétés nationales de bières, brassées par une centaine d'entreprises restées souvent artisanales.
Avant de vous lancer dans des libations inconsidérées, quelques explications vous permettront d'apprécier (avec modération) toutes les richesses de la production brassicole.

Un peu de technique

Tout commence avec l'orge, dont les grains sont trempés dans l'eau pour germination. Le résultat est séché (touraillé) et réduit en farine (maltage). Le malt est transformé en jus sucré (le moût) ; le brassage sert à transformer l'amidon de l'orge en sucre maltose. Quand le moût est porté à ébullition, il est additionné de houblon, dont le dosage détermine l'amertume et l'arôme. Le moût est alors placé dans de grandes cuves pendant plusieurs jours et, sous l'action de levures, le sucre se transforme en alcool et en gaz carbonique. C'est le stade de la fermentation. Elle peut s'effectuer de trois manières : basse, haute et spontanée.

La bière la plus courante, la Pils (Stella, Maes, Jupiler), fait partie des bières de « fermentation basse » : la fermentation et la maturation se sont faites aux alentours de 8 °C pendant 7 à 10 jours et la levure repose au fond de la cuve. La bière obtenue industriellement est blonde et légère.

Les bières de « fermentation haute », dont les « spéciales », sont produites par l'action (entre 15 et 20 °C) plus courte de la levure qui remonte à la surface de la cuve. Il en existe plusieurs variétés.

Les bières rouges (*bruin bier* en flamand) proviennent d'un mélange de bière ordinaire avec une très vieille bière qui a séjourné 18 mois en fût de chêne ; saveur aigre-douce et goût fruité permettant l'adjonction de sirop de grenadine.

Les bières blanches sont faites à base de froment (c'est-à-dire de blé) et d'orge ; elles sont aussi appelées « bières troubles » en raison de l'absence de filtrage. Bière à l'aspect pâle et peu amère, la blanche, très désaltérante, se déguste de préférence en été.

À chaque Belge sa bière

Les bières « de saison », peu alcoolisées et aigrelettes, étaient autrefois brassées en Hainaut durant l'hiver pour être bues avant l'été. On peut à présent les trouver toute l'année, bien que leur étiquette porte encore la mention « de saison ». Existent aussi des bières de Noël et de Pâques, destinées à faire mousser dignement les fêtes !

Les bières brunes sont foncées, fortement aromatisées, d'abord sèches au goût, puis très douces.

Les célèbres bières d'abbaye ne sont que quelques-unes à pouvoir porter cette appellation : ce ne sont plus les vénérables moines qui brassent mais ils ont transmis (ou vendu) leurs secrets de fabrication à de respectables laïcs. On distingue les « trappistes », brunes ou blondes, brassées au Moyen Âge à l'intérieur de l'enceinte de l'abbaye (Orval, Chimay, Rochefort, Westmalle, West Vleteren, Achel), et les autres (Leffe, Grimbergen, Affligem, Maredsous, Saint-Feuillien, etc.), fabriquées à l'extérieur, sous licence, qui sont appelées bières d'abbaye. De forte densité et plutôt alcoolisées, elles se dégustent dans des verres en forme de... calice, bien sûr ! Elles sont tout simplement... divines !

Les bières de « *fermentation spontanée* » sont une spécialité exclusivement belge et ne se font d'ailleurs plus que dans les environs de Bruxelles. La fermentation n'utilise aucune levure mais provient d'une exposition à l'air libre dans de grands fûts appelés « foudres » où, pendant 1 à 2 ans, le moût (le lambic) se transforme sous l'action de ferments microbiens présents dans... l'air de Bruxelles (*Brettanomyces bruxellensis*). Le *lambic* peut se boire tel quel (ou sous forme de *faro,* en édulcorant le lambic de sucre candi), mais le plus souvent il est mis à vieillir en fûts de chêne, puis en bouteilles pour fermenter à nouveau et donner alors la célèbre Gueuze. Cette dernière est obtenue par le mélange de plusieurs lambics d'âges différents remis en bouteilles pour éliminer le sucre (l'atténuation). Elle est spontanément pétillante et mousseuse ; parfois aigre, elle peut être additionnée de sucre ou de grenadine.

Les vrais Bruxellois commandent un « *half en half* » qui est un mélange à 50 % de lambic et de faro.

La *Kriek* est un lambic dans lequel ont macéré des griottes, ce qui lui donne une couleur rouge et une saveur fruitée des plus rafraîchissante. Ne quittez pas Bruxelles sans l'avoir goûtée.

À chaque bière son verre

Il ne vous reste plus qu'à exercer vos papilles gustatives, mais sachez que chaque bière a son verre. La blonde, qui se boit généralement entre 4 et 6 °C, est servie de préférence dans des verres élancés sur pied pour éviter un réchauffement prématuré. Les brunes se dégustent dans un verre pansu entre 10 et 12 °C. Certaines bières utilisent un verre original, telle la Kwak, qui a besoin d'un support en bois pour tenir debout ! C'était la bière fétiche des conducteurs de fiacre et un tel support, bien utile pour éviter qu'elle ne se renverse dans les cahots, a rendu le fond du verre inutile...

Pour les amateurs : ● *beerparadise.be* ●

Chaque année, le premier week-end de septembre, une fête de la bière est organisée sur la Grand-Place.

CUISINE

Quand on fait l'inventaire de la production picturale des peintres flamands du XVIe au XVIIIe s, on peut constater que, juste après les évocations religieuses, le thème favori est sans conteste... la bouffe ! Scènes de ripailles, banquets, noces, kermesses rivalisent en abondance avec les natures mortes étalant des monceaux de victuailles prêtes à être englouties...

Au cours des promenades dans le centre historique des grandes villes, en levant la tête, on s'apercevra que les noms de rues rappellent les produits vendus sur les marchés : rue Chair-et-Pain, rue des Poissonniers, rue Marché-aux-Fromages, rue des Harengs, rue des Bouchers, etc. C'est dire le rapport que l'on entretient dans ce pays avec la bonne chère !

Limiter les plaisirs de la table, en Belgique, aux seules moules-frites reviendrait à réduire la cuisine française au museau-vinaigrette et l'italienne aux spaghettis bolognaise !

Curnonsky plaçait la cuisine belge au deuxième rang mondial derrière la française, donc pas de doute : on mange bien, très bien même dans la plupart des cas. Le choix est très varié, dans toutes les gammes de prix, et les portions sont souvent plus généreuses que celles dont vous avez l'habitude.

Si pas mal de restos belges sont des étoilés d'un guide concurrent, ce qui fait peut-être défaut, c'est le bistrot de tradition où l'on peut manger original sans se ruiner. Autre petite divergence : la trilogie traditionnelle dans l'Hexagone entrée + plat + dessert ou fromage n'est pas obligatoire ; vous pouvez vous contenter d'un plat + boisson (c'est copieux), on ne vous tirera pas la tronche. C'est d'ailleurs la manière la plus économique de se nourrir le midi. Petite précision : le *chicon* que vous

ON NE NAÎT PAS CHICON, QUOI QU'ON ENDIVE

C'est très officiellement le jardinier en chef du Jardin botanique, Bresiers, qui systématisa le forçage hivernal de la racine de chicorée en la cultivant à l'abri de la lumière et du gel. Des feuilles blanches se développèrent alors, justifiant le nom flamand de witloof (« feuille blanche »). Ce légume connut un succès rapide sous le nom de chicon (mot dérivé de chicorée) et entama une belle carrière internationale.

trouverez souvent sur les menus est le légume que vous connaissez sous le nom d'endive (*witloof* chez les Flamands, voir encadré ci-dessus), tandis que sous le nom d'*endive* se cache la scarole ! Et quant au *coucou*, ne vous attendez pas à le voir chanter dans votre assiette : ce nom désigne un vulgaire poulet !

Si vous souhaitez vous sustenter sur le pouce et pour pas cher, vous trouverez, en dehors des *fast-foods* internationaux, des marchands de *caricoles* (escargots de mer), de multiples friteries (qu'on appelle « fritures ») – un paquet de frites arrosées de mayonnaise ou de *pickles* vous cale l'estomac pour une demi-journée – et, plus simplement, dans toutes les boucheries-charcuteries du royaume on vous proposera des « pistolets fourrés », qui sont de petits pains ronds que l'on vous garnit avec tout ce que vous voulez ! Très économique.

Si vous avez envie de tester les spécialités typiquement belges présentes sur les tables familiales, en voici une petite liste (incomplète) qui, on l'espère, vous mettra l'eau à la bouche...

Petit déjeuner

Toutes sortes de pains, des tas de *couques* (brioches) garnies de raisins, fourrées à la crème pâtissière, du *cramique* (pain brioché aux petits raisins), du *craquelin* (le même au sucre), des tartines (pain de mie) arrosées de sirop de Liège, servis avec du café noir ou du café au lait.

Entrées

– Tomates-crevettes-mayonnaise (avec les grises de la mer du Nord).
– Croquette de crevettes.
– Fondue au parmesan.
– Asperges à la flamande (avec œufs durs et beurre fondu).
– Moules à l'escargot (à l'ail).
– Tête de veau en tortue (notre fromage de tête).
– Flamiche (tarte salée chaude au fromage, à Namur).
– Jets de houblon sauce mousseline (en mars).

Poissons

Les fameuses moules viennent de Zélande aux Pays-Bas.
– Filets de sole à l'ostendaise.
– Waterzooi de poisson (le plat le plus célèbre).
– Anguilles au vert (un must incontournable).
– Moules parquées (crues et garanties fraîches).
– Lotte aux poireaux.

Viandes

Bœuf et porc dominent, un label bovin de qualité : le *blanc-bleu belge (BBB)* élevé dans le Condroz.
– Carbonades flamandes (ragoût de bœuf, étuvé à la bière).
– *Coucou* de Malines (poulet fermier cuit dans l'argile).
– Waterzooi gantois (au poulet, bouillon de légumes).
– Civet de lapin à la bière.
– Lapin aux pruneaux et aux oignons.
– Faisan à la brabançonne (aux chicons braisés).
– Oiseaux sans tête (paupiettes de bœuf aux raisins de Corinthe).
– *Choesels* au madère : une légende tenace fait croire qu'il s'agit de la virilité du taureau. En fait, ce sont simplement des abats : pancréas de bœuf et poitrine de veau.

Plats uniques (suffisamment copieux)

– Chicons au gratin (roulades de jambon fourrées de chicons, sauce béchamel).
– Filet américain (steak tartare, accompagné de mayonnaise et servi avec des frites).
– *Stoemp* (potée roborative avec légumes et saucisses).
– *Hochepot* ou *hutsepot* (pot-au-feu de viande et de légumes).
– Boudin-compote-purée (boudins noir et blanc).

Douceurs

Les pâtisseries (viennoiseries) se déclinent à l'infini ; vous n'aurez que l'embarras du choix. Voici quelques produits typiques néanmoins.
– Pain à la « grecque » (Bruxelles), mot dérivé de *brood van de gracht* (pain du fossé, du nom de la rue du Fossé-aux-Loups) : galette dure au sucre cristallisé.

– *Speculoos* (biscuits durs à la cassonade, aromatisés à la cannelle et moulés en forme de personnages).

– Tartes diverses : au sucre, au riz, aux macarons, à la frangipane, au *maton* (fromage blanc).

– *Gozettes* (chaussons fourrés aux pommes).

– Et, bien sûr, les gaufres que l'on vend à (presque) tous les coins de rue.

> **BRUXELLES OU LIÈGE, QUELLE GAUFRE CHOISIR ?**
>
> *La gaufre de Bruxelles est rectangulaire, légèrement sucrée, croquante et se mange à table avec des couverts. Sa rivale, celle de Liège, est de forme plus arrondie, plus lourde et plus sucrée, et se mange dans la rue, à la main.*

Chocolats : au pays de l'or noir

Il n'y a pas si longtemps, le voyageur débarquant du train de Paris à la gare du Midi à Bruxelles subissait deux chocs immédiats : d'abord un gigantesque buste de Tintin, accompagné de Milou, tournant sur lui-même au sommet de l'immeuble des éditions du Lombard (il y est toujours), ensuite une subtile odeur de cacao qui venait chatouiller les narines de l'arrivant. La grande marque *Côte d'Or* (celle à l'éléphant) avait une usine de fabrication jouxtant la gare. Hélas, *Côte d'Or* a été rachetée par le Suisse *Suchard,* l'usine déménagée à Hal (10 km au sud), et les travaux de rénovation de la gare pour accueillir le TGV ont désertitifié ses abords.

La réputation du chocolat belge n'est plus à faire et, même sous le pavillon d'une multinationale, il garde toutes ses qualités. Les variétés vont du blanc délicat au noir à taux de cacao élevé frisant l'amer, en passant par tous les fourrés de pâte fruitée ou de noisettes. Le point culminant de cette production est le célèbre « praline » (qui n'a rien à voir avec la friandise à base d'amandes enrobées de sucre, créée pour le duc de Praslin, que l'on trouve en France). On en vend à tous les coins de rue sous les marques *Leonidas* (les moins chères), *Neuhaus, Godiva, Corné, Daskalidès, Marcolini.* Un chocolatier comme *Galler* innove en proposant des mélanges aux épices, aux fleurs ou aux senteurs marines et commercialise les fameuses langues de chat inspirées par le personnage de Philippe Geluck.

Si vous ne devez rapporter qu'une chose de Belgique, ce sera un ballotin de pralines (petite boîte conçue par l'épouse de Jean Neuhaus dans les galeries Saint-Hubert). Les prix varient de 10 à 25 € le kg selon les marques mais vous trouverez aussi des sachets de 100 g.

Les frites : un emblème prétendument national

Pour la légende, lire l'encadré ci-après ; mais l'histoire de la gastronomie manque de certitudes à ce sujet. Cela dit, la Belgique n'a pas eu l'apanage de la découverte de la pomme de terre, loin s'en faut ! Quant à la frite, si son usage s'est répandu dans la seconde moitié du XIXe s, plusieurs pays se targuent de l'avoir inventée, en premier lieu... la France, où l'on vendait des (pommes de terre) frites (au beurre) sur le Pont-Neuf à Paris avant de les voir envahir le reste du monde civilisé.

La meilleure frite du monde a pour caractéristiques de croquer sous la dent et de fondre dans la bouche parce qu'elle est cuite... deux fois ! Tout le secret réside dans la qualité de la pomme de terre – la *bintje* – taillée dans la longueur en frites de 1 cm d'épaisseur. D'abord cuites 5 à 7 mn dans une graisse (de bœuf si on veut respecter la tradition) chauffée à 160 °C, elles sont refroidies quelques instants avant d'être replongées dans la friture portée à 180 °C. Les verser dans un cornet de papier permet d'absorber l'excédent de graisse et l'on peut alors les saupoudrer de sel et les arroser de mayonnaise ou de *pickles*.

Sans vouloir créer une nouvelle branche de la sociologie qui serait celle de la frite, à voir certains soirs les queues de groupes multiethniques qui s'allongent devant les baraques à frites en attendant leur tour pour être servis, on pourrait presque affirmer que la frite est un facteur d'intégration et d'échan-

FRITES STORY

Once upon a time, sur les bords de Meuse, les pêcheurs avaient coutume de frire à la poêle les nombreux petits poissons qu'ils prenaient. Et puis un hiver particulièrement rigoureux gela complètement le fleuve. Quelqu'un eut alors l'idée de tailler des pommes de terre en confectionnant des bâtonnets allongés, rappelant la forme des petits goujons. Comme pour la friture, on les jeta dans l'huile bouillante. La frite était née !

ges entre les Belges de souche, les néo-Belges issus de l'immigration et les visiteurs de toutes les provenances.

À présent, arrêtez de saliver et précipitez-vous sur le premier *fritkot* venu. Une friterie bruxelloise (*Antoine,* place Jourdan) a eu un jour les honneurs du *New York Times* qui considérait qu'on y servait les meilleures frites du monde... rien que ça, une fois !

ÉCONOMIE

Le secteur tertiaire réalise la plus grande partie de son produit intérieur brut. Bruxelles est devenue une ville de services où l'industrie (12 % de l'emploi) a presque disparu. Commerce, banques, tourisme, assurances, transports et emplois dépendant de l'implantation d'organisations internationales assurent l'essentiel des ressources de la région. Avec un PIB de plus de 59 000 € par habitant, Bruxelles se classe au troisième rang des régions les plus riches d'Europe, derrière le Luxembourg et le centre de Londres. La région génère près de 25 % des exportations belges (en incluant les services) et attire un cinquième des investissements étrangers.

Elle accueille donc, personne ne l'ignore, les grandes institutions européennes mais aussi des représentations étrangères et de nombreux groupes d'intérêt. On recense ainsi 160 ambassades, 1 750 ONG, 200 bureaux de représentation des différentes régions et villes européennes, et plus de 13 000 lobbyistes. C'est aussi un carrefour économique entre les hommes d'affaires du monde entier et leurs homologues politiques : plus de 1 600 entreprises étrangères y sont représentées.

La presse internationale est également très présente avec près de 800 journalistes permanents accrédités.

Alors que la population de la région de Bruxelles-Capitale représente 10 % de la population totale du pays, la région contribue à plus de 19 % du PIB national. À noter que les nombreux « navetteurs » qui viennent travailler quotidiennement à Bruxelles mais résident dans l'une des deux autres régions contribuent au PIB de la capitale. Une particularité du système fédéral est également que le travailleur paie ses impôts par rapport à son lieu de domiciliation et non son lieu de travail, comme cela est prévu par le droit international. Si tel n'était pas le cas, la ville-région de Bruxelles disposerait en rentrées fiscales de 4 milliards d'euros en plus par an, au détriment de la Flandre et dans une moindre mesure de la Wallonie. Dans les décennies précédentes, elle a perdu une grande partie de ses habitants les plus aisés, partis s'installer dans les campagnes du Brabant. En accueillant une nombreuse population immigrée, Bruxelles s'est paupérisée, surtout dans ses quartiers centraux, et doit financer un chômage qui frise les 20 % (45 % dans les emplois peu qualifiés).

Par ailleurs, la population est jeune : les moins de 19 ans représentent 24 % de la population et le gros point noir est celui du chômage des jeunes qui atteint 35 % chez les moins de 25 ans.

L'EUROPE À BRUXELLES

Après des décennies de rivalité avec Strasbourg et Luxembourg, Bruxelles a sem-ble-t-il définitivement acquis le titre de *capitale de l'Europe.* Elle abrite en perma-nence des institutions majeures de l'Union européenne : la Commission euro-péenne, le Conseil des ministres et le Parlement européen (qui y tient ses commissions parlementaires alors que les sessions plénières se déroulent une fois par mois à Strasbourg).

Ces institutions à l'interaction parfois complexe drainent à Bruxelles une nébu-leuse de groupes de pression qui exercent un lobbying effréné à la hauteur des ambitions européennes. Avec plus de 500 cabinets-conseils, Bruxelles est la deuxième ville de lobbies au monde après Washington !

En dehors du Conseil de l'Europe, à Strasbourg (avec le Parlement européen), la Cour européenne de justice à Luxembourg et la Banque centrale européenne à Francfort, Bruxelles est donc au cœur du pouvoir décisionnel de l'avenir du Vieux Continent.

La Commission européenne

Elle est dirigée depuis novembre 2004 par le Portugais José Manuel Barroso, dont le mandat a été reconduit fin 2009 (en attendant l'application de ce « traité révisé » de juin 2007, qui a instauré la présidence pour 2 ans et demi, avec la désignation du Belge Herman Van Rompuy comme premier président). Elle comprend 26 commis-saires (plus le président) représentant les 27 pays de l'Union et veille à l'application des traités européens en répartissant la tâche entre 24 directions générales. Elle propose les évolutions futures de l'Union et dispose de pouvoirs de décision. Elle cherche à concilier les points de vue des États membres. Son rôle est parfois perçu comme celui d'un super-gendarme administratif, surtout dans le domaine très sen-sible de la concurrence économique. Elle rend compte de sa tâche dans un rapport annuel présenté au Parlement européen.

Le Conseil de l'Union européenne

Épaulé par une armée de 2 000 fonctionnaires, c'est l'organisme qui vote les direc-tives européennes ayant force de lois communautaires. Sa présidence est confiée par roulement à chacun des pays de l'Union, à raison de deux pays par an. Nou-veauté fin 2009, avec la nomination d'Herman Van Rompuy à la présidence de l'UE pour 2 ans et demi. Son siège est installé dans le mammouth architectural du *Juste-Lipse.*

Le Parlement européen

Les *785 députés* qui y siègent sont les représentants élus tous les 5 ans par les électeurs des 27 États membres de l'Union au nom de ses 492 millions de citoyens. Il accueille à Bruxelles, 3 semaines sur 4, les commissions parlementaires prépa-ratoires aux sessions strasbourgeoises et ce, dans l'hémicycle du « Caprice des Dieux » (allusion moqueuse à sa forme en ellipse rappelant les contours de la boîte de la célèbre marque de fromage). Il amende et entérine les propositions de la Commission et exerce un pouvoir de codécision avec le Conseil des ministres. Son président actuel est le Polonais Jerzy Buzek.

À noter que l'on trouve aussi à Bruxelles la Cour des comptes, le Comité économi-que et social, ainsi que le Comité des régions.

Les Eurocrates

Formant la moitié du contingent des Européens vivant à Bruxelles, les 30 000 Euro-crates ont parfois mauvaise presse (il y a pourtant moins de fonctionnaires européens à Bruxelles que de fonctionnaires à Marseille !). La *vox populi* a eu autrefois tendance à leur attribuer tous les maux de la capitale : la hausse de l'immobilier, la cherté des loyers, les embouteillages, les chantiers babyloniens, les prix élevés des restos. On leur prête exagérément des tas d'avantages éhontés : leur salaire généreux, leurs magasins hors taxes, leurs primes d'expatriés (à croire qu'habiter Bruxelles constitue la punition suprême !), leur plaque d'immatriculation, le fait qu'ils ne paient pas d'impôts, leur facilité à faire sauter les PV...

Tout cela est un peu vrai mais aussi un peu faux. L'immobilier bruxellois a subi des hausses, certes, mais bien moindres que dans d'autres capitales, et le prix moyen du mètre carré résidentiel reste un des plus bas des capitales européennes. Les Eurocrates paient des impôts eux aussi mais à un taux moins élevé que ceux des Belges. À défaut de vrais magasins hors taxes, ils disposent, à leur installation, de quelques facilités pour acquérir des articles de base détaxés. Les embouteillages ? Les Eurocrates sont parmi les plus grands utilisateurs du métro. Il est vrai en revanche que les restaurateurs et cafetiers (et encore, pas tous) en profitent pour augmenter leurs prix. Leurs salaires plutôt plantureux ? Oui, mais ils ont choisi de vivre parfois loin de leur famille.

Et eux, que pensent-ils de Bruxelles ? Ravis de se trouver à quelques heures de Londres, Paris, Amsterdam ou Cologne, où ils se rendent volontiers pour une expo ou du shopping le temps d'un week-end, ils la trouvent, en majorité, facile à vivre. Ils apprécient la modicité des loyers, comparés à ceux des autres grandes capitales, les moyens de transport et les banlieues vertes. Ils vénèrent les restos bruxellois, mais déplorent le provincialisme de la ville et surtout les chicaneries des administrations locales. Ils trouvent le centre assez sale et ne comprennent pas grand-chose aux problèmes belgo-belges. Ils vivent d'ailleurs un peu en cercle fermé, fréquentant après le bureau leurs pubs et restos nationaux groupés autour du rond-point Schuman, s'invitant les uns les autres et envoyant leurs mômes dans les écoles européennes.

Somme toute, le bilan des relations est plutôt favorable. Quelques petits griefs de part et d'autre mais pas de gros contentieux. Les Eurocrates se sentent bien à Bruxelles et ne demandent qu'à y rester. Quant aux Bruxellois, ils ont bien besoin de la manne qu'ils représentent (près de 5 milliards d'euros injectés tous les ans dans l'économie locale, soit 13 % du PIB de la région, générant, indirectement, près de 90 000 emplois). Et puis, à présent que se profile une Europe des trente, où pourrait-elle s'installer ailleurs qu'à Bruxelles ?

FÉDÉRALISME À TROIS ET QUERELLES COMMUNAUTAIRES

Malgré ses composantes divergentes, la Belgique a connu des institutions unitaires depuis l'indépendance en 1830 jusqu'aux années 1970. À partir de cette date, à coup de négociations marathoniennes et de compromis qui relèvent de l'art de faire rentrer un œuf dans une bouteille sans le casser, un processus de réformes constitutionnelles a été mis en œuvre pour aboutir à une structure étatique de type fédéral. Dans un souci de faire comprendre des institutions originales mais complexes (beaucoup de Belges eux-mêmes n'y comprennent rien), nous allons essayer d'être clairs en restant brefs : on respire un grand coup, on prépare un cachet d'aspirine... et on y va !

Bienvenue au pays du surréalisme !

L'article premier de la nouvelle constitution fédérale précise que la Belgique est un État fédéral composé de trois communautés (flamande, française et germanophone) et de trois régions (Région flamande ou *Vlaams Gewest,* Wallonie – ex-Région wallonne – et Bruxelles-Capitale).

Au niveau fédéral, le pouvoir exécutif est exercé par le roi et le gouvernement fédéral (21 ministres et secrétaires d'État, répartis à égalité entre Flamands et francophones) dans les domaines qui concernent le pot commun : affaires étrangères, justice, finances, budget, défense, intérieur, énergie et Sécurité sociale (les milieux politiques flamands en envisagent la scission).

Le législatif est exercé conjointement par le roi, la Chambre des représentants (150 députés) et le Sénat (71 sénateurs) où sont votées les lois qui relèvent des matières fédérales.

Le niveau communautaire, régi par le principe d'appartenance linguistique, prend en charge les domaines de l'enseignement, des affaires culturelles, de la santé et des affaires sociales.

Au niveau régional, régi par le principe de territorialité, l'exécutif est assuré par le gouvernement régional ; le conseil régional émet des décrets dans les domaines qui intéressent la région : logement, emploi, environnement, développement économique, transports, tourisme, agriculture, commerce extérieur et coopération internationale, avec la compétence de pouvoir signer des traités avec d'autres pays. Il y a donc un gouvernement régional à Bruxelles comme dans les deux autres régions, même si le gouvernement flamand siège aussi à Bruxelles !

Si vous avez suivi jusqu'ici sans encombre, on peut continuer...

La Belgique est aussi divisée en 10 provinces (issues des départements français de 1795). La Région flamande (6 millions d'habitants) regroupe cinq provinces ; la communauté flamande comprend les habitants de la Région flamande et les habitants néerlandophones de la région de Bruxelles-Capitale.

La Wallonie (3,4 millions d'habitants) regroupe cinq provinces (dont la communauté germanophone, 70 000 habitants, présente dans celle de Liège). Namur a été choisie pour capitale de la Wallonie.

La région de Bruxelles-Capitale est composée des 19 communes de l'arrondissement de Bruxelles-Capitale. Le bilinguisme français-néerlandais y est officiel. Bruxelles est donc capitale fédérale du royaume et capitale de la communauté et de la Région flamande qui ont fusionné leurs institutions.

Les 589 communes constituent l'entité politique et administrative de base. Elles disposent de pouvoirs très étendus qui datent parfois de l'époque médiévale.

Organisation administrative et politique dans la région de Bruxelles-Capitale

C'est le moment de prendre l'aspirine. Depuis 1989, la région de Bruxelles-Capitale a ses propres institutions. Deux autorités gèrent ses compétences : le Parlement et le gouvernement de la région de Bruxelles-Capitale. Ce dernier est composé d'un ministre-président, de quatre ministres et de trois secrétaires d'État.

Pour permettre à chacune des deux communautés (flamande et francophone) de mener des politiques communautaires spécifique-

COMME UNE BANANE ÉPLUCHÉE

Depuis 1991, après un concours public, l'iris jaune des marais sur fond bleu est devenu l'emblème de la Région. À l'origine, le territoire de Bruxelles était largement recouvert de marécages. Le choix s'est donc fait sur la base de la présence millénaire de cette plante, et le sigle de l'iris s'est largement répandu dans l'ensemble des institutions bruxelloises.

ment bruxelloises, limitées au territoire des 19 communes, trois institutions particulières ont été créées : la Commission communautaire française (COCOF), la Commission communautaire flamande (VGC) et la Commission communautaire commune (COCOM). Ça ne s'invente pas !

La région est compétente dans les domaines suivants : l'environnement et la politique de l'eau, la conservation de la nature, le logement, l'économie, le commerce extérieur, l'énergie, l'emploi, les travaux publics, les transports, les relations extérieures et la recherche scientifique.

S'y ajoutent les compétences communautaires relevant de l'appartenance linguistique : l'enseignement, la santé, la culture, l'audiovisuel et le sport.

Les Flamands ont fusionné région et communauté (voir plus haut) et les francophones voudraient bien y arriver...

Un petit peu de courage, on arrive au bout...

Le casse-tête de BHV

Bien que situées dans une région unilingue, certaines communes frontalières disposent de « facilités » pour garantir aux habitants pratiquant l'autre langue, une administration dans la langue de leur choix. Cette frontière linguistique a été tracée en 1963. À partir de cette date, le mouvement flamand s'est opposé radicalement au principe d'une frontière évolutive en fonction des flux de population. C'est dans ces communes frontalières que les tensions communautaires sont les plus vives : certaines communes aisées de la périphérie bruxelloise, en territoire flamand, sont habitées à présent par une majorité de francophones, et le gouvernement flamand souhaite effacer les facilités linguistiques dont ils disposent en arguant du fait que celles-ci n'étaient que transitoires, le temps pour ces habitants d'apprendre le flamand. Les recensements décennaux ne comportent plus de volet linguistique depuis 1960. Malgré l'habitude de mettre régulièrement ces problèmes « au frigo », la querelle a resurgi en 2005 avec la demande des Flamands de scinder l'arrondissement électoral de Bruxelles-Halle-Vilvorde (BHV en abrégé) pour bénéficier d'un découpage linguistiquement homogène de la carte électorale du pays, qui éviterait que les voix des électeurs francophones (on estime leur nombre à 150 000 personnes) de ces fameuses « communes à facilités » ne se reportent sur des élus francophones bruxellois. Les francophones ont contre-attaqué en réclamant le rattachement desdites communes (souvent à plus de 65 % francophones) à la région de Bruxelles-Capitale. Début d'un nouveau casse-tête... et échec des négociations. L'amputation du territoire de la Flandre n'est absolument « PAS NÉGOCIABLE » du point de vue flamand !

Décision a été prise de... ne rien décider et de mettre encore une fois la « patate chaude » à plusieurs reprises au frigo. Entre-temps le Parlement flamand a voté la scission à la quasi-unanimité, mais les francophones ont actionné au Parlement fédéral une procédure dite « de la sonnette d'alarme » qui permet à une minorité linguistique qui s'estime lésée de forcer son interlocuteur à engager de nouvelles négociations... On n'est pas sorti de l'auberge !

Les élections législatives de juin 2010 ont accentué le fossé entre les deux communautés. En Flandre, le parti séparatiste N-VA fait une percée spectaculaire à près de 30 %. Une presque majorité de Flamands s'est prononcée pour une autonomie accrue de la Flandre avec une « évaporation » annoncée de la Belgique.

Pendant qu'une longue succession de responsables politiques étaient nommés par le roi pour dénouer une crise inextricable en vue de former un gouvernement capable de mener à bien une réforme de l'État, le gouvernement d'Yves Leterme (démissionnaire en avril 2010) continuait de gérer péniblement les affaires courantes tout en assurant la présidence tournante de l'UE...

En avril 2011, le pays devenait officiellement (avec 310 jours) détenteur du record du monde d'un pays démocratique sans gouvernement issu d'élections, record chipé aux Irakiens, bel exploit !

Et en juin, un an après les dites élections, le président du principal parti francophone – le PS –, Elio di Rupo tentait une nouvelle fois d'arriver à un accord de gouvernement.

Et les Belges dans tout cela ?

Les cinq niveaux de pouvoir expliqués en quelques lignes plus haut ont du mal, dans un premier temps, à ne pas se marcher sur les pieds et apparaissent à beaucoup de Belges comme un système kafkaïen et coûteux ! 54 postes de ministres et secrétaires d'État en additionnant les niveaux fédéral, régional et communautaire, soit un ministre pour moins de 200 000 habitants, cela représente aussi un record du monde absolu !

Il faut pourtant considérer ce « meccano » institutionnel, acquis au prix de concessions mutuelles, comme un système imparfait peut-être, mais où les communautés peuvent, en principe, gérer leur avenir propre et organiser leur cohabitation dans le respect mutuel et la concertation. En réalité, alors que 60 % des habitants du Nord se disent flamands avant d'être belges, 85 % des Wallons et des Bruxellois se sentent d'abord belges.

Au stade suivant, la classe politique flamande majoritaire forme le vœu de réduire l'État fédéral à sa plus simple expression (le confédéralisme) et de gérer en solo la Sécurité sociale, la fiscalité et même la justice. Déjà dans les écoles des deux bords, l'anglais est enseigné comme seconde langue plutôt que la langue du voisin. Bientôt il faudra un interprète pour dialoguer... Il y a lieu de craindre que la fin de la solidarité nationale signifierait la fin de la Belgique, qui imploserait à coup sûr, avant de voir ses composantes se remarier peut-être au sein de l'Europe dans une nouvelle structure, le roi restant alors le dernier des Belges...

Si les problèmes politiques alimentent régulièrement les colonnes des journaux et les plateaux de TV, tous les sondages d'opinion indiquent que les Belges dans leur grande majorité considèrent que le monde politique s'est aujourd'hui décrédibilisé par des querelles de personnes et des scandales d'abus sociaux et souhaitent que leurs mandataires se soucient avant tout d'économie, d'emploi et d'environnement. Bravo d'avoir lu ce chapitre jusqu'au bout, vous avez bien mérité un ballotin de pralines !

FÊTES ET FOLKLORE

La Belgique est un pays où le particularisme (certains parlent de « localisme ») est érigé en institution. Même à Bruxelles, on est d'abord anderlechtois, ixellois ou saint-gillois... Pas étonnant, donc, de découvrir tout au long de l'année des processions, des marches, des parades, des cortèges carnavalesques ou historico-religieux, des kermesses et ducasses dédiées aux saints locaux... Chaque région, chaque commune entretient farouchement sa tradition : c'est l'occasion de cultiver avec gaieté ou sérieux ce besoin d'appartenance et cette sociabilité qui sont les fondements de l'identité populaire.

Le folklore n'est pas en Belgique une curiosité de musée, il est actif et beaucoup plus vivant que dans les pays voisins. À Bruxelles, il ne s'exprime malheureusement plus qu'à travers une petite poignée de manifestations.

– L'**Ommegang** de Bruxelles (le premier mardi de juillet et le jeudi qui suit) n'a aucun fondement religieux. Il se contente, avec faste, de commémorer le défilé processionnel donné en 1549 à l'occasion de la présentation par l'empereur Charles Quint de son fils (le futur Philippe II). Des processions solennelles de ce type existaient déjà au XIVe s. Les beaux costumes d'époque de l'empereur, son fils Philippe II, Marie de Hongrie et leur suite dans le cadre majestueux de la Grand-Place attirent des bataillons de touristes japonais.

– Le **Meyboom** (du flamand « arbre de mai ») qui comme son nom ne l'indique pas se célèbre le 9 août, veille de la Saint-Laurent, patron de la confrérie, est une tradition des quartiers populaires bruxellois.

C'est la plus ancienne tradition folklorique de Bruxelles (1213). Elle réunit une bande de joyeux lurons, divisée en plusieurs groupes, avec chacun leur costume traditionnel. Les plus importants sont les *buumdroegers* (prononcer « buumdrouguers ») qui portent l'arbre, et les *poependroegers* qui sont les porteurs des sept géants. On choisit un jeune hêtre qui est promené dès 14h dans la ville et apporté rue des Sables, dans le quartier du Marais, mais sans traîner, car au-delà de 17h, si l'arbre n'est pas planté, la malédiction risque de s'abattre sur la cité. La tradition veut que les habitants de Louvain (autrefois régulièrement en guerre contre Bruxelles) tentent par tous les moyens d'empêcher la plantation de l'arbre avant 17h. Les compagnons du *Meyboom* les plus âgés sont chargés de surveiller l'arrivée éventuelle de ces Louvanistes. Cela fait des siècles qu'ils ne se manifestent plus, mais on ne sait jamais... Après cela les géants sont amenés en fanfare sur la Grand-Place pour un petit rondeau.

Spectacles de marionnettes

– Le théâtre de marionnettes de Toone perpétue le répertoire des grands classiques : *Les Trois Mousquetaires, Le Cid, Les Quatre Fils Aymon, La Passion du Christ,* le tout dans un français du cru, émaillé de marollien mais rendu parfaitement compréhensible aux non-Bruxellois !

GÉOGRAPHIE

Le Pentagone

Pour le visiteur pressé, l'observation rapide d'un plan permet de cerner ce qu'on appelle communément le Pentagone. Mais pourquoi donc appeler « pentagone » une figure qui, en fait, a six côtés et non cinq ? Allez savoir ! Bref, le Pentagone constitue le cœur de Bruxelles. Il est délimité par de larges boulevards, sorte de périphérique urbain, plein de tunnels, qui épouse le tracé de la deuxième enceinte de la ville. Amusant : ces boulevards ne portent pas le même nom d'un côté et de l'autre de la chaussée. En effet, à l'intérieur ils appartiennent à Bruxelles, à l'extérieur à une commune différente.

Les communes de l'agglomération bruxelloise

Si vous avez bien suivi nos explications, vous savez donc que la région de Bruxelles-Capitale est un ensemble de 19 communes. La ville de Bruxelles est l'une d'elles. Quand on consulte notre plan en couleurs, on s'aperçoit qu'elle se compose donc du Pentagone, additionné de plusieurs autres morceaux qui s'y sont greffés pour diverses raisons (souvent de calculs électoraux). N'essayez pas d'y voir une cohérence géographique, vous deviendriez dingo. Pour faire simple, disons que, hors de ce fameux Pentagone et de ses divers appendices, vous avez pas mal de probabilités d'être dans une autre commune. Précisons aussi qu'en tant que touriste, vous entendrez beaucoup parler dans ce guide de Saint-Gilles et d'Ixelles (non, non, pas la taille de T-shirt...), et un peu d'Anderlecht, de Schaerbeek et d'Uccle. Voilà, on en reste là, sinon vous allez perdre les pédales.

Le ring

C'est un anneau autoroutier qui cerne l'agglomération bruxelloise et qui permet d'accéder à toutes les grandes directions. Bien surveiller les numéros des sorties. Ce n'est pas toujours une bonne idée de le prendre pour se rendre dans une banlieue proche. Quand on arrive à Bruxelles, le ring est assez trompeur : sortez-en dès que vous pouvez pour entrer dans la ville. Une bonne carte aide énormément.

Les espaces verts

Cela ne se voit pas au premier coup d'œil, surtout depuis l'intérieur du Pentagone, mais Bruxelles est la ville la plus verte du continent après Vienne ! Chaque Bruxellois disposerait de 27 m² de verdure – contre 10 m² pour les Londoniens et 9 m² pour les Parisiens. Ces espaces totalisent plus de 8 000 ha d'espaces verts, c'est-à-dire la moitié de la surface de la région ! Toutefois, ils sont très irrégulièrement répartis, en quantité et en qualité : si les zones périphériques de la région bénéficient d'un taux allant de 30 à 71 % avec des bois, des zones humides, des reliques de zones agricoles... le centre-ville ne jouit que d'un degré de « verdurisation » (un beau belgicisme) de 10 %, essentiellement grâce aux parcs publics.

Cela se voit bien à l'aide des vues aériennes : en plus des espaces publics, surtout en banlieue, et à défaut de larges artères arborées, le foisonnant tissu urbain est constitué d'îlots d'habitations au milieu desquels chaque maison dispose d'un jardin. Bien souvent une simple pelouse entourée de murs, bordés d'un carré de tulipes avec quelques arbres fruitiers, parfois maigrichons, mais qui suffit à donner aux habitants l'illusion de vivre dans un coin de campagne, surtout lorsqu'ils ont la

> **BRUXELLES TROPICAL**
>
> *Il n'est pas rare à Bruxelles d'être réveillé par le piaillement intempestif de bandes de volatiles ressemblant furieusement à des petits perroquets. Ce sont en réalité des perruches à collier échappées d'une volière et qui se sont bien acclimatées au point de se reproduire sans difficulté. On en signale régulièrement du côté de l'avenue Molière à Uccle (avec de gros nids), au parc Élisabeth à Koekelberg et même dans l'enceinte de l'OTAN à Evere !*

chance d'être réveillés par les merles ou les mésanges. À cela s'ajoute la proximité du bois de la Cambre au sud de la ville qui est l'avant-poste urbain de la forêt de Soignes.

Pour ceux que cela intéresse, l'Institut bruxellois pour la gestion de l'environnement publie une brochure très complète, *La Promenade verte* qui répertorie 63 km d'itinéraires dans la région bruxelloise pour découvrir à pied ou à vélo les nombreux parcs et espaces protégés.

HISTOIRE DE BRUXELLES

Lointaines origines

Bien sûr, comme un peu partout en Europe occidentale, des fouilles ont révélé la présence humaine dans la région bien avant notre ère et, à l'époque romaine, plusieurs villas, dont la plus connue sur la commune d'Anderlecht, exploitaient les ressources agricoles de la vallée de la Senne.

Le Moyen Âge

Sautons les siècles : 979 ! Déjà plus de 1 000 ans. Une date qui ne fait pas forcément l'unanimité chez les historiens – mais il faut bien commencer quelque part – situerait la fondation de la ville lorsque Charles de France, duc de Basse-Lotharingie fait construire un *castrum* sur une petite île de la Senne, la rivière qui traverse la région. *Brosella* (« habitation des marais »), comme le bourg se serait appelé alors, deviendra Bruxelles. Mais les textes qui étayent cette théorie datent du XIVe s, à l'époque où, pour un duc de Brabant, une filiation dynastique directe avec Charlemagne présentait un avantage renforçant son pouvoir.

Plus prosaïquement, un emplacement fortifié sur une colline entre comté de Flandre (vassal de la France à l'ouest) et les marches occidentales du Saint Empire romain germanique, le tout à la croisée d'un axe commercial ouest-est et d'une petite rivière navigable (en liaison avec l'estuaire de l'Escaut) présente bien des avantages stratégiques pour les comtes de Louvain.

Ceux-ci donnent au XIe s une impulsion à l'essor naissant de la bourgade en érigeant un château sur le Coudenberg (aujourd'hui place Royale), en aménageant des installation portuaires et des moulins à eau sur la rivière et en créant un chapitre de chanoines pour garder les reliques d'une sainte qui répond au charmant nom de Gudule.

Puis, au début du XIIIe s, sous la houlette des comtes, devenus entre-temps ducs de Brabant, on ceinture l'ensemble de remparts, dont de nombreux vestiges sont encore visibles aujourd'hui. La ville se développe grâce à l'industrie du drap et est dirigée par une bourgeoisie marchande qui exerce son influence sur le « bas » de la ville tandis que les seigneurs et leur représentants tiennent le « haut ». En 1229, les rapports sociaux entre les différentes composantes de la cité sont régis par une charte appelée *keure.* Sept clans patriciens (les lignages) se partagent le pouvoir civil en nommant chacun un échevin, composant ainsi la magistrature de la cité. Ils détiennent chacun une des clefs des sept portes de la ville.

En 1261, une crise dynastique dans le duché de Brabant provoque l'éloignement des ducs de leur fief principal de Louvain pour s'installer à Bruxelles. C'est le début d'une ascension politique qui fait que Bruxelles se sent vite à l'étroit dans son enceinte. Qu'à cela ne tienne, on en dessine une plus grande dont le tracé suit les limites de ce qu'on appelle aujourd'hui le Pentagone. En 1302, les corporations d'artisans récusent l'autorité bourgeoise et s'emparent de la ville durant quelques années. Depuis ce temps, la magistrature urbaine est composée d'un représentant du duc, l'*amman,* assisté des échevins nommés par les lignages. La draperie entre néanmoins en déclin et l'activité se tourne vers la tapisserie. C'est au XIVe s que la ville, prise durant 2 mois par les troupes du comte de Flandre, est libérée par *Everard 't Serclaes,* un héros dont un bas-relief sous une arcade de la Grand-Place rappelle le martyre, mais pour des faits bien ultérieurs à la délivrance de la ville.

De la période bourguignonne à celle des Habsbourg

En 1421, une insurrection permet aux corporations réunies en « nations » de forcer un accès au partage du pouvoir. Au nom d'un compromis bien compris entre gens de métier et patriciat, ce gouvernement d'alliance ne sera plus contesté à Bruxelles jusqu'à la fin de l'Ancien Régime. En 1430, par le jeu des alliances matrimoniales, les *ducs de Bourgogne,* les princes les plus puissants d'Europe (ils sont déjà comtes de Flandre) agrandissent considérablement leur domaine en héritant d'une grande partie des Pays-Bas (dont le duché de Brabant, avec aussi Anvers) et choisissent Bruxelles comme étape de leur cour itinérante. Toute cette époque où Bruxelles se dépense sans compter pour fixer cette cour est aussi marquée par un développement de l'art et de l'artisanat, notamment la sculpture, l'orfèvrerie, le travail du cuir, l'enluminure et la tapisserie.

N'est-ce pas à cette époque qu'on élève l'hôtel de ville gothique et que tant de superbes retables sont ciselés ? La ville est riche, prospère même. Rogier de la Pasture, alias *Van der Weyden,* devient peintre officiel de la ville. Re-jeu des alliances, re-changement de pouvoir. La faute à Marie de Bourgogne (orpheline de Charles le Téméraire en 1477), qui se jette dans les bras de Maximilien d'Autriche, un membre de la famille des Habsbourg. Résultat, en 1515, c'est son petit-fils *Charles,* régnant sur l'Espagne, les Pays-Bas et bientôt élu empereur germanique, qui arrive en ville et en grande pompe pour se faire couronner. En 1549, perpétuant la tradition des cortèges processionnels, on donne une fête en l'honneur de son fils, le futur Philippe II, qui servira de modèle au célèbre *Ommegang* contemporain.

Bruxelles continue de se parer de mille richesses et s'ouvre sur l'extérieur. L'anatomiste *André Vésale* y fait progresser les connaissances sur le corps humain. Mais Philippe II succède à Charles Quint, préretraité en 1555, après son abdication dans la *Magna Aula* du palais des Ducs. Charles Quint avait rêvé d'un grand empire européen, vivant dans la paix civile et religieuse. Découragé, usé, fatigué, l'empereur préfère se retirer dans un couvent au fin fond de l'Espagne.

Les temps troublés

Le règne de *Philippe II* inaugure une période agitée, sur fond de guerres de Religion. Continuateur de la politique paternelle qui avait dès 1535 édicté les premières mesures contre la Réforme, il combat le calvinisme qui a fait beaucoup d'adeptes dans les couches aisées de la société. Fini la glorieuse époque, bonjour tristesse et déclin, cela durera près de deux siècles. *Guillaume d'Orange* s'oppose à l'absolutisme de Philippe II et rassemble autour de lui les partisans de la religion nouvelle. L'un a embrassé la foi protestante, l'autre est un catholique rigoureux. L'Inquisition, après les exactions des iconoclastes, charrie son cortège de souffrances. Le peintre *Bruegel* dénonce les excès de la guerre dans plusieurs de ses tableaux.

Ce qui devait arriver alors arrive : le peuple se soulève, des révoltes éclatent et atteignent leur paroxysme en 1568, lorsque le *duc d'Albe,* chargé d'appliquer la politique de Philippe II, contre l'avis de Marguerite de Parme (fille naturelle de Charles Quint et gouverneur des Pays-Bas), fait exécuter sur la Grand-Place les *comtes d'Egmont et de Hornes,* pourtant catholiques, mais opposés aux persécutions. Une plaque évoque encore ce drame sur un pilier de la maison du Roi et la date funeste reste inscrite en rouge dans les manuels d'histoire de Belgique. En 3 ans, 8 000 condamnations à mort sont prononcées par ce tribunal d'exception nommé *conseil des Troubles.*

Jusqu'à la fin du XVIᵉ s, l'ambiance n'est pas à la rigolade, Alexandre Farnèse, petit-fils de Charles Quint, soumet la ville en 1585.

Un peu de répit avant la catastrophe

Pourtant, le canal de Willebroek, projeté dès 1477, a été achevé en 1561 et Bruxelles se voit reliée à la mer via l'Escaut en évitant les droits de douane que Malines percevait sur le parcours de la Senne. Le quartier nord-ouest de la ville devient un port et des quais sont aménagés. La fille de Philippe II, l'*archiduchesse Isabelle,* et son époux *Albert* reprennent les rênes des Pays-Bas en 1598. Ils vont redonner à Bruxelles une dynamique artistique et commerciale. Les heurts s'apaisent et les ordres religieux fleurissent dans un climat de contre-réforme magnifié par Pierre-Paul Rubens depuis Anvers. La production majeure de Bruxelles est devenue la dentelle dont l'époque est friande. Plusieurs milliers de dentellières y sont occupées. Marie de Médicis, évincée de la régence par Richelieu, trouve, en 1631, refuge auprès d'Isabelle à Bruxelles.

Après des décennies de calme relatif, patatras ! La France joue au « chamboule-tout » avec l'Europe. Les guerres menées par Louis XIV contre la ligue d'Augsbourg conduisent les flottes anglaise et hollandaise à bombarder les ports français de la Manche. Prenant prétexte de ces agressions, le roi donne l'ordre de *bombarder Bruxelles* en 1695, l'opulente capitale de ces Pays-Bas espagnols qu'il rêve d'annexer. En fait, c'est une diversion destinée à détourner les troupes coalisées qui faisaient le siège de Namur et à les entraîner vers un champ de bataille plus favorable. Du vendredi soir 13 août au dimanche 15 à midi, le centre de la ville est bombardé à boulets incendiaires et 4 000 maisons sont réduites en cendres. Quatre ans plus tard, la Grand-Place, étincelante, sort des décombres et, dans un style qui provoque le choc de genres opposés, fait l'admiration de toute l'Europe. Mais le reste de la ville est reconstruit sur le plan ancien, une occasion ratée de rationaliser l'urbanisme.

Des Autrichiens aux Hollandais en passant par les Français

En 1713, la ville devient autrichienne, toujours sous la férule des Habsbourg. Comme du temps des Espagnols, le début de cette domination n'apporte que des malheurs. Citons pour exemple, la révolte des gens de métier qui acceptent mal les levées d'impôts et le déclin de leur participation au pouvoir et qui se soldera par la décapitation pour l'exemple en 1719, de leur doyen, *François Anneessens.* En 1731, un incendie détruit le palais des ducs de Bourgogne sur le Coudenberg.

Charles de Lorraine, gouverneur des Pays-Bas (1744-1780), redonnera néanmoins un peu de lustre à Bruxelles en la parant de nombreux monuments classiques d'inspiration française. La place de Lorraine (future place Royale), l'église Saint-Jacques-sur-Coudenberg et les rues alentour constituent en fait le premier grand chantier architectural. L'avènement en Autriche de *Joseph II,* despote éclairé, voit une réorganisation de la justice, du commerce et de l'industrie, et marque la période de transition qui conduit à la fin de l'Ancien Régime, clôturé par l'épisode des États-Belgique-Unis en 1790. Les Autrichiens, provisoirement chassés, reviennent en force avant de quitter définitivement le pays sous la poussée des armées de la République française.

Après 1795, durant la présence française, Bruxelles occupe la place de *chef-lieu du département* de la Dyle. L'apport de la Révolution consacre la fin des privilèges et la naissance des Droits de l'homme. En émergent un nouvel ordre institutionnel, économique, social et juridique et un système législatif qui porte sur le devant de la scène un acteur jusque-là effacé dans le débat politique : le peuple. La Révolution laisse des traces marquantes dans l'organisation administrative, mais voit aussi se répandre l'usage du système métrique ou du papier-monnaie. Les fortifications médiévales sont rasées, n'en subsiste que la porte de Hal. Liège est aussi intégrée aux Pays-Bas méridionaux, qui vont passer sous l'administration des Pays-Bas après la débâcle de Napoléon à Waterloo.

Bruxelles partage alors le rôle de capitale du nouvel ensemble politique avec La Haye. Avec la création de la *Société générale* sont posés durant cette période les jalons d'une révolution industrielle qui verra la Belgique devenir la deuxième puissance économique du continent au XIXe s.

La capitale d'un nouvel État

En 1830, par rejet du calvinisme et de la culture néerlandaise, mais aussi en raison des discriminations subies par les Belges (pourtant démographiquement majoritaires) dans la fonction publique et l'armée, et de la perte du marché français pour les industriels libéraux, le peuple se révolte contre les Hollandais. Dans la nuit du 24 au 25 août de cette année-là éclate la *révolution.* Inspirée par la révolution de Juillet en France, elle démarre de Bruxelles et gagne vite les provinces. Les Hollandais sont chassés après de durs combats aux alentours du parc de Bruxelles. La Belgique acquiert son indépendance après une conférence des puissances européennes à Londres et la ville devient la capitale du nouveau pays qui choisit le modèle de la monarchie parlementaire. Après quelques tergiversations, Léopold de Saxe-Cobourg-Gotha y prête le serment constitutionnel le 21 juillet 1831 (voir « Personnages. Dynastie » plus loin).

Avec l'industrialisation, Bruxelles développe de nouveaux quartiers et de gigantesques travaux sont entrepris. Sous l'influence des loges maçonniques, l'université libre de Bruxelles est fondée. La seconde moitié du XIXe s, sous les règnes de Léopold Ier et de Léopold II, voit la construction de gares qui vont faire rayonner un réseau de chemin de fer très dense dans toutes les directions du pays, la ligne Bruxelles-Malines (1835) étant la première construite sur le continent. Le percement du canal vers Charleroi met le bassin houiller et sidérurgique du sud en liaison avec Anvers. Bruxelles se transforme considérablement : distribution généralisée de l'eau potable, pose d'égouts modernes, édification des galeries Saint-Hubert (1846), voûtement de la Senne pour cause d'insalubrité (1865), construction du palais de justice (1866-1883) et création du parc du Cinquantenaire (1880). Les nouveaux quartiers font l'objet d'un plan d'urbanisme novateur qui intègre facilement un impressionnant tissu de petites et moyennes entreprises qui en font le premier pôle créateur d'emplois industriels du pays. Autant de facteurs qui font plus que doubler sa population entre 1830 et 1900 pour avoisiner les 230 000 habitants. Avec Victor Horta et ses suiveurs, de superbes demeures *Art nouveau* sortent de terre au tournant du XXe s. Bruxelles connaît alors un important rayonnement culturel. Des mouvements artistiques se forment et influencent les pays voisins. Les Expos universelles s'y succèdent (1897, 1910, 1935), vantant le progrès des arts et de l'industrie et faisant de la ville un point de convergence des capitaux et des idées. La Bourse construite vers 1870 en est un des symboles. Occupée pendant les deux guerres mondiales, Bruxelles est bombardée trois fois durant le second conflit.

Bruxelles aujourd'hui

Après la guerre, les grands travaux se poursuivent. La construction de la jonction ferroviaire souterraine à six voies entre les gares du Midi et du Nord, étalée sur près de 50 ans, provoque une saignée dans le tissu urbain. Les projets de voies rapides, d'élargissement d'artères, de destruction de quartiers pour les transformer en immeubles de bureaux ne rencontrent que peu d'obstacles chez les responsables politiques. La ville, balafrée de partout, subit un véritable traumatisme. Bruxelles tourne alors comme une essoreuse : elle renvoie sa population vers les banlieues plus riantes, laissant en son centre le champ libre aux spéculateurs de tout poil. La modernité prend le développement américain pour modèle.

En 1958, nouvelle *Exposition universelle.* L'Atomium, symbole du progrès par la science et des Trente Glorieuses, en devient l'édifice phare. En 1967, le quartier nord subit l'assaut des pelles mécaniques pour créer une sorte de centre d'affaires prétentieusement appelé *World Trade Center.* En 1969, des comités se créent pour défendre la ville contre la spéculation et proposer des contreprojets mettant en avant la réhabilitation. Des combats sont menés et gagnés pour sauvegarder certains édifices. Pourtant, tout le quartier dit aujourd'hui « de l'Europe », autour de la rue de la Loi, est éventré pour élever des édifices ennuyeux qui accueilleront la « technostructure » européenne.

Cette prise de conscience salutaire a fini par faire émerger de nouvelles pratiques : depuis 20 ans, le laisser-faire n'est plus de mise. Les disgracieuses dents creuses qu'on avait laissé pourrir et les friches sauvages ont été quasiment résorbées, du moins dans le centre. On est passé à une politique de rénovation plutôt que de démolition, même les buildings des années 1960 ont été relookés. Le mobilier urbain a été remplacé pour offrir un environnement visuel plus agréable, et les voiries ont été redessinées pour faciliter la mobilité mais aussi pour ménager des zones de promenade aux piétons et de balades au cyclistes. Les nouveaux tramways et bus urbains ont fière allure, et le métro des années 1970 a été repensé. Tout n'est pas encore parfait, des quartiers sont à la traîne et la collecte des déchets laisse encore à désirer mais Rome ne s'est pas faite en 50 ans...

Bruxelles, ville-région

Parallèlement à la profonde transformation de son tissu urbain, la ville connaît une modification de son pouvoir, du fait du glissement progressif du pays vers le *communautarisme.* La Belgique tente de répondre aux tiraillements entre les communautés flamande et francophone en redistribuant les cartes institutionnelles sur un modèle fédéral. En 1989, on crée la région de Bruxelles-Capitale, composée des 19 communes de l'agglomération. Les habitants de la région envoient au parlement régional 75 élus, répartis selon une clef linguistique âprement négociée de 65 francophones et 10 néerlandophones. L'exécutif est confié à un gouvernement régional de cinq ministres (deux francophones, deux Flamands et un ministre-président « linguistiquement asexué » !), flanqués de trois secrétaires d'État régionaux.

En parallèle à la création des trois régions géographiques (Bruxelles-Capitale, Flandre et Wallonie), on crée des communautés linguistiques (francophone, néerlandophone et germanophone) qui, évidemment, ne recoupent pas les régions. Aujourd'hui, Bruxelles est une ville-gigogne : capitale du pays tout entier mais aussi capitale de la Flandre, tout en étant une région administrative à part entière. Certains souhaiteraient pousser le processus en faisant de la ville une région cogérée par les deux communautés ou même un district international à la manière de Washington DC. Ce serait à coup sûr lui ôter définitivement ce qui reste de sa spécificité et cela priverait ses habitants du droit démocratique élémentaire de s'administrer eux-mêmes.

Pour compléter le tableau, Bruxelles est également le siège de l'*OTAN,* de l'*UEO,* de la *Commission européenne* et du *Parlement européen* (commissions parlementaires). Ce dernier regroupe ses institutions dans un seul et même quartier, construit de toutes pièces pour flatter son ego, entre le Pentagone et le parc du Cinquantenaire.

MÉDIAS

Votre TV en français : TV5MONDE

TV5MONDE est reçue partout dans le monde par câble, satellite et sur IPTV. Voyage assuré au pays de la francophonie avec films, fictions, divertissements, sport, informations internationales et documentaires.

En voyage ou au retour, restez connecté ! Le site internet • tv5monde.com • et son application iPhone, sa déclinaison mobile • m.tv5monde.com • offrent de nombreux services pratiques et permettent de prolonger ses vacances à travers des blogs et des visites multimédia.

Demandez à votre hôtel sur quel canal vous pouvez recevoir TV5MONDE et n'hésitez pas à faire vos remarques sur le site • tv5monde.com/contact •

Euronews

N° 1 des chaînes d'info internationale en Europe, couvre l'actu 24h/24 partout dans le monde. Euronews propose un journal complet toutes les demi-heures, suivi de rubriques business, sport, culture et un bulletin météo mondial. Euronews propose également des magazines autour d'un large éventail de thèmes, tels que les sciences, le high-tech, l'éducation, le cinéma... Euronews est disponible en 10 versions linguistiques : allemand, anglais, arabe, espagnol, français, italien, persan, portugais, russe, turc, ukrainien et polonais. Euronews est reçue par 350 millions de foyers dans 155 pays via tous les modes de diffusion : TV, Internet, smartphone, tablettes... • euronews.net •

Du côté des ondes

La concurrence est féroce entre les chaînes pour s'approprier la manne publicitaire et les parts de marché, d'autant plus que le pays est coupé en deux zones linguistiques. Le marché en français ne représente que 4 millions de consommateurs.

En français, donc, la télévision publique RTBF dispose de trois chaînes. Sont également présents : RTL/TVI, entreprise privée avec également trois chaînes ; BTV (ex-Canal +), pour les possesseurs du décodeur bien entendu, et les chaînes AB3 et AB4 ; Bruxelles a sa propre chaîne : Télé-Bruxelles, reflet de l'actualité locale. Toutes les émissions en provenance de l'Hexagone sont accessibles : TF1, la plupart des chaînes de France Télévision, FRANCE 24 et Arte (avec décrochage belge), en plus des rediffusions de TV5MONDE.

Les gazettes

La presse a de plus en plus de mal à subsister, sauf pour les éditions régionales qui perdent moins de lecteurs.

En langue française, à Bruxelles, *Le Soir* et *La Libre Belgique, La Dernière Heure – Les Sports, L'Avenir* et ses éditions régionales et dont leurs suppléments culturels peuvent vous être très utiles. Les seuls *news* hebdomadaires généralistes sont *Le Vif/L'Express,* qui a la particularité de reprendre des pages de l'hebdo français et de *Moustique.* *Le Soir magazine* a pris un virage plus people. Pour les programmes TV, *Télépro.* *Ciné-Télé-Revue* restent les plus diffusés. Pour se tenir au courant de l'actualité culturelle, procurez-vous le mensuel *Kiosque* ou le bimensuel gratuit *Zone 02* qui contient aussi une rubrique sorties avec les restos et les bars.

PATRIMOINE ARTISTIQUE

Architecture : une succession de traumatismes

En bombardant le centre-ville en 1695 et en réduisant en cendres plus de 4 000 maisons, les artilleurs du maréchal de Villeroy contraignent les Bruxellois à retrousser leurs manches. Ceux-ci feront vite, grand et beau en édifiant la Grand-Place. Puis, au XVIIIe s, c'est au tour de Charles de Lorraine qui décide de réaménager tout le Coudenberg sur les ruines fumantes du palais des ducs de Bourgogne, incendié en 1731. Les grands travaux continuent au XIXe s sous Léopold II, avec le voûtement de la Senne et le percement des boulevards du centre à l'exemple de ce qu'a fait le baron Haussmann à Paris (on reparlera plus loin du trop fameux palais de justice). Ils se poursuivent de plus belle au XXe s.

Un exemple parmi ceux-ci : la **jonction ferroviaire** qui relie les gares du Nord et du Midi, et qui a laissé le centre-ville en chantier durant la première moitié du siècle et, dans le tissu urbain, une cicatrice qui a mis près de 50 ans à se couturer... Limitée par ses six voies, la jonction est saturée. En 2008, la SNCB a lancé une réflexion sur la manière d'augmenter la capacité du trafic. Deux solutions sont évoquées : l'élargissement à d'autres voies ou le percement d'un nouveau tunnel

FUNESTE JONCTION

La liaison ferroviaire Nord-Midi, qui voit passer 1 200 trains par jour et qui est quasiment saturée, reste dans le souvenir des Bruxellois comme le plus grand gâchis urbanistique qu'ait connu la capitale : 17 ha de tissu urbain rasés, 1 200 démolitions d'habitations dont de remarquables réalisations d'art néo- classique, Art nouveau et Art déco ; 15 000 habitants délogés et une sai- gnée à jamais tracée au cœur d'une ville.

sous la jonction actuelle. Ces travaux devraient se terminer à l'horizon 2020 pour un coût d'un milliard d'euros.

L'après-guerre des spéculateurs

Malheureusement, la seconde moitié du XXe s fut encore plus dévastatrice au point que le mot « architecte » est devenu une insulte dans le vocabulaire du petit peuple. Bruxelles a été le plus beau terrain de jeu de Monopoly des spéculateurs d'Europe. On peut sans grande difficulté dater la naissance du phénomène à Bruxelles de l'Expo de 1958. Afin de préparer la ville, des boulevards sont percés, des tunnels creusés, bref, Bruxelles entre alors de plain-pied dans la civilisation de la voiture. Dans les années 1960, un laisser-faire politique très complaisant permet aux promoteurs de caresser des projets délirants. En plus, le fait que le centre de Bruxelles ait déjà été mutilé sans être vraiment relevé leur rend les choses encore plus faciles. On détruit sans vergogne pour faire du neuf, sans égard pour le passé. L'exemple de la destruction de la **maison du Peuple,** chef-d'œuvre Art nouveau de Victor Horta, à la fin des années 1960, est éloquent.
Le processus de dégradation à des fins spéculatives est simple. Les écoles d'architecture du monde entier l'ont appelé « **bruxellisation** ».
On rachète de beaux ensembles, qu'on laisse à l'abandon en attendant qu'ils se dégradent doucement, jusqu'à ce que les derniers habitants fuient et que le permis

de construire soit octroyé de guerre lasse sous prétexte d'insalubrité pour alors faire du neuf. La méthode du pourrissement s'est ensuite généralisée à l'ensemble de la ville, où les surfaces de bureaux triplent en 20 ans. Les nouvelles cartes urbaines sont redistribuées anarchiquement, laissant sortir du sol quelques monstruosités. La crise des années 1970 stoppe net le nombre de chantiers, donnant à certains quartiers du centre un curieux aspect new-yorkais, où dents creuses et immeubles condamnés alternent avec des constructions neuves.

Suite aux combats menés par de nombreuses associations dont les fers de lance sont l'*ARAU* (Atelier de recherche et d'action urbaines) et le *BRAL,* son équivalent flamand, certains projets ont pu être freinés, quelques ensembles sauvegardés. Pour montrer leur bonne foi et le respect que les vieilles pierres leur inspirent, les promoteurs inventent alors le *façadisme,* technique qui consiste à tout détruire sauf la façade et à remodeler, derrière, des espaces modernes.

Si l'idée pouvait séduire, elle donna souvent lieu à des cacophonies architecturales, comme cette curieuse rencontre d'une façade baroque et d'un immeuble de verre à l'angle du boulevard Bischoffsheim. D'autres projets semblent plus équilibrés, comme celui de la place des Martyrs, où la cohérence de l'ensemble est respectée. Par ailleurs, après avoir réussi à vider son centre-ville, Bruxelles tente aujourd'hui de rappeler ses habitants au cœur de la cité et d'enrayer le phénomène d'« essorage » centrifuge. Pas une mince affaire !

Contrairement à Paris, par exemple, le centre-ville est en effet assez désert le soir (à part quelques rues). Beaucoup de ceux qui travaillent à Bruxelles n'y habitent pas. C'est le fameux phénomène des « *navetteurs* », terme qualifiant les quelque 300 000 travailleurs qui font quotidiennement la navette entre leur lieu d'habitation – situé parfois à 50 ou 100 km – et la capitale.

Les chantiers en cours et à venir

Aujourd'hui, trois quartiers ont subi, subissent ou vont subir les assauts immobiliers : le quartier nord, projet entamé dans les années 1960 et presque terminé, le quartier Léopold et ensuite les abords de la gare du Midi, dont le nouveau décor moderne a pris forme. Si le premier a fait couler beaucoup d'encre, il appartient déjà au passé. Le deuxième est directement lié aux attributions européennes de Bruxelles puisque le quartier se recompose essentiellement autour de son nouveau Parlement européen. On ne peut pas dire que la réussite esthétique soit au rendez-vous, pour ceux qui avaient espéré une vitrine architecturale à la hauteur des ambitions de l'Europe. Les abus autour du troisième, bordant la gare du Midi, ont permis au comité de quartier local de porter ses griefs en justice et de voir condamner par un tribunal la Région bruxelloise, qui aurait (tel un promoteur sans scrupules) organisé la dégradation du quartier à des fins spéculatives.

Une prise de conscience salutaire

Heureusement, Bruxelles semble avoir tiré la leçon des erreurs du passé. *Rénovation* et *réhabilitation* en sont les mots clés, des primes à la rénovation sont accordées aux candidats propriétaires. La Société de développement régional a été créée, il y a plus de 20 ans, avec pour mission d'enrayer l'exode des ménages à revenu moyen afin de revitaliser des quartiers désertés de la région de Bruxelles-Capitale. Grâce à des partenariats public-privé, la SDRB a pu mettre sur le marché des logements à des prix moyens et a donc permis à de nombreuses familles de continuer à vivre en Région bruxelloise. Du côté du décor, on commence à voir dans le temps les effets de cette politique de renouveau. Près de 150 millions d'euros ont été débloqués pour restaurer et embellir le centre ces dernières années ; on ne peut nier que cela donne de jolis résultats, mais cela suffira-t-il pour donner l'envie aux habitants de la périphérie de venir s'y installer ?

Au terme de cette énumération de constats affligeants, il faut insister sur les trésors (un peu éparpillés dans la ville) que recèle Bruxelles. Commençons par les plus emblématiques.

Art nouveau

Pour commencer, quelques mots d'explication. On désigne géné-ralement par ce vocable le re-nouveau stylistique qui s'opère entre 1895 et 1905 (le tournant du XXe s) dans les domaines de l'architecture et des arts décora-tifs, et ce dans l'Europe entière : *Liberty* en Italie, *Modern Style* en Grande-Bretagne, *Modernisme* ou *Arte Joven* en Espagne, *Jugendstil* en Allemagne et *Secessionstil* en Autriche. En Belgique, on qualifie le style de « ligne coup de fouet » en référence aux ara-besques végétales (surtout la tige

UN ART QU'ON GRATTE

Une des particularités de l'Art nouveau bruxellois est l'usage intensif systéma-tique du sgraffite sur les façades. Méthode bien connue des artistes de la Renaissance italienne, il s'agit d'un mortier artisanal dont on passe deux couches, l'une foncée, l'autre plus claire et plus fine. On gratte la plus fine quand c'est encore frais (sgraffite : gratter) pour laisser apparaître des formes. Sur des thèmes souvent floraux, ces paru-res apportent une dimension poétique à l'architecture des façades.

de la plante ou de la fleur) utilisées par Horta. Le trait commun de tous ces mouve-ments éclos simultanément aux quatre coins du Vieux Continent est de puiser leur inspiration dans une nature universelle et magnifiée (véritable ode à la féminité), tout autant que dans l'histoire, les cultures et les traditions nationales. Le tout dans un esprit de synthèse. Synthèse des styles, des arts...

À Bruxelles, pourtant, on constate une volonté très nette de s'affranchir de l'éclec-tisme dominant du XIXe s. Basé sur une conception esthétique recherchant une cohésion entre la structure de l'habitation, sa décoration et son mobilier, l'Art nou-veau amène les concepteurs à dessiner absolument tout, de la maçonnerie aux poignées de porte, en passant par les verrières et les carrelages. En parallèle, les objets usuels de la vie quotidienne se voient dotés, par la recherche de la qualité, d'une dignité nouvelle remise en cause par la mécanisation de la fabrication. Mais loin de rejeter le modernisme, l'Art nouveau utilise les possibilités techniques et plastiques des nouveaux matériaux : fer, verre ou ciment. Tentant d'intégrer dans une utopie esthétique la beauté de la nature à la vie quotidienne et de mettre cette conception à la portée de tous, l'Art nouveau reste un art éminemment bourgeois par ses exigences financières : qui donc pouvait s'offrir les bois précieux ou les services d'artisans spécialisés en verrerie ou en fer forgé ? L'Art nouveau corres-pond à l'émergence de cette **bourgeoisie d'affaires conquérante,** désireuse d'afficher sa réussite et de se démarquer de l'ancienne classe dominante des pro-priétaires fonciers. L'Art nouveau connaît, en Belgique, ses plus belles réussites avec l'architecte Victor Horta et ses disciples Hankar (qui affectionne les motifs géométriques), Strauven et Blérot. Henry Van de Velde s'attache à théoriser les acquis de cette nouvelle esthétique en transférant ses idéaux dans le domaine des arts appliqués, allant jusqu'à dessiner des brocarts et des tapisseries. Gustave Serrurier-Bovy aborde, lui, le vitrail et le papier peint, et crée un mobilier sobre et fonctionnel à monter soi-même, révélant par là ses préoccupations sociales.

En se développant (en se pervertissant, diront certains), l'Art nouveau tombera dans l'affadissement, et le vocable peu glorieux de « style nouille » vaudra à ses plus belles réalisations de connaître trop facilement la pioche des démolisseurs... Après 1918, on verra naître l'Art déco.

Aux amateurs d'Art nouveau, on conseille le bouquin *Bruxelles Art nouveau,* éd. AAM. Très bien fichu.

Art déco

Après la Première Guerre mondiale, l'exubérance décorative n'est plus de mise à Bruxelles. L'Art déco, héritier de la Sécession viennoise (voir le palais Stoclet, ave-nue de Tervueren, classé en 2009 au Patrimoine mondial de l'Unesco), apporte formes nouvelles au dessin plus géométrique. Le style tend vers l'épure, la ligne et l'angle s'imposent. Quelques architectes vont révolutionner la conception de la maison qui devient une « machine à habiter » où tout est pensé en termes de fonctionnalité. Si le style se fait plus discret dans la ville, plusieurs lieux sont accessibles, comme la maison communale de Forest, la résidence de la Cambre sur le boulevard Général-Jacques, inspiré des gratte-ciel américains, la basilique de Koekelberg, les églises Sainte-Suzanne à Schaerbeek et Saint-Augustin à l'Altitude 100, la *Rotterdamse Verzekering* (actuellement *SD Worx*), et le musée Van Buuren, à Uccle, chef-d'œuvre de l'Art déco. La villa Empain, avenue Franklin-Roosevelt, est un autre petit bijou du genre, elle est à présent rénovée et visitable. La Fondation Boghossian y organise des expos pour rapprocher Orient et Occident. De même, le Résidence Palace de l'architecte Michel Polak dans le quartier européen, rénové pour accueillir le centre de presse international.

Le style « paquebot » avec angles arrondis, coursives et cheminées se retrouve dans plusieurs habitations individuelles, mais surtout à la Maison de la radio, place Flagey, et au cinéma Eldorado (à présent UGC), place De Brouckère, avec sa luxuriante grande salle décorée sur le thème de l'imagerie congolaise.

Modernisme

Parallèlement à l'Art déco, les modernistes, inspirés par le Bauhaus allemand, plaident en faveur d'une architecture plus rationnelle, plus sobre, libérée de la notion de style, plus susceptible aussi de répondre en terme de techniques de construction à une demande accrue de logements au sortir de la guerre. L'école de la Cambre, fondée par Henry Van de Velde, en est le fer de lance. Parmi beaucoup d'autres, la cité du square Coghen à Uccle en est un exemple représentatif.

Les cités-jardins

C'est à l'urbaniste anglais **Ebenezer Howard,** qui publie en 1898 un ouvrage qui expose sa vision d'une nouvelle urbanisation, que l'on peut attribuer la paternité de la cité-jardin assurant en bordure des villes de nouveaux ensembles urbains de transition entre ville et campagne. Planifiées et gérées par des coopératives, les cités-jardins se veulent la représentation d'une nouvelle conception sociale et urbanistique qui doit permettre un meilleur contact entre ses habitants et la nature. Plusieurs pays ont développé ce concept à leur manière.

À Bruxelles, des cités-jardins ont vu le jour dans plusieurs communes durant les premières décennies du XXᵉ s, et plus particulièrement après la Première Guerre mondiale. À cette époque, on déplore un déficit de 200 000 logements en raison des destructions dues à la guerre, conjugué à une croissance démographique de la ville qui attire les populations de toutes les régions du pays. De nouveaux quartiers sont construits par les pouvoirs publics qui privilégient les logements sociaux. Le choix de cités-jardins est également d'ordre économique, la **construction à la chaîne** de groupes de maisons selon les mêmes plans et avec les mêmes matériaux permet des économies d'échelle et la mise à disposition de nouveaux logements en un temps très court. À partir des années 1930, la construction de cités-jardins est abandonnée par les sociétés d'habitations sociales, au profit d'immeubles à appartements.

De celles qui subsistent encore aujourd'hui et qui présentent un visage riant d'ensembles de cottages fleuris, certaines ont mal vieilli. Leur homogénéité a été rompue par des transformations malheureuses, mais elles suscitent un regain d'intérêt. En 2001, la Région bruxelloise a débloqué 700 000 € pour leur rénovation. Leur aspect de village correspond en effet aux aspirations des citadins qui souhaitent un habitat alliant les avantages de la ville à une vie au milieu de la nature et permet d'éviter la promiscuité tout en favorisant les relations de voisinage. Aujourd'hui englobées dans la ville, les cités-jardins sont passées du statut de « ville à la campagne » à celui de « campagne dans la ville ».

Il existe plusieurs cités-jardins dans les différentes communes de la région, mais les plus importantes en surface bâtie sont celles du *Floréal* et du *Logis* dans la commune de Watermael-Boisfort, au sud-est de la ville. On les distingue par leurs noms de rues : une fleur à Floréal et un animal au Logis ; ainsi que par la couleur des volets qui sont souvent verts au Logis et jaunes à Floréal. Leur visite au printemps quand fleurissent les cerisiers du Japon peut constituer un but de promenade agréable. Le seul défaut qu'on leur trouve est l'absence de commerces de proximité.

Dentelle et tapisserie

Le centre-ville regorge de boutiques dont l'enseigne annonce « authentique dentelle de Bruxelles ». Hélas, la réalité est bien différente, puisqu'il n'existe plus de nos jours de fabricants travaillant avec la technique qui fit le succès des dentellières bruxelloises pendant près de 300 ans. À cette époque, la dentelle de Bruxelles a connu un formidable essor : la finesse du lin, la qualité du travail des ouvrières et le raffinement des motifs ont permis à la dentelle de Bruxelles de supplanter celles de France ou d'Italie. Manchettes, châles, cols, coiffures, bonnets, étoles... sortaient au XVIIe s de petits ateliers privés.

Durant trois siècles, Bruxelles fut le plus important centre européen de la dentelle, mais le coût et l'évolution de la mode amenèrent sur le marché des imitations réalisées mécaniquement. Le dernier atelier artisanal ferma ses portes dans l'entre-deux-guerres. Au musée de la Dentelle, près de la Grand-Place, vous pourriez voir des tableaux d'époque qui illustrent la façon dont ces ornements étaient portés.

Du XVe au XVIIe s, c'est à Bruxelles que se fabriquent les tapisseries les plus appréciées des cours européennes. Le pape Léon X commande pour la chapelle Sixtine la tenture des Actes des Apôtres d'après Raphaël. Bernard van Orley et Rubens sont les auteurs des nombreux cartons d'où sont réalisés de véritables tableaux de soie et de laine. La tapisserie de Bruxelles a son style propre, inspiré en partie par les retables brabançons et dont les scènes peuplées de personnages richement vêtus sont séparées par des colonnettes. Les bordures sont constituées d'éléments végétaux entremêlés. La Renaissance italienne introduit le goût pour les personnages de grande taille campés dans des attitudes souples et élégantes à l'avant-plan de villas d'inspiration antique dans un décor de paysages à la perspective profonde.

Scène rock

Si Bruxelles a vu naître Jacques Brel et Annie Cordy, et si on y croise facilement l'Ostendais Arno, Bruxelles est aussi une place reconnue pour la scène rock où une tripotée de groupes belges se retrouvent et s'y produisent régulièrement. Soyez donc attentif à la programmation de lieux emblématiques comme l'Ancienne Belgique (AB), le Bota (pour Botanique), les Halles de Schaerbeek, le Beurschouwburg ou la méga-salle de Forest-National.

Quelques noms à surveiller de près : dEUS, Hooverphonic, Soulwax, Flexa Lyndo, Zita Swoon, Soldout, Sharko, Dead Man Ray, Kiss My Jazz, Evil Superstars, Gore Slut, Showstar, Ghinzu, Girls in Hawaï, Hollywood Porn Stars, etc.

PERSONNAGES

Bruxellois de souche ou assimilés

On ne peut raisonnablement parler de Belges que depuis 1830, date de l'indépendance, mais on peut considérer comme tels tous ceux ou celles qui sont nés ou ont exercé l'activité qui les a rendus célèbres sur le territoire de l'actuelle Belgique et de Bruxelles en particulier...

– *Chantal Akerman* (1950) : fille d'émigrés juifs polonais (sa mère est rescapée d'Auschwitz), elle se passionne très tôt pour le cinéma expérimental américain, ce qui la pousse à émigrer aux États-Unis. Elle s'inscrit dans un mouvement post-nouvelle vague, avec une esthétique proche d'un Philippe Garrel ou d'un Jean Eustache. Sans cesse en transit entre la France, la Belgique, les États-Unis et l'Allemagne, elle alterne films expérimentaux, documentaires chocs et films plus commerciaux. Adepte d'un cinéma direct, qui, dépassant même la réalité, recrée le romanesque, elle est au même titre que Jean-Luc Godard une figure incontournable du cinéma européen. Parmi les films marquants de sa carrière, citons son chef-d'œuvre : *Jeanne Dielman, 23 quai du Commerce, 1080 Bruxelles,* une description méticuleuse de l'aliénation, avec l'inoubliable Delphine Seyrig.

– *Pierre Alechinsky* (1927) : élève de l'école de la Cambre dès ses 17 ans. Il découvre l'œuvre de Jean Dubuffet et des surréalistes. Il adhère au mouvement artistique CoBrA avec Karel Appel et Asger Jorn. Au début des années 1950, il apprend l'art de la gravure et la calligraphie japonaise. Il rencontre Giacometti, Bram Van Velde et Victor Brauner. À partir de 1965, fasciné par la calligraphie orientale, il utilise de la peinture acrylique, de l'encre, différents types de papier comme des factures, et se laisse influencer par la technique de l'*Action Painting*.

– *Arno* (1949) : chanteur flamand (ostendais) à l'ascendance russe et anglaise doté d'un organe vocal éraillé par l'alcool et les clopes. Gouailleur et candide, désarmant de sincérité, il avoue chanter pour ne pas avoir à travailler. Il a revisité avec bonheur quelques classiques du répertoire belge comme *Les Filles du bord de mer* d'Adamo ou *Les Vieux* de Brel. Gros succès en France où il a été fait chevalier des Arts et des Lettres, et accueil enthousiaste pour son album « Jus de Box » en 2007. On peut le croiser pour quelque fin de nuit arrosée dans le quartier Saint-Géry-Dansaert.

– *Jules Bordet* (1870-1961) : il entame des études de médecine à 16 ans et en sort diplômé à 22 ans. Il bénéficie d'une bourse et travaille à Paris à l'Institut Pasteur où il découvre le rôle des anticorps. Il reçoit le prix Nobel de médecine et de physiologie (1919), pour ses travaux consacrés à l'étude des mécanismes de l'immunité. En 1933, il devient le directeur du conseil scientifique de l'Institut Pasteur. Entre-temps, il a enseigné la bactériologie à l'ULB. Fédéraliste résolu, il a milité dans l'entre-deux-guerres pour la promotion de la Wallonie et de la Belgique francophone.

– *Jacques Brel* (1929-1978) : natif de la commune de Schaerbeek, issu d'une famille aisée de cartonniers, le « grand Jacques » reste un monument incontesté de la chanson française. Grande gueule, bouffeur de curés et pourfendeur de bourgeois, invectiveur des *flamingants* et amoureux fou des Flandres, Belge à l'étroit dans son carcan national, rêveur d'infinis et verseur de larmes sur les femmes infidèles, Don Quichotte errant d'Amsterdam à Rio et de Knokke-Le Zoute à Vesoul, navigateur échoué aux Marquises, ce diable d'homme n'en finira jamais de ne pas nous quitter... Heureusement, ses chansons et ses films sont toujours présents pour encore une fois, avec lui, essayer d'« atteindre l'inaccessible étoile »... Il a composé une chanson qui porte le nom de Bruxelles, il y fait également allusion dans *Les Bonbons*.

– *Pieter Bruegel, dit « l'Ancien »* (1528-1569) : peintre flamand brabançon, il est fasciné par les décors alpestres lors d'un voyage d'apprentissage en France et en Italie. On retrouvera ces décors de montagnes à l'arrière-plan des scènes campagnardes. Installé à Anvers, il fréquente tous les esprits novateurs de la Réforme : Ortélius, Plantin et oppose les « mœurs rustiques » au mode de vie de la bourgeoisie urbaine. Il parcourt les campagnes déguisé en paysan pour assister aux kermesses de village. Peintre des mœurs rustiques, il utilise également l'allégorie biblique pour dénoncer les exactions de l'occupation espagnole. Inquiété par l'Inquisition, il poursuit son œuvre à Bruxelles où naissent ses fils : Pieter (Bruegel d'Enfer) et Jan (Bruegel de Velours). Bruegel est l'un des peintres les plus importants de la Renaissance et, si ses tableaux sont disséminés aux quatre coins du globe, courez voir ceux des musées royaux des Beaux-Arts.

– **Charles Buls** (1837-1914) : bourgmestre de la ville de Bruxelles de 1881 à 1889. Surnommé *l'esthète*, il a laissé comme principal souvenir de son mandat celui de la défense des arts et du patrimoine bruxellois. Souvent en opposition avec la politique du roi Léopold II, partisan d'une transformation radicale de la capitale, jugée par lui trop provinciale, et ce souvent au détriment de son passé. Buls a contribué à la restauration et à la conservation de plusieurs monuments et édifices de la ville. On lui doit la préservation d'une bonne partie du patrimoine historique du centre, dont la Grand-Place, à une époque où cette préoccupation est loin d'être partagée par la majorité de ses contemporains. Il est statufié avec son chien fidèle sur la place de l'Agora, tournant ostensiblement le dos aux projets de démolition du Mont-des-Arts.

– **Édith Cavell** (1865-1915) : fille de pasteur anglican, elle fonde en 1909 une école d'infirmières à Bruxelles. Après l'occupation allemande de 1914, miss Cavell et son équipe soignent indifféremment Allemands et Alliés, mais organise pour ces derniers une filière pour les exfiltrer aux Pays-Bas restés neutres. Arrêtée et condamnée à mort par une cour martiale, elle ne se défend pas et est fusillée. Sa figure de résistante héroïque joua un grand rôle dans la propagande anglo-saxonne pour dénoncer la barbarie teutonne. Un institut médical porte son nom dans la commune d'Uccle.

– **Annie Cordy** (1928) : de son vrai nom Leonia Cooreman, la chanteuse toujours énergique à 84 ans incarne la bonne humeur bruxelloise. Engagée comme meneuse de revue du Lido, elle a fait la plus grande partie de sa carrière depuis Paris, ce qui ne l'a jamais empêché de revendiquer sa belgitude. Elle a enregistré plus de 600 chansons, joué dans une dizaine de comédies musicales, une trentaine de films et de téléfilms, donné plus de 6 000 galas. Le roi Albert l'a faite baronne et pour la circonstance, elle a choisi une devise à son image : « La passion fait la force. » Sacré tempérament !

– **Paul Delvaux** (1897-1994) : qui ne connaît ces étranges dames nues évoluant au milieu de ruines antiques en compagnie de squelettes et de wagons figés dans un décor de gare de banlieue ? L'univers onirique et érotique de Paul Delvaux le rattache au mouvement surréaliste même si Magritte lui avait décerné le sobriquet de *Delbœuf*. L'académisme apparent de ses compositions est détourné par le côté obsessionnel des apparitions de ces femmes cataleptiques qui firent longtemps scandale... Il a longtemps vécu dans la riante commune de Boisfort dont la gare lui servait de modèle.

– **Jean-Michel Folon** (1934-2005) : né à Uccle, dessinateur, affichiste, graphiste, sculpteur, homme de théâtre et de télévision, ses affiches appartiennent à l'histoire visuelle des années 1970. Maître incontesté de l'aquarelle fluide, lumineuse et légère, créateur de petits personnages comme celui qui animait en s'envolant sur fond de soleil couchant le générique de fin d'émissions d'Antenne 2 en 1975. Folon était aussi un artiste doté d'une conscience politique et écologique : en 1988, il illustre la « Déclaration universelle des Droits de l'homme » pour Amnesty International. L'expo *Notre terre*, en 1991, contribua à appeler le public à prendre conscience des nécessités de la sauvegarde de l'environnement. À Bruxelles, il a décoré la station de métro Montgomery.

– **André Franquin** (1924-1997) : né à Etterbeek dans la banlieue bruxelloise, Franquin est un des piliers incontestés de la B.D. belge ! Dessinateur de génie, il reprit le personnage de Spirou en 1946 pour lui insuffler une fantaisie inégalée. Il y ajouta en plus de Fantasio de nombreux héros, tels le comte de Champignac, Zorglub, le merveilleux Marsupilami et l'ineffable Gaston Lagaffe. De ces albums, on retiendra *Le Voyageur du Mésozoïque*, *Le Dictateur et le Champignon* et, surtout, l'inénarrable *QRN sur Bretzelburg*. La dépression entraîna plus tard Franquin à dessiner une série plus amère et féroce : *Les Idées noires.* Il a indubitablement influencé toute une génération de créateurs européens.

– *Frédéric Flamand* (1946) : acteur, metteur en scène et chorégraphe né à Bruxelles. Il fonde en 1973 la compagnie du Plan K qui occupe une ancienne raffinerie sucrière à Molenbeek et accueille, dans ce lieu étrange devenu mythique, des artistes comme Bob Wilson, William Burroughs ou Eurythmics. En 1992, il est nommé à la tête du ballet royal de Wallonie et le rebaptise Charleroi/Danses, qui devient la première compagnie dans son registre en Belgique. En 2004, il est nommé directeur général du Ballet national de Marseille et de l'École nationale supérieure de danse de cette ville.

– *Philippe Geluck* (1954) : avant de créer, il y a 25 ans, son *Chat* philosophe, le Belge le plus en vue du PAF a d'abord sévi comme acteur, formé à l'INSAS, puis sur les ondes nationales en animant des émissions pour jeunes, puis en dilatant les rates belges dans la *Semaine infernale* de la RTBF, avec le courrier imaginaire adressé à son *Docteur G.* Sur le canapé dominical de Drucker et au sein de la bande à Ruquier, il a conquis l'Hexagone par un humour déconcertant, fait de fausses-vraies lapalissades, de réflexions métaphysiques et de piques acides, proche du *nonsense* cher à Desproges. Philippe Geluck a fait son entrée au Petit Larousse 2011.

– *Hergé* (1907-1983) : que peuvent avoir en commun des gens aussi divers que Haroun Tazieff, Michel Serres, Alain Resnais, Pascal Bruckner, Andy Warhol et Steven Spielberg ? Réponse : tous, ainsi que des millions d'autres anonymes, se sont sentis orphelins d'une part de leur jeunesse en apprenant, en mars 1983, la disparition de Georges Rémi, le créateur de Tintin, un des héros universels du XXe s. Ce jour-là, le quotidien *Libération* lui rendit le plus bel hommage qui soit en illustrant ses pages d'actualités par des planches choisies dans les aventures du petit reporter. L'apport d'Hergé à la reconnaissance de la B.D. comme art à part entière est indéniable : il en a fait un moyen

> ## LA DISPARITION D'HERGÉ
>
> *En 1980, Hergé tombe malade et souffre d'anémie. En mars 1981 ont lieu les retrouvailles entre Hergé et Tchang Tchong-jen, le jeune Chinois à l'origine du personnage de Tchang dans* Le Lotus bleu *et* Tintin au Tibet. *Hergé s'éteint en mars 1983 à Bruxelles. Bien qu'il soit officiellement mort de leucémie, un de ses biographes, Philippe Goddin, affirme qu'Hergé aurait été victime du sida. Du fait d'une maladie congénitale rare, son sang devait être régulièrement renouvelé. À cette époque, le virus VIH était mal connu et indétectable dans le sang. Hergé aurait contracté le sida lors d'une de ses transfusions, ce qui expliquerait la fréquence de grippes, pneumonies et bronchites de la fin de sa vie.*

d'expression accompli, son graphisme limpide a influencé toute une génération de dessinateurs, sa technique narrative est un modèle d'efficacité lumineuse et, si, pour certains, Tintin a pu paraître un héros fade et asexué, la galerie de tous les personnages secondaires fait de ses aventures une merveilleuse comédie humaine contemporaine. Le musée qui lui est consacré depuis 2009 à Louvain-la-Neuve est incontournable.

– *Victor Horta* (1861-1947) : à la fin du XIXe s, Bruxelles se dote de grandes artères et de monuments pompeux. En parallèle, une bourgeoisie prospère, en quête de nouveauté et d'affirmation culturelle, trouve avec un jeune architecte, Horta, l'occasion de concrétiser ses aspirations à une nouvelle esthétique. La construction en 1893 de l'hôtel Tassel fut l'acte fondateur de l'Art nouveau en Belgique. Au néoclassicisme dominant, Horta oppose une conception révolutionnaire : la ligne droite fait place aux volutes et ondulations de la nature, la lumière pénètre par des verrières décorées de motifs floraux, les matériaux employés – la brique, le verre et le fer forgé – sont utilisés en appliquant des techniques de construction industrielles.

Horta pousse le souci du détail jusqu'à dessiner chaque élément de la décoration ; tout doit contribuer à affirmer un nouvel art de vivre basé sur l'harmonie, l'élégance et l'ingéniosité.

– **René Magritte** (1898-1967) **:** « Ceci n'est pas une pipe », écrivait le pape du surréalisme belge, en 1929, sous la reproduction réaliste d'une pipe qui aurait pu appartenir à Maigret. Tout l'humour provocateur du peintre transparaît dans ces juxtapositions inattendues, dérangeantes, entre des objets d'usage familier plantés dans un décor insolite et ponctués d'un titre absurde... Publicitaire lui-même par nécessité alimentaire, ce dynamiteur du mental est le peintre qui a le plus influencé la publicité, récupératrice d'un grand nombre de ses idées-forces. Un superbe musée qui lui est exclusivement consacré s'est ouvert en juin 2009.

– **Maurane** (1960) **:** révélée dès les années 1980 par Nougaro et sur label Saravah de Pierre Barouh, cette Bruxelloise est devenue une star de la chanson en franco-phonie par la grâce d'une voix chaude doublée d'un swing diablement balancé. Avec ses potes Jonasz, Samson et Lara Fabian, elle est de tous les festivals importants. Elle habite la commune de Schaerbeek. En 2009, elle a sorti un CD en hommage à Nougaro qui aurait eu 80 ans.

– **Adolphe Max** (1869-1939) **:** il a battu tous les records de longévité au poste de bourgmestre de la ville puisqu'il a été en poste de 1909 à sa mort. Lors de l'invasion de 1914, il refuse d'exercer son mandat sous le joug allemand. Arrêté et emprisonné, il s'évade en 1918. L'année suivante, il devient aussi député et milite en faveur du suffrage universel et du droit de vote pour les femmes qui devront encore attendre jusqu'en 1948. En tant que bourgmestre il est entre autres responsable de la construction du palais des Beaux-Arts (confié à Horta) et de l'organisation de l'Exposition universelle de 1935 sur le plateau du Heysel. L'un des principaux boulevards centraux porte son nom ainsi qu'un athénée (lycée).

– **Eddy Merckx** (1945) **:** les Français l'ont surnommé le « cannibale » à cause de son insatiable faim de victoires. Il est considéré par tous les Belges comme le plus fabuleux pédaleur de tous les temps et comme LE sportif du XXe s selon un jury de journalistes spécialisés. L'énumération de son palmarès complet nécessitant plusieurs pages du *Guide du routard,* contentons-nous de rappeler ses cinq victoires aux Tours de France et d'Italie ainsi que son record de l'heure en 1972 sur un vélo « normal ». Il a totalisé, dit-on, 525 victoires sur route ! Retraité des pelotons, il se consacre à son entreprise de cycles. Couronnement de sa carrière, le roi l'a fait baron. Une station de métro bruxelloise porte son nom.

– **Yolande Moreau** (1953) **:** née à Bruxelles, elle est la fille d'un négociant en bois. Elle a entamé sa carrière en montant des spectacles pour enfants. Agnès Varda lui offre ses premiers rôles au cinéma. Dans le spectacle des Deschiens, elle incarne un personnage fruste et loufoque. « J'ai trempé dans un crime, c'est moche, hein ? » marque le début de sa reconnaissance. Avec *Quand la mer monte,* elle obtient le prix Louis-Delluc, puis elle décroche deux césars de la meilleure actrice.

– **Amélie Nothomb** (1967) **:** fille d'un diplomate en poste au Japon, puis étudiante à l'ULB, la *wondergirl* des lettres françaises en provenance de Belgique pond chaque année, avec la régularité d'un coucou suisse, un best-seller qui fait le bonheur de son éditeur Albin Michel. Son personnage décalé de gentille sorcière aux chapeaux extravagants lui vaut un certain succès sur les plateaux huppés des émissions littéraires. L'Académie française a consacré son talent indéniable en lui décernant son prix en 1999.

– **François Schuiten** (1956) **:** fils d'un architecte de renom, François Schuiten est né à l'époque de l'âge d'or de la B.D. en Belgique. À l'institut Don Bosco, il rencontre celui qui sera son complice attitré, le futur scénariste Benoît Peeters (qui est français), puis fait ses classes à l'institut Saint-Luc, la pépinière des créateurs de B.D. belges. On connaît surtout sa série des *Cités obscures,* où les espaces urbains sortis de son imagination se transforment en réflexions profondes sur la place de l'homme sur la planète.

– **Ernest Solvay** (1838-1922) : ce fut le roi Albert Ier qui prononça (événement rare) l'éloge funèbre de ce chimiste et industriel bruxellois qui avait beaucoup donné pour son pays, surtout au cours de la Première Guerre mondiale. Solvay était de la trempe de ces aventuriers inventifs qui ont jeté les bases de la prospérité et du capitalisme belge en découvrant, un peu par hasard, un procédé de fabrication inédit pour la soude, point de départ de la constitution d'un groupe international d'industrie chimique. Mécène et philanthrope, il fonda les instituts de physiologie et de sociologie de l'université de Bruxelles que jouxte, au parc Léopold, à l'ombre du Parlement européen, la superbe bibliothèque qui porte son nom. Horta lui bâtit une superbe maison dans le style Art nouveau sur l'avenue Louise.

– **Sœur Emmanuelle** (1908-2008) : née Madeleine Cinquin à Bruxelles, d'une mère belge et d'un père français, elle possédait les deux nationalités. À son entrée chez les religieuses de Notre-Dame-de-Sion, elle prend le nom de sœur Emmanuelle mais se fait appeler mère Emmanuelle par ses élèves. Elle a souvent été surnommée la « petite sœur des chiffonniers » ou « petite sœur des pauvres ». Elle est surtout connue pour son dévouement en Égypte auprès des enfants et des plus démunis et reste après sa mort un symbole de la cause des déshérités. En 1991, le président Moubarak lui a remis la nationalité égyptienne, en remerciement pour son action caritative au Caire. Familière des médias, elle a été très populaire dans l'opinion publique, apparaissant régulièrement en tête des classements des personnalités préférées des Français.

– **Sœur Sourire** (1933-1985) : ou sœur Luc-Gabriel en religion, de son vrai nom Jeanne-Paule Marie Deckers. Après être entrée chez les dominicaines, elle connaît le succès dans les années 1960 avec le tube mondial *Dominique* qu'elle compose, écrit et interprète au profit de son ordre religieux. La fraîcheur de sa voix et de ses textes, la simplicité apparente de sa foi lui attirent la sympathie d'un public qui ne se limite pas aux catholiques. Elle est rattrapée par le fisc belge qui lui réclame des impôts sur des sommes qu'elle n'a jamais touchées, quitte les ordres et finit par se suicider de désespoir avec sa compagne. Après Debbie Reynolds, qui interprète son rôle en 1966 dans *The Singing Nun,* c'est Cécile de France (encore une Belge) qui reprend le personnage en 2009.

– **Jean « Toots » Thielemans** (1922) : musicien de jazz et harmoniciste de renom, il grandit dans le café que ses parents tiennent rue Haute, dans les Marolles. Il y apprend l'accordéon. Admirateur pendant la guerre de Django Reinhart, il apprend la guitare et joue avec Stéphane Grappelli. Il perce dans ce milieu du jazz en faisant une tournée européenne avec Benny Goodman en 1950. Après avoir joué avec Charlie Parker, il atteint la gloire internationale avec sa composition *Bluesette.* Il a aussi accompagné les plus grands comme Ella Fitzgerald, Quincy Jones, Oscar Peterson, Frank Sinatra, Ray Charles... C'est incontestablement la référence mondiale à l'harmonica. Le roi l'a fait baron.

– **José Van Dam** (1940) : artiste lyrique de réputation mondiale, ce baryton-basse a chanté sous la direction des plus grands chefs d'orchestre de Karajan à Boulez en passant par Bernstein. Il se fait connaître au cinéma en interprétant Leporello dans le *Don Giovanni* de Joseph Losey. On le remarque aussi dans le film belge *Le Maître de musique* de Gérard Corbiau, nominé aux oscars. À présent baron, il a décidé de faire ses adieux à la scène au théâtre de la Monnaie en 2010 dans le *Don Quichotte* de Massenet.

– **Jean-Claude Van Damme** (1960) : de son vrai nom Jean-Claude Van Vaerenbergh, né dans la banlieue de Bruxelles. Il est sou-

---

JCVD, PHILOSOPHE ABSURDE

Citations choisies : « *Si tu travailles avec un marteau-piqueur pendant un tremblement de terre, désynchronise-toi, sinon tu bosses pour rien* ». « *Selon les statistiques, une personne sur cinq est déséquilibrée ; s'il y a quatre personnes autour de toi et qu'elles te semblent normales, c'est pas bon !* ». « *Si tu téléphones à une voyante et qu'elle ne décroche pas avant que ça sonne, raccroche.* »

vent désigné par ses initiales *JCVD* ou « *The Muscles from Brussels* » (jeu de mot sur *muscle* qui se prononce « meusseule » aux États-Unis ce qui signifie également « moule »). Musicien (tromboniste), culturiste et danseur classique dans sa jeunesse, champion d'arts martiaux (karaté), il croise Jacky Chan à Hong-Kong. Il est devenu acteur, réalisateur et producteur de cinéma après avoir percé à Hollywood dans un genre où il y avait pas mal de concurrence. Apprécié aussi en France pour ses aphorismes (involontaires ?) à la limite du surréalisme.

– ***Jaco Van Dormael*** (1957) *:* cinéaste bruxellois diplômé de l'INSAS, dont le talent éclaboussa les écrans avec son premier long métrage, *Toto le héros* (Caméra d'or au Festival de Cannes en 1991). En 1996, il récidive avec *Le Huitième Jour,* pour lequel Daniel Auteuil et Pascal Duquenne reçoivent le Grand Prix d'interprétation. Cette récompense a largement contribué à faire connaître le cinéma belge francophone. Son nouveau film, *Mr Nobody,* est sorti en 2010.

– ***André Vésale*** (1514-1564) *:* médecin bruxellois, il fait ses études dans la prestigieuse université de Louvain puis à Paris où sa passion de l'anatomie l'amène à décrocher les pendus du gibet de Montfaucon pour les disséquer et les étudier... attitude qui à l'époque pouvait mener au bûcher. À Padoue ensuite, il publie des traités d'anatomie richement illustrés de planches gravées. Il finira jalousé par ses collègues et traqué par l'Inquisition. Ses méthodes d'observation et de dissection en font un des pères de la chirurgie moderne. Il meurt dans un naufrage au retour d'un pèlerinage en Terre sainte qui devait le « mettre en règle » avec l'Inquisition.

– ***François Weyergans*** (1941) *:* natif d'Etterbeek, le néo-académicien français depuis 2009, né de père belge (Franz) et de mère aveyronnaise, est allé dans la même école qu'Hergé, l'institut Saint-Boniface à Ixelles. Élève de l'IDHEC, collaborateur aux *Cahiers du cinéma,* il réalise un premier film sur Maurice Béjart en 1961. En littérature, il récolte le prix Rossel puis celui des Deux-Magots et se consacre entièrement à l'écriture en travaillant de 11h du soir au lendemain midi. Le Goncourt de 2005, obtenu face à Michel Houellebecq pour *Trois Jours chez ma mère,* qui lui a demandé 7 ans de travail, lui ouvre les portes du panthéon des immortels.

Dynastie

En prêtant le serment constitutionnel, le 8 août 1993, Albert II, successeur de son frère Baudouin Iᵉʳ, devient le sixième roi des Belges depuis 1831.

À l'aube du troisième millénaire, la monarchie pourrait paraître complètement *has been* ou, pire, juste bonne à alimenter les colonnes d'une presse populaire friande de scandales. Il est à noter que dans l'Europe des 27, sept régimes politiques sont des monarchies constitutionnelles, un système politique se révélant être un facteur de stabilité et de garantie des principes démocratiques. Particulièrement en Belgique, où la présence de deux communautés parfois antagonistes rendrait le choix d'un chef d'État élu passablement épineux. Les Belges se sont accommodés de ces institutions, où le souverain joue un rôle beaucoup plus actif que les apparences pourraient le laisser croire.

La fonction royale a été définie par la Constitution de 1831, en limitant les pouvoirs du roi au sein de l'exécutif et du législatif. Si toutes les lois votées par le Parlement portent la signature royale, tout acte public de celui-ci doit être « couvert » par la signature d'un ministre. Voilà pourquoi les manifestations publiques du roi ou de sa famille apparaissent passablement guindées : le roi ne donne pas d'interviews ni de conférences de presse. Chaque infime entorse à la règle donne lieu à des réactions démesurées pouvant mettre en cause sa « neutralité ». Néanmoins, dans les coulisses, il exerce une discrète « magistrature d'influence » : à la sortie des élections, il choisit la personne chargée de former le gouvernement. Il rencontre, de manière confidentielle, les acteurs de la vie économique et politique, ce qui en fait l'homme le mieux informé du royaume. La tradition est de ne jamais dévoiler le contenu d'une audience royale. L'entorse à cette règle contribuerait à « découvrir la couronne ». À la cour de Laeken, on n'a pas l'habitude des scandales tapageurs, à l'instar des Windsor ou des Grimaldi... et, si le cas se présente, la ligne de conduite sera *no comment !* Même si, comme dans toutes les familles, la dynastie des Saxe-Cobourg a eu sa part de drames et de joies...

Léopold Ier (1790-1865)

Choisi par le Congrès national, le duc de Saxe-Cobourg accepte la couronne que lui proposent les Belges en 1831 tout en restant un poil réticent sur le cadre étroit que la Constitution progressiste lui réserve. Mais immédiatement, il a du pain sur la planche sur le plan militaire et diplomatique et doit repousser les troupes hollandaises, lésées par la perte de leurs provinces du Sud. Par la diplomatie, il parvient à décourager les appétits prussiens et les visées annexionnistes de la France. Il privilégie l'alliance matrimoniale avec celle-ci en épousant la fille de Louis-Philippe, Louise-Marie d'Orléans. Diplomate hors pair, il joue un rôle pacificateur qui permet à la jeune Belgique de trouver sa place au sein des nations européennes.
En cela, il remplit parfaitement le contrat passé avec ceux qui l'avaient choisi. Lorsqu'il meurt en 1865, la Belgique est lancée sur la voie de la prospérité et la continuité de la dynastie assurée avec la naissance d'un héritier, Léopold.

Léopold II (1835-1909)

Plus forte personnalité de la dynastie, Léopold II fut critiqué de son vivant. Son intelligence, son imagination, son sens de l'action l'ont amené à concevoir des projets dont l'ambition effrayait quelque peu les politiciens timorés. Les pouvoirs royaux attribués par la Constitution le gênant aux entournures, il se taille (avec quelques financiers audacieux) un empire à la mesure de ses ambitions : le Congo, et ce, à titre personnel ! Redoutant les risques de conflit sur le continent, il use de son influence pour doter le pays d'une forte armée défensive. Cultivé, amoureux de la vie sous toutes ses formes, il défraie la chronique de la Belle Époque par ses liaisons féminines et ses joyeuses virées. Ostende lui doit sa réputation de reine des plages, et Bruxelles quelques-uns de ses monuments et artères de prestige financés par les bénéfices du commerce du caoutchouc au Congo. La vieillesse le rend aigri et cynique, déçu peut-être par l'absence d'héritier mâle, la reine Marie-Henriette d'Autriche ne lui ayant donné que trois filles.

Albert Ier (1875-1934)

Neveu de Léopold II, il accède au trône en 1909 et devient, avec sa femme, Élisabeth, duchesse en Bavière, une figure légendaire de l'histoire belge en s'accrochant avec son armée à une minuscule parcelle de territoire lors de l'invasion allemande de 1914. Sa conduite courageuse pendant la guerre aux côtés des Alliés lui vaut le surnom de « roi chevalier ». Le suffrage universel est voté sous son règne et c'est un accident qui y met brutalement fin en 1934. Alpiniste accompli, Albert Ier fait une chute mortelle aux rochers de Marche-les-Dames (près de Namur). Il était père de trois enfants : Léopold, Charles et Marie-José. Élisabeth lui survit plus de 30 ans, se consacrant aux arts en créant, entre autres, le prestigieux concours musical qui porte son nom.

Léopold III (1901-1983)

Sur les 17 ans de son règne, il fut 4 ans captif dans son palais de Laeken, 1 an déporté en Allemagne en attendant la fin de la guerre et 6 ans en exil en Suisse. Il accède au trône dans des circonstances tragiques et le sort s'acharne puisque, en 1934, il provoque un accident de la route où sa femme, la reine Astrid, trouve la mort. Venue de Suède en 1926, elle lui avait donné trois enfants : Joséphine-Charlotte (grande-duchesse de Luxembourg), Baudouin et Albert. Influencé par un entourage qui ne masque pas sa sympathie pour les régimes « forts » d'Europe centrale, Léopold III commet plusieurs erreurs fatales. D'abord en œuvrant pour une neutralité face à la montée des périls. En mai 1940, après une résistance valeureuse à l'invasion nazie, il capitule sans concertation avec les Alliés et contre l'avis de son gouvernement qui poursuit la lutte depuis Londres. Sa rencontre avec Hitler quelques mois plus tard et son mariage en 1941 avec Liliane Baels (décédée en 2002) provoquent une rupture avec une grande partie de la population. En 1944, les Allemands déportent toute la famille royale. Son frère, Charles, assure la régence. Cinq ans plus tard, un référendum remporté par ses partisans lui permet de rentrer d'exil. Des troubles graves éclatent lors de son retour et, dans un geste d'apaisement, il préfère abdiquer au profit de Baudouin en 1951.

Il consacre le reste de sa vie à l'exploration de terres lointaines et à l'étude de l'ethnologie. On voit quelquefois mieux ce qui est loin.

Baudouin I*er* (1930-1993)

L'enfance du cinquième roi des Belges ne fut pas tendre. Il perd sa mère dès l'âge de 5 ans, et la guerre puis l'exil le privent d'une jeunesse insouciante et du contact avec un pays sur lequel il est appelé à régner. Couronné à sa majorité, il a à porter sur ses frêles épaules le poids du ressentiment à l'égard de son père. Sa timidité et son manque d'assurance alimentent la rumeur populaire qui le voit rejoindre un ordre religieux auquel sa piété fervente le prédestinait.

En 1960, la légende du « roi triste » prend fin le jour où il épouse Doña Fabiola de Mora y Aragón. Le mariage n'est couronné d'aucune descendance mais la présence de la reine à ses côtés permet à Baudouin de faire son « métier » avec un sérieux exemplaire.

Après 42 ans de règne, Baudouin incarne la « conscience politique » sur le plan intérieur et se révèle être une autorité très écoutée au plan international. Un épisode entache malgré tout son règne. En 1990, ses convictions de catholique rigoureux l'empêchent d'apposer sa signature (obligatoire) au bas de la loi destinée à dépénaliser l'interruption volontaire de grossesse. Une pirouette juridico-institutionnelle lui permet de se mettre aux abonnés absents pendant 36h, le temps pour le Parlement de voter et de promulguer cette loi, sous la signature du Premier ministre assurant l'intérim. Cette initiative très contestée le coupe, de fait, d'une partie majoritaire de l'opinion, mais nul ne peut reprocher au roi de ne pas avoir agi en accord avec sa conscience.

Baudouin I*er* meurt pendant ses vacances en Espagne. Les funérailles qui s'ensuivent atteignent un degré d'émotion et de ferveur dont personne ne croyait encore les Belges capables.

Depuis 1990, nouveauté, une modification de la Constitution permet aux femmes de régner.

Albert II (1934)

L'accession au trône du frère de Baudouin, à près de 60 ans, provoque une surprise, puisqu'on pensait voir l'ordre de succession sauter au profit de Philippe, son fils aîné. Son expérience à la tête de l'office du Commerce extérieur et la popularité de la belle Paola, la reine venue d'Italie, donnent toutes les garanties de continuité dont le pays a besoin pour passer le cap difficile des réformes institutionnelles. Albert a la réputation d'un bon vivant et c'est d'ailleurs un utilisateur régulier du *Guide du routard* ! À 77 ans révolus, il est le roi des Belges le plus âgé en fonction. Albert et Paola ont deux autres enfants : Astrid, mariée à l'archiduc Lorenz d'Autriche (cinq enfants à leur actif), et Laurent, le prince écolo passablement rebelle et anticonformiste. Quelques semaines après la révélation (dont tout le monde se tamponne) de l'existence à Londres de Delphine, une demi-sœur cachée née des amours extraconjugales de son père, Philippe, à 39 ans, épouse Mathilde en décembre 1999, une craquante aristo locale qui donne naissance en 2001 à la princesse Élisabeth, qui sera peut-être la première reine des Belges. Trois autres enfants sont venus compléter cette union.

Héros imaginaires

– **Quick & Flupke et l'agent 15 :** créés en 1930 dans le *Petit XXe* par Hergé, ce sont des gamins turbulents et frondeurs des rues de Bruxelles qui causent souvent de sérieux problèmes à leurs parents et à la police, en particulier à l'agent 15 qui est, en version débonnaire, une synthèse en pèlerine des Dupont et Dupond. Ils aiment fabriquer toutes sortes d'engins aussi inutiles que dangereux comme des avions à roulettes ou des planeurs.

– **Bob et Bobette :** les plus gros tirages de la B.D. d'origine flamande sous le titre *Suske en Wiske* (plusieurs dizaines de millions d'exemplaires !), dessinés depuis 1945 par Willy Vandersteen et ses studios. Humour et voyages dans le temps se mêlent pour donner des récits classiques aux personnages secondaires plus typés, tels Lambique, le râleur au cœur d'or, et Jérôme, le surhomme. Les premiers épisodes dessinés pour le *Journal de Tintin* sont d'une facture nettement supérieure ; à découvrir : *Le Trésor de Beersel* et *Le Casque tartare* (éd. Érasme).

– **Le Chat :** depuis 1983, la silhouette massive de ce curieux matou philosophe, cousin belge de Snoopy, pratiquant l'autodérision, hante les pages du supplément *Victor* du journal belge *Le Soir*. Dessiné par ce créateur multiforme qu'est Philippe Geluck, le Chat inflige ses aphorismes délirants de *nonsense* à l'aide d'une logique tortueuse et décapante. Albums, agendas (chez Casterman), peluches et cartes postales inondent les boutiques de souvenirs.

– **Gaston Lagaffe :** le héros sans emploi, entré – on ne sait comment – au journal *Spirou* en 1957. Anticonformiste, naïf et insouciant, écologiste avant la lettre, tendre défenseur des animaux les plus divers (chat dingue, mouette rieuse, homard, souris, hérisson...), inventeur catastrophe d'un tas d'objets à l'usage incertain (machine à nouer les cravates, coussin thermos, monorail de bureau, pardessus à chauffage central), grand cuisinier aux recettes inoubliables (morue aux fraises avec mayonnaise, chantilly aux câpres flambées au pastis (!), huîtres au chocolat...), mélomane à toute heure (gaffophone)... L'anti-héros né de l'imagination de Franquin est une préfiguration de la « bof génération ». Son pull trop court, ses espadrilles usées, son culte de la sieste, sa phobie du travail productif, sa malencontreuse tendance à faire échouer la signature des contrats en font l'anti-héros le plus attachant de l'histoire du 9e art. M'enfin ! (éd. Dupuis).

– **Saint Nicolas :** tous les petits Belges attendent avec impatience le 6 décembre pour recevoir leur manne de jouets. C'est à cette date que tombe la fête du grand saint, patron des enfants selon la tradition germanique. On peut le voir dès le mois d'octobre dans toutes les galeries commerçantes du pays. Assis sur un trône, flanqué de son acolyte, le père Fouettard, il distribue des bonbons aux enfants sages. Autrefois, il se déplaçait sur un âne, à présent il fait son arrivée en hélicoptère ! Les enfants belges reçoivent aussi des cadeaux du Père Noël, les veinards !

– **Saint Michel :** l'archange, chef des milices célestes, figure sur le blason vert et rouge de la ville dont il est le saint patron. Vous l'apercevrez aussi terrassant de sa lance un diable (mais c'est souvent un dragon légendaire qui est représenté à la place du diable) à 100 m de hauteur au sommet de la flèche de l'hôtel de ville. Malgré cette victoire sur le Mal, il doit cohabiter avec une obscure sainte Gudule comme locataire de la cathédrale principale de l'archevêché.

– **Les Schtroumpfs :** ils sont entrés dans l'histoire de la B.D. par la petite porte... En 1958, dans un épisode des aventures de Johan et Pirlouit, *La Flûte à six schtroumpfs*, Peyo dessine une petite main bleue qui désigne la flûte en question et une bulle où un personnage caché glisse : « Vas-y, bonne schtroumpf ! » Un filon en or massif venait d'être découvert. Les petits lutins bleus, tous identiques hormis le Grand Schtroumpf, ont tous, à l'instar des sept nains, un caractère différent. Cela permet une gentille satire des travers humains et un monde à la Walt Disney où les seuls méchants sont un sorcier maladroit, Gargamel, et son hypocrite de chat, Azraël. Les Schtroumpfs ont séduit les Américains qui en ont fait un succès mondial par le biais de dessins animés et d'un merchandising colossal. Leur créateur, Pierre Culliford (Peyo), est devenu l'une des plus grosses fortunes de Belgique. Il a eu le schtroumpf creux en schtroumpfant ces schtroumpfs-là ! Les Schtroumpfs ont fêté leurs 50 ans en 2008.

– *Tintin :* est-il besoin de rappeler l'origine de ce personnage qui fut le seul rival en célébrité du général de Gaulle (de l'aveu même de l'intéressé) ? Il est la figure emblématique de la bande dessinée franco-belge et un mythe culturel international. Depuis 1929 (eh oui, Tintin est octogénaire !), les générations se sont suivies dans le culte des aventures du petit reporter et de son chien Milou. S'il incarne les valeurs positives de

D'OÙ VIENT LE LANGAGE SCHTROUMPF ?

Lors d'un déjeuner de travail entre Peyo (dessinateur de Johan et Pirlouit) et André Franquin (le papa du Marsupilami et de Gaston), pris dans l'animation de la conversation, le premier demande à l'autre : « Passe-moi le... la... (incapable de se souvenir du mot salière), enfin le schtroumpf, quoi ! » Et l'autre de rétorquer : « Voilà, mais n'oublie pas de me le re-schtroumpfer. » La suite du repas se déroula intégralement en « langage schtroumpf ».

tout héros redresseur de torts, Tintin pèche aussi par un manque de personnalité. On ne lui connaît aucun des défauts qui rendent les héros attachants. C'est par l'intermédiaire des personnages qui entourent Tintin que l'œuvre d'Hergé atteint l'universel : les bordées de jurons et la fidélité bourrue du capitaine Haddock, la distraction et l'innocence du professeur Tournesol, l'obstination stupide des Dupond et Dupont, le sans-gêne de l'écervelée Castafiore, le fâcheux penchant de Milou pour l'alcool... Tous les travers humains sont représentés par une extraordinaire galerie de portraits tout au long des 23 albums. Tintin a fait l'objet de savantes exégèses et, par ailleurs, provoque chez les « tintinolâtres » une collectionnite qui, en salle des ventes, fait grimper les prix à des hauteurs himalayennes. Des traductions ont été publiées dans 51 langues et on estime la vente des albums à plus de 230 millions d'exemplaires ! Tintin sera bientôt un personnage vivant dans un film de Steven Spielberg ; son rôle a été attribué au jeune Anglais Jamie Bell.

Les visiteurs célèbres

Bruxelles a toujours été un carrefour européen où séjournèrent plus ou moins longtemps des personnalités étrangères : philosophes, écrivains, historiens, artistes ou exilés politiques, souvent français.

Petite liste non exhaustive : Albert Dürer, Érasme, Jacques-Louis David (qui y mourut), Voltaire (qui s'y ennuya), Jean-Baptiste Rousseau (qui s'y frita avec Voltaire), les sœurs Brönte (qui voulaient y créer une école), Lord Byron (qui fuyait sa femme), Karl Marx (qui y écrivit le manifeste du Parti communiste), madame Hanska, le général Boulanger (qui s'y suicida sur la tombe de sa maîtresse), Paul Verlaine et Arthur Rimbaud (on connaît leurs frasques), Auguste Rodin (il travailla aux sculptures de la Bourse), Léon Daudet, la comtesse Waleska, Paul Claudel (ambassadeur de France), Giacomo Puccini (mort d'un cancer de la gorge avant d'avoir terminé son *Turandot*), Marie Curie, Ernst Jünger (médecin dans l'armée impériale), la Malibran, Colette, Alexandra David-Néel, Maurice Béjart (il fonda la troupe des *Ballets du XXe siècle* au Théâtre royal de la Monnaie), Éric-Emmanuel Schmidt, bientôt naturalisé et Ixellois, etc.

Claude Lévi-Strauss, Christine Ockrent (toujours belge), Julio Cortázar et Marguerite Yourcenar, eux, y sont nés.

POPULATION

Avec la présence sur son territoire de nombreuses institutions internationales, on trouve en Région bruxelloise d'importantes populations issues des autres pays de l'Union européenne. À ces derniers s'ajoutent des communautés de migrants issus non seulement des anciennes colonies belges (république démocratique du Congo, Rwanda, Burundi) mais aussi issus du Maghreb – surtout du Maroc, ou du Moyen-Orient (Turquie, Iran, Pakistan), faisant de la région un ensemble cosmopolite et multiethnique. Les immigrants qui ne sont pas déjà francophones cherchent généralement à apprendre le français après leur installation afin de s'intégrer au mieux à la société bruxelloise. Les 30 000 fonctionnaires des institutions de l'Union européenne proviennent de tous les pays de l'Union et connaissent souvent, outre leur langue nationale, l'anglais ou le français.

Population étrangère par ordre décroissant sur un total de 300 000 personnes : Français : 47 000 ; Marocains : 42 000 ; Italiens : 28 000 ; Espagnols : 20 500 ; Portugais : 16 000 ; Turcs : 11 500 ; Britanniques : 9 000 ; Grecs : 9 000 ; Allemands : 7 500 ; Congolais : 7 000 ; Japonais : 6 500 ; Néerlandais : 5 500 ; Polonais : 5 500 ; Suédois : 4 500...

SAVOIR-VIVRE ET COUTUMES

– À Bruxelles, entre jeunes ou lorsqu'on est familier, on embrasse la personne de sexe opposé sur la joue une ou trois fois (pas deux).
– Ne prenez pas ce que vous croyez être l'accent belge, on vous repérera tout de suite.
– Dans les rapports professionnels, la simplicité est de mise et les rapports hiérarchiques peu ostentatoires. La pondération et la courtoisie ne sont pas de la lenteur d'esprit.

LES BOÎTES À TARTINES

Les écoles belges disposent rarement de cantines pour leurs élèves. Traditionnellement, les mamans préparent des « tartines » que les écoliers mangent à midi. Cette habitude se prolonge plus tard au travail, au bureau où à l'atelier, ce qui permet de gagner du temps sur la pause de midi. Voilà pourquoi les Belges n'ont pas l'habitude de manger deux repas chauds par jour.

– On aime le consensus en Belgique ; polémiquer pour le plaisir de prendre la contrepartie d'un interlocuteur n'est pas une preuve d'intelligence.
– Être invité pour prendre le café veut dire passer vers 16h30.
– On ne sert pas de carafe d'eau à la table des restaurants.
– Les retards intempestifs ne sont pas de mise, seul le « quart d'heure académique » est toléré.
– Madame Pipi s'attend à recevoir de 0,25 à 0,50 € dans sa petite assiette.

La *zwanze*

Jacques Brel a popularisé le terme dans sa chanson *Bruxelles* : « *C'était au temps où Bruxelles brusselait...* »
Cette forme d'humour (du brabançon « radotage ») est typique du tempérament gouailleur de Bruxelles mais aussi une forme d'art de vivre. La *zwanze* appartient au patrimoine de la culture populaire. Elle est souvent liée aux sous-dialectes qui forment le *brusseleir*, ou *marollien*, du nom du quartier des Marolles (quartier populaire de Bruxelles, en pleine gentryfication), mais aussi présente dans les vieux quartiers de Molenbeek-Saint-Jean (qu'on appelle encore Meulebeek).
La *zwanze* se caractérise principalement par l'exagération *(ma salle de bains est encore plus mouillée que le défilé du 21 juillet sous la drache)* ; par des expressions prises du flamand et traduites littéralement *(mettez-vous, je ne sais rien là-contre, tire ton plan...)* ; par la remise immédiate à sa place de celui qui en fait trop *(oué, oué, arrête un peu de zieverer, dikkenek !)* ; et par l'autodérision : pour pouvoir rire des autres, il faut d'abord savoir se moquer de soi-même.
La *zwanze* bruxelloise est connue grâce à deux savoureuses pièces de théâtre célèbres : *Le Mariage de mademoiselle Beulemans* de Frantz Fonson et Fernand Wicheler et par *Bossemans et Coppenolle* écrite par Joris d'Hanswyck et Paul Van Stalle.

On se souviendra surtout d'une réplique en *brusseleir* qui fait s'esclaffer le public lorsque Amélie Van Beneden, mieux connue sous le nom de **Madame Chapeau,** dit : « *Je ne m'appelle pas Madame Chapeau, ce sont les crapuleux de ma strotje (ruelle) qui m'ont donné ce surnom parce que je suis trop distinguée pour sortir en cheveux.* » Sa célébrité fait que Madame Chapeau a été statufiée dans la rue du Midi à Bruxelles. Quant à Marcel Pagnol, il a reconnu s'être inspiré du succès du *Mariage de mademoiselle Beulemans* pour créer sa célèbre trilogie marseillaise.

Surréalisme et fantastique

Depuis le Moyen Âge, le « plat pays » a toujours engendré des générations d'artistes et d'écrivains tentés par une interprétation « décalée » de la réalité. Depuis les allégories monstrueuses de Bruegel, inspiré par Jérôme Bosch, jusqu'aux poètes du mouvement surréaliste comme Chavée ou Scutenaire, en passant par les langueurs oniriques et mystiques des symbolistes, les squelettes et les masques d'Ensor, les divagations ferroviaires de Paul Delvaux, les récits effrayants de Jean Ray, les chapeaux-boule de Magritte, les rêves éveillés du cinéaste André Delvaux, les savants fous d'Hergé et les mondes parallèles des B.D. d'Edgar P. Jacobs et de François Schuiten, ce pays, banal en apparence, a sécrété, sans presque le faire exprès, des univers anticartésiens ahurissants pour un observateur extérieur.

Jusque dans ses institutions politiques, que l'on a parfois du mal à prendre au sérieux, l'univers belge recèle des antimondes indicibles, à la limite du délire schizophrène : l'architecture loufoque de l'Atomium, la mégalomanie du palais de justice de Bruxelles aux souterrains plus mystérieux que les caves du Vatican, les télescopages architecturaux du paysage urbain, la gouaille un rien cruelle des estaminets liégeois et les carambolages linguistiques chers à la *zwanze* bruxelloise, les chansons au quatrième degré de Jean-Luc Fonck du groupe Sttellla, les attentats pâtissiers de l'*entarteur,* Noël Godin, tout contribue à faire du périple belge une suite d'expériences inclassables où la banalité presque exaspérante peut brusquement basculer vers un insolite débridé générateur de perplexités fécondes.

Vous avez dit surréalisme ? Pour qui a appris à le déceler, en faisant fi des catégories rationnelles, le décodage du « fantastique quotidien » ou du « réalisme magique » propres à l'univers belge peut se révéler un exercice enrichissant des plus jouissif.

En Bruxelles aussi, l'aventure est bien au coin de la rue ! Après tout, n'est-ce pas en extrayant une banale boîte de conserve d'une affligeante poubelle que Milou entraîne Tintin dans les péripéties rocambolesques du *Crabe aux pinces d'or* ?

Vivre à la bruxelloise

Paradoxalement, c'est peut-être cette incohérence extérieure et cette cacophonie architecturale doublées, de fait, par un climat souvent maussade et une relative modicité des loyers qui ont fait naître chez ses habitants un art du cocooning inégalé. Penchant que l'on retrouve dans les intérieurs spacieux et cosy, les jardinets amoureusement entretenus, les faubourgs verdoyants organisés en minivillages, les cafés conviviaux et les tables généreuses des restaurants qui n'ont rien à envier aux meilleures tables hexagonales. Les grandes fortunes françaises (les **S**ans **D**ifficultés **F**inancières, comme on les nomme ici) qui se sentent obligées de quitter le territoire pour cause d'ISF ne s'y sont pas trompées, et les magazines de business se font l'écho du récit de ces décideurs qui ont choisi de planter leurs pénates à Uccle ou à Ixelles d'où ils ne sont qu'à 80 mn en train de Paris et de leur bureau de PDG.

SITES INSCRITS AU PATRIMOINE MONDIAL DE L'UNESCO

Organisation
des Nations Unies
pour l'éducation,
la science et la culture

En coopération avec
le centre du patrimoine mondial de l'UNESCO

Pour figurer sur la liste du Patrimoine mondial, les sites doivent avoir une valeur universelle exceptionnelle et satisfaire à au moins un des dix critères de sélection. La protection, la gestion, l'authenticité et l'intégrité des biens sont également des considérations importantes.

Le patrimoine est l'héritage du passé dont nous profitons aujourd'hui et que nous transmettons aux générations à venir. Nos patrimoines culturel et naturel sont deux sources irremplaçables de vie et d'inspiration. Ces sites appartiennent à tous les peuples du monde, sans tenir compte du territoire sur lequel ils sont situés. Pour plus d'informations : ● *whc.unesco.org* ●

À Bruxelles ont été inscrits les sites suivants :
– 1998 : la Grand-Place.
– 2000 : les habitations majeures de l'architecte Victor Horta.
– 2009 : le palais Stoclet, de l'architecte viennois Josef Hoffmann.

HOMMES, CULTURE ET ENVIRONNEMENT

LA RÉGION DE BRUXELLES-CAPITALE

Pour se repérer, voir le plan général et le zoom en fin de guide.

INFORMATIONS UTILES

Arrivée à Bruxelles

En avion

✈ **Brussels Airport** *(hors plan par G1 ou plan d'ensemble par Z7) : sur la commune de Zaventem, à 15 km au nord-est du centre. Pour consulter les heures de départ et d'arrivée des vols :* ☎ *0900-70-000 (0,45 €/mn) ou ● brusselsairport.be ●*

Pour rejoindre le centre-ville

➢ Il existe, au sous-sol de l'aéroport, une **navette par train** *(Brussels Airport Express)* qui rallie la gare du Nord, la gare Centrale et la gare du Midi. Départ ttes les 15 mn, 5h30-0h20. Durée : 20 mn. Prix : 5,20 €.
➢ Sinon, un **bus** de la *STIB* (la *Airport Line* : n° 12, express en sem jusqu'à 23h relie en 30 mn de 5h à 23h (minuit de septembre à juin) l'aéroport (plate-forme C) au centre-ville. 2 départs/h. Attention, 4 arrêts slt : Evere, Rond-Point Schuman, Luxembourg et rue Ducale. Autre ligne : n° 11, plus lente avec 23 arrêts. Prix : 3 € hors bus, 5 € dans le bus.
➢ Pour un **taxi** vers le centre, compter 35-40 €. C'est donc cher.
➢ Les agences de **location de voitures** sont situées dans le hall d'arrivée et sont ouvertes de 6h30 à 23h :

■ **Avis :** ☎ *02-720-09-44.*
■ **Europcar :** ☎ *02-721-05-92.*
■ **Hertz :** ☎ *02-720-60-44.*

■ **National Car Rental/Alamo :** ☎ *02-753-20-61.*
■ **Sixt :** ☎ *02-502-37-12.*

✈ **Aéroport de Bruxelles-Sud (Charleroi) :** *à 46 km du centre de Bruxelles, l'aéroport de Bruxelles-Sud Charleroi voit atterir les vols opérés par les compagnies low-cost Ryanair, Wizz Air, FlyOnair, Jetairfly et Jet4you...* ● *charleroi-airport.com* ●

➢ Une navette de bus relie chaque heure l'aéroport de Bruxelles-Sud Charleroi à la gare du Midi à Bruxelles (départ situé à l'intersection de la rue de France et de la rue de l'Instruction). *Billets : 13 € ; aller-retour 22 €, en vente soit sur* ● *voyages-le-lan.be* ●*, soit au terminal de l'aéroport ou dans le bus au départ de Bruxelles.*

En train

Six gares desservent la région de Bruxelles-Capitale, toutes reliées entre elles par la jonction ferroviaire. *Infos concernant le trafic des voyageurs :* ☎ *02-528-28-28.* Venant du sud, vous arrivez à Bruxelles-Midi.

Avec *Thalys*, Bruxelles n'est plus qu'à 1h22 de Paris-Gare du Nord. Plus ou moins 28 trains/j., soit env 2 départs/h en sem, la moitié le w-e. Lille n'est qu'à 38 mn en TGV ou *Eurostar*. En été, liaisons directes depuis Marseille en 5h23 et de Perpignan, en moins de 8h. Réservation obligatoire. Repas sur place en *Comfort 1* en fonction des horaires. Wagon-bar avec petite restauration en *Comfort 1* et *2*. Wifi gratuit en *Comfort 1*, payant en *Comfort 2*. Possibilité de réserver un taxi à l'arrivée.

Arrivée à la gare du Midi

🚄 **Gare du Midi-Brussel-Zuid** *(plan A4 et plan d'ensemble Y8)* : à env 1,5 km au sud de la Grand-Place. C'est ici que tous les TGV, *Thalys* et *Eurostar* arrivent. En descendant les escalators, vous trouverez sur votre droite des toilettes, des téléphones et des consignes à bagages (manuelles ou automatiques). Le hall principal (orné d'une fresque dédiée à Tintin) réunit boutiques, échoppes, agences de location de voitures (*Avis, Hertz* et *Europcar*) à gauche de l'espace d'arrivée des TGV, un bureau de change (pour nos lecteurs hors zone euro), la billetterie (en plein milieu, à droite).

➤ Le tarif **Toute Gare Belge** (TGB) vous permet de prolonger, à petit prix, votre voyage Thalys par un trajet en correspondance sur un train du trafic intérieur belge (Bruges, Anvers, Namur, Liège par exemple, ou, à l'inverse, de rejoindre votre gare Thalys depuis n'importe quelle gare belge). Détails sur ● *thalys.com* ●

🛈 **Kiosque d'accueil de Visit Brussels** (l'office de tourisme ; *plan A4, 3*) : en été, tlj 8h-20h (21h ven) ; en hiver, lun-jeu 8h-17h, ven 8h-20h, sam 9h-18h, dim et j. fériés 9h-14h. Fermé 1er janv et 25 déc. Possibilité d'y faire une réservation d'hôtel de dernière minute.

– Pour retirer de l'argent, il y a 3 distributeurs de part et d'autre du kiosque d'accueil (le 1er vers les taxis, puis à gauche, le 2e en direction du métro, le 3e vers les voies 7-22).

➤ Par les transports urbains vers le centre, le plus simple est de prendre les trams souterrains n°s 3 et 4 et de descendre à la station Bourse ou De Brouckère. Il y a aussi le métro mais il met plus de temps car il faut changer à la station Arts-Loi (et finalement se farcir 8 stations pour couvrir... 1,5 km).

En voiture

➤ **Pour entrer dans la ville :** pas évident de rejoindre le centre une fois qu'on quitte le contournement ouest (ring) de l'autoroute E 19, à la sortie 18 (Drogenbos). Prendre la rue de Stalle sur environ 2 km à travers les quartiers résidentiels d'Uccle, jusqu'à l'avenue Brugmann *(plan B6)*, prendre ensuite la chaussée de Charleroi, jusqu'à la place Stéphanie et la place Louise *(plan C4)*. Essayez de repérer de loin la flèche de l'hôtel de ville ou le dôme du palais de justice pour rejoindre l'intérieur du Pentagone. Une fois arrivé, laissez votre voiture dans un des nombreux parcs de stationnement.

Adresses et infos utiles

Codes postaux

Chacune des 19 communes composant la région de Bruxelles-Capitale possède son code postal. Voici ceux dont vous pourrez avoir besoin.
– *Bruxelles* (le Pentagone plus ses excroissances) *:* 1000.
– *Ixelles :* 1050.
– *Saint-Gilles :* 1060.
– *Etterbeek :* 1040.
– *Uccle :* 1180.
– *Anderlecht :* 1070.
– *Forest :* 1190.
– *Schaerbeek :* 1030.

Infos loisirs

Plusieurs magazines tiennent le public bruxellois informé de ce qui se passe en ville.

– Le *Zone 02,* journal hebdomadaire gratuit et complet, avec articles, critiques et tout le programme culturel du moment. Les expos y sont traitées par thème. Pratique ! On le trouve dans la rue, les vidéothèques, les bars, etc.

– L'*Agenda,* gratuit lui aussi mais moins touffu que le *Zone 02.*

– Le *Kiosque,* un autre guide culturel payant, du genre *Pariscope* mais mensuel.

– Le *Brusseleir* : un mensuel gratuit bilingue de la ville de Bruxelles qui recense les activités culturelles. Accessible en ligne sur le site • *bruxelles.be* •

Services touristiques et d'accueil

▣ *Visit Brussels (plan C3, 1) : rue Royale, 2, 1000, en face du musée Bellevue.* ☎ *02-513-89-40.* • *visitbrussels.be* • *biponline.be* • *Tlj 9h-18h sf 25 déc et 1ᵉʳ janv.* À proximité immédiate des grands musées du Mont des Arts. Dans un vaste espace accueillant, avec fauteuils et canapés, le Visit Brussels fournit brochures et dépliants sur la ville, un plan du centre avec situation des monuments et un programme saisonnier (dans le bimensuel *BRU XXL)* des différentes activités culturelles. Peut aussi vous réserver gratuitement une chambre d'hôtel, parfois à prix réduit si c'est pour le jour même (demander les *last minute* !). Il vous suffit de préciser votre gamme de prix et le quartier où vous voulez séjourner, et on fera la recherche pour vous. Ne manquez pas, à l'étage, l'expo consacrée aux Bruxellois et à leur ville (voir plus loin, le chapitre Mont des Arts).

– *Également, un bureau d'infos de **Visit Brussels** à l'hôtel de ville, sur la Grand-Place (zoom B2, 2).* ☎ *02-513-89-40. Tlj 9h-18h (janv-Pâques, dim 10h-14h slt).*

– *Autre bureau d'accueil à la gare du Midi (plan A4, 3 ; voir plus haut).*

De plus, *Visit Brussels* propose à la vente :

– des cartes de transport d'1 ou 3 jours ;

– le cartoguide *Bruxelles ma capitale, mes quartiers européens* (7 €), qui propose un parcours original dans le quartier européen ainsi que la découverte de 7 quartiers, cartes à l'appui : ambiance multiculturelle garantie ;

– le livret *Pocket guide* (4 €), qui propose des promenades (dont le parcours B.D.) et donne en plus un tas d'infos pratiques ;

– la **Brussels Card,** qui permet de visiter librement pendant 24h (24 €), 48h (34 €) ou 72h (40 €) 32 musées (dont le musée Magritte et les expos du Bozar) ou sites bruxellois. Elle contient aussi une carte d'accès libre aux transports en commun et accorde des réductions importantes dans des restaurants, bars et boutiques et 25 % à l'Atomium ;

– les *Must de Bruxelles* (18 €), un carnet de 10 coupons à utiliser, en les combinant, comme tickets d'entrée dans les principaux sites et musées ; intéressant si on compte en visiter au moins 4 ou 5 ;

– les billets des différents tours de ville en bus touristique, dont le *hop on-hop off,* qui permet d'interrompre et de reprendre comme on veut la balade dans Bruxelles.

– Durant l'été, des stewards (des « helpers ») circulent dans les centres touristiques pour renseigner les visiteurs. On les trouve à la Bourse, au Sablon, à la gare centrale et à l'Atomium, de 10h à 18h.

■ Adresses utiles	✕ À voir
🚃 Gare du Nord	**204** Musée de l'Art spontané
🚃 Gare Centrale	**205** Palais Stoclet
🚃 Gare du Midi	**206** Musée du Transport urbain bruxellois
🚃 Gare Bruxelles-Luxembourg	**207** Musée et jardins Van-Buuren
	209 Wiels
	238 Villa Empain

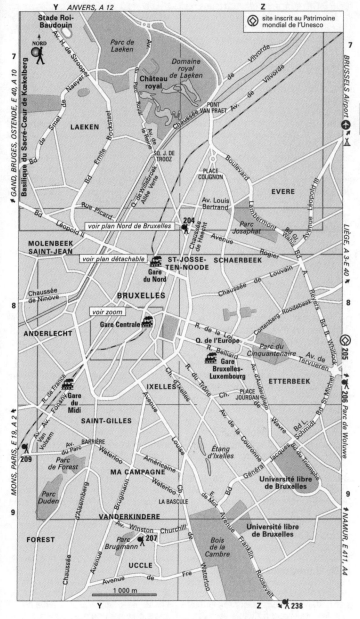

BRUXELLES – PLAN D'ENSEMBLE

INFORMATIONS UTILES

🄸 *OPT* (Office de promotion du tourisme Wallonie-Bruxelles) : accueil au Brussels Airport, hall des arrivées. ☎ 02-725-52-75. ● belgique-tourisme.be ● Tlj sf

1er janv et 25 déc 8h-21h. Le plus simple est de consulter leur site internet, bien fait, ou de commander leurs brochures au ☎ 070-221-021 (0,17 €/mn).

Spécial jeunes

● *brusselsmania.com* ● Un site ludique en anglais destiné aux jeunes routards de tous les pays, qui suivront, selon leurs affinités, 5 petits personnages : *Brussels Cheraton*, la clubbeuse française, *Poco*, routard espagnol, *Bru4ever*, robot germanique déjanté, *Antoine Dansaert*, arpenteur de galeries d'art et *Chloe Rasmus*, étudiante paneuropéenne. Plein de bons plans pour dormir, s'éclater et se faire des potes.

◼ *USE-IT* (zoom C2, **5**) : rue de la Fourche, 50, 1000. ● use-it.be ● *Lun-sam 10h-18h. Plutôt axé visiteurs anglo-saxons.* Édite en anglais un plan de la ville, avec plein d'infos utiles, où sont localisés les façades B.D., les distributeurs d'argent et les friteries ! Les lignes de bus et de tramways les plus intéressantes y figurent également. Propose également le même type de plan pour les villes flamandes.

Visites guidées

Plusieurs associations (pratiquant des tarifs abordables) proposent de bonnes balades et visites guidées à thème, à effectuer en bus, à pied ou même à vélo :

◼ *Voir et Dire Bruxelles :* ● *voiretdirebruxelles.be* ● Table ronde de 5 associations qui s'inscrivent dans le développement du tourisme culturel à Bruxelles : l'*ARAU, Arkadia.be, Itinéraires, Le Bus Bavard* et *Pro Vélo*. Sur le site, vous pourrez choisir un thème de visite guidée à pied ou à vélo, au mileu d'un ensemble de regards personnels et alternatifs sur les réalités bruxelloises. Partant chacune d'un point de vue différent, les associations proposent au visiteur de partager leur connaissance du patrimoine historique, architectural, économique, social, folklorique et naturel de Bruxelles et s'efforcent de mettre celui-ci en valeur.

◼ *L'ARAU :* bd Adolphe-Max, 55, 1000. ☎ 02-219-33-45. ● arau.org ● L'ARAU (Atelier de recherche et d'action urbaines) est à l'origine un comité d'habitants qui, depuis maintenant 40 ans, a décidé de prendre à bras-le-corps les problèmes d'urbanisme de Bruxelles. L'association a joué un rôle important dans le processus de création de la région de Bruxelles-Capitale. Les visites de l'ARAU font partie des outils qui permettent de sensibiliser les Bruxellois, les nouveaux arrivants et les visiteurs à la diversité du patrimoine et des ressources spécifiques à la région. Cette association pas comme les autres

propose d'excellentes visites guidées en car (parfois à pied) sur des thèmes variés : « Bruxelles autrement », « Bruxelles 1900 – Art nouveau (dans différents quartiers) », « Bruxelles 1930 – Art déco », « Vivre à Bruxelles », « Bruxelles en chantier », « Bruxelles incontournable », « La Grand-Place et ses quartiers », « 50 ans d'Europe à Bruxelles », « Les Marolles »... Prix : 10-17 € ; réductions. Tickets vendus aussi dans les bureaux de Visit Brussels. Les tours ont lieu d'avril à novembre, généralement le samedi matin et le dimanche après-midi, au départ de l'hôtel *Métropole* (zoom C2, **167**). Chaque semaine, 1 ou 2 thèmes sont suivis. Téléphoner ou consulter le site pour savoir le(s)quel(s), connaître les horaires et réserver. Prix très raisonnable vu la qualité des guides et l'acuité de l'approche urbanistique. On ne se contente pas de vous montrer le beau Bruxelles, on met aussi l'accent sur les erreurs du passé et on tente d'esquisser des solutions pour l'avenir. Une démarche vraiment intelligente.

◼ *Arkadia.be :* rue Royale, 2-4, 1000. ☎ 02-563-61-53. ● asbl-arkadia.be ● Arkadia.be ● est une association d'historiens et d'historiens d'art qui propose de nombreuses visites guidées culturelles en bus ou à pied, afin de dévoiler de manière originale les richesses du patrimoine bruxellois, Bruxelles comme vous ne l'avez jamais vue ! Cette association propose des visites pour individuels chaque week-end de mars à décembre, à partir de 8 €. Quelques visites phare : « Bruxelles insolite », « Bruxelles surréaliste », « L'art dans le métro », « Les dessous de Bruxelles » et « Villes d'Uccle 50-60 », « Le goût des Belges » « 1 001 facettes de l'Art nouveau ». Autant de manières de découvrir la ville, pour ceux qui ne la connaissent pas encore.

■ *Le Bus Bavard :* rue des Thuyas, 12, 1170. ☎ 02-673-18-35. ● busbavard. be ● « Nos groupes ne sont pas des troupeaux ni nos guides des perroquets. » Voilà un beau credo pour une organisation qui concocte des visites originales le week-end (principalement le dimanche) de mars à décembre. Pas moins de 65 visites à thème à partir de 8 € : « Légendes, *flauwskes* et carabistouilles », « Marolles de briques et de brol », « Bruxelles en bulle », « De fil en aiguille » (sur la mode), « Bruxelles à s'en lécher les babines », « Quand les estaminets racontent Bruxelles », etc. *Le Bus Bavard* fait parfois des infidélités à Bruxelles et découvre Charleroi ou Diest.

■ *Itinéraires :* rue de l'Aqueduc, 171, 1050. ☎ 02-541-03-77 ; résas : 📱 00-32-4-96-38-85-94. ● itineraires.be ● Compter 8-19 €/pers. De mai à décembre, circuits pédestres autour de thèmes plus ou moins insolites : Art nouveau, Magritte, « Secrets et symboles de la ville (les francs-maçons à Bruxelles) », « Gay Bruxelles », « Tintin » et même un rallye interactif pour découvrir la ville avec vos 5 sens...

■ *Pro Vélo :* rue de Londres, 15, 1050. ☎ 02-502-73-55. ● provelo.org ● Tours guidés à vélo : sam-dim en avr-oct, voire jusqu'en déc. Durée : 3-4h, et parfois à la journée. Compter 9-13 €/pers (ajouter éventuellement 8-10 € pour louer un vélo ; quelques visites à supplément pour les consos ou les entrées de musée). Une vraie bonne idée. Thèmes

nombreux et variés : « Sur la trace des francs-maçons », « Les mystères verts de Bruxelles », « Cafés et B.D. », « Bières et brasseries », « Sgraffites et Art nouveau », « Art déco et modernisme », « Architecture contemporaine », « Bruxelles la nuit »...

■ *La Fonderie :* rue Ransfort, 27, 1080. ☎ 02-410-99-50. ● lafonderie.be ● Parcours pour les individuels de mi-avr à fin oct, mar, jeu, dim et certains sam. Compter 7-10 € ; réducs. Toujours en rapport avec le travail et l'industrie. Le programme *Bruxelles Workside Story* rassemble 19 parcours urbains et portuaires (à pied, en bateau, en car ou en train). Une manière de découvrir et de comprendre Bruxelles, le travail de ses habitants et son évolution sociale, industrielle, économique et architecturale. Également, le dimanche, des promenades en bateau sur le canal.

■ *D-Tours :* ● d-tours.org ● Compter 7 €/pers, 5 € si vous avez votre MP3 (dans ce cas-là, il suffit de se connecter sur le site internet et de télécharger les commentaires : gain de temps et d'argent, sans contrainte aucune...). Là, il ne s'agit pas d'une association mais d'une initiative originale : vous faire découvrir 3 quartiers de Bruxelles en vous faisant écouter, pendant un peu moins de 1h30 (pour chaque quartier), un commentaire sur MP3. Au menu : interviews d'habitants, morceaux musicaux, extraits de films, petits commentaires historiques (pas trop) ; bref, une restitution vivante et colorée d'une certaine ambiance bruxelloise.
– *Pour la balade de la Grand-Place :* loc du matériel au Visit Brussels de la Grand-Place (zoom B2) ; voir horaires plus haut.
– *Pour la balade dans les Marolles :* au centre culturel Jacques-Franck, chaussée de Waterloo, 94, à Saint-Gilles (plan B4) ; mar-ven 11h-18h30, sam 11h-13h30 et 14h-18h30, dim 11h-17h, 19h-22h30. Fermé juil-août.
– *Pour la balade dans le quartier Sainte-Catherine :* Walvis Café, 209, rue Antoine-Dansaert (zoom B1).

– À noter que les musées de la ville de Bruxelles proposent, de temps à autre, des activités et des visites à thème. Elles se déroulent à l'heure du déjeuner (12h30 précises) et le rendez-vous se fait généralement au musée de la Ville. Plus de renseignements sur ● bruxelles.be ●

INFORMATIONS UTILES

Tourisme alternatif

■ *Greeters de Bruxelles :* ● brussel. greeters.be/fr ● Dans le sillage du développement international du réseau des *Greeters*, né à New-York en 1992, *Greeters de Bruxelles* est un mouvement associatif de tourisme participatif créé en 2010 à l'initiative de *Tourisme autrement*. Il favorise la rencontre entre les visiteurs étrangers et les habitants passionnés par leur ville, ayant le sens de l'accueil et souhaitant partager leur passion. Bruxelles, ville qui ne se dévoile pas au premier regard, est particulièrement bien adaptée à cette démarche.
Par charte, un *Greeter* n'est pas un guide professionnel mais un bénévole aux prestations entièrement gratuites qui s'engage tel un ambassadeur de sa ville, à vous accueillir, le temps d'une rencontre (de 2 à 4h), et vous propose, à travers ses yeux de découvrir Bruxelles, hors des sentiers battus. En tant qu'habitant, il vous raconte sa propre histoire et partage avec vous ses coups de cœur. La préférence ira vers des déplacements à mobilité douce : transports en commun, vélo, pedibus... selon un programme élaboré de commun accord. Comment faire pour **rencontrer un *Greeter* bruxellois** ? Rien de plus simple : remplir sur le site une fiche avec vos coordonnées, dates et préférences, *Greeters de Bruxelles* se charge du reste.

Ambassades

■ *Consulat de France* (plan D2) : bd du Régent, 42, 1000. ☎ 02-548-88-11. ● consulfrance-bruxelles.org ● Lun-ven 8h30-15h30.
■ *Ambassade de Suisse* (plan D2) : rue de la Loi, 26, BP 9, 1040. ☎ 02-285-43-50.
■ *Ambassade du Canada* (plan G3) : av. de Tervueren, 2, 1040. ☎ 02-741-06-11.

Poste, télécommunications

✉ *Postes :* théoriquement, lun-ven 9h-17h. Certains bureaux ouvrent plus tard et le sam mat. Bureau de la **place De Brouckère** (zoom C2) ouv lun-ven 8h-19h, sam 10h30-16h30. Autres bureaux dans le centre : métro Gare-Centrale ; pl. Poelaert, 1 (palais de justice ; plan C3) ; ou encore rue des Bogards, 19 (zoom B2). Bureau de la **gare du Midi** (plan A4) ouv lun-ven 7h-20h, sam 10h30-16h30.
– *Téléphone :* on trouve encore çà et là des cabines téléphoniques à cartes, mais leur nombre tend à diminuer à cause du téléphone portable (dit *GSM* en Belgique). Les cartes s'achètent dans les *librairies* (bureaux de tabac) et kiosques à journaux.
@ *Internet :* la plupart des endroits où surfer sur le Net à Bruxelles sont des centres téléphoniques un peu poussiéreux qui ouvrent le temps d'une saison, parfois un peu plus.
@ Il y a des centres Internet dans les **stations de métro Rogier** (plan C1) et **Porte-de-Namur** (plan C3), ainsi qu'à la **gare du Midi,** en face de la billetterie, tout au fond. Toutes les AJ disposent également d'une ou plusieurs bornes. De plus, pas mal de bars ou cafés ont aménagé des espaces wifi.

Santé, urgences

■ *Secours médical urgent, pompiers :* ☎ 100.
■ *Numéro d'urgences européen :* ☎ 112.
■ *Police fédérale :* ☎ 101.
■ *Croix-Rouge :* ☎ 105.
■ *Médecins de garde :* ☎ 02-479-18-18.
■ *Dentistes de garde :* ☎ 02-426-10-26.
■ *Pharmacies de garde :* ☎ 0800-20-600.
■ *Hôpital Saint-Pierre :* ☎ 02-535-31-11.

■ *Hôpital César de Paepe :* ☎ 02-506-71-11.

■ *Centre antipoison :* ☎ 070-245-245.

Banques, change

Seuls les distributeurs du réseau *Bancontact* permettent de retirer de l'argent liquide avec les cartes *Visa, Maestro* ou *MasterCard*. Pour nos lecteurs suisses ou canadiens, on précise que les grandes banques (ouvertes pour la plupart du lundi au vendredi 9h-16h) font le change. Il n'y a pas de commission, simplement les taux sont plus ou moins bons (quoique assez semblables). Les bureaux de change, eux, ont l'avantage d'ouvrir jusque tard mais proposent des taux minables. Plutôt pour dépanner donc.

Compagnies aériennes

■ *Brussels Airlines :* ☎ 0902-51-600 (0,75 €/mn). ● brusselsairlines.com ●

■ *Air France :* av. Louise, 149, 1050. ☎ 070-22-24-66.

Transports

À pied

C'est le meilleur moyen de se déplacer à l'intérieur du Pentagone. Hormis une certaine déclivité (entre le bas et le haut de la ville), les distances sont courtes et les parcours agréables.

En métro, bus, tram

À Bruxelles, il y a trois types de transports en commun (métro, bus et tram). Ils fonctionnent tous avec les mêmes tickets, et l'ensemble du trafic est géré par la *STIB. Infos :* ☎ 070-23-2000 (0,30 €/mn). ● stib.be ●

Les transports fonctionnent grosso modo de 6h à minuit, mais il existe aussi des bus nocturnes qui fonctionnent le week-end jusqu'à 3h du matin (voir ci-après). Procurez-vous, à l'office de tourisme ou dans les stations de métro, le plan bien fait où figurent toutes les lignes (on vous rappelle que la *Brussels Card* offre un accès libre et illimité aux transports en commun). Le métro est efficace et compte six lignes. Quant aux bus et aux trams, euh... on trouve qu'il vaut parfois mieux marcher, surtout si la distance à couvrir est courte, cela vous évitera une attente parfois longue et un trajet souvent ralenti par le trafic de surface.

L'ART DANS LE MÉTRO

Au hasard de vos errances souterraines, vous découvrirez les œuvres de Pol Bury à la station Bourse, d'Alechinsky et Dotremont à la station Anneessens ou de Jacques Moeschal à la station Gare-du-Midi. Hergé est présent station Stockel, tandis que la station Montgomery a été décorée par les artistes Pol Mara, Jean-Michel Folon et Jo Delahaut. Et ainsi de suite... Une brochure disponible à l'office de tourisme et à la station Porte-de-Namur répertorie tous les artistes qui ont œuvré à cette idée. ● stib.be/kunst-metro-art ●

– *Achat des billets :* aux guichets et machines des stations de métro, dans certains kiosques à journaux, dans les bus et les trams (uniquement le billet de 1 voyage), et dans les gares SNCB de la région bruxelloise. Le métro, tout comme les trams souterrains, se signalise par un « M » blanc sur fond bleu.

– *Cartes de 1, 5 ou 10 voyages :* chaque voyage est valable 1h et inclut la ou les correspondances entre les différents modes de transport, train compris (dans la zone couverte par la *STIB*). Un billet normal (« Jump ») coûte 1,70 € (vendu hors véhicule, 2 € dans le véhicule), la carte de 5 voyages 7,30 € et celle de 10 voyages 12,30 €. Cette dernière est donc intéressante. Le transport est gratuit pour les plus de 65 ans et pour les enfants de moins de 6 ans, à condition que ces derniers soient accompagnés d'un adulte.

– **Carte à la journée :** elle permet d'utiliser librement tous les transports publics pendant un jour. Coût : 4,50 €.

– **Le Noctis :** les bus de nuit circulent du vendredi au dimanche et sont accessibles avec des titres de jour. Vingt lignes mènent aux quatre coins de la ville. Départ toutes les 30 mn environ jusqu'à 3h du matin. Toutes les lignes partent de la place de la Bourse.

– *Pour rappel :* la *Brussels Card* donne droit à l'utilisation gratuite des transports en commun.

En taxi

Rien à signaler, sinon qu'ils sont assez chers (mais pas exorbitants) et relativement peu nombreux. À part sur les grandes artères et à la sortie des gares, peu de chances d'en attraper un en maraude. Compter 5 à 10 € pour une petite course en ville (2,40 € de prise en charge plus 1,23 €/km sur le territoire de la région de Bruxelles-Capitale, le double en dehors). Entre 22h et 6h, surtaxe pour les trajets de nuit. Pourboire compris dans le prix. Un reçu doit vous être remis en fin de course. ● *taxi.iris.net* ●

– **Compagnies de taxis :** *Taxis verts,* ☎ 02-349-49-49. *Autolux,* ☎ 02-411-41-42. Mais il y en a d'autres.

En voiture

Vraiment pas évident de s'y retrouver dans une ville truffée de voies rapides, de tunnels, de passages et de sens interdits. Sans une bonne carte, on risque de se perdre une bonne dizaine de fois. On rappelle que *Visit Brussels* en donne une. Ceci dit, Bruxelles n'est pas une ville qu'on sillonne en voiture. Les restructurations de quartiers entiers rendent encore plus incohérents certains flux automobiles. Le mieux est de trouver un bon parking (attention, ils ferment vers 1h du matin) et d'explorer à pied le Pentagone. De plus, les flics ont une fâcheuse tendance, dans les environs de la Grand-Place, à appeler la dépanneuse pour envoyer les voitures mal garées à la fourrière, MÊME SI LA VOITURE NE GÊNE PAS LA CIRCULATION. Est-ce écrit assez gros ? Bref, cela peut vous coûter un max, d'autant que les frais pour récupérer le véhicule sont doublés le week-end et la nuit. Si la mésaventure vous arrive, adressez-vous au commissariat central de la police *(rue du Marché-au-Charbon, derrière l'hôtel de ville ; zoom B2 ;* ☎ *02-279-79-79)*.

– Se munir de pièces pour alimenter les horodateurs. Tarif longue durée : 15 €. Il n'est pas nécessaire de le faire le dimanche ni entre 18h et 9h. La plupart des parkings publics disposent d'une caisse automatique où l'on doit payer avant de récupérer sa voiture. Billets, monnaie et cartes de paiement sont acceptés.

– Pour les communes extérieures au Pentagone, en revanche, il est conseillé d'être motorisé, les transports en commun n'étant pas toujours d'une efficacité assurée.

Location de voitures

■ **AUTO ESCAPE :** *n° gratuit :* ☎ *0820-150-300 (numéro gratuit).* ● *autoescape. com* ● *Vous trouverez également les services d'*Auto Escape *sur* ● *routard.com* ● L'agence *Auto Escape* réserve auprès des loueurs de véhicules de gros volumes d'affaires, ce qui garantit des tarifs très compétitifs. Il est recommandé de réserver à l'avance. *Auto Escape* offre 5 % de remise sur la location de voiture aux lecteurs du Guide du Routard pour toute réservation par Internet avec le code de réduction : « GDR5AE ».

■ **BSP Auto :** ☎ *01-43-46-20-74 (tlj)*.

• *bsp-auto.com* • Les prix proposés sont attractifs et comprennent le kilométrage illimité et les assurances. *BSP Auto* vous propose exclusivement les grandes compagnies de location sur place, vous assurant un très bon niveau de services. Les plus : vous ne payez votre location que 5 jours avant le départ + réduction spéciale aux lecteurs de ce guide avec le code « routard ».

Loueurs à Bruxelles

■ **Avis :** ☎ 070-223-001.
■ **Europcar :** ☎ 02-348-92-12.

■ **Hertz :** ☎ 02-702-05-11.
■ **National :** ☎ 02-352-07-40.

À vélo

Bruxelles ne connaît pas encore la pratique intensive de la bicyclette (peu de pistes cyclables aménagées, terrain pentu), mais la ville a eu la bonne idée, pour encourager ce type de transport, de mettre en place un service de location de vélos : *Villo !,* inspiré du système Vélib' parisien. Concrètement, on peut désormais louer un vélo à l'une des 180 stations réparties dans 16 communes de la région de Bruxelles-Capitale et le restituer à la station de son choix. Les 2 500 bicyclettes étant arrimées à des bornes de stationnement, il suffit d'avoir une carte de paiement internationale et de lire les instructions sur l'écran tactile dont chaque station est équipée. Outre l'abonnement annuel de 30 €, le coût de la location est de 5 € pour un week-end. Également un abonnement « courte durée » à 7 € la semaine ou 1,50 € par jour, location gratuite pour la première demi-heure et 1 € l'heure suivante. Carte interactive des stations et abonnement sur le site • *villo.be* • *Hotline :* ☎ 078-05-11-10.
Vous pouvez aussi contacter l'association *Pro Vélo,* qui essaie de promouvoir le vélo comme moyen de déplacement et de découverte. Elle propose plusieurs visites guidées de la ville, à bicyclette bien sûr. Pour les contacter et connaître le programme, voir plus haut dans « Adresses utiles. Visites guidées ».

OÙ DORMIR ?

Bruxelles, deuxième ville mondiale de congrès, offre un éventail complet de formules de logement, du palace 5 étoiles au petit camping, en passant par les auberges de jeunesse, les B & B et les hôtels de catégorie moyenne. On précisera juste que l'hôtel 1 étoile convenable est assez rare, ou alors excentré..., et que l'hôtel 2 ou 3 étoiles a tendance à afficher des tarifs un peu surestimés.
La bonne nouvelle, c'est que beaucoup d'hôtels (en particulier les grands) proposent des **tarifs « week-end » et « vacances »** (notamment en juillet et août) vraiment très avantageux. Ne pas hésiter à se renseigner par téléphone avant de réserver ou à consulter les promos sur Internet (notamment sur • *visitbrussels.be* •). On a parfois de très bonnes surprises. Nous signalons les établissements qui pratiquent ces prix cassés. Par exemple, de nombreux hôtels « d'affaires » bradent véritablement leurs prix en fin de semaine : presque 50 % de ristourne, petit déj compris ! Une vraie aubaine.
À noter que certains hôtels et hébergements bruxellois sont depuis peu dotés d'un *label écodynamique* avec un classement de une à trois étoiles, attribué par Bruxelles Environnement sur la base de leur respect des normes environnementales...

Campings

⊼ **Bruxelles-Europe à Ciel Ouvert** (plan D4, **9**) **:** chaussée de Wavre, 203, 1050. ☎ 02-640-79-67. • *campingcie louvert@gmail.com* • Ⓜ Trône ou Mael-

OÙ DORMIR ?

beek. Bus n°s 34, 38, 60, 80 et 95, arrêt Parnasse. À deux pas du muséum des Sciences naturelles et de la gare du Luxembourg. De la chaussée de Wavre, prendre l'allée qui monte devant l'église ; entrée sur une cour intérieure, à gauche. Ouv slt juil-août. Compter 18 € pour 2 pers et l'emplacement. Un camping de 80 places, surtout pour les tentes, en pleine ville, presque en bordure du quartier européen ! Plutôt un vaste jardin ombragé au milieu d'un pâté de maisons en fait, sans autre infrastructure que les sanitaires de base. Sympa pour ceux qui veulent profiter d'une situation centrale, mais plutôt spartiate pour les habitués des campings traditionnels.

🏕 *Camping Paul Rosmant de Wezembeek-Oppem :* Warandeberg, 52, 1970 Wezembeek-Oppem (hors plan d'ensemble par Z7). ☎ 02-782-10-09. • http://users.telenet.be/cr48875/ • À 11 km à l'est du centre de Bruxelles, non loin de la sortie 2 du ring ouest. Ouv avr-sept. Compter 12,50 € pour 2 pers, 1 tente et la voiture. Bien tenu mais un peu bruyant à cause du ring (l'autoroute qui ceinture Bruxelles). Buvette, volley, ping-pong et pistes de pétanque.

Chambres d'hôtes

Pour un week-end en amoureux, la formule chambre d'hôtes constitue une solution séduisante. Loin des hôtels standardisés, c'est une approche différente de la capitale, plus proche des gens. Où l'on s'aperçoit aussi que le style contemporain sait prendre sa place dans les intérieurs les plus anciens, au cœur de la ville. De belles surprises en perspective, même si ce n'est pas toujours donné : les tarifs sont plus élevés que ceux des hôtels qui pratiquent des promos alléchantes le week-end. Vous trouverez des chambres aussi bien en maison qu'en appartement, avec ou sans sanitaires privés. Certaines peuvent disposer d'une kitchenette. Pour trouver, le plus simple, outre les adresses qu'on vous indique et auprès desquelles vous pouvez parfaitement réserver directement, est de contacter l'un des deux centraux de réservation suivants.

■ *Bed & Brussels :* rue Goffart, 78, 1050. ☎ 02-646-07-37. • info@bnb-brussels.be • bnb-brussels.be • Lun-ven 8h30-12h, 13h30-17h. Possibilité de réserver par tél mais mieux vaut le faire sur leur site, qui montre des photos des adresses disponibles. Compter 50-100 € pour 2 pers, petit déj compris. Tarifs dégressifs (selon durée du séjour) et réduc pour les enfants de 3 à 10 ans. Formules pour les stagiaires aussi (à partir de 38 €/nuit, voire 15 € en long séjour). C'est le central de réservation principal pour les B & B bruxellois. Vous y trouverez pas moins de 350 adresses avec 3 catégories de confort, réparties dans les 19 communes et classées par thème. Dernière info : si vous voulez réserver un samedi ou un dimanche et arriver le jour même, vous devez passer par • visitbrussels.be • (l'office de tourisme), qui assure le relais pendant leurs jours de fermeture.

■ *Taxistop :* av Thérésienne, 7, 1000. ☎ 070-222-292. • taxistop.be • Lun-ven 10h-17h30. Revient moins cher que Bed & Brussels (à partir de 30 € pour 2 pers en fonction de l'emplacement). Et pour cause : on peut contacter directement leurs adresses, qui sont quasiment toutes reprises sur leur site internet, avec leurs coordonnées et parfois une photo. L'offre s'étend au reste du pays. Cela dit, ne pas s'attendre au grand luxe... Centralise aussi les offres de covoiturage et d'échanges de maison, là encore un moyen original de faire des économies.

Dans le Pentagone

🏠 *Chambres d'hôtes Les Remparts* (zoom B2, 43) : rue du Rempart-des-Moines, 9, 1000. Chez Daniel Schaffeneers. 📱 0475-81-77-08. • schaffeneers@skynet.be • rempart.be • Compter 109 € la chambre. Attention, *pas de petit déj servi, mais cuisine à disposition. Wifi. CB refusées.* 10 % de remise sur le prix de la chambre sur présentation de ce guide. Antiquaire et esthète, Daniel loue des chambres de charme intelligemment aménagées, de petite taille. Il loue également une autre chambre, dans le quartier des Sablons, au-dessus de sa boutique d'antiquités, plus grande que celles de la rue du Rempart-des-Moines et décorée avec la même touche personnelle, élégante et baroque.

🏠 *Chambres d'hôtes Downtown-BXL* (zoom B2, **45**) : rue du Marché-au-Charbon, 118-120, 1000. 📱 0475-29-07-21. ● reservation@downtownbxl. com ● downtownbxl.com ● *Chambre 79 €, petit déj compris. Wifi.* Les chambres réparties dans 2 immeubles attenants sont étonnantes. Elles allient le baroque, le contemporain et un esprit zen à la fois. L'une d'elles possède même un lit tout rond, sous les regards multiples de Marilyn, signés Warhol. 2 chambres ont des accents africains, alors qu'une autre fait de l'œil aux années 1960. Une adresse décalée et confortable, à un tarif très abordable. Petit bémol : la TV dans la salle du petit déjeuner ! Parking payant à proximité.

🏠 *Bed & Breakfast Taptoe* (zoom B2, **49**) : pl. de la Vieille-Halle-aux-Blés, 24-26, 1000. 📱 0474-79-23-25. ● mybe dinbrussels.com ● *Dans un petit immeuble du XVIIe s on ne peut plus central, à deux pas du Manneken-Pis. Doubles 99-129 € petit déj compris, résas pour deux nuits min.* La proprio est une artiste qui possède son atelier et une galerie d'art au rez-de-chaussée et loue à l'étage un grand et joli studio. Cadre cosy, lit *queen size*. Au dessus, une gentille mini salle à manger, avec coin cuisine et bureau. À deux pas, dans la calme et romantique impasse des Roses, 3 autres chambres de charme. La *Boléro* (la plus chère) possède même l'une des plus belles salles de bains qu'on connaisse. Cuisine commune pour les trois. L'hôtesse apporte à 8h15 le pain frais, beurre et confiture sont déjà au frigo, et tout le monde se fait son petit déj quand il veut !

🏠 *Chambres d'hôtes Vaudeville* (zoom C2, **41**) : galerie de la Reine, 11-13, 1000. 📞 02-511-23-45. 📱 0471-47-38-37. ● chambre@cafeduvaudevil le.be ● chambresdhotesduvaudeville. be ● *2 chambres à 115 € et 2 plus grandes à 155 €, petit déj compris, que l'on prend au café, à l'étage ou sur la terrasse de la galerie aux beaux jours. Wifi.* À l'étage du café du même nom, voici de bien belles chambres, 2 donnant directement sur l'intérieur de la galerie, les 2 autres sur une courette intérieure. Une vraie mise en valeur du lieu, explorant des thèmes variés : *Diva*, *Explorateur*, *Black and White* et *Madame Loulou*. La *Diva* possède de beaux rideaux de soie sauvage et d'intéressants portraits noir et blanc, l'*Explorateur* présente une vitrine de souvenirs « retour d'Afrique », des fauteuils club... De la classe, du style, du calme. Une adresse particulièrement originale et hyper centrale. Excellent accueil.

🏠 *Le White Room* (plan B1, **42**) : rue Locquenghien, 45, 1000. 📞 02-538-59-95. ● lewhiteroom.be ● *1 seule chambre à 70 € (10 € de plus pour 1 seule nuit), petit déj inclus.* Au fond d'un immeuble plutôt anonyme, dans la cour, une ancienne laiterie reconvertie en un vaste loft industriel, aux espaces ouverts et bien aménagés. Plafonds éclatés, escaliers métalliques, salon coloré. Le style est contemporain et personnel, zen et accueillant. À l'étage, 1 seule chambre, pas bien grande, parfaitement au calme. À noter qu'on partage la salle de bains avec Erik et Sven, vos hôtes (d'où le prix somme toute raisonnable). Le petit déj est compris, mais il est en self-service, dans la grande cuisine. Tout est mis à disposition, on n'a plus qu'à actionner le grille-pain et la cafetière ! Une adresse différente, qui ne conviendra pas à ceux qui cherchent du classique et du conventionnel.

🏠 *Hooy Kaye Lodge* (plan B1, **50**) : quai aux Pierres-de-Taille, 22, 1000. 📞 02-218-44-40 📱 475-54-49-65. ● info@ hooykayelodge.com ● hooykayelodge. com ● *Doubles 95-125 € petit déj continental compris.* 3 chambres spacieuses dans une élégante demeure de marchand du XVIIe s en brique rouge et bordant l'ancien canal désormais recouvert. La plus chère bénéficiant d'un grand salon. À l'intérieur, on retrouve ce charme du passé à travers la belle rampe en chêne sculptée, les planchers en bois, le mobilier ancien, mon tout mis en valeur par des murs à la blancheur éclatante. Jardin et accueil affables. Une adresse vraiment personnalisée et au calme, à quelques pas de l'animation.

≜ *La Maison Jaune* (zoom B2, **44**) : rue du Rempart-des-Moines, 11-13, 1000. ▦ 477-72-31-45. • maisonjaune@skynet. be • maisonjaune-bruxelles.net • *Petit appartement de 50 m² à l'étage d'une maison jaune, pour 4 pers (2 adultes et 2 enfants). Selon l'occupation, la 1re nuit* pour 2 123 €, petit déj compris, puis selon la durée du séjour tarif dégressif tenu à disposition (voir le site). Un concept original que cette location d'appartement d'hôtes tout en longueur, à l'étage d'une petite maison... jaune, colorée et gaie, à quelques minutes à pied de la Grand-Place. Pièces en enfilade, comportant une cuisine équipée et une salle de bains complète. Une bonne formule pour quelques jours en famille, à deux pas du centre. On s'y sent vite chez soi.

En dehors du Pentagone

≜ *Chambres en Ville, maison d'hôtes* (plan D3, **40**) : rue de Londres, 19, 1050. ☎ 02-512-92-90. • philippe.guilmin@ skynet.be • chambresenville.be • *Fermé 22 déc-4 janv. Chambres 90-100 € selon saison, petit déj compris. Wifi.* Voici une superbe adresse, où la patte et le talent de son propriétaire-décorateur se sont posés sur chacune des pièces. Consoles patinées, meubles de métiers, masques africains, chaises dépareillées, plancher qui craque... Une maison de caractère dans laquelle on se sent immédiatement à l'aise. La chambre *La vie d'artiste* est décorée d'une grande toile en tête de lit, *Afrique* rassemble quelques beaux souvenirs de voyages, *Levant* possède une grande baignoire au milieu de la salle de bains... Des espaces soignés, très personnalisés. Dans chaque chambre, sèche-cheveux, douche et baignoire... Beaucoup de style, de la personnalité, jusque dans la salle de petit déj (confitures maison), très pensée et zen à la fois. Votre hôte est un artiste, et chaque objet nous le rappelle.

≜ *Urban Rooms* (plan D3, **51**) : rue d'Alsace-Lorraine, 10, 1050. Ⓜ Trône ou Porte-de-Namur. ☎ 02-256-32-27. ▦ 477-32-03-16. • contact@urbanrooms. be • urbanrooms.be • *Doubles 100 €, petit déj en sus.* Rue tranquille à la lisière du populaire quartier de Saint-Boniface-Matongé. Intérieur d'une élégante et lumineuse sobriété, grands volumes, lignes épurées... une véritable maison d'architecte. 3 chambres au cadre design d'un goût exquis, éclairage mesuré, TV écran plat, coffre, délicieux petit déjeuner (confitures de Corse, jus de fruit frais, sélection de thés, etc.)... Accueil suave, petite terrasse, jardin.

≜ *Chambres d'hôtes Nouvelle Vie* (plan D4, **38**) : rue Longue-Vie, 57, 1050. ☎ 02-514-73-80. • info@nouvellevie. eu • nouvellevie.eu • *Doubles 100-120 €, petit déj inclus. Attention, supplément de 10 € si vous ne restez qu'une seule nuit. Paiement en espèces slt. Internet, wifi.* À 200 m de la place Saint-Boniface, à Ixelles, et à 5 mn à pied du Parlement européen. Dans une très jolie maison de ville du XIXe s, 3 chambres décorées avec goût et élégance, dotées de tout le confort. Très agréable salle de petit déj ouvrant sur le jardin intérieur.

Hors du centre-ville de Bruxelles

≜ *Chambres d'hôtes Le Relais de Castro* (plan G4, **52**) : rue Baron-de-Castro, 7, 1040. ☎ 733-88-58. • info@ lerelaisducastro.be • lerelaisducastro. be • Ⓜ Thieffry. *Doubles 120 €, petit déj inclus. Internet.* À seulement 7 stations du centre-ville, à 5 mn du métro, voici un havre de paix privilégié pour ceux souhaitant vivre la campagne en ville. Élégante et vaste demeure particulière à la blanche façade, au fond d'une immense pelouse. Deux chambres absolument ravissantes et tout confort, mais le must de cette adresse, c'est surtout la qualité d'accueil. Le meilleur de l'hospitalité bruxelloise par cette famille d'artistes depuis de nombreuses générations et qui connut jadis la maison entourée de maraîchages. En y venant entre mi-juin et mi-juillet, vous pourrez cueillir et déguster les bonnes cerises du jardin. Intérieur chaleureux, généreux petit déjeuner et soirées de plénitude l'été en terrasse... Parking privé. Et puis, plein de bonnes infos à glaner, vous n'aurez plus envie de quitter le quartier. Que demander de plus ?

≜ *Côté Jardin* (hors plan par G6) : av. Léopold-Wiener, 70, 1170. ☎ 02-673-36-40. 🖷 0476-25-36-28. ● info@cotejardin.biz ● cotejardin.biz ● Bus n°s 95 et 96 depuis la pl. Royale. Sinon, c'est à 12 mn à pied de la station de métro Beaulieu. Situé dans la commune de Watermael-Boitsfort, au sud-est du Pentagone, à env 5 km du centre (demandez qu'ils vous envoient un plan d'accès au moment de la résa). Arrêt du bus n° 95 à 2 mn à pied de la maison. Compter env 100 € pour 2, petit déj compris. Parking facile et gratuit. Wifi. Réduc de 10 % accordée sur le prix des chambres en juil-août. Assez excentré mais voilà bien le seul inconvénient car l'endroit est vraiment agréable et accueillant. Il s'agit d'un *B & B* de classe proposant 3 chambres douillettes et confortables, avec sanitaires complets nickel. Et puis, il y a

aussi la maison, spacieuse et bien décorée, avec sa vaste cage d'escalier surmontée d'une verrière de style Art nouveau. Le tout dans un environnement vert et aéré, à un jet de pierre d'un centre sportif avec piscine. L'hôtesse, c'est Cécile, une dame avenante et sympathique qui en connaît un bout sur l'art de recevoir. Petit déj pris dans un bel espace personnalisé.

≜ *Une Petite Maison dans une Petite Rue* (hors plan par G3) : Petite-Rue-de-l'Église, 15, 1150. ☎ 02-538-55-88. ● genevieve.n@skynet.be ● unepetitemaisondansunepetiterue.be ● 🄼 Tomberg. B & B à quelques km à l'est du centre, par l'av. de Tervueren. Un peu excentré mais facile d'accès si vous êtes motorisé. Sur la base de 2 nuits min, compter 44 € pour 1 pers et 58 € pour 2 par nuit ; petit déj 5 €. Moins cher à partir de 3 nuits. Petite maison (la plus petite de la rue !) abritant 2 chambres (une simple et une double) équipées, chacune, de TV et d'un coin sanitaire tout neuf. Toilettes sur le palier. La double, dans l'ancien grenier, propose 2 lits simples sur une mezzanine. À noter qu'il y a aussi une petite cuisine pour les hôtes. Bon accueil, et, cerise sur le gâteau pour ceux qui ont leur *laptop*, connexion Internet. Adresse non-fumeurs.

Auberges de jeunesse

Dans le Pentagone

≜ *Espace du Sleep-Well* (plan C1, **13**) : rue du Damier, 23, 1000. ☎ 02-218-50-50. ● info@sleepwell.be ● sleepwell.be ● 🄼 Rogier. Dans la partie nord du Pentagone, à proximité de la rue Neuve et du centre commercial City 2. Réception ouv 24h/24. Nuitée en dortoir 19,50-36 €/pers selon occupation, petit déj-buffet compris. Une partie de l'auberge propose également des chambres avec sanitaires privés à 66 € pour 2. Serviettes de bain et savon noncompris. Au total, 240 lits en chambres de 1 à 8 lits. Bienvenue dans cette grande auberge moderne, conviviale et bien équipée. Elle jouit de l'Eco label. Le hall d'entrée, surmonté d'une verrière, donne d'emblée le ton, avec son Manneken-Pis grandeur nature et sa fres-

que B.D. de Johan de Moor (voir le circuit des façades B.D. dans la rubrique « À voir »). Chambres simples, doubles ou triples équipées de TV et de salle de bains. Douches et toilettes communes impeccables. Agréable salon TV avec billard et Internet, bar en sous-sol et resto proposant le petit déj et des repas seulement pour les groupes.

≜ *Gîte d'étape-auberge de jeunesse Jacques-Brel* (plan D2, **11**) : rue de la Sablonnière, 30, 1000. ☎ 02-218-01-87. ● brussels.brel@laj.be ● laj.be ● 🄼 Botanique ou Madou. À l'angle nordest du Pentagone. Réception 7h30-minuit. Pas de couvre-feu. Auberge non-fumeurs. Fermé la 2de quinzaine de déc. Nuitée 17,40-21,50 €/pers, selon âge et nombre de lits par dortoir (compter un peu plus pour les non-membres : 3 €), petit déj-buffet et draps compris. Également des chambres doubles (23,80-25,80 €). Internet, wifi. Repas env 12 €. AJ officielle bien située, dans des locaux modernes. En tout, environ 170 lits en chambres irréprochables et assez spacieuses, de 2 à 14 lits, la plupart avec douches et toilettes communes. Tenue impeccable et accueil sympa. Bar agréable, où l'on sert toutes sortes de bières artisanales et de la petite restauration. Cuisine à disposition bien équipée. Si vous êtes un petit groupe, il y a aussi une sympathique piaule pour 8 personnes avec mezzanine. Le petit déj se prend dans une salle aux banquettes de style ferroviaire. Côté services : laverie, consigne à bagages. Une AJ d'excellente qualité.

🏠 *2GO4 Hostel* (plan C1, **14**) : bd Émile-Jacqmain, 99, 1000. ☎ 02-219-30-19. ● *info@2go4.be* ● *2go4.be* ● Ⓜ De Brouckère ou Rogier. Nuitée en dortoir (âge max 45 ans) 23-27 €, doubles avec sanitaires privés 69-72 € ; draps et café (le mat) compris. Internet. Dans le bas de la ville, en plein centre, une toute nouvelle AJ privée installée dans une grande maison de maître. Dans des pièces hautes de plafond, elle abrite des dortoirs de 4 à 10 lits et des chambres privées pour 1, 2 ou 3 personnes. Petit salon coloré et design avec cheminée au rez-de-chaussée et mignonne salle à manger sous verrière. Cuisine équipée. Un style un peu différent de celui des autres AJ, mais tout est nickel et flambant neuf ! Adresse non-fumeurs.

🏠 *Centre Vincent-Van-Gogh CHAB* (plan D1, **10**) : rue Traversière, 8, 1210. ☎ 02-217-01-58. ● *info@chab.be* ● *chab.be* ● Ⓜ Botanique. Trams n°s 92 et 94 depuis la pl. Royale ou bus n°s 65 et 66 depuis la gare Centrale. Juste un peu à l'extérieur du Pentagone, à deux

pas du parc du Jardin botanique et à 10 bonnes mn de grimpette à pied de la gare du Nord. Réception ouv 7h30-0h30 (pas de couvre-feu). Résa conseillée, surtout pdt les vac scol. 19 € le lit en dortoir. Également des chambres doubles rénovées 27 €/pers, petit déj compris. Draps compris, mais pas les serviettes de toilette. Internet, wifi payant. Pour les 18-35 ans slt. Ce n'est pas une AJ officielle mais un grand établissement privé pour routards, abritant 210 lits. Une plaque sur le mur rappelle que le peintre Van Gogh y vécut et travailla en 1880-1881. L'auberge est divisée en 2 parties, situées de part et d'autre de la rue, dans un quartier calme mais peu attractif. Chambres convenables avec ou sans sanitaires privés. Il y a un bar animé le soir, 2 bagageries gratuites, une TV avec lecteur de DVD, un téléphone à pièces, une machine à laver. L'auberge organise régulièrement des concerts.

🏠 *Auberge de jeunesse Bruegel* (plan B3, **12**) : rue du Saint-Esprit, 2, 1000. ☎ 02-511-04-36. ● *vjh.be* ● Réception ouv 7h-1h ; fermé 10h-14h pour nettoyage (mais possibilité d'arriver et de s'installer 10h-13h). Nuitée env 19,50-35,50 €/pers selon âge et confort (un peu plus pour les non-membres), petit déj et draps compris. Internet. Donne sur un boulevard (pas trop bruyant), entre la gare du Midi et la gare Centrale (située à 600 m). Propose 135 lits répartis dans 48 chambres de 1 à 4 lits. L'avantage de cette auberge, c'est sa situation, assez idéale pour explorer la ville. À part ça, il s'agit d'une AJ qui remplit sa fonction, sans plus. Beaucoup de groupes et personnel plutôt néerlandophone. Repas simples et bons (environ 10 €). Parking fermé pour vélos et motos, bagagerie. Petit bar ouvert tous les jours dès 20h.

En dehors du Pentagone

🏠 *Auberge de jeunesse « Génération Europe »* (plan A2, **46**) : rue de l'Éléphant, 4, 1080. ☎ 02-410-38-58. ● *brussels.europe@laj.be* ● *laj.be* ● À l'ouest du Pentagone, à moins de 10 mn à pied du métro Comte-de-Flandre (25 mn depuis la Grand-Place). Réception ouv

7h-2h (mais pas de couvre-feu). Fermé 1re quinzaine de janvier. Nuitée à partir de 19,50 € (en dortoir). Chambres doubles env 24-26 € selon âge. Petit déj et draps compris. Internet. AJ officielle plutôt calme mais un peu excentrée et dans un quartier pas folichon. Elle est installée dans une ancienne fonderie. 164 lits, répartis en chambres claires de 1 à 8 lits, toutes avec douche et toilettes. Bar-cafétéria, salon TV, petite cuisine pour les hôtes, parking, terrasse, laverie, ping-pong et jeux de société. On préfère quand même les autres AJ, plus centrales.

🛏 **Auberge des 3 Fontaines** (hors plan par G5) : chaussée de Wavre, 2057, 1060 Auderghem. ☎ 02-663-24-32. ● contact@auberge3fontaines.be ● auberge3fontaines.be ● Tarifs 18 €/pers en dortoir, 23 €/pers en chambre double sans petit déj. Douches et toilettes en commun. Wifi. Possibilité de se res-

taurer à prix modiques dans deux cafétérias. Pour y aller à partir de la gare du Midi, compter 25 mn de trajet : métro ligne 2 ou 6, direction Simonis, et descendre à la station Arts-Loi. Puis métro ligne 5, jusqu'à la station Hermann-Debroux. Longer le viaduc jusqu'au centre sportif (plus ou moins 12 mn à pied) ou prendre le bus n° 72 direction ADEPS jusqu'au terminus. En bordure de la Forêt de Soignes, cette nouvelle AJ de 160 lits dépend d'un centre sportif. Locaux modernes à défaut d'avoir du charme. Possibilité de faire du tennis, du squash et du badminton ou de faire de belles balades dans la forêt.

Hôtels

Dans le Pentagone

De prix modérés à prix moyens

🛏 **Hôtel Grand Colombier** (plan C1, 34) : rue du Colombier, 8, 1000. Ⓜ De Brouckère. ☎ 02-223-25-58. ● colombier@hotelseurop.com ● hotelseurop.com ● Doubles 56-65 €, petit déj inclus. Certes, rue pas très engageante, mais c'est central, à deux pas de la rue Neuve (celle des grandes marques) et du métro. L'intérêt de cet hôtel réside avant tout dans son style Art déco exceptionnel (comme pour l'Espérance, son petit voisin)... Superbe hall d'entrée rappelant l'ambiance des paquebots des années 1930. Un vrai décor de film ! En revanche, ce style n'a pas survécu dans la quinzaine de chambres, très classiques elles, voire ordinaires. Cependant, c'est bien tenu dans l'ensemble et imbattable du point de vue prix.

🛏 **Hôtel À la Grande Cloche** (plan B3, 37) : pl. Rouppe, 10, 1000. ☎ 02-512-61-40. ● info@hotelgrandecloche.com ● hotelgrandecloche.com ● Ⓜ Annees-sens. Doubles 69-90 € selon confort, beau petit déj-buffet compris. Parking aisé. Internet et wifi à la réception. À mi-chemin de la gare du Midi et du centre historique, l'hôtel donne sur une grande place. Il propose des chambres rénovées et dotées d'un confort tout à fait correct pour le prix, même si les moins chères partagent leurs sanitaires. À signaler, entre nous, le rapport qualité-

prix n'est plus aussi évident le week-end car, à la différence des 3 et 4-étoiles, cet hôtel ne brade pas ses prix en fin de semaine. Quoi qu'il en soit, veillez à bien vous faire confirmer votre réservation par écrit.

🛏 **Hôtel La Vieille Lanterne** (zoom B2, 16) : rue des Grands-Carmes, 29, 1000. ☎ 02-512-74-94. ● lavieillelanterne@hotmail.com ● lavieillelanterne.be ● Ⓜ Gare-Centrale ou Bourse. Situation intéressante, à portée du jet du Manneken-Pis (juste à l'opposé en fait). Doubles 86-98 € selon saison, petit déj (servi dans la chambre) 5 €. Wifi. Plutôt une petite pension qu'un véritable hôtel, tenue par une dame charmante : 6 chambres (2 par étage) dans une maison Renaissance au-dessus d'une boutique de souvenirs. Escalier raide et étroit, mais chambrettes charmantes, à la déco un peu rustique, avec TV. Petit cadeau à la réception aux porteurs de ce guide.

🛏 **Hôtel Queen Anne** (plan C1, 54) : bd Jacqmain, 110, 1000. ☎ 02-217-16-00. ● réservation@queen-anne.be ● queen-anne.be ● Doubles 119 € en sem, 75 € le w-e. Petit déj inclus. Wifi. Bien situé, un agréable hôtel jouant à fond le design contemporain à l'image du séduisant hall d'entrée. Une soixantaine de chambres agréables et de bon confort et quelques appartements.

OÙ DORMIR ?

De prix moyens à chic

🏠 *Hôtel Noga* (plan B1, *22*) : rue du Béguinage, 38, 1000. ☎ 02-218-67-63. ● info@nogahotel.com ● nogahotel. com ● Ⓜ Sainte-Catherine. Doubles 110-135 €, 75-85 € en basse saison, petit déj-buffet compris. Garage payant. Wifi payant. Réduc de 5 % si paiement en espèces. Le patron, bordelais d'origine, passionné de mer et de bateaux, a réalisé un superbe décor marin dans les espaces communs... On peut jouer du piano ou aux échecs, faire une partie de billard ou encore lire des B.D., de vieux ouvrages ou la presse du jour. Les chambres, personnalisées, sont chaleureuses et confortables. Et puis, quel plaisir, après une bonne nuit au calme, de se retrouver devant un petit déjeuner fait maison de A à Z, les oreilles bercées par de la bonne vieille chanson française, celle qu'on n'entend plus guère ailleurs !

🏠 *Hôtel Espérance* (plan C1, *53*) : rue du Finistère, 1-3, 1000. ☎ 02-21910-28. Ⓜ De Brouckère et Rogier. ● hotel. espérance@skynet.be ● hotel-esperan ce.be ● Une douzaine de doubles 83-158 € suivant saison et remplissage (disons en moyenne 110-120 €), petit déj inclus. Situé dans un coin en pleine mutation (ancien quartier de prostitution), l'hôtel lui-même était encore il y a deux ans une maison close. En même temps, bien placé, à quelques minutes des métros et du quartier Sainte-Catherine. C'est l'un des rares exemples d'Art déco intérieur intact de la ville (œuvre du grand Leo Govaerts). La salle à manger-réception se révèle un pur chef-d'œuvre avec ses superbes vitraux, les jardinières, le mobilier d'époque. Quant aux chambres, une seule a survécu aux outrages du temps... La n° 3, restaurée avec soin et beaucoup d'argent (c'est aussi la plus chère). Outre son grand charme, elle conviendra aux lecteurs amateurs d'insolite car sa baignoire rétro, toute seulette, trône fièrement au milieu de la chambre (w-c normalement séparés bien sûr !). Quant aux autres, elles ont été décorées de façon personnalisée dans un design raffiné et dotées de tout le confort possible. Bon, cet hôtel commence à connaître beaucoup de suc-

cès par ce charme et cette intimité. Hyper conseillé de réserver le plus tôt possible !

🏠 *Brussels Welcome Hotel* (zoom B2, *23*) : quai au Bois-à-Brûler, 23, 1000. ☎ 02-219-95-46. ● info@brusselshotel. travel ● brusselshotel.travel ● Ⓜ Sainte-Catherine. Doubles 135-155 €, petit déj compris. Également des suites 200-240 € et des chambres familiales pour 3-5 pers. Tarifs w-e très avantageux. Internet gratuit. Parking payant. En quête d'un établissement qui sort du commun ? Stop ! N'allez pas plus loin, c'est au *Brussels Welcome Hotel* que ça se passe. Ce boutique-hôtel propose une quinzaine de chambres rivalisant de charme et d'originalité, décorées chacune dans le style d'une culture d'Europe, d'Afrique ou d'Asie. Toutes ont leur cachet propre, de l'*Indienne*, avec sa double porte en vieux bois sculpté, à la *Chinoise*, équipée d'une mezzanine et décorée d'une fresque de dragon, en passant par la *Savane*, qui en jette avec sa peau de zèbre, sa moustiquaire et sa moquette mouchetée. L'hôtel étant victime de son succès, il est préférable de réserver à l'avance !

🏠 *Hôtel Opéra* (zoom C2, *24*) : rue Grétry, 53, 1000. ☎ 02-219-43-43. ● recep tion@hotel-opera.be ● hotel-opera.be ● Ⓜ De Brouckère ou Bourse. Doubles 119 €, petit déj-buffet compris. Wifi. Réduc de 10 % en cas de résa par Internet. Adresse très centrale, dans une artère commerçante entre la Bourse et la Monnaie. Une cinquantaine de chambres confortables (coffre-fort), rénovées dans des tons chauds et agréables. Un bon rapport qualité-prix-situation.

🏠 *Hôtel Saint-Michel* (zoom C2, *25*) : Grand-Place, 15, 1000. ☎ 02-511-09-56. ● info@hotelsaintmichel.be ● atgp. be ● Ⓜ Gare-Centrale ou Bourse. Doubles 85-150 €, petit déj-buffet compris. Moins cher le w-e, en basse saison ou en cas de faible taux d'occupation. Parking payant à 2 mn à pied. Réduc de 10 % sur le prix de la chambre accordée sur présentation de ce guide. Oui, vous avez bien lu, voici le seul hôtel de la Grand-Place. Alors on précise tout de suite, si vous venez ici, c'est pour avoir une chambre donnant sur celle-ci. Sinon, on ne voit pas vraiment l'intérêt, à part celui d'être logé en pleine ville. Comme par hasard, les chambres avec vue sont les plus chères, mais quelle félicité que de profiter le soir des éclairages de ce merveilleux théâtre architectural !

🛏 *Hôtel La Légende* (zoom B2, *39*) : rue du Lombard, 35, 1000. ☎ 02-512-82-90. ● info@hotellalegende.com ● ho tellalegende.com ● Ⓜ Gare-Centrale ou Bourse. Doubles 70-180 € selon standing et promo du jour ; un peu moins cher le w-e si on reste min 2 nuits. Également quelques suites pour 4 pers. Bien situé, entre la Grand-Place et le Manneken-Pis, cet établissement abrite des chambres modernes et fonctionnelles, aux tons chauds, avec parquet, boiseries claires et double vitrage. Prix un peu élevés mais justifiés, somme toute, par la situation et la qualité du lieu. Le petit déj est servi dans une superbe salle surplombant l'agréable petite cour intérieure.

🛏 *Résidence Les Écrins* (plan B1, *19*) : rue du Rouleau, 15, 1000. ☎ 02-219-36-57. ● les.ecrins@skynet.be ● lese crins.com ● Ⓜ Sainte-Catherine. À deux pas de l'église Sainte-Catherine. Doubles 95 €, petit déj compris. À noter, 1 chambre sans sanitaire à 60 €. Wifi. 10 % de remise sur le prix de la chambre sur présentation de ce guide. Au calme et dans le centre, près des charmants anciens quais, petit hôtel bien tenu, aux chambres rénovées et confortables. Deux d'entre elles, l'une avec petit salon, l'autre avec une grande salle de bains, sont de fort belle taille.

🛏 *Hôtel Floris Arlequin* (zoom C2, *36*) : rue de la Fourche, 17-19, 1000. ☎ 02-522-33-22. ● arlequin@florishotels. com ● florishotels.com ● Ⓜ Gare-Centrale ou Bourse. Dans la galerie qui relie la rue de la Fourche et la petite rue des Bouchers. Doubles 125-155 €, petit déj-buffet compris. Nombreuses promos sur le site ; compter alors 95-105 € le w-e. En plein Îlot Sacré, l'un des hôtels les plus centraux de la ville. Une bonne affaire le week-end car les chambres, de taille variable, sont plaisantes et confortables (Internet, TV, belle salle

de bains). On prend le petit déj au « 7e ciel »... entendez la salle du dernier étage, qui offre à travers ses baies vitrées une vue assez unique sur l'hôtel de ville et les bâtiments du centre. Bardisco (l'*Athanor*) au sous-sol.

🛏 *Hôtel Atlas* (zoom B2, *35*) : rue du Vieux-Marché-aux-Grains, 30, 1000. ☎ 02-502-60-06. ● info@atlas-hotel.be ● atlas-hotel.be ● Ⓜ Bourse ou Sainte-Catherine. Doubles 145 € en sem, voire 250 € en période de foires et salons, 85 € le w-e et 75 € en juil-août (ne pas hésiter à aller voir leurs promos sur le site). Wifi. Dans le quartier branché de la rue Antoine-Dansaert, mais donnant sur une place très calme, idéalement situé donc ! Pour la petite histoire, la (tristoune) salle du petit déj, au sous-sol, contient un bon bout de muraille de la première enceinte. À part ça, il s'agit d'un hôtel assez standardisé, moderne et fonctionnel avant tout, offrant des chambres tout confort (minibar, sèche-cheveux). Intéressant seulement si l'on peut bénéficier du tarif week-end et basse saison. Excellent accueil.

🛏 *Hôtel Floris Ustel Midi* (plan A3, *27*) : sq. de l'Aviation, 6-8, 1070. ☎ 02-522-33-22. ● reservations@florishotels.com ● florishotels.com ● Ⓜ Gare-du-Midi. Doubles 75-265 €, petit déj compris. Nombreuses promos sur Internet ; compter alors 120 € env en période creuse (ou si vous réservez à l'avance), voire 65 € le w-e. Cet hôtel est bien et mal situé à la fois : à 5 mn à pied de la gare du Midi, c'est une adresse indéniablement pratique quand on déboule de Paris. Mais le quartier, dévolu à la confection en gros, craint un peu : le boulevard du Midi n'a rien d'excitant (2 x 3 voies), et le coin en lui-même est assez déglingué. Cela dit, cet hôtel de clientèle d'affaires, au petit luxe rassurant, peut se révéler attractif une fois le week-end venu, lorsque vous bénéficierez de tarifs disons... préférentiels. En semaine, on vous le conseille moins. Jardin intérieur où, jadis, coulait la Senne, et gravures du vieux Bruxelles dans la salle du petit déj. En annexe : resto-brasserie *La Grande Écluse* (assez cher), installé dans le joli décor d'un ancien bâtiment industriel du XIXe s. Cuisine de bistrot tendance méditerranéenne.

🛏 *Hôtel du Congrès* (plan D2, **30**) : rue du Congrès, 42, 1000. ☎ 02-217-18-90. • info@hotelducongres.be • hotelducongres.be • Compter 135 € en sem, petit déj compris, mais 70 € en moyenne le w-e, tarif qui descend parfois autour de 60 € en cas de très faible taux d'occupation ! Et c'est là que ça devient très intéressant. Wifi. Une bonne affaire donc que cet hôtel d'hommes du même nom, pour qui sait choisir ses périodes. Style moderne épuré, dans les tons gris avec quelques plafonds anciens bien préservés. Très bon confort.

Très chic

🛏 *Hôtel Le XVII*e (zoom C2, **29**) : rue de la Madeleine, 25, 1000. ☎ 02-517-17-17. • info@ledixseptieme.be • ledixseptieme.be • Ⓜ Gare-Centrale. À un jet de pierre de la Grand-Place. Doubles standard au prix de base à 200 €, petit déj en sus. Internet, wifi. Un des seuls vrais hôtels de charme de la capitale belge. L'élégance feutrée et l'excellence hôtelière dans l'ancienne résidence d'un ambassadeur d'Espagne. Magnifique hall d'entrée et chambres très bien aménagées, meublées à l'ancienne pour la plupart. Certaines sont pourvues d'une terrasse avec vue sur la flèche de l'hôtel de ville. Cour intérieure et calme absolu au cœur même de la cité. Accueil exceptionnel et confort maximum garanti, à des prix bien évidemment en rapport avec les grandes qualités du lieu. Pour nos lecteurs très, très à l'aise dans leur budget ou tout simplement tentés de se payer une petite folie... un peu adoucie par des réductions le week-end (150 €, petit déj compris) et davantage encore en basse saison (100 € ; min 2 nuits sans petit déj).

🛏 *Pacific Café-Hôtel* (zoom B2, **21**) : rue Antoine-Dansaert, 57, 1000. ☎ 02-213-00-80. • info@hotelcafepacific.com • hotelcafepacific.com • Ⓜ Bourse. Doubles 139-169 € selon confort, petit déj compris ; moins cher le w-e. Ne pas hésiter à consulter le site, la résa donne droit à une réduc. Un des petits derniers sur la longue liste des hôtels design de Bruxelles. L'un des plus réussis aussi. Avec un confort douillet, un design cosy et chaleureux, le charme n'a pas cédé devant la modernité. Vieille maison oblige, les chambres sont de petits volumes et la rénovation n'y a rien changé. Elle a su en revanche jouer avec cette contrainte en cloisonnant l'espace à l'aide de rideaux et faire participer la salle de bains à la vie de la chambre. On aime bien celles sous les toits, jouissant d'une vue panoramique sur Bruxelles (assez magique le soir !). Le duplex est évidemment plus spacieux et n'est finalement pas beaucoup plus cher que les standards. Toutes sont en tout cas dotées d'un confort haut de gamme (clim', wifi, écran plat...) et même de doux peignoirs, signés Mia Zia comme tout le linge de l'hôtel.

🛏 *Hôtel Bloom* (plan D1, **26**) : rue Royale, 250, 1210. ☎ 02-220-66-11. • info@hotelbloom.com • hotelbloom.com • Ⓜ Botanique. Doubles à partir de 160 € en sem et 80 € le w-e (on n'ose pas vous donner le prix des suites !) ; petit déj 25 €/pers (19 € si résa en ligne ; promos à surveiller sur Internet à 115 €/nuit, voire 79 € !). À proximité immédiate du Botanique, en bordure du Pentagone. Difficile d'imaginer façade plus laide, plus triste que celle de ce grand hôtel de 305 chambres. Heureusement, l'intérieur a été entièrement rénové, et la nouvelle direction a eu la brillante idée de faire appel à de jeunes artistes pour décorer les chambres. Ceux-ci ont reçu carte blanche et ont ainsi pu laisser libre cours à leur imagination. Résultat, chaque chambre est unique. Évidemment, mieux vaut aimer le design et l'art contemporain. On appréciera aussi que les chambres soient si spacieuses et si confortables. Très lumineuses, certaines ont même vue sur les serres du Jardin botanique. Les prix sont, certes, (très) élevés mais, comme toujours, l'hôtel casse ses prix le week-end. Évitez les chambres du 1er, au dessus du bar, bruit et musique jusqu'à 1h du matin. Au petit déj, c'est un peu l'usine.

🛏 *Hôtel The Dominican* (zoom C2, **15**) : rue Léopold, 9, 1000. ☎ 02-203-08-08. • info@thedominican.carlton.be • thedominican.be • Ⓜ De Brouckère. Doubles standard (appelées deluxe) autour de 200 € mais qui peuvent *s'obtenir autour de 125-160 € le w-e. Petit déj très cher : 27 € ! Wifi gratuit.* Situé derrière le théâtre de la Monnaie sur l'emplacement d'un ancien couvent, cet hôtel récent, membre d'une grande chaîne de luxe, propose des chambres sobres et élégantes, parfois un peu petites pour la gamme d'entrée. Excellente literie. Suites et lofts très chers complètent l'offre. Magnifiques salons d'accueil, les petits déj et déjeu-ners y sont servis. Le restaurant qui demande encore à faire ses preuves (prix très élevés pour la qualité) se trouve juste à côté de la cour intérieure privée. Personnel peu francophone, encore en rodage, et service pas tout à fait à la hauteur des exigences d'une chaîne de luxe. Club de sport, sauna, bains turcs et massage. Parking public à 100 m. Une plaque sur la façade rappelle que le peintre David y décéda.

À Saint-Gilles, Ixelles et en dehors du Pentagone

De bon marché à prix moyens

OÙ DORMIR ?

🏠 *Hôtel Europa* (plan C4, *18*) : rue Berckmans, 102, 1060. ☎ 02-538-72-97. ● *hoteleuropa@wol.be* ● *brusselsho teleuropa.be* ● Ⓜ Hôtel-des-Monnaies. Doubles 65-70 € selon saison, petit déj compris. Parking gratuit. Wifi. Réduc de 5 % sur le prix de la chambre sur présentation de ce guide (si paiement en espèces). Petit hôtel-pension près du quartier Louise. Escalier rose pâle, très épuré, déco simple et sans prétention, atmosphère claire. Les 8 chambres, bien tenues, sont avec toilettes et bains (une seule avec douche). Bon accueil d'un monsieur très charmant.

De prix moyens à plus chic

🏠 *Vintage Hotel* (plan C4, *48*) : rue Dejoncker, 45, 1050. ☎ 02-533-99-80. Résa en ligne conseillée. ● *info@vintage hotel.be* ● *vintagehotel.be* ● Doubles 90-140 € selon saison et demande. Près de la légendaire et *trendy* avenue Louise, dans une rue calme à l'écart de l'agitation, un hôtel dédié aux années 1970. Les *seventies, peace and love* et *flower power,* revues et corrigées par un designer avisé, cela donne cet hôtel original et classe, et bien sûr très confortable et accueillant. Chambres décorées et meublées dans le style des *golden seventies*. Pour ceux qui ont connu ces années-là : un plaisir. Pour les autres : une découverte.

🏠 *Résidence Rembrandt* (plan C4, *20*) : rue de la Concorde, 42, 1050. ☎ 02-512-71-39. ● *rembrandt@dom mel.be* ● *hotelrembrandt.be* ● Ⓜ Louise ou Porte-de-Namur. Fermé mi décdéb janv et en août. Doubles 75-110 €, selon confort, petit déj compris. Wifi. Petit hôtel familial et agréable, comme on en voit de moins en moins, à deux pas de la place Stéphanie. En tout, 12 chambres décorées à l'ancienne, toutes un peu différentes mais toutes fort bien tenues. Les moins chères avec douche seulement (w-c sur le palier), les autres avec douche ou baignoire et w-c. Charme, discrétion, atmosphère accueillante, voilà comment résumer en quelques mots l'endroit. Le petit déj est servi au salon.

🏠 *Pantone Hotel* (plan C4, *55*) : pl. Loix, 1, 1060. ☎ 02-541-48-98. ● *info@panto nehotel.com* ● *pantonehotel.com* ● Prix des chambres suivant la taille, l'offre et la demande : 49 € (rarement), 59-89 € (le plus souvent, surtout le w-e), 139-189 €... pour les malchanceux ! Ce sera bien la première fois que vous en verrez de toutes les couleurs avec autant de plaisir ! Ici, concept totalement novateur, pas de folie lyrique à la Starck, mais un jeu de couleurs, d'espaces, de formes jouant sur de superbes chromatismes et un design élégamment épuré. Inspiré bien sûr, comme son nom l'indique, de la célèbre gamme de couleurs *Pantone* qui révolutionna les arts graphiques il y a 45 ans. Tout est plaisant à l'œil, frais et harmonieux, on peut choisir la couleur de sa chambre suivant ses états d'âme ou son humeur. Décor raffiné, tout le confort, clim, sèche-cheveux, TV écran plat, wifi... Au dernier étage le très séduisant *Pantone Lounge*, son bar et la vue panoramique. Boutique où l'on peut même se payer un crayon ou un vélo de couleur, ça va de soi !

🏠 **Louise Hôtel** (plan C4, **33**) : rue Veydt, 40, 1000. ☎ 02-537-40-33. • loui sehotel.com • Doubles 180-225 € selon occupation, mais 75-95 € le w-e, petit déj compris. Les meilleures promos sont sur Internet. Wifi. Établissement classique, bourgeois et un rien vieillot, aux chambres rénovées (pas toutes), fonctionnelles et sans charme particulier mais impeccables (écran plat, petite baignoire...). Les *cottages* donnent sur l'arrière, mais la rue est calme de toute manière. Bar cosy. Un choix intéressant pour ceux qui veulent résider dans ce quartier un brin excentré, tranquille et un rien bobo.

🏠 **The White Hotel** (plan D5, **32**) : av. Louise, 212, 1050. ☎ 02-644-29-29. • in fo@thewhitehotel.be • thewhitehotel. be • Trams n°s 81 et 94. À mi-hauteur de l'av. Louise, presque à l'angle de la rue du Bailli. Doubles standard 100-165 € (75-100 € le w-e), petit déj-buffet généreux compris. Parking gardé payant. Wifi payant dans les chambres mais nombreux écrans gratuits au rdc, vous pouvez surfer en prenant votre petit déj. Pour les amateurs de design toujours, voilà un autre hôtel ! Réception et salle de petit déj toutes blanches, un peu à l'image des chambres, à la déco évidemment très sobre mais bien réussie. Chacune possède un objet design conçu par un artiste belge différent, ce qui fait de l'hôtel une vitrine de la création belge ! Dernière originalité de l'endroit : la location de vélos et bicyclettes électriques, avec lesquels on vous remettra une liste des meilleurs magasins d'art... design de la capitale.

🏠 **Hôtel Argus** (plan C4, **17**) : rue Capitaine-Crespel, 6, 1050. ☎ 02-514-07-70. • reception@hotel-argus.be • hotel-argus.be • Ⓜ Louise. Doubles 140 € en sem et le w-e 75 €, petit déj compris. Par ailleurs, promos régulières sur Internet à 65 € pour 2. De plus, promotions à certaines périodes. Parking privé payant. Wifi. Une entrée au musée Horta offerte sur présentation de ce guide. Bien placé, en bordure du Pentagone, dans le quartier Louise, zone commerçante du haut de la ville pleine d'animation pendant la journée. Ce petit hôtel se révèle très abordable le week-end et carrément intéressant en été, lorsque ses tarifs baissent encore. Bref, c'est surtout pour les w-e et juillet et août qu'on le recommande. Chambres rénovées impeccables, surtout fonctionnelles (TV, minibar) et sobrement décorées, dans un design plaisant. Préférez celles donnant sur la rue, un peu plus lumineuses.

🏠 **Monty Design Hotel** (plan G3, **31**) : bd Brand-Whitlock, 101, 1200. ☎ 02-734-56-36. • info@monty-hotel.be • mon ty-hotel.be • Ⓜ Montgomery. Dans un quartier résidentiel un peu excentré mais à deux pas d'une station de métro et pas trop loin des musées du Cinquantenaire. Doubles 155 € (105 € le w-e), petit déj compris. Préférer Internet pour les résas, avec de nombreuses réducs à la clé. Wifi. Derrière une façade de pierre à bow-window, un hôtel design à taille humaine et à la déco épurée composée de meubles et d'objets étonnants. La séduction s'opère dès la réception, au milieu des 3 pièces en enfilade modernisées par un joli contraste de couleurs corail-gris perle et rouge qu'on retrouve à tous les étages. Excellente literie. Certains objets ont été dessinés par Philippe Starck et d'autres participent d'un humour décalé que complète avec bonheur un réel sens de l'accueil. Trois appart-studios (pour périodes prolongées) dans le même esprit ont été ajoutés dans une maison voisine. La vaste table centrale permet de prendre en commun un copieux petit déj à la belge. Vélos à dispo.

Très chic

🏠 **Hôtel Manos Stéphanie** (plan C4, **28**) : chaussée de Charleroi, 28, 1060. ☎ 02-537-96-82. • manos@manosho tel.com • manoshotel.com • Ⓜ Louise. Doubles 325 € (115 € le w-e !), petit déj compris. À ce tarif, vous faites vraiment une bonne affaire car non seulement vous êtes dans un hôtel 4 étoiles, mais un 4-étoiles de charme ! Derrière une mignonne façade ornée de plantes vertes, une quarantaine de chambres très confortables et arrangées avec goût, dans le style classique, avec du mobilier patiné et des couvre-lits assortis aux tentures. Le reste est à l'avenant, du hall d'entrée plein de marbrures à la salle sous verrière du petit déj. Bon accueil, vraiment une adresse de classe, à ne pas confondre avec son grand frère, l'*Hôtel Manos,* situé un peu plus loin sur la chaussée, très bien aussi mais encore plus cher !

OÙ MANGER ?

Bruxelles à table, mode d'emploi

Pas de problème pour manger sur le pouce pas cher. Dans les rues aboutissant à la Grand-Place, les snacks insipides sont légion, mais on trouve aussi plein de troquets et de petits restos (que nous vous indiquons) qui vont bien au-delà de la simple mangeaille. De même, pas mal de cafés proposent, à l'instar des *eetcafes* flamands, une carte simple et nourrissante. Certains d'entre eux vous sont signalés.

Il faut aussi bien avoir en tête que, dans cette ville, même les bons (voire très bons) restos, chers le soir, proposent souvent le midi, du lundi au vendredi, un plat du jour à prix raisonnable. Il ne s'agit pas d'un menu comme en France mais juste d'un plat, en général assez copieux cela dit, pour être bien rassasié comme il faut. Donc le midi, vive le plat du jour, même dans un resto huppé (qu'on pourra alors ranger dans la catégorie « Pas cher » ou « Prix modérés » et remettre dans « Plus chic » pour le soir).

Cuisines du monde

Ville très cosmopolite, Bruxelles offre un bel échantillonnage des différentes cuisines du globe avec toutes sortes de restos de cuisine étrangère disséminés un peu partout dans l'agglomération... Sans parler des italiens et des grecs, qu'on trouve dans toutes les communes, certaines nationalités sont mieux représentées dans certains quartiers que d'autres. Ainsi, si vous voulez manger un couscous, par exemple, c'est plutôt près de la porte de Hal *(plan B4)* qu'il faut aller, plus précisément rue de Moscou, située à 250 m de là, au *Jugurtha,* par exemple. Tout près, rue Haute, un bouquet de petits restaurants espagnols, avec par exemple la *Villa Rosa* (aux n°s 393-395).

Les restos asiatiques, eux, sont bien sûr légion, mais la rue Van Praet *(zoom B2),* qui part de la Bourse vers Saint-Géry, en concentre un bon petit nombre, corrects pour la plupart. Pour manger indo-pakistanais, aucun problème non plus, mais autant savoir que le quartier de Matongé, près de la porte de Namur (où vivent les communautés africaine et indo-pakistanaise de Bruxelles), en réunit quelques-uns *(plan C3).* Dans ce même quartier, beaucoup de restos africains aussi, mais si vous optez pour ce genre de cuisine, ne vous engouffrez pas nécessairement dans le premier venu car les normes d'hygiène y sont respectées de manière aléatoire. Quant aux quartiers Saint-Boniface *(plan D4)* ou Flagey *(plan D5),* on y trouve quantité de petits restos sympas, de tous les horizons, à tous les prix. Pas mal de terrasses aux beaux jours...

Spécial petites bourses et repas sur le pouce

De-ci, de-là, des charettes de *marchands ambulants* proposent des barquettes de *caricoles* (soit des bulots ou des escargots de mer, soit des bigorneaux, appelés aussi en *brusseleir chenuesekluete,* autrement dit « testicules de Chinois »). Ces gros mollusques cuits au bouillon de céléri (et servis chauds) sont parfois accompagnés d'un verre de vin blanc. Très bruxellois, bien que les bulots viennent de... Bretagne. La tradition de consommer des caricoles et autres produits marins remonte à l'époque où Bruxelles était un port relié à la mer via la Senne et l'Escaut, à la fin du XVIᵉ s. Les marchands ambulants de poissons et crustacés se développèrent alors. On trouve aussi parfois chez ces marchands ambulants d'autres produits de la mer tels que des moules crues à la sauce piquante, des poissons séchés (généralement des plies, *scholle* en bruxellois), des crabes, des crevettes et des langoustines.

Malheureusement, la tradition perd du terrain. On en trouve encore parfois place De Brouckère, devant la Bourse, et aussi, le week-end, à l'angle de la rue Haute et de la rue des Renards *(plan B3)*. Pour info, le mouvement *Slow Food* de Bruxelles a pris le nom emblématique de Karikol : ● *karikol.be* ●

FRITERIES (PARFOIS APPELÉES FRITURES EN BELGIQUE OU FRITKOT EN BRUXELLOIS)

Impossible, ou presque, d'y échapper ! Non, les Belges ne mangent pas des frites tous les jours. Cela dit, ils sont quand même fiers de leurs baraques à frites et, à toute heure, il peut y avoir la queue devant les meilleures. Quelques adresses sélectionnées avec soin auprès des connaisseurs locaux :

Chez le Grec *(hors plan par A3)* : sq. des Vétérans-Coloniaux, 1070 Anderlecht. Ⓜ *Jacques-Brel. Tlj sf dim 11h30-23h.* Au cœur d'un quartier populaire, une des meilleures *fritkot* de la ville. Qualité régulière de ses croustillantes frites, toujours servies généreusement et empaquetées dans un chaleureux sourire. En outre, on peut aussi y déguster d'excellents petits hors-d'œuvre typiquement grecs...

Maison Antoine *(plan E3)* : pl. Jourdan, 1, 1040 Etterbeek. ● *maisonantoine@skynet.de* ● Non loin du Parlement européen et du muséum des Sciences naturelles. *Tlj 11h30-1h (2h le w-e)*. Elle existe depuis 1958 ! Baraque à frites en dur, pas facile à repérer le dimanche matin au milieu du marché local. Frites croquantes et cuites à l'ancienne, dans la graisse de bœuf (ce qui explique aussi le prix, un chouia plus élevé qu'ailleurs). Comme d'hab', en plus des frites servies en cornet de papier, comme l'exige la tradition, on peut commander une brochette, une *fricandelle* ou un sandwich, agrémentés de torrents de sauces (la tartare est faite maison) et déguster le tout avec une bière à la terrasse d'un des cafés du coin. Certains trouvent que la qualité a quelque peu baissé, de même que l'accueil, d'autres y restent fidèles... À vous de juger !

Chez Clémentine *(hors plan par C-D6)* : pl. Saint-Job, 1180 Uccle. Tlj

11h30-1h (6h le w-e). À l'ouest du bois de la Cambre, « chez Clem » (comme on dit familièrement) est un lieu incontournable pour ses frites fraîches bien craquantes et sa fameuse sauce tartare maison. En outre, on peut se régaler de moult *fricandelle*, cervelas, « casse-coq », *chix-fingers*, escargots, boulettes maison à l'ail, « mitraillette hamburger », carbonade et d'une quinzaine de sauces...

Friture de la Chapelle *(plan B3)* : pl. de la Chapelle, tiens ! À deux pas du Sablon. *Ouv jusqu'à 22h.* Tout simplement d'excellentes frites, épaisses et bien croquantes, comme on les aime.

Frit Flagey *(plan D5)* : pl. Eugène-Flagey, 1050 Ixelles. En face du Café Belga. *Tlj sf lun 11h30-minuit. Fermé en juil.* Ici encore, une des plus anciennes friteries. Ça « routine » quelque peu, cependant il y a toujours du monde.

Friterie René *(hors plan par A3)* : pl. de la Résistance, 14, 1070 Anderlecht. *Tlj sf lun-mar 11h45-14h30 et 18h-21h30 (ouv le lun oct-juil).* L'excellent resto de cuisine bien belge propose aussi un comptoir de frites à emporter et, depuis 1932, René a ses inconditionnels. D'ailleurs, il n'utilise que de la *bintje*, une des pommes de terre les plus parfumées, avec une belle texture, permettant une harmonieuse cuisson jusqu'au cœur de la frite !

Fritland *(zoom B2)* : rue Henri-Maus,

49, 1000. *Tlj 11h-1h (ven-sam 11h-7h).* Point n'est besoin de prendre le tram pour de très bonnes frites dorées. Ici, sur le flanc de la Bourse, au cœur du quartier touristique, voici une bien populaire friterie. Pas de frites surgelées, les patates sont pelées et coupées main. Résultat, 250 à 300 kg débités quotidiennement dans ce cadre moderne et propre. À l'intérieur, tables hautes et une terrasse aux beaux jours. Sinon, on peut accompagner les frites de carbonade, pilons de poulet, boulettes et brochettes.

🐾 *Tabora (zoom B2) :* rue Tabora, 2, 1000. *Tlj 11h-6h.* À une encablure de *Fritland.* Boutique minuscule et une poignée de tables hautes dehors. L'assurance d'être bien nourri toutes les nuits, car ici frites fraîches également et au... blanc de veau (et pas le blanc de bœuf

comme la plupart de ses collègues). De ce fait, frites un poil plus chères mais elles sont superbement dorées et quelle qualité !

🐾 Enfin, comment ne pas mentionner la reine des *fritkot* bruxelloises, la **Friterie du Bourdon** *(hors plan par A6),* 1143, chaussée d'Alsemberg, 1180. *Tlj sf lun 12h-14h30 et 18h-minuit (12h-22h dim).* D'abord, disons-le, très excentrée, tout au bout du tram n° 51 (arrêt Rue-du-Bourdon), cette adresse est prioritairement pour nos lecteurs résidents ou expats ! Les meilleures frites de Bruxelles dit-on, et on n'est pas loin de le penser. Bientôt 30 ans d'un succès demeurant dans la composition secrète de la friture (une combinaison de blanc de bœuf et de veau), plus le temps et le coup de main de la première cuisson...

CAFÉS-SNACKS ET PETITS RESTOS PAS TROP CHERS

Outre les snacks et les cafés où l'on sert à manger, les Bruxellois ont mis à la mode les *pitas,* poches de pain fourrées d'un tas de trucs, viande, légumes... Les gargotes et petits restos grecs ou arabes des abords de la Grand-Place (notamment rue du Marché-aux-Fromages ; *zoom C2)* en servent à emporter. Simple, bon, pas cher et... extrêmement bruxellois. De même, on peut s'improviser un en-cas tout simplement convivial et délicieux en s'arrêtant dans une des poissonneries de la place Sainte-Catherine (notamment *La Mer du Nord – Noordzee).* On y trouve des croquettes de crevettes, des soupes de poisson ou des assiettes de coquillages, à accompagner d'une petite mousse ou d'un petit blanc bien frais.

Autre spécialité locale : la *mitraillette,* une baguette que l'on fourre – en vrac – de viande, salade, tomates, sauce au choix et... de frites. De quoi caler sans problème le plus exigeant des estomacs normalement constitués.

🔖 **Au Suisse – Maison Scheggia-Togni** *(zoom B2, 73) :* bd Anspach, 73-75. ☎ 02-512-95-89. ● info@ausuisse.be ● *Tlj sf dim et j. fériés 10h-18h. Compter 3-4 €.* Une institution en matière de sandwich ! Décor rétro à souhait, avec son snack à l'américaine, ses stucs, ses marbres et ses hauts tabourets alignés le long du comptoir. Tout en faisant la queue, on a le temps de choisir son pain, puis sa garniture : viandes froides, anchois, macédoine de légumes, boulettes, saucisses... Sur place ou à emporter. Populaire et intemporel, comme on aime.

🔖 **Charli** *(zoom B2, 85) :* rue Sainte-Catherine, 34, 1000. ☎ 02-513-63-32. *Tlj sf lun 7h30-19h ; dim 8h-13h30.* Boulangerie-pâtisserie dans cette rue très commerçante. On peut s'y attabler pour

un petit déj café-jus d'orange sous un plan géant de Bruxelles et choisir parmi la production de viennoiseries à faire saliver : croissants, couques au chocolat ou aux raisins, brioches. Baguettes de pain bio garnies à emporter et pourquoi pas se faire plaisir et rapporter un *cramique* ou un craquelin fondants ?

🔖 **EXKI** *(plan C3,* **111)** *:* chaussée d'Ixelles, 12, 1050. ☎ 02-502-72-77. ● portedenamur@exki.be ● *Tlj sf dim 7h30-22h. Compter 2-6,75 €.* « Restauration rapide durable », peut-on lire sur la vitrine. Et c'est vrai ! Grand choix (sous vide mais tout frais du jour) de sandwichs, salades, soupes, jus de fruits mais aussi des petits plats de pâtes ou des tartes aux légumes. Les produits sont bio, issus du commerce équitable et plutôt diététiques. Self-

OÙ MANGER ?

service, on paie à la caisse et on va s'installer avec son plateau. Bon à savoir, les prix sont cassés en fin de journée car il faut faire de la place pour le lendemain. *Une dizaine d'adresses en ville, dont notamment pl. De Brouckère, 14 (zoom C2), 8h-20h ; rue Neuve, 78 (zoom C2), 8h-19h, fermé dim ; rue du Marché-aux-Herbes, 93 (zoom C2) ; pl. Stéphanie (plan C4), 11h-18h ; rue des Tongres,15 (plan G3), 7h30-19h ; ou à la gare du Midi (plan A3-4), 7h-18h. Ts ouvrent plus tard le w-e.*

🍴 **Café Novo** (zoom C2, **109**) : pl. Vieille-Halle-aux-Blés, 37, 1000. ☎ 02-503-09-05. ● contact@cafenovo.be ● *Lun-sam midi-22h, dim 23h. Plat env 9 €. Lunch 11,50 €.* Juste en face du musée des Éditions Jacques Brel. Une soupe à 4 € avec un morceau de pain, non ce n'est pas l'armée du Salut mais un petit resto-snack convivial au cœur de la ville avec une clientèle de jeunes gens du quartier. Tartes salées, salades, soupes... Pour faire comme les étudiants sans être étudiant... Système d'échanges de livres et terrasse à l'arrière.

🍴 **Le Pain Quotidien** (plan C3, **86**) : rue des Sablons, 11, 1000. ☎ 02-513-51-54. ● belgium@lepainquotidien.com ● *Tlj 7h30 (8h le w-e)-19h. Tartines 5-9 €, salades env 12 €. Également des suggestions du jour.* Peut-être avez-vous déjà entendu ce nom car, en fait, des *Pain Quotidien*, il y en a 8 autres à Bruxelles, mais aussi à Paris, New York, Toronto, Los Angeles, Beyrouth, Dubai, Moscou, Mexico, Sidney... et on en passe (84 en tout dans le monde) depuis plus de 20 ans. Bref, il s'agit d'une boulangerie-restaurant qui s'est multipliée (comme des petits pains !) dans toute la Belgique et au-delà, tellement la formule a marché. Le concept est toujours le même : un rayon boulangerie (proposant divers types de pain, de la viennoiserie et des produits artisanaux majoritairement bio) prolongé par une partie restaurant très agréablement aménagée de bois naturel. On y savoure (à une grande table ou à des petites tables individuelles) de bons petits déj mais aussi, sur le coup de midi, d'excellentes tartines, des salades et autres suggestions quotidiennes affichées au tableau noir. *D'autres « Pain kot »* (c'est comme

ça qu'on les appelle ici), comme au 16, rue Antoine-Dansaert (zoom B2) ; 124, av. Louise (plan C4) ; chaussée de Waterloo, 515 (plan C6) ; rue des Tongres, 71 (plan G3).

🍴 **Épicerie Fine de la Senne** (zoom B2, **80**) : rue de Bon-Secours, 4, 1000. ☎ 02-502-24-26. ● christian.sand@hotmail.fr ● *Mar-sam sf j. fériés 9h-17h, service 12h-15h30. Compter 10-22 €. Café offert sur présentation de ce guide.* Quelques tables à peine. Idéal pour déjeuner au calme, dans un endroit des plus agréable. Il s'agit en fait d'une épicerie fine proposant de bons petits plats à consommer sur place ou à emporter. Au menu, affiché sur une ardoise, du bon, du sain et du léger : soupes, quiches, pâtes, assiette d'*antipasti*, plats du jour et excellents sandwichs.

🍴 **Arcadi Café** (zoom C2, **87**) : rue d'Arenberg, 1 B, 1000. ☎ 02-511-33-43. *Tlj 11h30-23h30, service non-stop. Plats 7,50-12 €. Wifi payant.* Tout au bout de la galerie Saint-Hubert, un endroit pour savourer un bon plat du jour et de bonnes tartes aux légumes (la spécialité). Sinon, crêpes farcies, salades, nouilles sautées, omelettes, sandwichs et pâtes en veux-tu, en voilà. L'*Arcadi* s'avère donc une bonne adresse à midi mais aussi dans l'après-midi car on y sert de très bonnes tartes sucrées. Décor un poil rétro, avec de petites tables rondes et des murs chargés de vieilles photos. Couscous le jeudi. Vin au verre.

🍴 **La Mer du Nord-Noordzee** (zoom B2, **82**) : rue Sainte-Catherine, 45, 1000. ☎ 02-513-11-92. *Poissonnerie ouv 8h-18h, sf dim-lun. Le bar à poissons à l'extérieur est ouv mar-jeu 11h-17h, ven-sam 11h-18h, dim 11h-20h. Petites portions entre 3,50-7 €.* Cette poissonnerie-traiteur anime cette jolie place et propose un bar en inox en demi-cercle, où l'on se serre, debout sur le trottoir, pour profiter des huîtres, d'une bonne soupe de poisson ou d'escargots et de petites tapas : on a aimé les *esprots* (petits harengs *à la plancha*), les joues ou la nuque de cabillaud et les fritures de calamars.

🍴 **Le Lotus Bleu** (zoom B2, **63**) : rue du Midi, 70, 1000. ☎ 02-502-62-99. ● admm@lotusbleu.be ● *Lun-ven 12h-*

15h, 18h-23h sf sam-dim midi. Plat du jour env 5 € (6 € avec un potage). Carte env 18 €. CB refusées. À deux pas de la Bourse et de la Grand-Place, ce petit resto vietnamien aux allures de snack sert un bon plat du jour, très copieux, pour le prix d'un bol de riz.

I●I *Le Meyboom* (plan C2, **91**) : rue des Sables, 39, 1000. ☎ 02-219-55-99. Ouv slt lun-ven 12h-14h. Fermé de mi-août à mi-sept. Plats de pâtes 7-9,70 €. Anthony et sa famille tiennent cette affaire depuis bien des années, pile en face du CBBD. La recette est ultra simple : 7 recettes de pâtes et *pasta*, servies dans des assiettes hyper copieuses. Et la petite salle de ce bistrot à l'ancienne, avec ses boiseries et ses glaces biseautées, est pleine à craquer tous les jours. Les plats existent en taille « normale » et « géante ».

I●I *Au Passage de Milan* (plan C3, **64**) : bd de Waterloo, 31, 1050. ☎ 02-513-89-59. ● m.vdb@lepassagedemilan. be ● Sur l'un des boulevards qui ceinturent le Pentagone, à deux pas du Hilton. Tlj sf dim et j. fériés, service 11h-22h (23h le w-e). Formule lunch soir et w-e 14,95 € ; petite restauration env 5 € et plats 10-18 €. Wifi. 10 % de réduc sur l'addition aux porteurs de ce guide. Un lieu original aménagé dans les anciennes écuries du palais d'Egmont et qui regroupe un resto, une petite librairie d'art et un lieu d'exposition. Cuisine franco-italienne légère et bien faite dans un cadre clair et design. Bonnes tartines en guise d'en-cas. Côté plats, surtout des salades, des pâtes et des assiettes composées, mais cela change selon les saisons. Piano-bar le samedi dès 18h.

I●I *Mam Mam* (zoom B2, **61**) : rue du Marché-au-Charbon, 72, 1000. ☎ 02-502-00-76. ● anne@mam-mam.be ● Tlj sf dim midi et mar. Plat du jour env 8 € ; plats 10-18 €. Un bien joli resto thaï. Salle soignée, contemporaine et plaisante avec ses murs de brique. En entrant, on est immédiatement mis en confiance par les délicates odeurs provenant de la cuisine. Et ça ne trompe pas, les plats sont riches en saveurs et réalisés avec raffinement. Accueil souriant. Une bonne adresse pour ceux qui veulent manger asiatique.

I●I *Houtsiplou* (plan B3, **72**) : pl.

Rouppe, 9, 1000. ☎ 02-511-38-16. ● fouad.benarbia@hotmail.fr ● Tlj 12h-14h30, 18h-22h30. Plats 5-25 €. Wifi. Café offert aux porteurs de ce guide. Petit bar-resto de quartier tenu par une équipe de jeunes tournés vers la vie alternative et culturelle. Rendez-vous animé le soir sur une place qui est souvent endormie. On y vient autant pour l'ambiance chaleureuse et simple, que pour les petits plats, bons et à prix sages. Moules-frites, croquettes, salades, *burgers* et tartines variées.

I●I *Café Bebo* (plan B3, **94**) : av. de Stalingrad, 2, 1000. ☎ 02-514-71-11. ● cafebebo@skynet.be ● Tlj 9h-23h, sf dim. Plat du jour 9 €. Grande baie vitrée ouverte sur l'avenue Stalingrad et la place Rouppe. Cet ancien lieu branché est devenu une gentille petite adresse de quartier où l'on vous sert à toute heure un potage, un plat du jour (lasagne, rôti de porc, goulasch... que des plats belges !). Le gros avantage c'est qu'on y sert en continu. On n'y vient pas exprès, mais c'est parfait pour une petite grignote si on loge dans les hôtels du quartier.

I●I *Le Corbeau* (zoom C2, **92**) : rue Saint-Michel, 18, 1000. ☎ 02-219-52-46. ● le.corbeau@skynet.be ● Tlj sf dim 11h30-22h (pour la cuisine). Ven-sam, bar ouv jusqu'à 4-5h du mat. Petits plats simples 8,50 €. Les étudiants aiment à se donner rendez-vous dans ce grand bar bruyant et animé, où l'on se régale de spaghettis bolognaise ou d'un simple *stoemp* pour une petite poignée d'euros. Mais *Le Corbeau* est aussi, et presque avant tout, un bar, où des grappes de jeunes viennent boire de la bière, servie au litre. Bonne et chaude atmosphère.

I●I *Easy Tempo* (plan B3, **93**) : rue Haute, 146, 1000. ☎ 02-513-54-40. Fermé dim soir et lun. Pâtes et pizzas essentiellement, 9-16 €. Antipasti 12-14 €. Dans le quartier des Marolles, petit resto italien, tout en longueur, au beau décor de faïence rappelant que l'on est dans une ancienne pâtisserie. Dans la salle du fond, on a opté pour une déco moderne, dans des tonalités sombres et plus contemporaine. Une bonne adresse, notamment pour la *pasta* : cannellonis onctueux et délicieux raviolis du chef. Cuisine ouverte sur la salle,

OÙ MANGER ?

toujours gage d'une impeccable hygiène.

|●| *Le Point de Chute (plan C3, 180) :* pl. de l'Épée, 10, 1000. Fermé dim. Plats 8-12 €. À droite du *Havana* de Bruxel-les, sur une petite place tranquille. Petit resto bio, aux couleurs vertes, où l'on sert des *bagels,* des croquettes, des pâtes et des salades.

De prix modérés à prix moyens

Un petit conseil, surtout si vous visitez les musées, pensez aux « cantines », restos et autres cafétérias de musées. La plupart offrent des formules lunch très attractives et permettent de souffler dans un cadre agréable. Nos préférées : celles du musée des Beaux-Arts, du Centre belge de la bande dessinée, du musée des Instruments de musique, du musée d'Art et d'Histoire (pour plus de détails, se reporter aux textes concernant les musées). Elles sont évidemment accessibles même à ceux qui ne font pas la visite.

|●| *Brasserie Ploegmans (plan B3, 93) :* rue Haute, 148, 1000. ☎ 02-503-21-24. ● ploegmans@ploegmans.be ● Tlj sf lun, dim soir et j. fériés. Fermé début juil. Plats 12-25 €. Lunch 13,50 €. *Café offert sur présentation de ce guide.* Autrefois estaminet légendaire des Marolles, le lieu a été converti en brasserie tout en gardant le décor de boiseries couronnées de miroirs et murs couverts de plaques émaillées. On peut encore y venir boire simplement un demi, mais la petite carte mérite qu'on s'y attable pour savourer un de ces bons plats bruxellois des familles : blanquette de veau, *stoemp* lard-saucisses, onglet à l'échalote, etc.

|●| *Fin de Siècle (zoom B2, 88) :* rue des Chartreux, 9, 1000. Pas de résas. Tlj 16h30 (18h pour la cuisine)-1h. Plats 13-17 €. Juste à côté de la *Taverne Greenwich* (voir plus bas « Où boire un verre et rencontrer des Bruxellois(es) ? »), cette grande salle à la déco brute, un peu bruyante quand il y a du monde, recèle une belle verrière Art nouveau. Atmosphère populaire et joyeuse de *stamcafé* (troquet d'habitués) où la Pils se paye toujours à un prix plancher. Cuisine de grand-mère, copieuse (jambonneau moutarde, lapin à la Kriek), avec quelques échappées méditerranéennes ou exotiques. Petits desserts tout simples et vins joliment choisis. Incomparable chocolat chaud. Service virevoltant et facétieux, jamais débordé malgré l'affluence. En face, au coin de la rue Van Artevelde et de la rue des Chartreux, une annexe *(9 et Voisins)* propose une cuisine similaire et offre l'avantage d'être ouvert à midi.

|●| *Den Talurelekker (plan D2, 81) :* rue de l'Enseignement, 25, 1000. ☎ 02-219-30-25. Tlj sf w-e et j. fériés 12h-14h, 18h-22h. Fermé fin déc et 2ᵉ quinzaine de mai. Plat env 25 €. CB refusées. *Café offert sur présentation de ce guide.* Son curieux nom peut se traduire du bruxellois en « lécheur d'assiette », tout un programme. Si vous êtes dans le coin à une heure de table (le musée de la B.D. n'est pas loin), une petite pause s'impose dans cet estaminet qui sert une bonne cuisine et, là encore, à des prix qu'on croyait révolus. Carte faisant la part belle aux spécialités belges : *ballekes marolliennes,* carbonades à la Gueuze... Le tout dans une salle « à l'ancienne », avec des banquettes en bois, des lambris et du carrelage.

|●| *Café du Vaudeville (zoom C2, 41) :* galerie de la Reine, 11, 1000. ☎ 02-511-23-45. ● info@cafeduvaudeville.be ● Tlj 10h-minuit (20h dim). Lunch 14 €, carte 30 € env. Wifi. Ici, on prend place, au choix, à la terrasse donnant sur les boutiques chic de la galerie ou à l'étage, dans une agréable salle d'inspiration un peu « magrittienne », avec des fenêtres en demi-cercle au ras du plancher. Bonne cuisine à prix justifiés (choix de salades, boulettes aux chicons, tian de boudin aux pommes...). Pour les fauchés, la maison a aussi prévu une petite restauration, comme les quiches, qui reposent derrière un comptoir vitré, ou le cornet de frites en métal (le cornet, pas les frites)... Très bien aussi pour une crêpe, tarte ou gaufre sur le coup de 16h, entre 2 visites.

|●| *Viva m'Boma* (zoom B2, **110**) : rue de Flandre, 17, 1000. ☎ 02-512-15-93. Ouv jeu-sam 12h-14h, 19h-21h30. Fermé mer, dim et lun-mar soir. Fermé début janv, 1 sem à Pâques et 1re quinzaine d'août. Carte 30 €. Pas de comptes et paiements séparés à l'addition. Adresse un peu secrète, n'hésitez pas à pousser la porte mais, attention, le soir, très peu de chance d'y trouver de la place sans réservation ! Toujours du monde en effet, dans une salle pas bien grande et sans fenêtres, aux murs blancs carrelés, avec des banquettes et des tables de bistrot. La raison du succès est simple : on y mange fort bien, copieusement et à des prix serrés. Spécialité : les abats et les tripes (ris de veau, cervelle de veau...). Sinon, les classiques : filet de cheval et pot au feu de joue et queue de bœuf... Dommage qu'on y serve que du vin.

|●| *Le Pré Salé* (zoom B2, **84**) : rue de Flandre, 20, 1000. ☎ 02-513-65-45. Tlj sf lun-mar. Fermé 1re quinzaine de juil. Résa conseillée. Menu 35 €, sinon à la carte. Café offert sur présentation de ce guide. Plus *brusseleir*, tu meurs ! Décor de boucherie revisité (dont une partie, d'ailleurs, est classée) avec carreaux de faïence, banquettes, cuisine ouverte sur la salle. Le temple de la croquette de crevettes, du lapin à la flamande mais surtout des grosses moules charnues en saison, grande spécialité de la maison. Ici, en effet, on ne sert que la Golden, la Rolls des moules de Zélande. Le patron, par ailleurs très accueillant, a des airs de Robert de Niro.

|●| *In 't Spinnekopke* (zoom B2, **108**) : pl. du Jardin-aux-Fleurs, 1, 1000. ☎ 02-511-86-95. ● info@spinnekopke.be ● Tlj sf sam midi, dim et j. fériés 11h-15h, 18h-23h (minuit ven-sam). Plat du jour 9,80 €. À la carte, plats 15-30 €. Bien calée depuis le XVIIIe s en contrebas du trottoir, cette « petite tête d'araignée », sise dans une charmante maison fleurie et champêtre, a su patiemment tisser sa toile autour d'une cuisine belgo-belge... Elle reste un classique du circuit culinaire bruxellois, tout au moins pour les touristes car il faut avouer que les autochtones s'y font de plus en plus rares. Plats typiques belges : anguilles au vert, carbonade au lambic, coq *Spinnekopke*... glaces à la bière. Ici, c'est le royaume du parler *brusseleir* un tantinet moqueur mais, heureusement, la carte est traduite en français. Préférez la salle de droite, façon « chez ma grand-tante », aux autres, revues à la sauce bourgeoise. Terrasse comme sur la place du village aux beaux jours. Service au lance-pierre.

|●| *L'Entrée des Artistes* (plan C3, **76**) : pl. du Grand-Sablon, 42, 1000. ☎ 02-502-31-61. ● audeneven@live.be ● Tlj 12h-15h30, 18h30-minuit (sf ven et w-e 12h-minuit non-stop). Formule lunch 13,50 €, menu 28 €. Café offert sur présentation de ce guide. Un incontournable du quartier du Sablon. Décor de brasserie, long comptoir avec immense miroir, lustre vénitien. Les murs sont parsemés de photos de vedettes du 7e art. Un escalier monumental mène à la salle de l'étage. Honnête cuisine belgo-française avec quelques touches résolument noir-jaune-rouge : la tomate-crevettes, les croquettes de crevettes grises, les moules en saison, les chicons au gratin, la cuisse de lapin à la Kriek... La plupart des plats énumérés s'accompagnent idéalement d'une bière.

|●| *Restobières* (plan B3, **75**) : rue des Renards, 32, 1000. ☎ 02-502-72-51. ● info@restobieres.be ● Tlj 12h-15h (16h sam-dim), 18h30 (18h ven)-23h30. Fermé les j. de Noël et du Nouvel An. Menus 18-30 €. Apéritif et amuse-bouches sur présentation de ce guide. Wifi. Pour rester dans l'ambiance « brocante » des Marolles, une halte chaleureuse et de caractère. La carte semble compiler et proposer tout ce que la cuisine belge compte de plus fameux. Entre croquettes et autres incontournables *stoemps* ou carbonades, on trouve *bloempanch, choesels*, waterzooi de poulet fermier et... gaufre de Bruxelles. La plupart des plats sont cuisinés à la bière, ce qui leur confère un arôme incomparable. Décor brocante aux murs chargés de plaques émaillées et de bouteilles de collection. Le dimanche midi, toujours plein, conseillé d'arriver de bonne heure !

|●| *La Grande Porte* (plan B3, **89**) : rue Notre-Seigneur, 9, 1000. ☎ 02-512-89-98. ● restolagrandeporte@skynet.be ● Tlj sf sam midi, dim et j. fériés 12h-14h30, 18h-minuit. Formule midi 20 € ;

OÙ MANGER ?

le reste du temps, menu le moins cher 32 €. Apéro ou café offert sur présentation de ce guide. En bordure des Marolles, un grand classique bruxellois. Estaminet, « resto rétro » comme indiqué sur leur carte de visite, chaleureux et accueillant. Murs de vieilles photos, d'affiches et de gravures, chapelet de lampions et piano mécanique au fond donnent le style qui est à l'image de sa cuisine, simple et copieuse. Trio vedette de la carte : les *ballekes* à la marollienne, les chicons au gratin, jambonneau en pot-au-feu et le *stoemp* du jour. Bonne ambiance, surtout le soir – très différente de celle du midi –, où l'on se retrouve (jusque très tard) pour la bonne soupe à l'oignon gratinée.

|●| *Hémisphères* (zoom C2, **74**) : rue Léopold, 29, 1000. ☎ 02-513-93-70. ●*info@hemispheres-resto.be* ● *Tlj sf midi et dim, service jusqu'à 22h30 (minuit sam). Plats 9-18 €, menus 20-28 €.* Très à la mode, la déco « Mille et Une Nuits » caresse la tendance dans le sens du poil mais c'est plutôt bien fait, tout comme les plats qui couvrent le Bassin méditerranéen et s'aventurent même jusqu'en Chine ou aux Indes. Simple mais parfumé et dépaysant au possible. Avec un thé à la menthe, rien à dire. Belles expos de photos et concert le vendredi une fois par mois, pour partir à la rencontre des autres...

De prix moyens à plus chic

|●| *Stekerlapatte* (plan B4, **101**) : rue des Prêtres, 4, 1000. ☎ 02-512-86-81. ● *info@stekerlapatte.be* ● *Derrière le palais de justice. Tlj sf dim midi 12h-14h, 19h-23h30. Fermé de mi-juil à mi-août. Lunch complet env 13 €, plats 15-20 €. Repas complet 30-35 €.* On y croise le Tout-Bruxelles ! Petites gens des Marolles, bourgeois du Sablon qui descendent « s'encanailler », équipes de TV, troupes de théâtre qui viennent après le spectacle, le *Stekerlapatte* rassemble tout son petit monde sans souci d'âge ni de catégorie sociale. Et ça fait longtemps que ça dure, puisque ce sont les mêmes cuisiniers qui y officient depuis plus de 20 ans, mijotant des assiettes fumantes pleines de pied de cochon moutardé ou de *bloempanch* à la bruxelloise (un épais boudin noir avec farine de sarrasin et lard gras). « Steker concerts » les jeudi et samedi à l'étage du resto (programme sur ● *stekerlapatte.be* ●). Entrée gratuite pour les clients du resto (en général vers 21h30).

|●| *Bleu de Toi* (plan B3, **66**) : rue des Alexiens, 73, 1000. ☎ 02-502-43-71. ● *bleudetoi@skynet.be* ● *Tlj 12h-14h, 19h-23h (23h30 ven-sam). Fermé sam midi, dim, lun soir et autour du 15 août et à Noël. Plat du jour 11 €. Formules lunch 15-21,50 €, menus 30-40 €. Carte env 40 €. Wifi.* Cadre intimiste, propice au tête-à-tête amoureux (voir le nom du resto qui signifie en belge « entiché de toi »), même s'il n'est pas obligatoire d'avoir été visé par Cupidon pour y manger. Briques apparentes et feu dans la cheminée au rez-de-chaussée, petites salles bleues à l'étage et une adorable terrasse. Spécialités : la *bintje* farcie, une grosse pomme de terre inventée en 1905 par un instituteur hollandais passionné de croisement de patates, et le homard (plus cher), demi ou entier, à toutes les sauces.

|●| *Soul* (plan C3, **97**) : rue de la Samaritaine, 20, 1000. ☎ 02-513-52-13. ● *info@soulresto.com* ● *Ouv mer-ven 12h-14h30, 19h-22h ; sam-dim slt le soir. Fermé la sem de Noël. À la carte ou menus 21-33 €. Wifi. Café offert sur présentation de ce guide.* Linda la Finlandaise a voulu faire quelque chose de différent. Un resto de plus ? Non ! Alors elle a conçu une manière originale, une sorte de variation culinaire : préparations saines, équilibrées et bio. En cuisine, on mélange avec hardiesse les graines, les légumes rares aux sauces allégées et aux fruits originaux (comme la grenade). Les goûts, les tessitures et les saveurs ne sont pas laissés au hasard, et c'est un vrai voyage culinaire.

|●| *Kika* (zoom B2, **90**) : bd Anspach, 177, 1000. ☎ 02-513-38-32. ● *eat@kaki-kika.be* ● *Ouv slt le soir (dès 19h). Fermé dim. Plat env 14 €, repas à la carte env 25 €. Wifi.* Sur ce vilain boulevard, voici un établissement qui a su se faire une place, creuser sa niche. Et il vaut mieux réserver car les tables sont vite occupées. Pour le décor, flash-

back dans les années 1970, où les luminaires d'époque dialoguent admirablement avec le hideux papier peint, faisant lui-même des clins d'œil aux chaises, sorties de la même malle aux souvenirs. Prix modiques et cuisine de qualité, à dominante transalpine, avec des variations asiatiques. Une cuisine sans esbroufe, bien présentée, copieuse et réalisée avec des produits de qualité. Accueil tout en gentillesse.

I●I Le Petit Boxeur (zoom B2, **95**) : rue Borgval, 3, 1000. ☎ 02-511-40-00. ● le sonim@hotmail.com ● Entre la Bourse et la pl. Saint-Géry. Tlj 12h-14h30, 18h30-23h15 sf lun et sam-dim midi. Fermé 3 premières sem d'août. Menus 15 € (le midi) et 32-40 € env. Café offert sur présentation de ce guide. Une adresse discrète, bien pour le déjeuner. Le décor est intime : murs marron passé, lustres en fer forgé, grands miroirs, tables tendues de blanc éclairées par des petits spots... Le lunch s'avère de bon aloi et d'un rapport qualité-prix convenable. Le soir, on monte d'un cran, avec un ensemble de plats plus raffinés. On citera en exemple, mais cela change souvent, une poêlée de Saint-Jacques aux chicons ou le carré d'agneau farci au chèvre. Accueil agréable.

I●I L'Arrosoir (plan B3, **60**) : rue Haute, 60, 1000. ☎ 02-502-00-68. ● nouvelar roisoir@live.be ● Tlj midi et soir sf dim soir, lun et mar soir. Lunch en sem 11,50 € ; carte 30 €. Apéritif maison offert sur présentation de ce guide. Un accueillant resto en bordure des Marolles et des Sablons, aménagé dans un décor d'ancienne serre avec tables et chaises en fer forgé. Il tire visiblement son nom des rangées d'arrosoirs couverts de perles et suspendus à la verrière. La carte, changeante, est assez courte mais propose une cuisine fine et inventive associant des saveurs exotiques (cuisine fusion) aux recettes belges, comme le potage au potiron, gingembre et vanille ou le magret de canard à l'ananas caramélisé, aux baies roses et chips de banane plantin. Et aussi quelques plats plus simples comme des pâtes ou de belles salades. Accueil adorable.

I●I Brasserie de l'Ommegang (zoom B-C2, **99**) : Grand-Place, 9, 1000. ☎ 02-511-82-44. ● info@brasseriede lommegang.be ● Lun-sam 12h-14h30, 18h30-22h30. Fermé dim sf mai-sept. Plat du jour 15 € en sem ; carte 15-26 €. Adresse de prestige puisqu'il s'agit de la maison du Cygne qui vit défiler tant de visiteurs célèbres : Karl Marx y aurait fondé l'embryon de l'Internationale. Jules Vallès et les Communards s'y époumonèrent. En 1914, le dramaturge Fernand Crommelynck officiait derrière le comptoir après avoir épousé la fille de la maison. La brasserie d'en bas est moins onéreuse que le resto de l'étage et permet de profiter des lieux et de manger très convenablement sans trop bourse délier. Le décor allie tradition et modernité avec des boiseries claires, des sièges mauves et des reproductions de pop art (Roy Liechtenstein) qui ne jurent pas du tout. Le service est assuré par une brigade stylée slalomant entre les tables. Cuisine très classique sans lourdeur qui ne laisse que de bons souvenirs. N'hésitez pas à commander les maatjes hollandais en saison, ils fondent dans la bouche. Les desserts frisent la perfection.

I●I Kokob (zoom B2, **100**) : rue des Grands-Carmes, 10, 1000. ☎ 02-511-19-50. ● info@kokob.be ● Lun-mer 18h-23h ; jeu-dim 12h30-23h30. Résa conseillée. Carte 15-30 €. Wifi. Apéritif offert sur présentation de ce guide. Il faut venir à Bruxelles pour découvrir la cuisine éthiopienne ! Il faut dire qu'elle est peu connue. C'est un jeune ethnologue polyglotte, d'origine touareg, qui s'est attelé à la tâche de la faire découvrir. Pari réussi, le lieu ne désemplit pas. Grande salle en longueur décorée de belles photos de voyage. Petite pièce attenante. On a le choix entre plats végétariens ou non. Assiette couverte d'une feuille de teff, sans couverts, on se sert de ce teff en rouleaux pour puiser dans le plat. Saveurs fines un poil déroutantes et épicées (pas trop), quantités généreuses (on peut se contenter d'un plat pour 2). N'hésitez pas à vous faire expliquer les composantes de cette cuisine, votre curiosité sera récompensée. Les vins accompagnent mal cette cuisine parfumée, mieux vaut prendre une bière ou un thé éthiopien. Service efficace. Concerts et expos.

I●I La Caneva (zoom B2, **126**) : rue des

Grands-Carmes, 9, 1000. ☎ 02-512-34-47. Tlj le soir slt 19h-21h30. Briques rouges et poutres apparentes, nappes blanches et serviettes en tissu pour ce discret petit resto italien du centre. Peu de tables, résa conseillée. Bon accueil teinté d'une tout aussi discrète familiarité. Cuisine sérieuse : bons produits, pâtes cuites comme il faut et bien servies. Du classique bien troussé : *osso bucco*, poireaux au gratin, *tortellini* à la truffe noire ou trio de pâtes farcies... Belle carte des vins survolant toutes les régions d'Italie jusqu'aux plus nobles *montepulciano* et *montalcino*. Seul petit hic, que vient faire ici le portrait de Pie XII (mais il paraît que ça serait celui de Pie X, bon alors !)...

|●| *Madou's Provence* (plan D2, 62) : 23, rue de la Presse, 1000, pas loin de la pl. Madou. ☎ 02-217-38-31. ● madousprovence@yahoo.fr ● Tlj sf sam, dim et j. fériés. Plats 19,50-23 €. Résa recommandée. Saturé de frites et de carbonade, une bonne alternative ! Comme ce joli jeu de mots l'annonce, du soleil dans l'assiette garanti même si le beau temps s'obstinait à bouder. Cuisine de pro provençale et du Midi en général, à partir d'excellents produits, servie dans une salle aux fraîches couleurs. Le midi, clientèle d'affaires et de fonctionnaires. Quelques plats vedettes d'une carte évoluant au gré des saisons : le tendre veau de Corrèze, les noix de Saint-Jacques en risotto, le magret aux chanterelles jaunes. Hors d'œuvre joliment présentés... Service diligent.

|●| *La Roue d'Or* (zoom C2, 83) : rue des Chapeliers, 26, 1000. ☎ 02-514-25-54. ● roue.dor@hotmail.com ● Tlj 12h-minuit. Fermé 10 juil-9 août. Repas complet (sans boisson) 40 €. Légèrement à l'écart de la Grand-Place et de son flot de touristes, une brasserie traditionnelle appréciée des Bruxellois. Le décor, qui n'a pourtant rien de surréaliste, rend hommage à Magritte. Cuisine sans complication : filet américain, waterzooi, moules...

Chic

|●| *Aux Armes de Bruxelles* (zoom C2, 77) : rue des Bouchers, 13, 1000. ☎ 02-511-55-50. ● arbrux@beon.be ● Tlj 12h-22h45 (23h15 sam). Fermé 10 juil-8 août. Résa conseillée, surtout le w-e. Moules env 22,50 €, carte 33-50 €. Lunch 22,50 €. Bon, il nous fallait quand même une brasserie traditionnelle et indémodable dans cette rue pesamment touristique ! De bonnes moules assurément, à peine plus chères qu'ailleurs quand on sait comparer les prix (ne vous fiez pas aux offres alléchantes d'en face). D'autant plus qu'il s'agit d'authentiques moules de Zélande, bien charnues, parfaitement cuites et généreusement servies. Parmi les autres spécialités de la maison : les croquettes de crevettes, les carbonades à la Gueuze, le vol-au-vent et les crêpes flambées sous vos yeux.

|●| *La Marie-Joseph* (zoom B2, 113) : quai au Bois-à-Brûler, 47, 1000. ☎ 02-218-05-96. ● info@nielsbrothers.com ● Tlj sf lun 12h-15h et 18h30-23h. Compter 50 €. Un des plus fameux restos de poisson haut de gamme de Bruxelles. Cadre d'une certaine sobriété sans recherche particulière, du bois blanc et un peu de bleu marine, quelques tableaux pour les autres notes de couleurs et l'habituel aquarium à truites au milieu. Le midi, clientèle d'affaires, accueil et atmosphère un poil conformistes comme il sied en ces lieux. Cuisine de pro, poisson d'une belle fraîcheur cuit à la perfection. Quelques plats réguliers : joues de raie sautées à l'ail, waterzooi de lotte, soupes de moules à la vénitienne, *fish and chips* comme à Canterbury...

|●| *Le Fourneau* (zoom B2, 68) : pl. Sainte-Catherine, 8, 1000. ☎ 02-513-10-02. Tlj sf dim-lun. Compter min 40-50 € pour un repas complet. Concept original : le resto-comptoir-dégustation ! Cadre sobre mais réussi : un grand comptoir convivial en U avec hauts sièges donnant sur une cuisine nickel-chrome où l'on peut voir s'affairer les cuistots. Quelques tables supplémentaires meublent les espaces libres. Courte carte pour amateurs de petites portions à picorer. C'est un peu plus copieux que des tapas mais c'est

surtout un assortiment de produits de première qualité à laisser fondre dans la bouche. On se fait son petit menu au gré des saisons, de ses envies et de l'humeur du chef : une langoustine à la coque, un bonbon de *king crab*, 3 asperges vertes à la flamande, quelques tranchettes de bœuf Siementhal ou lamelles de Saint-Jacques aux truffes, un bol de purée Robuchon, un gratin de courgettes, 2 petites côtes d'agneau dans leur jus... et quand on est rassasié, on arrête. Le service est hyper rapide et les conseils de vin au verre (3-4 €) en accompagnement particulièrement judicieux. Les viandes et les poissons sont facturés aux 100 g et chaque portion navigue entre 5 et 12 €, de sorte qu'au total cela monte très vite, surtout si l'on est exagérément gourmand. Faites donc bien vos comptes mais ne boudez pas votre plaisir !

IOI *La Tour d'y Voir* (plan C3, **69**) : pl. du Grand-Sablon, 8-9, 1000. ☎ 02-511-40-43. ● *restaurant@tourdyvoir.be* ● Tlj sf sam midi, dim et lun 12h-13h45, 19h-22h45 (23h45 le w-e). Fermé quelques sem en été. Résa conseillée le w-e. Le midi, menu complet 16 €, vraiment bien. Carte 35-60 € ; menus « surprise » 40-60 € (le 1er est une vraie affaire). Ancienne chapelle à l'étage d'une petite galerie du Sablon, superbement réhabilitée pour célébrer... mais oui, une messe gastronomique ! Très beau décor de briques et de poutres baignant dans une musique douce. Rien, décidément, n'est laissé au hasard pour contenter le chaland, à commencer par la cuisine bien sûr, pleine de saveurs et d'inventivité. Possibilité, le midi, de profiter d'une vraie cuisine de chef sans se ruiner. Le soir, si vous voulez être surpris, abandonnez-vous aux talents d'impro du chef, il vous concoctera tout un menu (les fameux menus « surprise ») avec les ingrédients de la carte. Excellent accueil.

IOI *Lola* (plan C3, **76**) : pl. du Grand-Sablon, 33, 1000. ☎ 02-514-24-60. ● *info@restolola.be* ● Tlj midi et soir jusqu'à 23h30 (non-stop le w-e). Plats 16-28 € (pâtes env 14 €). Avec ce décor moderne, on se dit que c'est l'endroit branché par excellence où l'on paie plus le ticket de présence que le contenu de l'assiette ! Et puis on s'aperçoit bien vite que c'est du sérieux, que les préparations sont inventives et copieuses, la présentation soignée, le service pro. On en oublie le cadre un rien austère et les tables un peu serrées.

IOI 🍷 *Le Wine Bar* (plan C3, **114**) : rue des Pigeons, 9, 1000. ☎ 02-503-62-50. ● *winebarsablon@hotmail.be* ● Tlj sf dim 18h-22h30. Compter 30 €. Installé dans les jolies caves XVIe voûtées de briques d'une ancienne maison espagnole, un bar à vins récent. Au rez-de chaussée, quelques tables pour la dégustation des vins. En bas, dans un cadre rustique et élégant tout à la fois, on se restaure d'une honnête cuisine de bistrot française, un poil revisitée. Bon jambon persillé et saumon fumé maison, servis en tapas ou plats. Carte des vins bien fournie s'étendant à d'autres horizons. Seul regret, avant de descendre, on vous regarde un peu de haut, espérons que ce ne soit pas ce vieux snobisme des lieux qui se croient arrivés !

Où manger à Saint-Gilles ?

À un vol de corbeau du Pentagone, une autre atmosphère, franche, populaire et foison de p'tites adresses sympathiques.

De bon marché à prix moyens

IOI *Sikou* (plan B4, **115**) : parvis Saint-Gilles, 31, 1060. Ⓜ Parvis Saint-Gilles. ☎ 02-614-61-37. Tlj non stop 8h15-22h. À première vue, un genre de snack au décor sans glamour, mais attention, ça va être la surprise. Ici, garantie de se nourrir sainement tout en se régalant. D'abord, on n'y utilise que d'excellents produits bio (pour beaucoup venant du commerce équitable). Recettes originales, goûts raffinés. Pour de succulentes tartes salées, de copieux plats et suggestions du jour, des crêpes au sarrasin... Pour finir glaces artisanales élaborées que les mômes adorent et un onctueux *cheese cake* pour les amateurs. Bières bio (*moinette* et *blanche ginette*). Accueil jeune, enfants bienvenus... Et pour l'addition, pas besoin de sortir son six-coups !

|●| 🍷 *La Porteuse d'Eau (plan B4, 125)* : av. Jean-Volders, 48 A, 1060. ☎ 02-537-66-46. Tlj 11h30-22h (ven-sam 23h). Plat du jour 12 €. Menu 13,10 €. Vin au verre 2,50 €. Le croiriez-vous, la déco Art nouveau date d'à peine une trentaine d'années : fresques aux femmes mystérieuses, boiseries claires, escalier en colimaçon, ferronneries et lampes style « coup de fouet » sur deux étages, une vraie réussite ! Et quand une belle lumière traverse les vitraux colorés, c'est, c'est... À propos, on y mange aussi. Cuisine traditionnelle bien tournée : râble de lapin moutarde, carbonade, « oiseaux sans tête » au romarin, *stoemp* du jour, feuilleté de scampi et lardons fumés caramélisés, lasagnes, etc. Endroit sympa pour déguster de bonnes bières aussi. Aux beaux jours, quelques tables dehors.

|●| *Le BHV (plan B5, 122)* : pl. Maurice-Van-Meenen, 33 A, 1060. ☎ 02-544-12-23. 📱 476-23-60-40. ● pur.bruxelles @gmail.com ● Ouv 11h-15h lun-ven ; plus lun 18h-21h pour de petites gourmandises arrosées de vin naturel et sam 12h-19h non stop. Ce « Buffet de l'Hôtel-de-Ville » plaira à tous ceux qui effectuent le « trek bio » sérieux de Bruxelles. Attention, grand comme une mouchoir de poche, un comptoir et trois tables, venir tôt ! Le chef n'emploie ici que des produits soigneusement choisis localement, plus les bons légumes du potager de son papa. Un plat du jour suivant l'humeur du moment, la saison et la météo... De fort bons sandwichs à base de farine moulue sur pierre, assiettes de charcuterie ou de fromages, desserts maison. Une spécialité : les vins naturels choisis avec amour !

De prix moyens à plus chic

|●| *Le Café des Spores (plan B5, 79)* : chaussée d'Alsemberg, 103, 1060. ☎ 02-534-13-03. Mar-ven 12h-14h ; lun et sam 18h-minuit. Repas min 30 €, avec 1 ou 2 verres de vin. Au rez-de-chaussée d'une maison de maître avec mezzanine, un concept original : des plats plus ou moins copieux mais tous à base de champignons ! La sélection du jour figure sur une grande ardoise derrière le comptoir, là même où le chef fait sa cuisine. Vins au verre bien choisis (à défaut d'être bon marché !) pour accompagner tout ça. Une adresse pour nos lecteurs mycophiles plutôt à l'aise dans leur budget.

Où manger à Ixelles ?

Dans le quartier de Saint-Boniface et Matongé

De bon marché à prix moyens

|●| *El Vergel (plan D3, 119)* : rue du Trône, 39, 1050. ☎ 02-502-69-30. ● el vergel@skynet.be ● Ouv tlj 8h-15h et jeu soir 18h15-22h. Compter env 15 €. Vin au verre 2,60 €. Aux murs couverts de graffitis, à la longue table au milieu, on devine là une grande volonté de susciter convivialité et atmosphère relax. On vous y servira une fraîche et goûteuse cuisine aux chaleureux accents sud-américains et méditerranéens. Là aussi, la qualité et l'origine des produits se révèlent primordiales (thés et cafés *Max Havelaar* par exemple). Spécialités d'*empanadas*. Et abondance de sandwichs variés, salades, *tacos*, *tortas*, *churrasco* accompagnés de guacamole, tzatziki, houmous, etc. *Mojitos* et *margaritas* le jeudi soir.

Prix moyens

I●I Mano a Mano (plan D4, 102) : rue Saint-Boniface, 8, 1050. ☎ 02-502-08-01. Tlj sf sam-dim midi et j. fériés 12h-14h30, 19h-minuit. Plats 8-11 €. Carte env 27 €. Apéro offert sur présentation de ce guide. Poussez la porte de ce petit restaurant italien, vous ne le regretterez pas ! Situé dans le haut de la ville, sur une placette animée bordée de restos branchés, il régale sa clientèle, depuis plusieurs années maintenant, de plats succulents, copieux et bon marché. Très bon accueil, service efficace et bonne ambiance... Aurait-on trouvé l'adresse parfaite ?

I●I Amor Amor (plan D3, 116) : rue du Trône, 59, 1050. ☎ 02-511-80-33. Fermé sam midi, dim, et le soir du lun au mer. Compter 25 € le repas. Tout est petit ici : salle (une quinzaine de couverts), terrasse et même la carte... mais ici on met vraiment les petits plats italiens dans les grands. Du sérieux, du régulier, du frais et cuisson parfaite pour les pâtes. Agréable atmosphère. Côté vignes du Seigneur, on va choisir soi-même dans la plus belle bibliothèque qui soit, surtout au rayon Sud de l'Italie. Cuisine ouverte, tout est élaboré devant vous. À propos, garder une toute petite place pour le tiramisu. Vraiment une cuisine méditerranéenne pleine de saveur et à prix raisonnables. Réservation quasi obligatoire.

I●I Le Tournant (plan D4, 117) : chaussée de Wavre, 168, 1050. ☎ 02-502-61-65. Tlj sf dim 12h-14h30 et 18h30-22h30. Le sam soir, c'est tapas ; le lun soir, carte limitée. Plats env 14 €. Ici, on vous attend vraiment au tournant ! Cependant, pas de mauvaise surprise, c'est franc et roots à 100 %... D'ailleurs, y'a pas d'enseigne (!) et le cadre se veut tout sauf glamour : peu de décor et grosses tables rustiques. Non, ce qui attire ici, c'est justement l'atmosphère

déliée, relax et la cuisine simple, sans chichi, mais mitonnée avec cœur. Impec pour ceux et celles qui voudraient échapper au côté parfois « bobo bling-bling » de la place Saint-Boniface... En plus de la gardianne camarguaise et de la mijotée agneau-abricots, des plats exotiques, des recettes qui vont chercher ailleurs d'autres sensations gustatives comme le ceviche péruvien (poisson blanc mariné au citron) et la moqueca brésilienne. Un grand tableau noir reflète l'inspiration du jour. Sinon, le bar attire les amoureux de petits vins de pays, sélectionnés ici avec un joyeux et chantant discernement. Mon tout saupoudré d'un accueil gentil tout plein, mais ça vous vous en doutiez. Non, pas de réservation...

I●I Le Volle Gas (plan D4, 65) : pl. Fernand-Cocq, 21, 1050. ☎ 02-502-89-17. ● vollegas@skynet.be ● Ouv (pour manger) tlj 12h-15h, 18h-minuit sf dim. Plats 10-24 €. Digestif offert sur présentation de ce guide. Traduction du nom : « Plein Tube ». Au cœur d'Ixelles, sur une place jolie et vivante, LE bistrot bruxellois par excellence. Version un peu chic avec ses banquettes en bois sombre surmontées de miroirs, ses petites tables en marbre, ses publicités rétro et son joli poêle de faïence en guise de dressoir. Prix toutefois démocratiques et carte autochtone vraie de vraie : les crevettes grises en croquettes ou en gratin à l'éminé de chiconnette, stoemps (potées), waterzooi, lapin à la Kriek, ballekes à la marollienne, coucou de Malines, filet américain fait en salle et moules en saison. Quelques petits ratés parfois mais, en général, c'est bon et bien réalisé. Et puis l'ambiance est bon enfant, surtout les 2 samedis par mois où il y a du jazz. Une scène du film Rien à déclarer de Danny Boon y a été tournée.

De prix moyens à plus chic

I●I Premier Comptoir Thaï (plan C4, 96) : chaussée de Charleroi, 39, 1060. ☎ 02-537-44-47. Tlj sf dim jusqu'à 23h30. Plats 13-15 €. Repas env

25-30 €. À la frontière de Saint-Gilles et d'Ixelles. Un des meilleurs restaurants thaïlandais de Bruxelles, tenu par un couple charmant de jeunes Vietnamiens'. Madame fut miss Vietnam en 2002. Elle est charmante. Son époux, Dang Khoa, francophone d'une grande gentillesse, est très attentionné avec ses clients. Cuisine raffinée avec des degrés variables dans les doses d'épices, d'ailleurs c'est précisé sur la carte pour chaque plat. On y croise de temps en temps des vedettes et des artistes logés dans les grands hôtels proches.

Dans le quartier de la place Flagey

Une pépinière de bons restaurants, pour certains à des prix quasi d'époque ex-Congo belge ! Pour s'y rendre, au rab de transports : trams nos 81 et 83 ; bus nos 38, 59, 60, 71 (bus de nuit N9 et N10)...

Bon marché

IOI Trop bon (plan D5, **118**) : chaussée de Vleurgat, 1, 1050. ☎ 02-640-40-57. ▤ 477-38-59-36. ● tropbon@tropbon. be ● Pour le midi slt, lun-ven. Plat du jour 9,50 €. Menus 11 et 13 €. Tout petit resto créé par l'une des fondatrices de Slow Food à Bruxelles. Quelques tables et comptoir vite pris d'assaut, recommandé de réserver ou venir en dehors du coup de feu. Cadre immaculé pour une cuisine bio superbement élaborée. Ingrédients d'une grande fraîcheur, associations goûteuses de saveurs donnant de réjouissants petits plats : gratin de légumes racines ou de riz à la viande hachée, couscous végétarien, potée au four à l'alsacienne, tajine de poulet au citron, etc. Sans oublier les salades, tartines, soupes parfumées et délicieux desserts... Ici, ce qui compte, c'est le respect du consommateur, de la santé et de l'environnement. Produits rigoureusement sélectionnés et qui suivent les saisons (ici, pas de fraises en hiver !), cuissons exactes (vapeur, mijoté ou au four doux). Limonade maison, vins naturels. Enfin, pour prolonger le plaisir à la maison, possibilité de commander deux fois par semaine des « paniers cuisinés ».

IOI Mama Roma (plan D5, **118**) : chaussée de Vleurgat, 5, 1050. ☎ 02-640-42-80. Tlj 12h-23h (minuit jeu-sam). L'une des trois adresses de cette mini-chaîne de pizzas à consommer sur place ou à emporter. Attention, gros succès, petite salle vite remplie. Animation et bruit assurés. Cadre dans les tons blanc, gris, rouge et noir. Tables hautes et comptoir au coude à coude. Ici, on sert les pizzas à la découpe et au poids, ça permet de varier les toppings et de ne pas être prisonnier de la même roue de vélo monothématique ! Garnitures originales et savoureuses sur une pâte gonflée et assez légère ; essayer la tout aubergine, la tomate cerise fraîche, la potiron-lardons, la courgette-fromage alpin, la saucisse-champignons et surtout la pomme de terre-truffe (parfois en rupture de stock tard le soir !)... Au tableau noir, les saveurs du jour. Quelques antipasti aussi et même du rouge au verre buvable. Seul bémol, accueil et service peuvent se révéler désagréables !...

IOI Indochine (plan D5, **120**) : rue Lesbroussart, 58, 1050. ☎ 02-649-96-15. Tlj sf dim midi et soir 22h30. Copieux menus 16,50-19,50 €. Plats autour de 11-12 €. Ah, qu'on l'aime bien ce chaleureux resto, sa bonne cuisine indochinoise, son accueil suave... Très populaire chez jeunes et étudiants, pour la modicité des prix et la qualité régulière de la cuisine. En outre, on repart avec un max d'aphorismes et de proverbes appris sur place (pour certains assez surréalistes, il faut dire !). Tiens, on a bien aimé : « C'est moins le bruit des bottes qu'il nous faut craindre que le silence des pantoufles »... Et dans l'assiette, un bon canard laqué, l'abondant vermicelle mixte, les traditionnels phô et dim sum (bouchées à la vapeur), les plats en wok et grillades multiples. Populaire fondue cochinchinoise pour deux. Service plaisant et efficace, boxes pour les p'tites bandes. Que dire de plus ?

De bon marché à prix moyens

|●| **Les Super Filles du Tram** (plan D5, **121**) : rue Lesbroussart, 22, 1050. ☎ 02-648-46-60. ● aamarcil@hotmail.com ● Tlj 10h-23h (dim brunch salé ou sucré 11h-17h). Burgers 11-14 €. Là aussi, resto pas bien grand, décoré d'une grande fresque contemporaine. Vite rempli par des bandes de jeunes avides de bons burgers aux ingrédients peu habituels, comme poulet, agneau, sau-mon grillé, thon rouge... Mon tout servi sur planche avec un pot en terre de fri-tes. Essayer donc le Big Joe ! Quelques plats bien sûr : tajine de poulet aux deux poivrons, poulet guacamole, ainsi que salades variées, tartines... Quelques bonnes pâtisseries. Certes, pas une cui-sine très sophistiquée, mais un bon rap-port qualité-prix-convivialité ! Accueil jeune et relax, on s'en serait douté !

De prix moyens à plus chic

|●| **La Cuisine** (plan D5, **71**) : 85, rue Lesbroussart, 1050. ☎ 02-644-29-21. Tlj sf dim, lun et mar soir et sam midi. Compter 30 € à la carte. CB refusées, résa conseillée. Ancienne boucherie dont subsistent les carreaux de faïence et les crochets à jambon. Déco brute, cuisine de marché légère, fraîche et inventive, qui tranche avec les habitu-des bistrotières. Spécialité d'émincé de bœuf argentin saisi et refroidi sur lit de roquette. Excellentes pâtes. Assiettes de fromage, vins du monde. Pain au levain maison. Tables sur rue, courette. Un poil cher à notre avis.

Dans le quartier de la place du Châtelain

De bon marché à prix moyens

|●| **Le Pain du Châtelain** (plan C5, **106**) : pl. du Châtelain, 29, 1050. Tlj jusqu'à 16h30 slt. Wifi. Très bien situé, au cœur d'Ixelles et de son animation. Un bistrot de style New York pour les jeunes urbains branchés, pour manger pas cher et bon. Bagels, pasta, salades et sandwichs, tout est à prix doux.

|●| **Le Pavillon** (plan C5, **107**) : rue Defacqz, 64, 1050. ☎ 02-538-02-15. Tlj sf mer et w-e 11h30-23h30. Plats 7-10 €. Un des petits restos les plus sobres et les moins chers du quartier branché d'Ixelles. Une sorte de cantine où l'on sert de la cuisine (belge et fran-çaise) simple et bonne dans une salle à la déco dépouillée.

|●| **Raconte-moi des Salades** (plan C5, **104**) : pl. du Châtelain, 19, 1050. ☎ 02-534-27-27. ● info@racontemoidessa des.com ● Tlj sf dim, midi et soir (sur résa le soir car souvent complet). Plats 11-20 €. CB à partir de 25 €. Autre adresse à quelques rues de là : chaus-sée de Waterloo, 559 (☎ 02-345-35-35). On peut y déjeuner sur le pouce d'une salade, d'une soupe ou du plat du jour. Ambiance plus intime le soir. La carte affiche une trentaine de salades différentes, préparées avec brio et ser-vies dans une salle plaisante à la déco un brin baroque. Mais on trouve tout autant de pâtes, de tartares et de car-paccios, avec, là encore, des prépara-tions pour le moins originales.

|●| **Le Bistrot de la Poste** (plan C5-6, **98**) : chaussée de Waterloo, 550 A, 1050. ☎ 02-344-42-32. ● info@bistrot delaposte.be ● Tram n° 92, arrêt Ma Campagne. Tlj sf dim et lun 19h-22h30. Cave à vins ouv à 17h. Entrées 10-13 €, plats 13-19 €, menu-enfants 9 €. Un authentique ancien bureau de poste, boîte rouge et képi de facteur en attestent, agréablement réaménagé en bistrot. Courte carte de saison, plutôt orientée terroir, produits de qualité et joliment mitonnés, comme cette poêlée de petits-gris de Namur aux pleurotes, l'aubergine farcie aux petits légumes sautés ou ces tripes à la mode de Caen. Chariot de fromages affriolants. Des-serts plus banals. Excellents vins de producteurs, disponibles en fillettes.

Une bonne soirée à prix modiques.

I●I *Ma Folle de Sœur* (plan C4, **70**) *:* chaussée de Charleroi, 53, 1060. ☎ 02-538-22-39. *Tlj sf sam midi et dim. Fermé 2 sem en août. Lunch 14,10 €, carte 26-40 €.* Cadre sans prétention, ce qui n'a pas l'air de perturber la nombreuse clientèle venue boulotter une gentille petite cuisine locale, plutôt bien maîtrisée. Carte évolutive : lapin à la Gueuze, croquettes aux crevettes grises. Sans oublier les suggestions affichées sur un tableau noir derrière le comptoir.

De prix moyens à plus chic

I●I *Rouge Tomate* (plan D5, **103**) *:* av. Louise, 190, 1050. ☎ 02-647-70-44. *•* in fo@rougetomate.be *• Tlj sf sam midi, dim et j. fériés. Fermé fin déc. Le midi, plat du jour 15 €, formule 22 €. Carte 40-60 €.* Encore un resto concept, serait-on en droit de penser ! Grand soin dans la déco, très épurée, dans les rouges (tomate évidemment) et grèges, agrémentée d'énormes abat-jour qui diffusent une douce lumière, relayée par des bougies. L'ensemble se prolonge par une superbe terrasse-jardin, au calme étonnant. Installé confortablement, on accueille avec plaisir cette cuisine presque mondiale, avec comme fil conducteur la légèreté (ni beurre, ni crème), le respect des saveurs (produits goûteux) et un service très à l'écoute. Résultat impeccable. Branché ? Sans doute, mais dans le bon sens du terme.

I●I *La Quincaillerie* (plan C5, **105**) *:* rue du Page, 45, 1050. ☎ 02-533-98-33. *•* info@quincaillerie.be *• Tlj sf dim midi 12h-14h30, 19h-minuit. Le midi, formule 13 €, menu 18,50 €. Menus 25-30 €, carte 14-46 €.* Si vous êtes sur le circuit Art nouveau et si vous voulez rester dans le ton, vous trouverez ici un décor à la hauteur de vos attentes. Comme son nom l'indique, ce cadre mirifique est celui d'une ancienne quincaillerie. Une énorme horloge, une myriade de tiroirs, des coursives suspendues, des escaliers en fer forgé et du laiton à foison... Le décor 1900 d'origine est toujours là, un tantinet revisité par l'architecte Antoine Pinto, dont c'était là une des premières créations. Dans les assiettes, une honnête cuisine de brasserie avec quelques plats belges. Rapport qualité-prix indéniable, à l'heure du déjeuner tout au moins ; le soir, c'est très surfait.

Où manger à Schaerbeek ?

Non seulement le sud de la commune de Schaerbeek offre de belles architectures et de paisibles promenades, mais aussi de remarquables adresses gastronomiques... Voici notre sélection !

De prix moyens à chic

I●I *Âne Vert* (plan D1, **112**) *:* rue Royale-Sainte-Marie, 11, 1030. ☎ 02-217-26-17. *•* info@anevert.be *• Ouv lun-ven midi et soir et sam soir. Fermé dim. Plat du jour 8,50 € le midi.* À 5 mn du Pentagone, en face des *Halles de Schaerbeek* et derrière le dôme néo-byzantin de l'église Royale-Sainte-Marie. Un bistrot dont le nom rend hommage aux ânes, symboles de la commune depuis l'époque où, chargés de paniers, ils approvisionnaient les habitants de Bruxelles en légumes de la vallée du Josaphat. Salle chaleureuse tout en longueur, gravures anciennes, photos des anciens bourgmestres de la commune, planches de François Schuiten, banquettes de bois et jolies tables nappées. Cuisine du cru : boudin, stoemp-saucisse, chicons au gratin, côte de veau à la Gueuze, etc. Le tout généreusement servi avec un joli sourire.

I●I *Le Max* (plan F2, **123**) *:* av. Émile-Max, 87, 1030. ☎ 02-733-17-88. Ⓜ *Diamant. Tlj sf lun soir 12h-14h30 et 19h-22h30. Compter 25-30 € max* *(pâtes env 10 € et viandes 12 € en moyenne).* Le resto de Roberto Pintus, chef plein de talent et un des leaders du mouvement *Slow Food* à Bruxelles, ne désemplit plus (c'est la cantine de Maurane aussi). Et pour cause, il propose une superbe cuisine franco-sarde d'une fraîcheur absolue, une authentique cuisine de terroir subtilement revisitée. Choix rigoureux des produits, volonté de mettre en valeur toutes leurs qualités, géniales déclinaisons de vieilles recettes (ah, le porcelet grillé, l'épaule confite et selle d'agneau persillée, la goûteuse tête pressée), sens des harmonies de saveurs, don pour en trouver de nouvelles, prix vraiment démocratiques, tout concourt ici au bonheur des papilles... En outre, fort agréable cadre contemporain. Le midi, gros succès du buffet illimité de délicieux *antipasti* froids et chauds (plus les lasagnes du jour et les *pasta al forno* !) dans le joli caveau de brique rouge. Très belle carte de vins italiens, ça va de soi. Un jeudi par mois, buffet-concert à partir de 19h30. Dans tous les cas de figure, pensez à réserver ! Boutique à côté pour prolonger le plaisir chez soi.

|●| Brasserie Cochaux *(plan Nord de Bruxelles, C3,* **126***) :* av. Gustave-Latinis, 2, 1030 *(angle Guillaume-Kennis).* ☎ 02-248-28-02. ● *infos@bras seriecochaux.be* ● *Tlj 12h jusque tard. Plats autour de 15 €. Vin au verre à partir de 2,50 €.* Au rez-de-chaussée d'un très bel immeuble du début de l'autre siècle en brique et pierre blanche, avec tourelle d'angle. Intérieur chaleureux également (cuivres rutilants, vieux comptoir en bois, plafond mouluré d'origine) où l'on dégustera une excellente cuisine de brasserie typiquement bruxelloise : tartare maison fait minute, côte à l'os, pain de veau, *stoemp,* jambonneau rôti au miel et chicon braisé... Les chicons, c'est également leur spé-

cialité (au saumon frais ou fumé ou gratin purée) ainsi que les moules « à l'escargot », le « pierrot de boudin » et toutes ces sortes de choses... Beaux desserts.

|●| Le Zinneke *(plan F1,* **124***) :* pl. de la Patrie, 26. Tram n° 25 depuis Rogier, à peine 20 mm de transport et on vous dépose au pied du resto. Bus n°s 65 et 54A (arrêt Patrie). ☎ 02-245-03-22. ● *le zinneke.be* ● *Tlj sf sam midi, dim et lun 12h-14h et 18h-22h. Ouv tt le dim en juil-août. Menu à 29,50 € (jusqu'à 21h). Formule moules à volonté à 19,50 € 18h-19h (quatre parfums différents). À la carte, compter 40 €. À propos, réduc de 20 % sur l'addition (hors vins) si vous quittez la table avant 20h30 !* Encore un resto qui vaut le déplacement ! Et pour cause, considéré comme l'un des meilleurs pour les moules... Proposant pas moins de 69 goûts et parfums subtils, séduisants, étonnants parfois et insolite... pour le dernier de la liste ! Et on ne manque pas d'humour ici, puisqu'on trouve les moules « Johnny ça roque fort », les « traîtresses à la bière Judas » et les « belle-mère et 25 cl de Malheur » ! Intérieur chaleureux de discret p'tit resto de quartier. Quelques clins d'œil Art déco, grande fresque, éclairage mesuré, boxes en bois pour les familles, clientèle d'habitués qui viennent souvent de loin. Produits soigneusement sélectionnés, grosses moules de Zélande d'une fraîcheur absolue et ce beau coup de main du chef, précis, inspiré dans la création de saveurs. Quelques fleurons de la carte : le poulet fermier en vol au vent, la carbonade de *Black Angus* à la Gueuze, le *stoemp* bien sûr... accompagné d'une *moinette bio.* Une cuisine de pro donc capable de maintenir une haute qualité de façon régulière avec des produits sains (membre de *Slow Food,* on comprend mieux !).

OÙ MANGER ?

Du côté de Laeken

Pour les lecteurs intrépides investissant le nord du Pentagone, notamment à l'occasion de la visite du cimetière de Laeken, du musée Magritte, du parc Royal ou du Heysel.

|●| ▼ Brasserie Le Royal *(plan Nord de Bruxelles, B2,* **127***) :* parvis Notre-Dame, 11, 1020. ☎ 02-478-01-40. ● *la soen-christian@hotmail.com* ● *Tlj sf lun.*

Juste en face de Notre-Dame-de-Laeken, l'autre « chef-d'œuvre » de l'architecte Poelaert (mais nous on l'aime bien). Cadre délicieusement rétro agrémenté de vieilles photos sur l'histoire du quartier pour une aimable et goûteuse petite restauration : sandwichs, paninis, omelettes, boulettes aux chicons, *stoemp* du jour en semaine. Le menu vous en apprend d'ailleurs tout plein sur le dialecte bruxellois (à propos, êtes-vous un *ambrasmoeker* ou un *zwietvaut* ?). Belle sélection de bières, notamment la Westmalle triple, la Ramée blonde au fût, celles d'abbaye et la merveilleuse Hopus ! Et s'il fait un peu frisquet, le tonique vin chaud maison si parfumé citron et clou de girofle ! Terrasse.

OÙ MANGER DES GAUFRES ?
OÙ ACHETER DES *SPECULOOS* ?
OÙ DÉGUSTER UNE GLACE ?

🕿 ⊛ *Dandoy* (zoom B2) : rue Charles-Buls, 14, 1000. Ouv 9h30-18h30 (10h30 dim). À côté de la Grand-Place. LE spécialiste du *speculoos* et du pain d'épice depuis 1829. La maison est tout aussi célèbre pour ses *cramiques* aux raisins ou son pain « à la grecque » (traduction erronée du mot *gracht* voulant dire fossé – car c'est dans la « rue du Fossé » qu'autrefois on vendait le pain). 5 autres magasins dans Bruxelles ; le plus vieux (le plus joli aussi) date de 1858 et se situe 31, rue au Beurre (petite rue qui part elle aussi de la Grand-Place). Baudelaire venait y acheter son pain d'épice (qu'il savourait avec une bouteille de corton !). Celui de la rue Charles-Buls fait aussi salon de thé et sert les meilleures gaufres de la ville.

🍴 *Comus & Gasterea* (plan B1) : quai aux Briques, 86, 1000. ☎ 02-223-43-66. ● comus@comusgasterea.com ● Mar-ven 11h-18h ; sam 9h-18h ; dim, lun et j. fériés 14h-18h. Fermé janv. Au bout du quai sur le côté gauche, une longue façade qui abrite un glacier artisanal étonnant. À côté des parfums classiques, vous pouvez explorer des arômes assez surprenants : caramel salé, chocolat avec orangettes amères, 3 poivres, pétale de rose ou lavande, et même de la glace à la moule, à la *pata negra* et au roquefort ! Une vraie expérience gustative.

🍴 *Le Framboisier doré* (plan C5) : rue du Bailli, 35, 1050 Ixelles. ☎ 02-647-51-44. Tlj 12h30-22h. Ici, la devise c'est : « Comme en Sicile, vous achetez un parfum, pas une couleur ! »... Vous découvrirez une vingtaine de parfums de glaces à l'ancienne, (parmi les quelque 300, paraît-il, en réserve). Dans la fabrication, uniquement des produits naturels et, bien sûr, ne manquez pas la sublime glace au speculoos !

🍴 *Capoue* : c'est une mini chaîne (7 établissements) réputée pour son côté artisanal, la qualité de ses sorbets, la variété de ses parfums de chocolat (ah, le chocolat blanc !) et sa recherche des saveurs nouvelles. Quelques adresses : *Capoue Jourdan* (plan E4), chaussée de Wavre, 341 (lun-mar 10h-16h, mer 18h, jeu-ven 23h et dim 22h), *Capoue Ixelles* (plan G6), chaussée de Boondael, 395 A (tlj 14h-23h), etc. Toutes les infos : ● capoue.be ●

OÙ BOIRE UN VERRE ET RENCONTRER DES BRUXELLOIS(ES) ?

Alors là, chapeau ! Toute la graine de folie bruxelloise a éclos sur le terrain fertile du débit de boissons. Il y a de tout : toutes les formes, toutes les tailles, tous les budgets. Cela dit, au-delà de l'estaminet, la ville manque un rien de tonus. Et même si c'est en train de bouger, Liège et Gand la détrônent encore pour leur bonne ambiance estudiantine. Le quartier le plus animé le soir reste celui du centre, notamment entre l'Îlot sacré et la place Saint-Géry *(zoom B2)*, où se succèdent sans répit les cafés historiques, branchés ou à thème et les bars dansants. Citons également le quartier de la place Stéphanie *(plan C2)*, d'où part la chaussée de Charleroi, riche en lieux nocturnes, le parvis de Saint-Gilles *(plan B4)*, ainsi que le haut d'Ixelles, en particulier Saint-Boniface *(plan D4)*, une placette envahie aux beaux jours par les terrasses des restos et cafés qui la bordent. C'est tout naturellement dans ces zones que se retrouve le gros de nos adresses, mais on vous en a déniché d'autres ailleurs, histoire de vous permettre de profiter comme il se doit de la vie nocturne de la capitale de l'Europe...

Petite précision : quelques-uns de ces temples de la bière et de la *zwanze* se trouvent intégrés dans le parcours de la promenade guidée « Quand les estaminets racontent Bruxelles » du *Bus Bavard* (voir plus haut la rubrique « Adresses et infos utiles. Visites guidées »). De 3 à 5h, selon l'humeur du groupe, de découvertes et de libations en compagnie de guides intarissables et passionnants. Prix justifié et deux consommations comprises dans celui-ci.

Estaminets, tavernes et cafés historiques

À la Bécasse *(zoom B2, 169)* : rue de Tabora, 11, 1000. ☎ 02-511-00-06. ● alabecasse.com ● Tlj 11h-minuit (1h ven-sam). Le prototype même de l'estaminet bruxellois ouvert depuis plus d'un siècle... L'entrée se repère à l'enseigne à l'oiseau incrustée dans le trottoir. Au fond de l'impasse, on découvre un troquet populaire et rustique (Maupassant l'aimait beaucoup) mais bien vivant. Le « lambic doux » et la « Gueuze caveau » accompagnent merveilleusement une savoureuse tartine de tête pressée ou de fromage. Atmosphère paisible, où les habitués du lieu vous regarderont avec un œil amusé, comme s'étonnant que vous l'ayez déniché.

À l'Imaige Nostre-Dame *(zoom B2, 170)* : impasse des Cadeaux, 3, 1000. ☎ 02-219-42-49. À la hauteur du n° 8, rue du Marché-aux-Herbes. Lun-ven 12h-minuit ; sam 15h-2h ; dim 16h-minuit. Il a fallu mener sérieusement l'enquête pour le dégoter, ce vieux troquet hors d'âge, tout au fond d'une impasse. Chaleureux, sans trop en faire dans le genre « pur jus », bien des touristes passent à côté. Tant mieux. Une halte paisible pour tremper ses lèvres dans la mousse d'une bière d'abbaye en faisant sautiller son regard du vitrail aux cruches d'étain, des cruches d'étain aux lourdes poutres... Excellentes bières au fût peu

connues : la Bourgogne des Flandres et la grisette fruits des bois. En bouteille, goûter également à la Hopus (qui se boit dans deux verres) et à la Moinette blonde. Meilleure place : la petite salle du fond, près de la vieille cheminée (et ses vénérables carreaux, les bleus de Delft, les bruns de Gand), avec ses banquettes de skaï élimées et son ambiance tamisée...

Le Cirio *(zoom B2, 168)* : rue de la Bourse, 18-20, 1000. ☎ 02-512-13-95. Tlj 10h-minuit (1h ven-sam). Aussi vénérable que les « presque-quatre-fois-vingt » à chien-chien qui viennent se payer une sortie en ville. Le style éclectique mi-Renaissance, mi-Art nouveau dans toute sa splendeur : stucs peints façon cuir de Cordoue, sombres lambris, délicats *putti* en bois sculpté, cuivres patinés et toilettes aux urinoirs de faïence qui valent un petit détour, même sans motif pressant. On doit ce lieu à un certain Francesco Cirio, fondateur des magasins alimentaires de produits importés d'Italie en 1886. L'établissement a changé de destination, mais pas de décor, toujours bien dans son jus. On notera également que c'est ici qu'ont été tournées des scènes du film *La Bande à Bonnot*, avec Jacques Brel et Bruno Cremer. À découvrir : l'apéro *half and half*, composé pour moitié d'un mousseux italien et d'un vin blanc tranquille. Très demandé, mais pas vraiment le Pérou gustatif. Mais quoi, il est de bon ton de céder au moins une fois à la tradition ! Le Cirio a été classé monument historique.

Ⴘ Le Falstaff (zoom B2, **178**) : rue Henri-Maus, 17-25, 1000. ☎ 02-511-87-89. ● info@lefalstaff.be ● Tlj 10h-minuit ou 1h. Le Lipp de Bruxelles, sur le flanc de la Bourse, change régulièrement de patron mais, heureusement, ceux-ci ne touchent pas au superbe décor : miroirs biseautés, plafonds à papier gaufré, lustres en pâte de verre, vitraux remarquables (dans le fond) où l'on voit le personnage de Falstaff boire un coup. Il faut dire que la maison fut dessinée en 1903 par le décorateur Houbion, disciple de Horta. C'est la grande brasserie classique, immense, qui ronronne depuis un siècle mais dont la qualité côté restauration joue, depuis quelque temps, beaucoup au yo-yo. On s'y rendra donc pour profiter du décor, point à la ligne.

Ⴘ À la Mort Subite (zoom C2, **161**) : rue Montagne-aux-Herbes-Potagères, 7, 1000. ☎ 02-513-13-18. ● info@ala mortsubite.com ● Tlj 11h-1h, dim midi-minuit. Bière 4 € env. C'est le kaber-douch (vieux café) dans toute sa splendeur. Fidèle au poste avec ses dorures passées, les miroirs piqués, les banquettes de bois et moleskine, les pilastres cannelés... et ses serveuses ripolinées et souriantes. Un pilier du temple de l'identité bruxelloise fréquenté, en leur temps, par Brel et Béjart (le Théâtre royal de la Monnaie n'est pas loin). Les bonnes bières (Faro, Kriek, blanche lambic) attirent toujours les habitués et des cohortes de touristes. Toutefois, pour vous éviter une déconvenue, sachez que l'authentique Gueuze, au goût aigre-doux, légèrement âpre, se sert à température ambiante. Mais que les moins téméraires se rassurent, ils trouveront forcément une bière à leur goût. Et pour accompagner le tout, tartines au fromage blanc et omelettes bien grasses. Pour l'anecdote, La Mort Subite jouxtait autrefois les pompes funèbres Melchior, cela ne s'invente pas !

Ⴘ Poechenellekelder (zoom B2, **165**) : rue du Chêne, 5, 1000. ☎ 02-

511-92-62. Tlj sf lun 11h-minuit (2h le w-e). À un jet de pipi du Manneken-Pis, cet estaminet est certainement la meilleure ambassade du petit bonhomme. Sur une ardoise, les « bières spéciales » du moment. Le lieu idéal pour s'initier à la bière. Les murs, garnis de marionnettes de toutes les légendes de Bruxelles, de gravures et de fresques, composent un patchwork coloré au milieu duquel on peut se faire servir une tête pressée, un potte kees ou un kip-kap (ce sont des tartines, vous l'aviez compris). Enfin, pour une ambiance chaudement bruxelloise, un « Faro au fût » à s'envoyer ou un p'tit creux à combler, le Poechenellekelder (la « Cave du Polichinelle ») reste ce qu'il y a de mieux dans un rayon de 50 m autour du Gamin. L'été, petite terrasse croquignolette dont les chaises prennent rarement un quart d'heure de repos.

Ⴘ Taverne Greenwich (zoom B2, à côté du restaurant Fin de Siècle, **88**) : rue des Chartreux, 7, 1000. ☎ 02-511-41-67. ● cosmicbar@yahoo.com ● Tlj lun et mar 12h-minuit. Salle aux murs de stuc jaunis. Ici pas de musique, atmosphère enfumée et accueil bourru. Pourtant, c'est depuis des lustres le camp de base des joueurs d'échecs de la ville, qui semblent trouver dans cette taverne, outre des échiquiers et des damiers, une atmosphère propice à la pratique du jeu. Magritte et Paul Nougé y avaient déjà leurs habitudes. Les toilettes méritent un détour. En travaux en 2011.

Ⴘ Chez Toone (zoom C2, **188**) : passage Schuddeveld, 1000. ☎ 02-511-71-37. Tlj sf lun 12h-minuit. Fermé en janv. Bien que ce soit plutôt pour le célèbre théâtre de Toone que vous viendrez ici, on vous signale quand même cet estaminet historique et adorable, morceau d'authenticité caché au milieu des restos surfaits. Il existe une loge royale à l'intérieur. Plus de détails dans notre rubrique « À voir ».

Ⴘ La Fleur en Papier Doré (plan B3, **160**) : rue des Alexiens, 55, 1000. ☎ 02-511-16-59. ● info@lafleurenpa pierdore.be ● Tlj 11h-minuit (19h dim). Fermé lun. Menus 8,50-15 € env. « Estaminet folklorique », est-il marqué en façade. Vrai ! Et quand on pense que cette vénérable institution, ouverte depuis 1846 au cœur du quartier de l'église de la Chapelle, a failli disparaître... Félicitons donc la jeune équipe qui, refusant la fatalité, a décidé sur un coup de tête de reprendre les rênes de cet établissement quasi mythique. 3 salles en enfilade pour un estaminet en forme de poème à la Prévert, où s'accumulent sur les murs patinés des tonnes de gravures, croûtes insolites, mots d'auteurs peints, aphorismes, textes dada... Ici se retrouvaient poètes surréalistes, écrivains et peintres qui venaient se présenter leurs travaux les uns aux autres pour recevoir critiques ou louanges. Après guerre, visite de CoBrA (Alechinsky et Dotremont) et d'Hugo Claus, le plus grand écrivain flamand, qui y fêta bruyamment son premier mariage. Le poêle de Louvain provient du cabaret Le Diable au Corps fréquenté par les jeunes Michaux, Magritte et Ghelderode. Et si vous êtes seul, regardez au fond de votre Kriek Lindemans ou de votre « blanche au fût » et méditez cet aphorisme : « Tout homme a droit à 24h de liberté par jour ! ». Nouvelle fresque B.D. dans la cour-jardin avec Stam et Pilou, deux gamins de Bruxelles.

🍷 *La Maison du Peuple* (plan B4, *174*) : parvis de Saint-Gilles, 39, 1060. ● info@maison-du-peuple.be ● maison-du-peuple.be ● Tlj 8h30-1h (3h ven-sam). On aime beaucoup ce lieu incontournable de Saint-Gilles au cœur de l'un des quartiers les plus populaires de Bruxelles. Au pied de l'élégante courbe du parvis où se tient un marché le matin, cette institution allie café culturel, brasserie, lieu de rencontre et de détente, où il fait bon passer une soirée à l'intérieur ou sur la terrasse. Décor de type industriel et murs de brique, quelques plats de restauration rapide et les traditionnelles boissons à la carte (bières dont la Chouffe pression, *mojitos*, soft...). L'équipe qui gère l'établissement organise également des expositions, vernissages, concerts et DJ set qui donnent une âme au lieu.

🍷 Un peu plus loin, la terrasse du *Café de l'Union,* QG du PS local, prend des allures de ramblas espagnoles dès que la température est douce. On y croise toute la diversité de ce quartier bien vivant. Le très populaire *Café Verschueren* à gauche de l'église a aussi ses inconditionnels qui viennent y refaire le monde, et ce depuis 1930.

🍷 *Le Moeder Lambic* (plan B5, *172*) : rue de Savoie, 68, 1060. ☎ 02-544-16-99. ● info@moederlambic.com ● Juste derrière la maison communale de Saint-Gilles. Tlj 16h-3h. Wifi. Un lieu, un temple presque, en tout cas un estaminet pas comme les autres, à placer dans le tiercé de tête des troquets de la ville. Chaud et enfumé comme une cocotte-minute, plein de vibrations et d'habitués. La carte n'est plus aussi longue qu'avant mais affiche tout de même encore 250 à 300 étiquettes de bières différentes. Autour des grossières tables de bois, de jeunes braillards sympathiques en diable, auxquels il n'est guère difficile de se mêler. Pour les solitaires, derrière les bancs, plongez votre main dans les larges bacs pleins de B.D. d'occasion, lues et relues par des milliers d'yeux et à la disposition de tous. Un vrai lieu, qu'on vous dit ! Longue vie au *Moeder Lambic* ! Une succursale s'est ouverte en centre-ville, place Fontainas (*zoom B2*).

🍷 *Le Métropole* (zoom C2, *167*) : pl. De Brouckère, 31, 1000. ☎ 02-219-23-84. Tlj 9h-1h (2h le w-e). L'été, la large terrasse du plus beau des vieux hôtels de la ville, sis sur une place autrefois bruissante d'activité chantée par Brel (« c'était au temps où Bruxelles... »), accueille sur ses chaises en osier les dames peinturlurées qui prennent alternativement l'ombre et le soleil en picorant successivement dans un gâteau et dans leur tasse de thé. Les jeunes débrident de temps en temps l'atmosphère compassée de cette terrasse qui a survécu à la « restructuration » du quartier. Nous, on préfère l'intérieur, cette haute salle cubique habillée comme pour tourner dans un péplum de Cecil B. De Mille, avec ses colonnes dorées, ses lustres de X tonnes, ses murs de (vrai) marbre et ses grands miroirs qui répètent à l'infini ce même décor. Belle Époque, Art déco, on ne sait pas trop quelle est la dominante mais on est certain que les Chesterfield sont confortables, les serveurs plus sympathiques qu'ils n'en ont l'air et que la halte est parfaite pour humer le Bruxelles du temps jadis où il était le rendez-vous des célébrités en tout genre : Sacha Guitry, Hervé Bazin, Jacques Brel, Einstein, Jean d'Ormesson... On y a tourné *L'Étoile du Nord* avec Simone Signoret et *Garçon !* avec Yves Montand.

☝ Goupil le Fol *(zoom B-C2, 162)* : *rue de la Violette, 22, 1000.* ☎ 02-511-13-96. *Tlj 16h-5h, voire 6h.* Autant annoncer tout de suite la couleur : ici, ils y vont fort sur le prix des consos (du reste limitées aux vins de fruits aromatisés – 5,50 € – et aux cocktails avec ou sans alcool)... Cela étant, on est dans « l'estaminet rêvé pour bavarder paisiblement en écoutant la bonne chanson française à texte », comme se définit lui-même ce troquet vraiment pas comme les autres. Si ce n'est pas Trenet qui traîne sur la platine, c'est

Brel qui bêle ou Piaf qui piaffe. Mais pourquoi s'inviter dans ce lieu franco-français ? Parce qu'il est fol ! Vous comprendrez en vous frayant un passage parmi les livres posés là, les galettes de vinyle qui semblent pousser jusqu'au plafond, les gravures jaunies sous le regard royal d'Albert, Baudouin, Fabiola et les autres. Le rez-de-chaussée est plus convivial, plus social, mais les romantiques essoufflés, babas d'arrière-garde, jeunes boutonneux naïfs ou tout simplement ados amoureux cherchant un endroit pour se bécoter monteront dans les salons du 1er étage et se vautreront dans les fauteuils et les canapés défoncés, plongés dans une opportune pénombre pour faire, refaire et défaire le monde. Il y a de l'anarchie là-dedans. Depuis plusieurs décennies, c'est comme ça et on espère que rien ne changera.

Bars branchés pour apéro zen ou soirée rock

☝ ♪ L'Archiduc *(zoom B2, 164)* : *rue Antoine-Dansaert, 6, 1000.* ☎ 02-512-06-52. ● archiducbxl@gmail.com ● *Tlj 16h-5h (min).* C'est évidemment la nuit venue qu'on embarque sur ce navire Art déco, qui laisse voguer son âme le long de la rue Dansaert depuis 1937. Un p'tit coup d'blues, une soirée à conclure ? Sur le pont supérieur (la mezzanine) ou au ras des flots, on se laisse bercer par le jazz tranquille, un verre de genièvre ou de Fernet Branca à la main en observant une clientèle bien dans sa trentaine. Beaucoup de monde le week-end, à partir de 2h du mat. Et concerts de jazz (payants ou non) samedi vers 17h et lundi soir.

☝ Le Fontainas *(zoom B2, 184)* : *rue du Marché-au-Charbon, 91, 1000.* ☎ 02-503-31-12. *Tlj 11h-2h.* Un sympathique troquet où la jeunesse estudiantine vient se retrouver à un moment ou à un autre de la journée, que ce soit pour un p'tit noir, un thé indien, un chocolat chaud ou une petite mousse. Selon l'heure, ambiance plus ou moins studieuse, plus ou moins gay, plus ou moins festive et animée jusque sur la petite terrasse de coin. Clientèle gentiment bobo.

☝ Delirium Café *(zoom C2, 181)* : *impasse de la Fidélité, 4, 1000.* ☎ 02-511-01-39. ● info@deliriumcafe.be ● *Tlj 10h-4h (2h dim).* Pas loin de la Grand-Place, un café qui est entré dans le *Guinness Book des records* pour le nombre de bières qu'il propose : au moins 2 004 (année de leur consécration dans le *Guinness Book*), mais souvent 2 500 ! C'est bien simple, ils ont presque toutes les bières belges et des bières de 80 autres pays dont pas moins de 27 au fût ! Toujours beaucoup de monde évidemment, et de fumée, en particulier le week-end. Si vous êtes en groupe, commandez carrément un verre de 4 l ! Soirée *jam* le jeudi à partir de 22h.

☝ Floris Bar *(zoom C2, 181)* : *impasse de la Fidélité, 12, 1000.* ☎ 02-514-44-44. ● info@deliriumcafe.be ● *Tlj 20h-6h.* En face du *Delirium Café* et même proprio que ce dernier. L'idée est d'ailleurs un peu la même : proposer un choix déconcertant de boissons mais, au lieu de faire dans la bière, ils font ici dans les alcools. Résultat : autour de 500 genièvres différents, 110 rhums, 175 vodkas, autant d'absinthes... mais sans méthylène d'éther, heureusement ! En tout, pas loin de 2 000 noms à la carte ! Clientèle un peu jeune mais aussi des touristes et, finalement, quelques représentants de tous les âges.

🍷 |◎| *Le Cercle des Voyageurs (zoom B2, 182) : rue des Grands-Carmes, 18, 1000.* ☎ 02-514-39-49. ● *info@lecercledesvoyageurs.com* ● *Tlj sf mar 8h-22h30 (un peu plus tard le w-e). Fermé 21 juil-14 août et 29 déc-9 janv.* Un endroit qu'on ne pouvait évidemment pas passer sous silence. Joli décor néocolonial, avec une mappemonde au plafond et de gros fauteuils en cuir brun, où se côtoient gens du quartier, habitués, simples touristes et routards du monde entier. On vient y prendre un pot, grignoter une quiche ou un petit plat brésilien, consulter la doc de voyage (dans une agréable salle prévue à cet effet) et, pourquoi pas, lier connaissance avec l'un ou l'autre camarade bourlingueur. Expos fréquentes en sous-sol, concerts et conférences occasionnels. Très sympa !

🍷 ♫ *Le Java (zoom B2, 163) : à l'angle des rues Saint-Géry et de la Grande-Île, 1000.* ☎ 02-512-37-16. *Tlj 17h30-2h (4h ou 5h le w-e).* Le point de rencontre des deux cultures nationales pas toujours si antagonistes que ça. Si ce sont le chanteur Arno et ses potes flamands qui ont lancé le lieu, les francophones le fréquentent également, surtout pour son mélange des genres : se côtoient aussi bien les costards-cravates que les skins ou les belles créatures aux jambes de gazelle. Tout ce beau monde se presse autour du bar en U à la Gaudí, décoré de capsules de faïence, et déborde joyeusement sur le trottoir si la météo le permet... Les vendredi et samedi soir, au sous-sol, on y danse, on y danse...

🍷 *Au Laboureur (plan B1, 179) : rue de Flandre, 108, 1000.* ☎ 02-512-13-82. *Tlj 8h30-22h.* Un des derniers bars de voisinage authentiques. Populaire en diable, l'on y retrouve bien sûr tous les fumeurs du coin (que de la boisson, pas de cuisine ici). Date de 1927 (date de construction de l'immeuble en brique). Décor bien dans le jus qui n'a guère changé, et surtout superbe comptoir en bois sculpté. Terrasse aux beaux jours.

🍷 |◎| *Brasserie du Lombard (zoom B2, 186) : rue du Lombard, 1.* 🖥 *0472-61-08-08.* ● *yagirian@hotmail.com* ● *Tlj jusque tard.* Cadre plus que centenaire chaleureux : vieux plancher en bois et jeunes bruyants pour une bonne sélection de bières. À la pression, Blanche des Neiges, Kriek, Chouffe blonde, Delirium (au tableau, les nouvelles bières). Petite restauration non-stop, omelettes, snacks divers, quiches, « café crêpe » à 3,50 €, « happy crêpes » de 15h à 18h. Au passage, que nos lecteurs ne ratent pas les superbes urinoirs Twyford's... Large terrasse.

🍷 *Au Soleil (zoom B2, 176) : rue du Marché-au-Charbon, 86, 1000.* ☎ 02-512-34-30. ● *kinoherraz@hotmail.com* ● *Tlj 9h-minuit (10h-2h ven-sam). Café d'après repas offert aux porteurs de ce guide.* Avec sa petite terrasse aux beaux jours, cet ancien magasin de « vêtements pour hommes, jeunes gens et enfants » attire bien du monde grâce, notamment, à ses excellentes bières dont la liste figure sur des ardoises au-dessus du bar. Quelques tartines ou soupes fraîches du jour. Sur la vitrine, avertissement que la terrasse doit être *gepleieerd* à minuit sur ordre des casquettes ! Dans la même rue, assortiment assez large de bonnes adresses nocturnes.

🍷 *L'Ultime Atome (plan D4, 177) : rue Saint-Boniface, 14, 1050.* ☎ 02-513-48-84. ● *ultimeatome@hotmail.be* ● *Tlj 12h-minuit. Wifi.* Boiseries, parquet et ventilos dans une grande salle jaune ornée d'une enseigne de globe terrestre en forme de poire. Connu des Bruxellois depuis des lunes, ce rendez-vous convivial du haut de la ville brasse en continu les habitués du quartier, les étudiants du coin venus potasser leurs cours, les papys en goguette et les familles en quête d'une halte au milieu des courses. On peut y prendre son petit déj ou piocher dans les suggestions du jour affichées au tableau noir, ou encore un en-cas d'après cinoche. Beau choix de bières pour faire causette avec des Bruxellois.

🍷 |◎| *Malte (plan C4, 175) : rue Berckmans, 30, 1060.* ☎ 02-539-10-15. ● *le malte.be* ● *Tlj 19h-23h ou minuit, sf midi dim 12h-15h. Consos 6 € env. Wifi.*

Apéro offert sur présentation de ce guide. Non loin de la porte Louise, dans un quartier riche en bars de nuit. Décor rappelant celui des B.D. d'Hugo Pratt : atmosphère sombre, murs dorés, tables et chaises de brocantes, bougies, lustre de Venise, comptoir un peu kitsch et vieux fauteuils avachis, d'où l'on peut apprécier le style parfois alangui de la serveuse ou roucouler en toute quiétude en sirotant, pourquoi pas, un thé au caramel... On viendra volontiers aussi au *Malte* pour manger car la cuisine, certes très mode, est franchement bien réalisée.

♈ *Zebra (zoom B2, 173) :* pl. Saint-Géry, 35, 1000. ☎ 02-511-09-01. *À l'angle de la rue Orts et de la pl. Saint-Géry. Tlj 11h-1h.* Check-point sur l'invisible ligne de démarcation linguistique du quartier où se retrouvent volontiers les Flamands de la capitale. Café pionnier de la reconversion du quartier, à la salle un peu à l'étroit dans son décor de briques nues et de tables rondes mais compensée par la grande terrasse qui déborde allègrement sur la place Saint-Géry. Musique rock. À la saison froide, on s'y presse volontiers pour siroter thé, *caïpirinha* (au litre !) ou jus de fruits frais et grignoter quelques *hapjes* (petits en-cas en flamand).

♈ *Mappa Mundo (zoom B2, 173) :* rue du Pont-de-la-Carpe, 2, 1000. ☎ 02-514-35-55. • *mappamundo@bienboire. com* • *En face du Zebra. Tlj 10h-3h.* À peine né, il donnait déjà l'impression d'exister depuis des lunes avec son intérieur faussement patiné par l'usage. Un magnifique bar au rez-de-chaussée, une petite terrasse chauffée et un étage accessible par un escalier en colimaçon. Joli mariage de pierre, de vitrail et de lattes de bois. Comme au *Zebra*, ti-punch, *mojito* et *caïpirinha* (des cocktails bien décapants !) sont à l'honneur mais on peut aussi y prendre un simple thé ou grignoter un en-cas (tartines ou soupes...). Du monde en permanence, une ambiance cool, un service rodé ; bref, tout ce qu'il faut pour un rencart avant de partir à la conquête de la nuit bruxelloise. En face, le **Roi des Belges** joue les vases communicants quand tout le reste est plein.

♈ *Café Bizon (zoom B2, 173) :* rue du Pont-de-la-Carpe, 7, 1000. ☎ 02-502-

46-99. • *mail@cafebizon.com* • *Tlj à partir de 18h.* À 50 m des 2 précédents, le café *Bizon* fut l'un des tout premiers bars à prendre part à la renaissance du quartier Saint-Géry. Son nom, il le doit sans doute à l'énorme tête de bison accrochée au mur du fond. Clientèle plutôt flamande et *blues jam session* le lundi. Pour se mettre en route, une spécialité : le *Bizon blood* (du *Jack Daniel's* avec de la crème de cacao) et 22 types de genièvre. Qu'est-ce que ce sera ?

♈ *The Old Oak (plan E2, 187) :* rue Franklin, 26, 1000. ☎ 02-735-75-44. • *theoldoak@ireland.com* • *Tlj jusque tard.* Ⓜ Schuman. CB refusées. Dans l'Euro District. Pour les amoureux de pubs irlandais, l'un des plus authentiques. Tout en longueur, le bois sombre y domine et, au fond, une belle verrière. Bien tamisé aussi, avec coins et recoins. Excellente sélection de bières et de vins et petite restauration de pub correcte *(midi et soir 22h, dim 20h).* Quelques animations en semaine : concerts, matchs sur grand écran, soirées à thèmes...

♪ ♫ *Havana (plan C3, 180) :* rue de l'Épée, 4, 1000. ☎ 02-502-12-24. • *info@havana-brussels.com* • *Dans les Marolles, à l'ombre du palais de justice. Jeu-sam 19h-2h.* Café-resto cubain sur 2 étages. Ambiance torride le week-end, lorsque le lieu se métamorphose en boîte où s'entassent jusqu'à 300 personnes pour des nuits endiablées qui se prolongent jusqu'au petit matin. Également des soirées concert gratuites et des cours de salsa *(8 €/pers)* tous les mercredis.

♈ ♪ *Café Belga (plan D5, 185) :* pl. Flagey, 1050. ☎ 02-640-35-08. • *info@cafe-belga.com* • *Tlj 8h-2h (3h ven-sam).* Au rez-de-chaussée de l'ancienne maison de la radio (désormais centre culturel Flagey), un grand café qui fait à lui seul revivre le quartier depuis quelques années. Clientèle extrêmement variée, on y côtoie le Tout-Ixelles, que ce soit dans la grande salle Art déco ou, quand passe un rayon de soleil, à la terrasse qui occupe une partie de la place. Presse du jour à dispo et possibilité de grignoter un bout. Concerts de jazz proposés 1 à 2 fois par mois. Agenda disponible sur • *cafebelga.be* •

OÙ ÉCOUTER DE LA MUSIQUE ?

Évidemment, tous les endroits cités dans cette rubrique sont autant de bars à fréquenter en dehors des jours où des formations se produisent. Mais leur essence est avant tout musicale et c'est ces soirs-là que les meilleures vibrations s'en dégagent. *Yeah man !* À l'inverse, il n'est pas rare que les bars cités précédemment (*L'Archiduc*, le *Café Belga*, le *Havana*, le *Café Bizon*, etc.) programment des concerts, de manière plus ou moins régulière. Renseignez-vous...

♪ *Le Grain d'Orge* (plan D4, **189**) : chaussée de Wavre, 142, 1050. ☎ 02-511-26-47. Tlj 11h (17h sam, 18h dim et j. fériés)-1h du mat (3h ven-sam). Entrée gratuite et consos 2,50 €, ce qui ne fait pas cher la bonne vibration ; happy hour 19h-20h. Concerts blues-rock chaque ven. Le « bistr'rock », comme il s'appelle lui-même. Tout en couloir, ridiculement petit, il reçoit pourtant tous les vendredis soir d'excellents groupes de rock, de blues et assimilés. Un endroit fort à Bruxelles, musicalement parlant, même s'il ne paie pas de mine. Plein de faux « Hells » à bagouzes et barbes fleuries.

♪ *Sounds Jazz Club* (plan D4, **166**) : rue de la Tulipe, 28, 1050. ☎ 02-512-92-50. ● info@soundsjazzclub.be ● sound sjazzclub.be ● À Ixelles, à deux pas de la pl. Fernand-Cocq. Tlj sf dim 20h-4h. Fermé juil-sept. Début des concerts à 22h. Lun et ven-sam, entrée : 5-10 € ; généralement gratuit les autres jours.

Depuis plus de 20 ans, le rendez-vous obligé des amateurs de la note bleue. Beaucoup de groupes désormais reconnus, comme le Brussels Jazz Orchestra, ont démarré ici. De même, on y voit parfois Philip Catherine, un des guitaristes belges les plus en vue. Petite restauration possible.

♪ *The Music Village* (zoom B2, **171**) : rue des Pierres, 50, 1000. ☎ 02-513-13-45. ● musicvillage@chello.be ● the musicvillage.com ● À côté de la Grand-Place. Concerts lun-jeu à partir de 20h30 (21h ven-sam). Résa conseillée. Entrée : 8-20 € selon groupe et supplément de 2 € pour les non-membres. Fait aussi restauration (à partir de 13 €). Vin au verre. Jazz-club avec possibilité de dîner ou simplement boire un verre, dans un cadre cossu mais engageant. L'entrée est assez chère, mais la programmation, assurée par des formations belges et étrangères, est de premier ordre.

OÙ VOIR UN SPECTACLE ?

– Pour connaître l'ensemble de la programmation et l'actualité culturelle et artistique, rendez-vous sur ● agenda.be ●
– Spécial bon plan : *Arsène 50*. 2 guichets : Cinéma Arenberg (plan C3), galerie de la Reine, 26 ; billetterie Flagey, pl. Sainte-Croix. ☎ 02-512-57-45. ● arsene50.be ● Mar-sam 12h30-17h30 (venir le sam pour les spectacles des dim-lun). Rendez-vous sur place (et uniquement sur place) pour profiter des dernières places disponibles pour les spectacles du soir, tous bradés à moitié prix !

∞ *Chez Toone* (zoom C2, **188**) : impasse Schuddeveld, 1000. ☎ 02-511-71-37. ● toone.be ● Voir tous les détails concernant ce merveilleux petit théâtre de marionnettes dans la rubrique « À voir. L'Îlot sacré ».

∞ *L'Ancienne Belgique* (zoom B2) : bd Anspach, 110, 1000. ☎ 02-548-24-

24. ● abconcerts.be ● Ⓜ Bourse. Bureau de loc ouv lun-ven 11h-18h. La salle de concert rock la plus en vue de Bruxelles, entièrement rénovée. Soyez attentif à sa programmation, les meilleurs groupes mondiaux y font régulièrement escale.

∞ ♪ |●| *Le Botanique* (plan D1) : rue

Royale, 236, 1210. ☎ 02-218-37-32.
● info@botanique.be ● botanique.be ●
La scène du « Bota » est de tendance plus francophone que celle de l'« A.B. » ; il faut dire qu'elle n'est autre que le centre culturel de la communauté Wallonie-Bruxelles. Les différentes salles accueillent spectacles d'humour, pièces de théâtre et, bien sûr, concerts de rock, de pop ou de variétés, presque un soir sur deux. Également des soirées DJ régulièrement. Pas mal de têtes d'affiches et de valeurs sûres, mais aussi quelques talents plus confidentiels. Au printemps s'y déroule le Festival des nuits botaniques. Le *café Bota* (11h-minuit tlj) propose une cuisine d'inspiration italienne (terrasse agréable) et le *café Bota Stereo* (ven-sam) est un espace de concerts musicaux où il n'est pas interdit de danser.

∞¶ *Les Halles de Schaerbeek* (plan D1) : rue de la Constitution, 20, 1030. ☎ 02-227-59-60. ● halles.be ● Tram n° 92. Derrière l'église Sainte-Marie. Wifi. Cet ancien marché couvert à la splendide charpente métallique, témoin architectural du patrimoine industriel, accueille de nombreuses manifestations culturelles (concerts, danse, cirque, conférences, lectures, etc.). En sortant, allez boire un verre à l'Âne Fou, pile en face (fermé le w-e).

∞¶ 🍸 *Beursschouwburg* (zoom B2) : rue Orts, 20-28, 1000. ☎ 02-550-03-50. ● beursschouwburg.be ● Dans la rue en face de la Bourse. Accueil lun-ven 10h-18h mais café ouv mer-sam dès 19h30. Poussez la porte, il y a toujours quelque chose à voir, surtout depuis sa rénovation complète. Appelé familièrement le « Beurs ». Le haut lieu de la branchitude flamande de Bruxelles sans cultiver pour autant l'esprit de ghetto. Un endroit polymorphe en fait, dédié aux arts de la scène, avec des spectacles théâtraux et de danse, des concerts (jazz, musique du monde...), des montages vidéo, des présentations de collections de mode et même parfois des rencontres et débats. Bar au rez-de-chaussée et terrasse aménagée sur le toit.

∞¶ *La Samaritaine* (plan C3, 97) : rue de la Samaritaine, 16, 1000. ☎ 02-511-33-95. ● samaritaine@skynet.be ● lasamaritaine.be ● Ⓜ Gare-Centrale. Trams n°s 92 et 94 ; bus n°s 20, 48, 95 et 96. Mar-

sam à partir de 19h30. Spectacle 1h après. Fermé la sem de Pâques ainsi qu'en juil-août. Entrée : 15 € ; réduc pour les routards (10 €) sur présentation de ce guide. Adorable petit café-spectacle qui, depuis longtemps, anime ce petit bout de quartier à la lisière des Marolles. La charmante Huguette tient sa cave avec dynamisme et bonne humeur, accueillant ici des artistes passionnés. On peut aussi bien tomber sur un tour de chant que sur une pièce de théâtre, un récital de poésie ou un one (wo)man show comique. Toujours de la qualité et une bonne humeur communicative.

∞¶ *Le Bouche à Oreille* (plan F3, 190) : rue Félix-Hap, 11, 1040. Trams n°s 81 ou 82. Ⓜ Mérode. ☎ 02-742-29-21. ● info@bao.be ● bao.be ● Un des lieux les plus originaux de la ville, près du parc du Cinquantenaire. Ancien couvent transformé en centre culturel offrant une large gamme d'activités : concerts, récitals, one man shows, théâtre, etc. À ce propos, ne pas rater, si c'est la saison, les séances du *Théâtre d'improvisation* (dans le style de la ligue d'impro québécoise pour les fans). C'est vraiment d'une très haute qualité (il est conseillé de réserver). Sinon, on va boire un verre au foyer rétro du théâtre ou en terrasse. Dîners-spectacles et soirées à thèmes. Le lieu est souvent loué pour des événements privés.

∞¶ *Le Magasin 4* (hors plan par B1, 191) : av. du Port, 51 B, 1000. ☎ 02-223-34-74. ● magasin4.be ● Ⓜ Yser. Bus n°s 14, 15 ou 245. En face de Tour & Taxi. Entrée : 7-8 €. Il s'y tient une douzaine de concerts par mois, plutôt en fin de semaine (téléphonez pour savoir). Musique alternative, on est susceptible d'y entendre tout ce qui s'écarte un peu des grandes tendances.

∞¶ *Chez Maman* (zoom B2, 192) : rue des Grands-Carmes, 7, 1000. ● maman@chezmaman.be ● chezmaman.be ● Jeu-sam minuit-6h. Entrée gratuite. Un petit cabaret désopilant où l'on se pousse du coude pour applaudir les drag queens qui font leur show sur le comptoir sur des airs de Mylène Farmer, Dalida et autres Kylie Minogue. Humour ravageur. L'adresse n'est pas exclusivement gay et l'ambiance plutôt bon enfant. À ne pas manquer : les jeudis de Gina et Louise.

OÙ DANSER ?

Pas mal de boîtes finalement, mais beaucoup sont assez insipides et changent de mains tous les ans ou tous les deux ans. Rares sont celles qui ouvrent avant le jeudi. On vous signale les plus stables et les plus en vogue dans la liste qui suit, qui comprend également un ou deux disco-bars sympas. On vous rappelle que *Le Bazaar*, le *Havana* et *Le Java* (voir « Où boire un verre et rencontrer des Bruxellois(es) ? ») possèdent également une piste de danse.

♪ ***Le Fuse*** *(plan B4, 193) : rue Blaes, 208, 1000.* ☎ *02-511-97-89.* ● *info@fuse.be* ● *fuse.be* ● *Ven-sam à partir de 23h. Entrée : 11 € ; 6 € avt minuit.* Temple de la techno qui jouit d'une réputation internationale, les meilleurs DJs aux manettes. Techno au rez-de-chaussée et *deep house* au 1er étage. Clientèle toutefois assez jeune. Se métamorphose en *Démence* la veille des jours fériés pour d'incroyables et gigantesques *gay parties* (même prix d'entrée).

♪ ***Le Louise Gallery*** *(plan C4, 194) :* ☎ *02-478-79-79.* ● *info@louisegallery. com* ● *louisegallery.com* ● *Dans la galerie Louise (accès par le goulet de l'av. du même nom). Ven-sam et veilles de j. fériés à partir de 23h. Carte de membre requise (5 €) ; entrée : 10 €.* Ambiance B.C.B.G. dans le décor un peu baroque des sous-sols de la galerie Louise. Après *Le Fuse*, une des boîtes les plus en vue de la capitale. Musique commerciale pour des soirées à thème le samedi, plutôt R'n'B, rap et hip-hop le vendredi. Bondé le week-end, si bien qu'il faut parfois agrandir la salle en levant un grand rideau.

♪ ***Studio 44*** *(plan C4, 195) : av. de la Toison-d'Or, 44, 1000.* ● *studio44.be* ● *Jeu-dim dès 22h30. Entrée : 10 €.* À un jet de pierre du précédent. Au 1er étage d'un petit immeuble d'où l'on voit le boulevard de Waterloo. 2 ou 3 DJs (parfois de renom) différents par soirée. Tendance R'n'B mais le lieu fait aussi dans la house, la dance et même la salsa. Tenue correcte exigée.

♪ ***Le You*** *(zoom C2, 196) : rue Duquesnoy, 18, 1000.* ☎ *02-639-14-00.* ● *info@leyou.be* ● *leyou.be* ● *Jeu-sam 23h30 (23h jeu)-5h ; dim (pour des soirées gay) 19h-3h. Entrée (avec deux boissons alcoolisées avt 0h30) : 10-12 €.* Privilégie une clientèle d'habitués mais les touristes y sont les bienvenus. Un lieu qui a connu bien des transformations. Actuellement, house, pop et rythmes commerciaux dans un vaste espace rouge avec écrans, mezzanines et boules en alu. Excellents DJs.

– En face, sous l'*Hôtel Windsor* (entrée par la rue de l'Homme-Chrétien), le ***Duke's,*** du même proprio, draine une clientèle un peu plus mûre, dans un cadre plus intime.

♪ ***Le Montecristo*** *(zoom B2, 178) : rue Henri-Maus, 25, 1000.* ☎ *02-511-87-89. Tlj à partir de 10h.* À côté du *Falstaff*, disco-bar de style Art nouveau, au nom italien mais où l'on danse comme à La Havane ! Beaucoup de monde le week-end et cours de salsa certains soirs. Tendance à une sélection sévère à l'entrée. Au-dessus, le *Lounge Club (à partir de 22h ven-sam ; entrée payante)* récupère en fin de nuit – sous les battements de la house – les groupuscules épars de noceurs en quête d'un dernier frisson.

♪ ***Dali's Bar*** *(zoom C2) : Petite-Rue-des-Bouchers, 35, 1000.* ☎ *02-511-54-67.* ● *myspace.com/dalisbar* ● *À 30 m du théâtre de Toone (zoom C2, 188). Mer-sam à partir de 22h.* Dédié au grand surréaliste catalan, ce qui profite au décor : on retrouve aux murs quelques répliques des toiles de l'artiste et, à terre, des canapés rouges en forme de bouche. Tout ça dans des teintes assez chaudes et vives, et le joyeux brouhaha des 20-35 ans qui carburent à la tequila gold ou au mezcal. Piste de danse au sous-sol (tendance électro-house) et musique live occasionnelle. Ça vous va ?

ACHATS-SHOPPING

Chocolats belges

🐌 *Laurent Gerbaud* (plan C3) : *rue Ravenstein, 2 D à côté du BOZAR, 1000.* ☎ 02-511-16-02. • info@choco latgerbaud.be • *Tlj 10h30-19h30 (plus tard les soirs de concert).* Vous êtes dans le temple, la Mecque, la Cythère du chocolat. Dans cette boutique au dépouillement quasi cistercien, pas d'esbroufe décorative, priorité au chocolat, celui de Laurent Gerbaud, l'homme qui depuis plus de dix ans ne pense qu'à produire de bonnes choses, sans recours aux additifs et aux conservateurs qui maquillent le goût ou le banalisent. Ici, vous découvrez le vrai goût du chocolat à 75 % pur, alliance harmonieuse et équilibrée de plusieurs crus de cacao sélectionnés avec une très grande rigueur, comme le *trinitario* des vallées malgaches et le meilleur des pentes équatoriennes ou péruviennes. Ce qui lui permet des combinaisons inattendues avec les fruits et les épices, tout en délicatesse et saveurs subtiles (kumquats, baies rouges de Perse, gingembre, pistache, etc). Un homme qui fabrique ce qui lui plaît avec amour, passion. Exigeant, presque intégriste sur la qualité des produits. Mon tout saupoudré d'un peu d'humour et de connivence avec la clientèle, n'acceptant de fabriquer et de vendre en ce lieu diabolique que le « chocolat qui rend beau » !...

🍴 *La Maison des Maîtres Chocolatiers* (zoom B2) : *Grand-Place, 4, 1000.* ☎ 02-888-66-20. • mmcb.be • *Tlj 10h-22h.* Au cœur du cœur de Bruxelles, sur cette superbe Grand-Place. Comment peut-on quitter la Belgique sans avoir mangé au moins un chocolat 100 % belge ? Cette belle *Maison des Chocolatiers* offre la particularité de ne vendre que les chocolats confectionnés par 10 grands maîtres chocolatiers, tous artisans d'excellence et de haute qualité. Corné 1932, Ducobu, Laurent Gerbaud, Goosens, De Graeve... Contrairement aux grandes marques (Leonidas, Neuhaus, Jeff de Bruges...), le capital de leur société n'appartient qu'à eux et non à des groupes alimentaires internationaux (Nestlé, Lindt...).

Épicerie fine et originale

🐌 *Mmmmh !* (plan C5) : *chaussée de Charleroi, 92, 1060.* ☎ 02-534-23-40. • mmmmh.be • *À Ixelles, au niveau de la rue Faider.* Une des épiceries fines les plus belles de Bruxelles. On y trouve des produits variés et nombreux (huiles d'olive, lychees, condiments, épices...), venus de partout, mais outre cette qualité, il y a aussi un style particulier, moderne et bio à la fois. Possibilité de suivre des cours de cuisine sur place et de s'exercer dans une grande cuisine design et ouverte. Mmmmh ! Quel bonheur d'être ici, dans le monde des saveurs et du bon goût.

Mode

Ça bouge à Bruxelles, même si cela ne paraît pas aussi évident qu'à Anvers. La boutique *Mais il est où le Soleil ?* se cache sur la place du Châtelain, à Ixelles. Pour le reste, petits et grands créateurs se concentrent tout autour de la rue Dansaert et de la place Saint-Géry : Olivier Strelli, Stijl (seule boutique où l'on retrouvera à Bruxelles les créateurs anversois), Christophe Coppens, Sandrine Fasoli, Aznif Afsar, Y-Dress... L'office de tourisme édite une brochure qui recense toutes les boutiques. À vous de faire votre circuit en fonction de votre temps, de vos goûts et... de votre budget !

Déco

Eh oui, la Belgique a la cote en matière de déco. Il suffit de feuilleter les magazines pour s'en rendre compte. Profitez donc de votre passage à Bruxelles pour visiter ces deux boutiques pas comme les autres. Et sinon, rendez-vous rue Haute et rue Blaes, les deux rues qui relient les Sablons aux Marolles. Vous y trouverez beaucoup de « brocanteurs » spécialisés dans le style industriel. Beaucoup de merveilles, avec pas mal de rééditions « patinées » (attention, les prix ne sont pas censés être les mêmes !).

⚜ *Émery & Cie* (zoom C3) : *rue de l'Hôpital, 27, 1000.* ☎ *02-513-58-92.* ● *emeryetcie.com* ● *Tlj sf dim 11h-19h.* On ne présente plus Agnès Émery, la nouvelle fée de la déco belge. Cet espace, aménagé dans 3 sublimes hôtels particuliers en enfilade, est à son image : onirique, baroque, orientaliste, naturaliste et excentrique. On vient se perdre dans ce dédale de salles et d'escaliers, et l'on découvre émerveillé cet univers si particulier : zelliges opalescents, ciments Art nouveau, lustres en fer forgé, verres soufflés, lins brodés, miroirs de sorcière, grotesques et chimères, chaises algue ou fougère. La magie opère...

⚜ *Flamant – Home Interiors* (plan C3) : *pl. du Grand-Sablon, 36, 1000.* ☎ *02-514-47-07.* ● *flamant.com* ● *Tlj.* Tout pour décorer sa maison et lui donner une irrésistible touche belge. Pour un intérieur sobre, élégant et intemporel. Un concept qui a fait tout le succès de la maison, et ce dans le monde entier. Le *showroom* de la place des Sablons est un lieu assez enchanteur. Jeter un œil ne coûte rien !

FÊTES ET MANIFESTATIONS CULTURELLES

Vous pourrez trouver un calendrier détaillé sur le site ● *routard.com* ● à la rubrique « Destinations. Bruxelles ».
– *Janvier :* Salon de l'automobile, les années paires ; foire des Antiquaires.
– *Février :* Festival du dessin animé ; Balloon Day Parade avec les personnages de B.D.
– *Mars :* foire du Livre ; Ars Musica (festival de musique contemporaine).
– *Avril :* Festival international du film fantastique et de science-fiction de Bruxelles ; ouverture fin avril-début mai des serres royales de Laeken.
– *Mai et juin :* les 9 et 10 mai, fête de l'Iris, emblème de la région de Bruxelles-Capitale ; Zinneke Parade (les années paires) ; Kunsten Festival des arts (théâtre, concerts et événements...) ; concours musical international Reine Élisabeth ; jazz-marathon (le dernier week-end de mai) : 3 jours et 2 nuits de folie où Bruxelles swingue autour de nombreux podiums installés dans la ville ; fête de la Musique (fin juin), festival Couleur-Café (fin juin), tous les sons de la *world music* sur le site de Tour et Tassis.
– *Juillet :* ciné *drive-in* sur écran géant (de début juillet jusqu'à fin août, les soirs de week-end) ; l'*Ommegang* (début juillet), cortège historique important, clou de l'été ; Festival de musique classique (gratuit tous les midis) ; fête nationale (le 21), concerts de musique classique et de jazz au bois de la Cambre ; Brosella Folk et Jazz Festival (au Heysel, le 2e week-end de juillet) ; « Bruxelles-les-Bains » (de mi-juillet à mi-août), une plage urbaine le long du canal, place Sainctelette.
– *Août :* plantation du Meyboom (fête folklorique commémorant, selon la légende la victoire des Bruxellois sur les Louvanistes en 1311) ; tapis de fleurs sur la Grand-Place (uniquement les années paires) ; foire du Midi ; Brussels Summer Festival, 120 concerts dans la ville.

– *Septembre :* week-end de la Bière (le premier du mois), sur la Grand-Place ; festival de Flandre et de Wallonie (musique classique) ; fêtes de l'Îlot sacré et fêtes breugheliennes.

– *Octobre :* marathon de Bruxelles ; la Biennale d'Art nouveau. Tous les 2 ans, les week-ends d'octobre (6e édition en 2011). Brocantes, salons d'antiquités, visites guidées, conférences, etc. Surtout, des sites habituellement fermés sont ouverts à la visite (☎ 02-219-33-45 ; ● voiretdirebruxelles.be ●).

– *Novembre :* Jazz Festival.

– *Décembre :* Plaisirs d'hiver, marché de Noël et patinoire du côté de la place Sainte-Catherine.

PRINCIPALES BROCANTES

– *Commune de Bruxelles :* pl. du Jeu-de-Balle, tlj 7h-14h, et pl. du Grand-Sablon, sam tte la journée et dim mat.

– *Commune d'Auderghem* (☎ 02-676-48-80) : cette commune organise chaque dim 7h-13h une brocante qui change d'endroit. Le 1er dim du mois, pl. Pinoy ; le 2e, bd du Souverain, devant le centre culturel ; le 3e, bd du Souverain/Carrefour d'Auderghem ; et le 4e, viaduc Herrmann-Debroux.

– *Commune de Forest :* pl. Saint-Denis, dim 6h-13h.

– *Commune de Schaerbeek :* pl. Dailly, le 1er sam de chaque mois, tte la journée.

– *Commune de Woluwe-Saint-Lambert :* pl. Saint-Lambert, le 1er dim mat du mois.

– *Commune d'Anderlecht :* bd S.-Dupuis, au Westland Shopping Centre, dim 8h-13h.

– *Commune de Koekelberg :* pl. Simonis, le 2e sam mat de chaque mois.

– *Marché du Midi :* le dim mat, autour de la gare du Midi. Vaste marché de denrées exotiques où l'Afrique du Nord côtoie la Sicile et l'Anatolie, sur fond de raï et de flamenco.

À VOIR. À FAIRE

Bruxelles est une ville parfois déroutante dont les attraits ne s'imposent pas toujours d'eux-mêmes. On vous conseille éventuellement de faire appel à une association. Elles sont plusieurs à Bruxelles, toutes excellentes (voir leurs coordonnées en début de chapitre dans les « Adresses et infos utiles »). Elles sauront vous dévoiler les aspects les plus insolites de la ville. Ce n'est pas trop cher, surtout si vous vous regroupez à plusieurs.

Rappelons aussi ce que nous évoquions dans notre rubrique « Transports », la plus grande galerie d'art de Bruxelles n'est ni plus ni moins que son réseau de métro. Plus de 30 ans après la mise en service du premier tronçon souterrain, le métro de Bruxelles est devenu un véritable musée. Dès lors, si vous empruntez ce moyen de locomotion bien pratique (gratuit avec la *Brussels Card*), vous aurez l'occasion de vous confronter aux réalisations des artistes contemporains. Plus de 60 œuvres d'art décorent ses quais et ses couloirs. Tous les genres sont représentés : peintures, sculptures, photos, B.D., vitraux... et tous les matériaux : de la toile au bronze et du bois au verre en passant par l'acier.

L'art a pris le métro. Le métro a pris l'art. Et ça leur va plutôt bien.

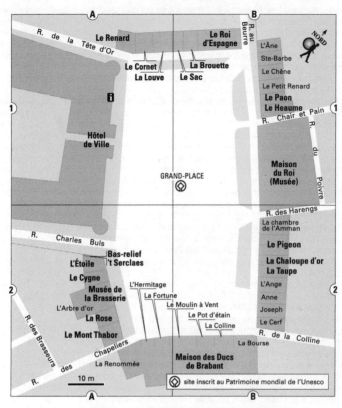

LA GRAND-PLACE ET SES MAISONS

DANS LE PENTAGONE

LA GRAND-PLACE (zoom B-C2)

Un conseil pour l'aborder : le meilleur moment en déboulant d'une des ruelles qui y mènent est incontestablement à la tombée du jour, lorsque les dorures des pignons tarabiscotés et l'élan puissant de la flèche de l'hôtel de ville, magnifiés par les éclairages, se profilent sur le bleu intense du crépuscule bruxellois. À contrario, une visite matinale au milieu des camions de livraison risque d'occasionner une petite déception.

« La plus belle place du monde », écrivait Victor Hugo. « Le plus beau théâtre du monde », déclarait Jean Cocteau. Ce qui frappe au premier coup d'œil, c'est une apparente cohésion architecturale alors que se confrontent des éléments très disparates, puisqu'en dehors des maisons construites après 1695, l'hôtel de ville est bien sûr du gothique tardif et la maison du Roi, l'ancienne halle au pain, une construction néogothique du XIXe s. Tout ici fut reconstruit sur plans, après 1695, date du grand bombardement de Bruxelles ordonné par Louis XIV et exécuté (c'est le mot juste) par le maréchal de Villeroy. La place entière, à l'exception de l'hôtel de ville, fut incendiée. Plus de 4 000 maisons en bois partirent en fumée dans les alentours. N'écoutant que leur courage, comme on dit dans les manuels d'histoire, les Bruxellois retroussèrent leurs manches, crachèrent dans leurs mains et bâtirent ce chef-d'œuvre de pierre en quelques années. Longue de 110 m sur 68, c'est le vrai cœur de la ville. Avec ses dorures et sa grande diversité décorative, ce petit bijou est à détailler façade par façade.

L'Unesco ne s'y est pas trompé en classant la Grand-Place au Patrimoine mondial de l'humanité.

Mais revenons un peu en arrière lorsque, ici, dès le XIIe s, se tenait un grand marché, véritable agora politique tout autant que place de commerce, entouré de marais. Le mot « bruxelles » ne signifie-t-il d'ailleurs pas « habitations des marais » ? On retrouve, en effet, ce symbole sur le drapeau de Bruxelles-Capitale : un iris (une des seules fleurs capables de pousser dans l'eau) sur fond bleu (évoquant l'eau des marais). La place prit de l'importance, devenant tour à tour place de réjouissances (on y célébrait les fêtes) et témoignage de la puissance publique (on y dressait l'échafaud). Au XIIIe s, on y éleva les premières maisons de bois où s'installèrent bourgeois et riches commerçants. C'est dès cette époque que les corporations occupèrent les différentes maisons de la place. Au XVe s, on élève l'hôtel de ville. En 1568, les comtes d'Egmont et de Hornes, critiques à l'égard de la gouvernance de l'envoyé de Philippe II, y perdirent la tête sous la hache du bourreau espagnol. Après le sauvage et non moins inutile bombardement français de 1695 (Napoléon ne déclara-t-il pas plus tard que cette destruction était stupide ?), on décide donc de repenser l'ordonnance de cette place, en contraignant les architectes à soumettre leurs plans à un magistrat. Ainsi naquit une émulation louable entre les différents corps de métier, plus avides les uns que les autres à faire plus beau et plus riche que leur voisin. Résultat, surtout du côté ouest, une joyeuse cacophonie reflétant tous les particularismes, au grand dam de Maximilien-Emmanuel de Bavière, gouverneur de l'époque, qui, féru d'urbanisme, aurait voulu rebâtir la place dans une cohérence qui aurait renforcé l'image de l'autorité centrale. Finalement c'est cette diversité des styles de la place qui lui confère son charme.

À noter que les deux pouvoirs historiquement opposés se faisaient face : l'hôtel de ville et la maison du Roi (le pouvoir communal et le pouvoir princier).

Pour sa reconstruction, plusieurs dizaines d'artistes plasticiens se mirent au travail. Certains partirent en Italie pour s'imprégner des nouvelles influences et appliquèrent à la Grand-Place un style Renaissance tellement riche qu'on finit par le qualifier de baroque tardif (à part l'hôtel de ville, purement gothique). Et c'est vrai que chaque maison oscille constamment entre les styles Renaissance et baroque, qui se mêlent souvent imperceptiblement. Un savant mélange qui a su se libérer du corset imposé par chaque style pour engendrer un métissage architectural du plus bel effet. Sous des règles classiques (au 1er étage, des colonnes doriques, au 2e, des ioniques, et au 3e, des corinthiennes), les artistes laissèrent aller leur imagination tout en réussissant à traduire dans la pierre les spécificités de chaque corporation. Parfois la symbolique est évidente, d'autres fois il faut bien la chercher. Résultat : une place unique au monde. Ce qui fait dire aux Belges en s'adressant aux Français avec un brin de mauvaise foi : « Finalement, si Louis XIV n'avait pas bombardé la ville, nous n'aurions pas aujourd'hui une place aussi belle, une fois ! » Aujourd'hui, la plus fameuse place de la ville et d'Europe n'a pas complètement perdu sa vocation commerciale, puisqu'elle est le quotidien d'un petit marché aux fleurs, réduit à un seul vendeur, il est vrai. Tous les 2 ans, les années paires, vers le 15 août, elle est recouverte d'un magnifique tapis de bégonias (environ 750 000). Un véritable enchantement. À signaler, pour ceux qui aiment ça, qu'un audioguide commentant la Grand-Place est à louer à l'office du tourisme, au rez-de-chaussée de l'hôtel de ville.

🎖 **L'hôtel de ville** *(zoom B2 et plan Grand-Place A1) :* c'est évidemment le clou de la Grand-Place. Érigé en gothique flamboyant très pur de 1402 à 1455, il était censé dépasser celui de Louvain en magnificence. Le bombardement français de 1695 en détruisit l'intérieur mais épargna miraculeusement toute la structure. La différence de longueur entre l'aile gauche et l'aile droite s'explique par le fait qu'elles ne furent pas édifiées en même temps et qu'à l'époque de la construction de l'aile droite des maisons en bloquaient l'extension. C'est Charles le Téméraire qui posa la première pierre de cette nouvelle aile en 1444. La tour, haute de 97 m (avec la statue de saint Michel), est considérée comme un chef-d'œuvre de l'art gothique civil. Élancée, aérée et pleine d'élégance, cette coquette se compose de quatre étages qui s'affinent de plus en plus en grimpant, avec tourelles, clochetons, balcons en encorbellement, pinacles, hautes fenêtres flamboyantes, et se termine par une flèche de pierres ajourées. Au sommet se dresse un saint Michel terrassant le diable, patron de la ville et qui fait office de girouette (l'original date du XVe s).

Tiens, avez-vous remarqué ? Le portail n'est pas tout à fait dans l'axe de la tour. On raconte que l'architecte, réalisant son erreur, se jeta du haut de celle-ci. Franchement, si tous les architectes de Bruxelles qui ont fait des erreurs devaient se balancer par la fenêtre, il y aurait des embouteillages à l'entrée des cimetières... En fait, le brave Jean Van Ruysbroeck est mort dans son lit bien après la fin des travaux, à l'âge respectable de 90 ans. Si le bâtiment est asymétrique, c'est que l'architecte avait récupéré un ancien bâtiment érigé auparavant en deux phases successives. D'autres interprétations pseudo-ésotériques qui n'ont rien d'historique sont parfois évoquées en tirant parti du caractère magique d'un chiffre 7 qu'on croit pouvoir retrouver dans différents éléments qui concernent la place.

Plus prosaïquement, les arcades qui bordent l'édifice au rez-de-chaussée abritaient autrefois les étals des marchands. Au-dessus, des dizaines de sculptures du XIXe s, qui rendent hommage à tous les souverains et artistes de Bruxelles. Celles qui encadrent le portail sont des copies des statues d'origine qu'on peut voir au musée en face. Côté place, on identifie les princes, côté rue Charles-Buls, les bourgmestres et côté Tête-d'Or, les « génies » de la ville. Notez aussi que les fenêtres du premier étage sont rectangulaires à gauche et ogivales à droite. À voir aussi : les mascarons grimaçants qui décorent les clés de voûte.

Au balcon d'honneur, le samedi matin, vous aurez peut-être la chance de voir apparaître un couple de jeunes mariés recevant l'ovation des grappes de touristes étonnés et ravis. Pour une minute, ils peuvent alors se prendre pour des seigneurs salués par leur peuple. Dans la cour d'honneur (accessible tout le temps), deux belles fontaines de pierre, allégories des deux grands fleuves, la Meuse et l'Escaut.

Visite

Hôtel de ville accessible pour une visite guidée slt certains jours à certaines heures. ☎ 02-548-04-42. ● bruxelles.be ● *Visites de 45 mn en français mer à 14h et dim (avr-sept) à 12h et 15h. Entrée : 5 €.* On passe en revue une vingtaine de salles de réception, salons, galeries, escalier d'honneur, antichambres, couloirs... Toutes les pièces sont ornées de tableaux, de bustes sculptés, de boiseries néogothiques et surtout d'exceptionnelles tapisseries. La plupart de ces œuvres datent du XVIIIe s et constituent un patrimoine exceptionnel. Parmi les plus belles pièces, voir les tapisseries de Vanderborght, les tableaux des vieux Bruxelles, les tapisseries de la salle du collège, la salle gothique (en fait, néogothique puisqu'elle fut refaite en 1868 par Jamaer, un disciple de Viollet-le-Duc), avec niches à tapisseries, et les peintures allégoriques de la salle des mariages, ainsi que les plafonds où apparaissent les armes des corporations.

🎭 ***La maison du Roi et le musée de la Ville*** *(zoom C2 et plan Grand-Place B1) :* ☎ 02-279-43-50. ● musées.bruxelles.be ● *Tlj sf lun et certains j. fériés 10h-17h. Entrée : 4 € (gratuit pour les - de 18 ans) ; réducs. Le billet donne droit au tarif réduit dans les autres musées de la ville.*

La maison du Roi

En fait, c'était autrefois la *broodhuis*, la halle au pain, et aucun roi n'y résida jamais. Placée en vis-à-vis de l'hôtel de ville, la halle fut remplacée par la maison du Roi sous Charles Quint en gothique tardif une première fois, et elle fut à nouveau totalement restructurée au XIXe s, en pastichant l'hôtel de ville d'Audenarde. Elle fut à la fois maison du duc de Brabant, bureau du receveur général, tribunal et même prison (les comtes d'Egmont et de Hornes y passèrent leur dernière nuit, le 4 juin 1568,

À VOIR. À FAIRE

avant d'être exécutés). Il s'agit donc d'un superbe bâtiment néogothique avec des volées d'arcades élégantes, loggia et balcon. Encadrant le portail, des statues de Marie de Bourgogne, de Charles Quint, des ducs Henri Ier et Jean Ier. L'édifice abrite un remarquable musée de la Ville de Bruxelles, à visiter pour bien comprendre les évolutions de la ville.

Visite du musée de la Ville

Tous les aspects historiques de la ville y sont regroupés mais ce qui attire avant tout les touristes, c'est certainement la collection qui a le moins de valeur artistique mais le plus de valeur sentimentale pour les Bruxellois, à savoir la belle collection de costumes du Manneken-Pis.

– ***Rez-de-chaussée*** : consacré aux arts plastiques et décoratifs. Chapiteaux sculptés, statues baroques, bas-reliefs du XVIIe s,

> **MANNEKEN-PIS EN ROUTARD**
>
> *En novembre 2009, à l'occasion du lancement de votre guide préféré sur Bruxelles, lors d'une cérémonie tout à fait officielle, le petit bonhomme a reçu un costume de Routard (sac à dos compris) confectionné par un atelier bruxellois et placé dans les collections du musée. Depuis, il n'a plus qu'une envie : partir arroser tous les pays de la terre !*

salle des faïences et étains de Bruxelles du XVIIe au XIXe s. Admirable retable en triptyque symbolisant la Nativité. Parmi les peintures, un petit coup de projecteur sur le *Cortège de noces,* attribué à Pieter Bruegel l'Ancien (1567), avec tous ses paysans, et une *Chasse à l'épieu* dans de jolis tons bleus. Porcelaines et argenterie. En particulier, intéressante salle des tapisseries du XVIe s. On remarquera celle illustrant une des dix plaies d'Égypte : *L'Invasion des grenouilles.* À l'époque, son nouveau proprio fit enlever tous les vénérables batraciens pour supprimer le caractère mélo de la tapisserie (cependant, échec, leur silhouette reparaît partout !).

Si vous avez le temps, détaillez le magnifique *retable de Saluces* : on y découvre une rare représentation de la circoncision, une inhabituelle réhabilitation de Joseph (mis ici bien en valeur, également sur le panneau de derrière, avec une rare représentation de sa mort). Dans le 2e panneau à gauche, noter que Marie est enceinte, ce qui est là aussi exceptionnel ! Richesse des costumes et du décor en gothique fleuri ciselé. Noter aussi au centre du retable l'air hagard, stupéfait des personnages les bras écartés, montrant leur impuissance devant cette réalité insupportable : le petit Jésus a disparu (en fait, il a été volé !).

– ***1er étage :*** cette partie retrace l'évolution des espaces dans le Pentagone. Incontournable pour qui s'interroge sur l'histoire de la ville. On remarquera d'abord la superbe maquette de la première enceinte au XIIIe s : on y distingue bien le bas de la ville, avec l'embryon de port, et le haut, siège du pouvoir des ducs de Brabant, avec le château du Coudenberg. On parcourt les autres salles pour découvrir les nombreuses gravures, peintures et plans anciens qui permettent de comprendre l'évolution de la ville. Voir le beau panorama de Bruxelles en 1854, ainsi que l'impressionnant tableau du bombardement de la ville en 1695, lors duquel tout le centre fut détruit (4 000 bâtiments détruits, merci Louis XIV !). Et puis, des photos, beaucoup, de 1850 à nos jours, très intéressantes pour leur valeur documentaire.

– ***2e étage :*** dédié aux Bruxellois, toujours au travers de gravures et portraits de personnages importants, comme Charles Buls, le plus célèbre bourgmestre de la ville. Dessins et photos d'ateliers, entrepôts, scènes et événements de la ville. Superbe charpente de la salle des expos temporaires.

– ⭐ Et pour terminer, la ***salle dédiée aux costumes du Manneken-Pis*** (voir son histoire plus loin). Quelque 800 costumes, faits sur mesure et provenant du monde entier. Seule une centaine d'entre eux est exposée (Manneken-Pis en Gille de Binche, militaire, pompier, agent de la Sabena, reporter sans frontière, joueur de hockey, costume de torero, d'Elvis, de Mandela, de maharaja, d'Iroquois, etc.) mais un écran tactile permet de tous les voir. Un film de 20 mn présente aussi l'histoire du petit bonhomme.

🐾 *Les plus belles façades de la Grand-Place :* étudions-les maintenant quelques instants, en commençant par l'ouest, côté gauche, à droite de l'hôtel de ville.

– *La maison du Renard :* c'est la maison des Merciers coiffée de la statue de saint Nicolas. Façade ornée de sculptures qui datent de la restauration du XIXe s. La plus centrale rappelle la justice impartiale (les yeux bandés), symbole de l'honnêteté dans le commerce. Ben voyons ! Elle est encadrée de quatre statues, allégories des quatre grands continents connus à l'époque, avec lesquels les Merciers commerçaient.

– *Le Cornet :* il abritait la corporation des bateliers qui donnèrent ce nom à leur maison. D'un style purement italo-flamand, réalisé par Antoine Pastorana, son pignon se caractérise par la forme d'une poupe (arrière) de navire où quatre angelots soufflent des vents dans les quatre directions. Au 3e niveau, toute la symbolique de la mer. Au sommet, les armes du royaume d'Espagne et, dans la partie inférieure, la balustrade du ponton. Baudelaire vécut ici.

– *La Louve :* maison de la gilde des archers de saint Sébastien, qui se caractérise par un bas-relief où la Louve romaine légendaire allaite Romulus et Remus. Style baroque tardif avec réminiscences Renaissance avec pilastres et, au-dessus, quatre allégories : la Vérité, le Mensonge, la Paix et la Discorde. Au-dessus encore, des médaillons d'empereurs romains. Au sommet, un phénix doré rappelle que cette maison, comme l'oiseau, ressuscita plusieurs fois de ses cendres.

– *Le Sac :* doit son nom au bas-relief au-dessus de la porte. Façade particulièrement décorée : guirlandes, coquilles, balustres, cariatides et torchères de chaque côté du sommet. Elle hébergeait les menuisiers et les tonneliers.

– *La Brouette :* corporation des graisseurs. Deux sympathiques brouettes surmontent le portail de cette façade très classique, presque ennuyeuse, où l'on retrouve les trois ordres (dorique, ionique et corinthien). Les façades de la Brouette et du Sac furent édifiées au milieu du XVIIe s. Elles ont survécu au bombardement.

– *Le Roi d'Espagne :* c'est la maison à la grande coupole, occupée par les boulangers. Classique, elle aussi. On notera simplement le buste du patron des boulangers saint Aubert au-dessus de la porte et le buste du roi d'Espagne Charles II au centre, qui coiffe deux prisonniers : un Turc et un Indien. Élégante Renommée dorée au sommet de l'édifice. Le café *Le Roy d'Espagne,* au rez-de-chaussée, possède une belle terrasse et une salle où pendent des vessies gonflées. Estaminet plus intime aux étages avec décor de rue, pour s'attabler en bordure des fenêtres et jouir à l'aise de la féerie lumineuse de la Grand-Place.

– Côté nord-ouest (à gauche de la maison du Roi), série de maisons moins passionnantes, plus simples tant sur le plan architectural que décoratif. *La maison du Paon* (bas-relief d'un paon en façade) et celle *du Heaume* (agrémentée de deux bas-reliefs vivants et sympathiques) mettent en scène des enfants.

– Côté nord-est (à droite cette fois de la maison du Roi), une autre série de maisons. Jeter un œil à la *chambre de l'Amman,* l'Amman étant un magistrat représentant le duc de Brabant. Les armes du duc ornent d'ailleurs la façade.

– *Le Pigeon* abritait, avant le bombardement, la corporation des peintres mais ceux-ci n'avaient pas les moyens d'en financer la reconstruction. Victor Hugo y habita en 1852, fuyant les foudres de Napoléon III. C'est là qu'il a rédigé son pamphlet « Napoléon le Petit ». Classique, hyper classique même, seule sa fenêtre vénitienne au 1er étage la sort un peu de sa banalité. Rappelons ce que disait le père Hugo des Bruxelloises : « Ce sont les femmes les plus sales, sales d'avoir trop nettoyé leurs maisons. »

– *La Chaloupe d'or* (superbe taverne) et *la Taupe* réunissaient les tailleurs. Portail surmonté du buste de sainte Barbe. On peut visiter la boutique *Godiva,* au rez-de-chaussée. Ses célèbres pralines ont bien du relief.

– Côté sud, l'ensemble le plus imposant de la place rassemble en fait sous une seule façade six maisons et un passage sous le nom de *maison des Ducs de Brabant.* Style italo-flamand. 19 bustes des différents ducs et duchesses, sérieux comme des papes, ornent la façade, décorée de pilastres dorés à la feuille d'or 18 carats. Au pinacle, fronton allégorique de l'Abondance, balustrade et torchères.

Deux corporations résident à chacun des trois porches. Les médaillons qui ornent la façade identifient les occupants : des outils pour la maison des sculpteurs et des maçons, un pot d'étain pour les charpentiers, un moulin à vent et à eau pour les meuniers, une Fortune pour les tanneurs, une Bourse et un ermite pour... on ne sait qui. Les sculpteurs et les maçons constituent avec les ardoisiers et les tailleurs de pierre le « métier » des quatre couronnés.

– Côté sud-ouest : même si la première maison à gauche s'appelle **Mont Thabor** et que l'architecte est connu sous le nom de Van de Putte, cette maison bourgeoise n'a jamais appartenu à la plus vieille corporation du monde mais tout simplement à un particulier. D'ailleurs, *putte* signifie « puits » en flamand.

– **La Rose** appartenait, comme il se doit, à la famille Van der Rosen, symbolisée par une simple rose épanouie dans une potiche prenant gracieusement l'air à une fenêtre.

– **La maison des Brasseurs,** pour sa part, est ornée de bas-reliefs très explicites où l'on vendange et où l'on cueille le houblon. Au sommet trône Charles de Lorraine à dada, ce qui rappelle l'époque autrichienne. La maison abrite aujourd'hui dans ses caves un petit **musée de la Brasserie** : ☎ 02-511-49-87 ; ● beerparadi se.be ● tlj 10h-17h ; entrée : 6 €. Outils, instruments de tonnellerie et machines des XVIIᵉ et XVIIIᵉ s y sont présentés. On y trouve également un estaminet reconstitué façon XVIIIᵉ s avec des accessoires classiques et pittoresques : le *zageman*, la scie brandie devant le client ivre qui commence à casser les pieds aux autres consommateurs et, encadré au-dessus de la porte, l'œil de Dieu avec l'inscription en flamand « Ici on ne jure pas ! ». À l'arrière, si la chose vous intéresse, une salle, vitrine high-tech de la puissante fédération des Brasseurs belges, décrit les techniques de brassage actuelles. Gros effort didactique grâce à un film projeté en continu et aux bornes interactives que l'on peut interroger pour tout savoir sur le monde brassicole. Une bière en dégustation clôt la visite, comme de bien entendu.

– **Le Cygne :** de style purement Louis XIV, le Cygne a abrité la corporation... des bouchers. Vers 1830, elle fut transformée en café-logement. En 1847, Karl Marx venait y travailler avec Engels. Jules Vallès et les Communards s'y époumonèrent. Le Parti ouvrier belge y fut fondé en 1885. Au sommet, allégories de l'Abondance, de l'Agriculture et de... la Boucherie. Tiens, on ne la voyait pas comme ça !

– La dernière maison, la plus modeste, **l'Étoile,** reconstruite au XIXᵉ s pour élargir la rue mais sans rez-de-chaussée, se caractérise par son arcade qui remplace le porche. Sous celui-ci, voir le beau bas-relief Art nouveau dédié à Charles Buls et à certains architectes qui participèrent à l'édification de la Grand-Place.

– Le monument d'à côté rend hommage à **Evrard 't Serclaes,** qu'on voit sur son lit de mort. Ce « héros qui libéra Bruxelles des hommes du Comte de Flandre au XIVᵉ s » fut assassiné, puis vengé bien plus tard lors d'un conflit par les Bruxellois qui attaquèrent le château de Gaasbeek, où résidaient les assassins. Pour soutenir le siège du château, ils apportèrent des dizaines de poulets. De là vient le surnom des Bruxellois, *Kiekefretters,* littéralement « bouffeurs de poulets ». Il est de tradition de venir caresser la statue du héros, d'ailleurs bien patinée par des générations de caresseurs. Il existe de nombreuses superstitions à son sujet. Pour voir son vœu réalisé, par exemple, il faut frotter les différentes parties du corps selon un ordre bien déterminé mais souvent inconnu du profane.

– **Événements sur la Grand-Place** : l'*Ommegang,* début juillet ; le tapis de fleurs, mi-août (tous les 2 ans, années paires) ; tous les soirs en été ainsi que pendant la période de Noël, son et lumière qui met en valeur l'architecture de l'hôtel de ville sur fond de musique classique un peu grandiloquente.

Autour de la Grand-Place

Sachez, si vous trépignez d'impatience ou si vous n'êtes à Bruxelles que pour quelques heures, que le célèbrissime Manneken-Pis n'est qu'à un jet de pipi de la

Grand-Place. Rien ne vous empêche donc d'aller lui rendre une petite visite, même si nous avons décidé de le décrire dans le circuit du Sablon et du Palais Royal.

🍴 *Le musée du Costume et de la Dentelle* (zoom B2, **216**) : rue de la Violette, 12, 1000. ☎ 02-213-44-50. Lun-ven sf mer 10h-12h30, 13h30-17h ; le w-e 14h-17h. Fermé certains j. fériés. Entrée : 4 € ; réducs. Dans quatre belles maisons de brique aux pignons à gradins, ce petit musée se consacre, comme son nom l'indique, au costume et à l'art de la dentelle, un des artisanats les plus anciens et les plus florissants du pays. Pour les amateurs du genre, toujours des pièces remarquables, présentées dans le cadre d'expositions à thème. Pour les autres, le déplacement ne sera pas nécessaire.

🍴 👥 *Le musée du Cacao et du Chocolat* (zoom B2, **220**) : rue de la Tête-d'Or (à droite de l'hôtel de ville), 9-11. ☎ 02-514-20-48. ● mucc.be ● Mar-dim 10h-16h30. Fermé lun. Entrée : 5,50 € ; réducs. Un peu cher pour ce qu'on y voit. Dans une maison classée de 1697, petit musée didactique qui relate l'arrivée de la fève de cacao dans nos régions et l'engouement qu'elle provoqua. Au rez-de-chaussée, dégustation de chocolat sur le comptoir d'un atelier de fabrication de pralines. Dans les étages, panneaux expli-

> **LA PRALINE INVENTÉE EN BELGIQUE ?**
>
> *C'est en 1912 que le chocolatier Jean Neuhaus commercialisa à Bruxelles la première bouchée fourrée au chocolat. Il la nomma « praline » en souvenir du chef-cuisinier du duc de Praslin qui, à Montargis, en conçut au XVIIe s, la première recette. Elle devint une grande spécialité belge. Plus tard, son épouse créa le « ballotin » emballage de forme carrée pour éviter l'écrasement des chocolats dans un cornet.*

quant les différentes étapes de la fabrication du chocolat, services à chocolat, moules, porcelaines, boîtes en fer-blanc. Découvert au XVIe s par les conquérants espagnols chez les Aztèques du Mexique et rapporté ensuite en Europe, le chocolat était d'abord une boisson sacrée pour les habitants de l'empire aztèque, mais aussi un puissant fortifiant. « Une tasse de cette précieuse boisson permet à un homme de marcher un jour entier sans manger », a noté Hernán Cortés en 1520.

L'ÎLOT SACRÉ (zoom B-C2)

Au nord de la Grand-Place s'étire un réseau de rues et de ruelles aujourd'hui protégé et classé, appelé l'Îlot Sacré. S'il est vrai que les façades sont belles, les néons qui les décorent montrent que le côté sacré atteint vite ses limites. Vous aurez noté au passage que la tradition commerciale de tout ce quartier est particulièrement ancrée dans les noms de rues : rue au Beurre, rue des Harengs, rue des Bouchers, rue du Marché-aux-Fromages, rue du Poivre... Ici, les fauchés se rassasient rien qu'en se promenant. Si vous voulez absolument manger dans le quartier, sachez (sans généraliser, bien sûr) qu'on y facture parfois des suppléments non prévus à la commande. Soyez vigilant. Et gare au racolage devant les pièges à touristes, ils forment la majorité des enseignes du quartier !

🍴 *La place de l'Agora :* pour explorer ce secteur, partir de la Grand-Place et prendre la rue de la Colline (boutique *Tintin* à gauche). En la remontant sur la droite, on tombe sur cette placette vivante et assez coquette (tous les samedi et dimanche, petit marché artisanal). Certaines maisons ont conservé leur charme ancien avec des éléments baroques, tandis que trois hôtels ont été refaits « à la manière de », singeant un peu un style néo-Renaissance-pas-cher. Remarquez, le résultat aurait pu être pire ! Au milieu des ces blocs, place d'Espagne, Don Quichotte et Sancho Pança forment un groupe sculpté assez réussi sur l'esplanade complètement relookée, qui mène à la gare Centrale. La place de l'Agora a ainsi conservé sa cohérence, ce qui n'est pas si mal. Au centre, une fontaine agrémentée d'un intéressant bronze de Charles Buls, bourgmestre de la fin du XIXe s, assis au bord de la fontaine, aux moustaches dressées affectueusement et accompagné de son chien, tout aussi affectueux. Il tourne ostensiblement le dos à ce qu'est devenu le « mont des Arts », échec cuisant de sa carrière vouée à la défense du patrimoine. La rue de la Montagne, qui part de là, offre une belle série de maisons aux pignons variés et intéressants. Pour la plupart, elles ont été récemment restaurées. Brique et pierre alternent élégamment.

🏹 **L'église de la Madeleine** (zoom C2) : rue de la Madeleine. En direction du mont des Arts et du Coudenberg, vous apercevez une petite église gothique au portail baroque. La croquignolette chapelle qui lui fut accolée sur la gauche en 1958, après la restructuration du quartier, est particulièrement notable. Les deux semblent cohabiter sans heurt.

🏹🏹🏹 Retournez sur vos pas vers un des hauts lieux de la promenade bruxelloise, les **galeries Saint-Hubert**, appelées aussi galerie du Roi, de la Reine et des Princes, selon la section (zoom C2) ; on y pénètre par la rue du Marché-aux-Herbes. C'est un ensemble d'un néoclassicisme bon teint, à l'image de cette première moitié du XIXe s, époque où l'architecte Cluysenaer les dessina. Considérées, à l'époque, comme particulièrement audacieuses, avec l'usage du fer et du verre, ce furent les premières galeries couvertes d'Europe. Au fil des années, le lieu devint un endroit mondain où l'on pouvait rencontrer, au siège du Cercle artistique et littéraire (l'actuelle *Taverne du Passage*), des écrivains aussi célèbres que Baudelaire, Alexandre Dumas, Victor Hugo, Apollinaire ou Verlaine.

Pilastres de marbre, fenêtres en hémicycle, série de bustes perchés sur des corniches, elles constituent un ensemble architectural réussi, et la quasi-absence de néons leur a permis de conserver leur cachet. Salons de thé, brasseries, librairies de qualité et boutiques chic occupent le rez-de-chaussée des bâtiments. Les étages abritent des appartements privés. C'est ici que Verlaine acheta son pistolet et c'est dans un théâtre de la galerie, en 1896, qu'on projeta le premier film des frères Lumière. Pour les gourmands, on y trouve la fameuse chocolaterie **Neuhaus**, concurrente de la non moins fameuse **Godiva**. C'est ici même que Neuhaus, d'origine suisse, mit au point le premier ballotin après avoir fait sa réputation en vendant d'abord des bonbons pour la toux, des guimauves et des réglisses pour les maux d'estomac !

🏹 **Bruxelles en Scène** (zoom C2) : galerie de la Reine, 17. ☎ 02-512-57-45. ● bruxelles-enscene.be ● Tlj 10h-17h. Entrée : 6 € ; (petite) réduc. Une attraction multimédia installée dans les sous-sols des galeries Saint-Hubert. Succession de 15 mises en scène thématiques qui se veulent poétiques, liées à l'histoire et aux mythes anciens de l'univers bruxellois : évocations qui vont des diables terrassés par saint Michel (le saint patron de la ville) à l'architecture, en passant par les multiples formes du Manneken-Pis, les institutions politiques, etc. Bon, franchement, ça parlera plutôt à ceux qui ont déjà une idée claire de la ville. Pour les autres, ça risque d'ajouter du flou à la brume ambiante. On a quand même beaucoup aimé le bas-relief en terre glaise de Paul Day, un artiste anglais tombé amoureux de Bruxelles. Accueille aussi des expos temporaires.

– Juste à côté, le cinéma Arenberg est aussi le siège d'*Arsène 50*, organisme qui brade les places de spectacles à la dernière minute (voir plus haut « Où voir un spectacle ? »).

🏹 **La rue des Bouchers** (zoom C2) : c'est comme la rue de la Huchette à Paris ! Racolage acharné en plus. Un chapelet de restaurants standardisés, au coude à coude, où le côté expéditif du service le dispute à la banalité de la cuisine. Le soir, cet étroit boyau doit bien concentrer plus de 50 % des touristes de la ville qui, en bons moutons de Panurge, s'y retrouvent en groupes et semblent s'en contenter, faute de bonnes recommandations. Tant pis, ils n'avaient qu'à acheter le *Guide du routard* ! Traversée par les galeries, la rue a du charme mais les auvents des terrasses empêchent d'observer les lieux et les néons criards gâchent franchement le paysage. Essayez de glisser un œil au travers des stores pour observer les pignons à redans des maisons anciennes. Une exception peut-être à la médiocrité générale : le restaurant **Aux Armes de Bruxelles,** une des institutions gastronomiques incontestées de la capitale (voir « Où manger ? »).

➤ Prendre à gauche la Petite-Rue-des-Bouchers, ruelle également sacrifiée aux restos de tout poil. Au fond d'une minuscule impasse (côté gauche), on trouve le merveilleux petit *théâtre de Toone*.

🎭 🚶 **Le théâtre royal de Toone** (zoom C2, **188**) : impasse Sainte-Pétronille ou 66, rue du Marché-aux-Herbes, 1000. ☎ 02-511-71-37. ● woltje@skynet.be ● toone.be ● Au fin fond d'une impasse qui donne dans la Petite-Rue-des-Bouchers. Autre entrée par l'impasse Pétronille, à la hauteur du n° 66 de la rue du Marché-aux-Herbes. Spectacle à 20h30 (16h sam) mais pas ts les soirs. Fermé lun et mois de janv. Téléphoner pour connaître le programme et pour réserver. Prix d'entrée du spectacle : 10 € ; réducs (sf ven-sam). CB refusées.

Au milieu des restos pour touristes, voici un vrai morceau d'authenticité spirituelle, sis dans une maison datant de 1696. Il s'agit d'un théâtre de marionnettes pour adultes, créé, à l'origine, en 1830 par un certain Antoine Genty, dit *Toone* en dialecte local. La tradition se perpétue vaillamment depuis et aujourd'hui Nicolas Géal (Toone VIII !) assure les différents spectacles.

Une trentaine de pièces au répertoire, généralement de savoureuses parodies de classiques comme *Le Bossu*, *Les Trois Mousquetaires*, *Lucrèce Borgia*, *Macbeth*, *Othello* ou *Roméo et Juliette*. À Noël, place à la *Nativité* et, à Pâques, on ressort la *Passion du Christ*. Conformément à la tradition, des « manipulateurs » animent les personnages tandis que Toone VIII fait toutes les voix à lui seul, même les chants féminins. Les pièces sont généralement dites dans un français émaillé de dialecte « bruxello-flamand », un mélange hilarant ! Autre particularité : si l'on se met bien devant, on

WOLTJE ET TINTIN, PARENTS ?

Chez Toone, à l'entracte, on visite le petit musée et ses dizaines de marionnettes du XIXe s. Les personnages sont fabriqués avec divers matériaux : les têtes sont en carton-pierre (colle et craie), le corps est fait de carton bourré de paille, les plus anciens ont des yeux de verre et les « bagarreurs » sont en bois. Dans chaque pièce, on retrouve Woltje, la vedette qui dénoue les drames et joue à l'occasion quelques tours pendables. On dit que Hergé se serait inspiré de Woltje pour créer Tintin. Il est vrai qu'il en a l'intelligence, la vivacité... et le pantalon de golf.

voit les manipulateurs en plein travail. On aime cette transparence dans l'art. Ainsi, on assiste à deux pièces : celle qui se joue sur la petite scène et celle jouée en coulisses. À noter que le théâtre est doté d'une loge royale.

Toone, c'est le cœur de Bruxelles qui vit encore et, comme disait Cocteau, « il y a trop d'âmes en bois pour ne pas aimer des personnages en bois ayant une âme ».

🍷 Au rez-de-chaussée, le petit estaminet *Chez Toone* est un lieu plein de chaleur, parfait pour rester dans l'ambiance et poursuivre le rêve après le spectacle.

Autour de l'Îlot Sacré *(zoom B2)*

🏛 **L'église Saint-Nicolas** (zoom B2) : croquignolette, c'est la seule église de la ville qui n'ait pas été débarrassée des maisons (ajoutées au XVIIIe s) s'accrochant à elle comme des arapèdes. Si la façade côté rue de Tabora est moche et récente, depuis la rue au Beurre, vision romantique en diable (si l'on peut dire pour une église). Elle possède une longue histoire puisqu'elle fut érigée il y a bientôt 800 ans. Avant 1695, l'église était flanquée d'un énorme beffroi, que l'on distingue aisément sur les gravures anciennes. Il ne fut jamais reconstruit. Peu de vestiges subsistent de la prime

À VOIR. À FAIRE

jeunesse de l'église, si ce n'est sa forme originale qu'on qualifiera « de guingois ». Entrez et constatez que la nef et le chœur ne sont pas dans l'axe. Ils tournent élégamment pour suivre le cours d'un ancien ru qu'on ne détourna pas à la construction. Bel effort de respect de la nature.

À voir à l'intérieur, la *châsse des martyrs de Gorcum,* beau travail du XIXe s, ainsi que quelques vestiges romans et un tableau attribué à Rubens, la *Vierge à l'Enfant endormi.* Le 3e pilier du bas-côté gauche recèle encore un boulet français de 1695, fiché dans la pierre.

🎏 La Bourse *(zoom B2) : bd Anspach.* Pas grand-chose à en dire. À l'aise dans ses habits cossus éclectiques de la seconde moitié du XIXe s, elle impose son arrogance à tous. Dans ses jeunes années, Rodin a collaboré aux frises sculptées du fronton. Sur son flanc gauche, des vestiges en sous-sol de l'ancien couvent franciscain des Récollets, fondé en 1238, ont été mis au jour. On les aperçoit partiellement par des baies vitrées mais on peut aussi les visiter. Ce site s'appelle **Bruxella 1238** *:* ☎ *02-279-43-76. Visite guidée en français le 1er mer de chaque mois à 11h. Résas par tél puis rdv dans le hall d'entrée de la maison du Roi, sur la Grand-Place, pour l'achat du ticket et le départ de la visite. Coût : 3 € ; réducs.* Dans ces sous-sols, on a également retrouvé le caveau de Jean Ier, duc de Brabant et fin stratège qui défit en 1288 l'archevêque de Cologne. Pour les passionnés d'histoire et d'archéologie uniquement.

🍷 Et puisque vous êtes là, prenez donc un verre de l'autre côté de la Bourse, au **Falstaff** *(rue Henri-Maus, 17-23, 1000 ; zoom B2, **178**),* doté d'une des plus belles décorations de boiserie Art nouveau de la ville (voir plus haut « Où boire un verre et rencontrer des Bruxellois(es) ? »).

🎏 De là, les fans de ce style Art nouveau pourront descendre sur quelques dizaines de mètres, vers la gauche, le boulevard Anspach pour voir au n° 85 l'ancien *cinéma Pathé Palace* de 1913, au sommet duquel le coq se dresse toujours fièrement. À voir : un foyer style années 1950 éclairé par les vitres bleu-vert du bow-window. L'architecture est nettement influencée par la Sécession viennoise.

🎏 🧍 Au sous-sol de la station de métro Bourse est installé le petit *musée Scientastic,* capable d'amuser petits et grands lassés des promenades historiques, surtout si le temps est à la pluie. ☎ *02-732-13-36. ● scientastic.be ● Lun-mar et jeuven 10h30-17h30 ; mer, sam-dim et j. fériés 14h-17h30. Entrée : env 8 € ; réducs.* Réalisée avec sérieux mais sans grands moyens financiers, cette petite galerie souterraine dédiée aux sciences applique abrite plus de 100 expériences interactives qui nous révèlent de façon ludique des lois sur l'optique et la physique. Travail sur la perception des cinq sens. Voir le banc magnétique, le mirage, le miroir déformant, la roue de Newton, parmi les nombreuses démonstrations qui enchantent les enfants et les écoliers. Tout ne présente pas le même intérêt évidemment (certaines expériences sont bien vieillottes), et on trouve le prix d'entrée élevé.

➤ Au-delà de la place de la Bourse et avant la place Fontainas, vers le sud, on peut se balader dans le lacis des rues d'origine médiévale qui composent le *quartier Saint-Jacques,* autour de l'église baroque *Notre-Dame-du-Bon-Secours.* Pas mal de nos adresses de bars et de restaurants se trouvent près de la rue du Marché-au-Charbon, autrefois chemin de pèlerinage menant les routards de l'époque vers Saint-Jacques-de-Compostelle. On peut encore apercevoir les fameuses coquilles « Shell » en métal doré sur le pavage devant l'église. Ce balisage du chemin vers Compostelle traverse d'ailleurs tout le Pentagone de la rue de Louvain à la rue Haute.

🎏🎏 L'église Notre-Dame-du-Bon-Secours *(zoom B2, **91**) : rue du Marché-au-Charbon.* Une des églises baroques les plus intéressantes. Pour la petite histoire : à peine achevée en 1695, elle fut quasiment détruite par les bombardements de Louis XIV et aussitôt reconstruite ! Jolie façade avec fronton en volute, mais surtout plan intérieur original (en cercle et non pas en croix latine). Pas de nef donc, on se retrouve d'emblée sous la coupole hexagonale de forme convexe (en même temps croisée de transept). Encadrée de colonnes à gros chapiteaux corinthiens. Beaux confessionnaux en chêne ciselé du XVIIIᵉ s et autel central baroque en marbre.

🎯 Au-delà du boulevard Anspach, sur la droite quand on vient de la rue du Lombard, la petite *place Saint-Géry (zoom B2)* constitue le cœur historique de la ville. C'est devenu un des coins les plus branchés.
Ici, au Xᵉ s, au milieu des marécages de la vallée de la Senne, s'est élevé, selon la légende, le premier castrum fortifié autour duquel sont venues s'agglutiner les premières maisons en bois, noyau de la cité primitive. De tout cela, bien sûr, rien ne subsiste, si ce n'est le lit de la rivière Senne qui permettait un transport fluvial de petit tonnage entre Bruxelles et Anvers, et qui fut voûtée au XIXᵉ s pour de bonnes raisons de salubrité et de moins bonnes raisons d'urbanisme (le percement des boulevards « à la Haussmann »). On peut encore en observer une reconstitution en pénétrant (côté rue de la Grande-Île) dans la cour de l'ensemble de maisons anciennes joliment rénovées par la Ville de Bruxelles (*cour de Saint-Géry,* grille d'accès fermée à la tombée du jour). Dans un décor un peu hors du temps, avec en arrière-plan le clocher du couvent des Riches-Claires, en contrebas d'un escalier de pierre, sous un édifice du XVIIᵉ s (mais voûte et fondations du XVᵉ s), stagne, comme un triste marigot, un des bras de la Senne qui fit jadis la prospérité de Bruxelles.
– *Les halles Saint-Géry (zoom B2) : au milieu de la pl. Saint-Géry.* ☎ 02-502-44-24. *Tlj 10h-18h pour les expos. Entrée généralement gratuite. Le Café des Halles et sa terrasse sont ouverts jusqu'à 2h l'été.* Ensemble de brique, de fer et de verre construit en 1881 autour d'une fontaine pyramidale. Accueille des expos temporaires liées en majorité à l'architecture et à l'urbanisme. Petit film aussi sur l'histoire de Bruxelles, diffusé en permanence (20 mn). Souvent intéressant. L'animation, elle, est assurée par un sympathique bar dont les tables aux beaux jours débordent jusque sur les trottoirs.
– Ce quartier, qui a connu une véritable renaissance après des décennies d'abandon, regorge désormais de cafés, de restos et de petits commerces sympathiques. En témoigne l'émergence de la *rue Antoine-Dansaert (zoom B2)* comme centre d'une mode vestimentaire minimaliste, audacieuse et novatrice, dont quelques labels sont devenus des légendes vivantes dans les milieux de la mode. À arpenter aussi, la *rue des Chartreux,* toute proche, siège de troquets accueillants. Au bout de la rue, la statue du Zinneke, le chien bâtard, lève allègrement la patte pour un petit besoin légitime.

AU NORD-OUEST DE LA GRAND-PLACE, L'ANCIEN PORT ET LE BÉGUINAGE *(zoom B-C2 et plan B1)*

Tout ce quartier nord-ouest du Pentagone se situait sur la route marchande qui menait des Flandres au Rhin. Au croisement de celle-ci, les quais du canal du XVIᵉ s vers le nord, l'Escaut et Anvers où déchargeaient les bateaux de commerce. Le port étant devenu trop petit, on déplaça l'activité plus au nord le long du canal prolongé au XIXᵉ s vers Charleroi. Puis l'on finit par recouvrir les canaux ou par les boucher tout simplement. Sous le quai au Bois-à-Brûler passe aujourd'hui... le métro. C'est moins romantique évidemment. Lorsqu'on voit les photos de l'époque, on ne peut que déplorer l'abandon d'une voie navigable qui donnait à ce coin de Bruxelles un cachet incomparable. Agréable et tranquille, plutôt ignoré des touristes, ce quartier propose encore malgré tout, au-delà de la place De Brouckère, son petit lot de curiosités.
➤ Pour s'y rendre, on quitte la Grand-Place par la rue au Beurre, puis à droite la rue des Fripiers jusqu'à la place de la Monnaie.

🎯 *Le Théâtre royal de la Monnaie (zoom C2) : pl. de la Monnaie. Visite sept-juin, en se présentant le sam à 12h pour s'intégrer (sans résa) à une visite guidée trilingue. Durée : 1h30. Entrée : 8 € ; 5 € pour les moins de 26 ans.*

À VOIR. À FAIRE

Restructuré par Poelaert au milieu du XIXe s (l'homme du palais de justice) puis une nouvelle fois récemment, l'ensemble n'a rien d'architecturalement folichon. Vous pouvez au-delà des colonnades jeter un coup d'œil gratuitement sur la déco du vestibule avec ses colonnes gris-blanc de Buren, le plafond « claché » (comme on dit à Bruxelles) par Sam Francis et le pavement de marbre de Sol Lewis. En revanche, historiquement, il est le point de départ des célèbres « journées de septembre 1830 ».

C'est lors d'une représentation de *La Muette de Portici,* opéra du compositeur français Daniel-François-Esprit Auber, que des spectateurs se révoltèrent, mus qu'ils étaient par les chants libérateurs du ténor : « Amour sacré de la patrie, rends-nous l'audace et la fierté ! À mon pays, je dois la vie, il me devra la liberté ! », chantait-il. Il n'en fallut pas moins pour que se gonflent les rangs des révolutionnaires belges, qui prirent le chemin de l'indépendance.

De la place de la Monnaie par la rue Neuve s'étend une longue artère piétonne dédiée entièrement au commerce. Animée la journée, triste et désertée la nuit.

🗝 *La place De Brouckère* (zoom B-C2) : flanquée de hideuses tours, elle est aujourd'hui aussi banale et désœuvrée qu'elle fut vivante et animée au début du XXe s. Brel ne chantait-il pas « Place De Brouckère, on voyait des vitrines... » ? Quand on regarde les photos d'époque, on a du mal à en croire ses yeux. Il ne subsiste désormais des ors d'antan que l'hôtel *Métropole* (zoom C2, **167** ; voir plus haut « Où boire un verre et rencontrer des Bruxellois(es) ? ») – à la façade surmontée d'une statue de la Liberté – et son superbe café Belle Époque. Si vous en avez l'occasion, jetez un coup d'œil à la luxuriante décoration de la **grande salle du cinéma** UGC (ex-Eldorado) inspirée de la faune et la flore africaines dans le plus pur style Art déco.

🗝 *L'église Sainte-Catherine* (zoom B2) : on lui jette un œil désabusé en allant vers les anciens quais. C'est encore Joseph Poelaert, certainement l'architecte le moins inspiré de son époque, qui commit cette église néo et post-gothique, comme taillée au marteau-piqueur. Derrière l'église se trouve la tour Noire, vestige de la première enceinte du XIIIe s, garnie d'un bout de rempart et intégrée à présent à un ensemble hôtelier.

– Sur le coin de la rue Melsens, dans un renfoncement, *La Centrale électrique* (zoom B2, **224**) est un espace muséal qui se destine à l'art contemporain, à la mode et au design à raison de quatre expos par an. Jetez un coup d'œil à la programmation, c'est souvent intéressant et même parfois complètement déjanté.

🗝 *Les anciens bassins* (zoom B2, **218**) : ils portent toujours les noms de leur commerce respectif – quai aux Briques, quai au Bois-à-Brûler et, un peu plus au nord, quai aux Pierres-de-Taille, quai au Foin... Comblés au début du XXe s, ils ont évidemment perdu toute leur animation malgré les charmants bassins qui rappellent la vocation disons, « aquatique », du site. Les quais sont bordés de restos de poisson (certains excellents) et le quartier en général a un cachet joliment conservé malgré le manque d'animation.

🗝 *La place Sainte-Catherine et autour* (zoom B2) : la place, la rue Sainte-Catherine, la rue du Vieux-Marché-aux-Grains et ses voisines proposent, pour les flâneurs sachant flâner, quelques pignons anciens harmonieux et variés, datant du XVIIe au XIXe s. Notamment, l'immeuble d'angle au bout du quai aux Briques, appelé le *Cheval marin*, joyau de la Renaissance flamande et autrefois capitainerie du port. Dommage qu'il soit dans un triste état. Il se dégage de l'ensemble une certaine continuité, loin des ruptures brutales des autres quartiers.

Au bout des quais, côté Marché-aux-Porcs, une étonnante statue rend hommage aux pigeons voyageurs qui étaient autrefois utilisés dans les transmissions des armées. Des colombes décorées pour faits d'armes, c'est un comble !

➢ Revenir place Sainte-Catherine pour faire une incursion dans la rue de Flandre, une des artères les plus anciennes de Bruxelles.

🎭🎭 *La maison de la Bellone* (maison du Spectacle ; zoom B2) : *rue de Flandre, 46.* ☎ 02-513-33-33. ● bellone.be ● *La cour est accessible lun-ven 10h-18h. Fermé en juil.* Nichée au fond d'un passage de cette rue populaire (et donc invisible de l'extérieur), l'une des plus belles façades de Bruxelles, due entre autres à Jean Cosyn, l'architecte de la Grand-Place ! Mélange splendide de transition entre baroque tardif et néoclassicisme français. Noter la façade opposée à celle baroque. Noire et discrète, elle lui répond de manière contemporaine et acoustique. Protégée par un toit translucide, la cour sert de décor rêvé à des lectures et parfois des expos, organisées par le centre culturel qu'est la maison de la Bellone. Celle-ci propose aussi de nombreuses performances de théâtre et de danse *in situ,* mais aussi ailleurs en ville. Donnant sur la rue, sur deux niveaux, le *Bellone Café,* agréable pour un verre.

🎭 Entre la place du Marché-aux-Porcs et la place du Nouveau-Marché-aux-Grains, un bout de quartier populaire où se côtoient le meilleur et le pire. Dans une section de la rue Rempart-des-Moines qui donne sur la rue de Flandre, *la rue de la Cigogne* (zoom B2), avec son porche baroque joliment ouvragé, est emblématique des très nombreuses impasses bruxelloises, chacune véritable microcosme social, parsemant le tissu urbain au XIXe s.

🎭 *L'église Saint-Jean-Baptiste-du-Béguinage* (plan B1) : pl. du Béguinage. Tlj sf lun 10h-17h (20h dim). Sur une place agréable et pavée, tranquille comme tout, vous voici face à la plus élégante et la plus pure église en baroque flamand du XVIIe s de Bruxelles. Façade pas provocante, bien équilibrée, composée de trois registres indépendants. Si l'extérieur est baroque, l'intérieur reste gothique, avec notamment les voûtes à nervures et son plan en croix latine. Ce mélange réussi entre les styles reste l'une des particularités de cette église.
– À proximité, l'*hospice Pachéco* donne une touche paisible au décor par l'ordonnance toute néoclassique de sa longue façade blanche. Les éclairages jaunes de la nuit apportent une note un peu fantastique à ce quartier peu fréquenté.

🎭 *Le Théâtre flamand* (plan B1, 236) : *situé au bout du quai au Foin et du quai aux Pierres-de-Taille.* Un bien curieux bâtiment. Hybride est presque un euphémisme pour qualifier cette structure « pagodisante », jouant à merveille des matériaux à la mode à la fin du XIXe s, et surtout du fer. Sa façade reprend des éléments propres à la Renaissance, tandis que ses flancs, gonflés de balcons-terrasses de tailles décroissantes, évoquent presque une pyramide.

🎭 Dans la *rue de Laeken* (plan B1), entre la rue du Pont-Neuf et la rue du Cirque, intéressante rénovation qui a heureusement tenu compte du modèle et des gabarits de la maison bruxelloise du XIXe s. Beaucoup de magasins et d'appartements restent toutefois inoccupés. Au n° 73, petit *musée belge de la Franc-Maçonnerie* (mar-ven 13h-17h, 16h en été ; sam 13h-16h ; entrée : 6 €). ● museummacionicum. be ●
Parallèlement à la rue de Laeken, le boulevard Émile-Jacqmain, qui était devenu l'un des symboles honteux d'un abandon total de fierté urbanistique, a été presque entièrement refait et accueille, près du boulevard de la petite ceinture, le nouveau *Théâtre national* (plan C1).

Des boulevards à la cathédrale

🎭 Au-delà de la petite ceinture, dans le prolongement du boulevard Émile-Jacqmain, s'étend le boulevard du Roi-Albert-II *(plan C1).* On y aperçoit les tours d'un quartier administratif qui se voulait (selon les projets des promoteurs des années 1960) un nouveau Manhattan organisé autour d'un *World Trade Center.* Ne vous y promenez pas la nuit, les trottoirs sont squattés par un escadron de tapineuses. Dans la journée, en revanche, ceux que cela intéresse pourront aller découvrir une quinzaine d'œuvres monumentales de sculpteurs belges, plutôt bien inté-

À VOIR. À FAIRE

grées dans l'environnement futuriste de la tour *Belgacom* ou du complexe de communications de la *gare du Nord.* On distinguera entre autres la *Fontaine* de Pol Bury ou la *Légende* de Rombouts et Droste. Les amateurs d'exotisme pousseront même sur l'autre flanc de la gare du Nord jusqu'à la *rue de Brabant,* regorgeant de marchandises de toutes origines, d'épices, de fruits et légumes en provenance d'Afrique du Nord.

🍴 En revenant vers la place Rogier *(plan C1)* qui évoque ce qui se fait de pire dans les villes américaines, parallèle au boulevard Adolphe-Max, on tombe, au beau milieu de la foule déambulant *rue Neuve,* près du complexe commercial *City 2,* sur le bloc de béton ravalé du grand magasin *Inno.* Cette construction sans grâce a remplacé l'ancien bâtiment construit par Victor Horta et dont l'incendie tragique fit 350 victimes en 1967. Dans la *rue Neuve,* direction place de la Monnaie, des rescapés d'une époque révolue, comme la large maison espagnole avec pignons à gradins, le paquebot Art déco de l'ancien cinéma *Métropole,* masqué derrière la devanture d'une chaîne de vêtements, puis les cariatides et la haute verrière du *passage du Nord* vers la place De Brouckère, jadis haut lieu de l'élégance bourgeoise. La nuit, cette rue Neuve ressemble à un coupe-gorge, ainsi que ses petites rues perpendiculaires bien glauques (comme la rue du Finistère).

🍴🚶 *L'église Notre-Dame-du-Finistère* *(plan C1) :* rue du Pont-Neuf, 45. Construite au début du XVIIIe s en style baroque classique. C'est l'intérieur qui se révèle étonnant, tout y semble démesuré ! Colonnes aux énormes chapiteaux et, sur les côtés, beaux lambris sculptés intégrant harmonieusement les confessionnaux, chœur en cul de four abondamment stuqué, impressionnant chemin de croix fait de grandes peintures, orgue monumental sculpté et orné de nombreux angelots... Mais le must, c'est la chaire, dans le genre baroque délirant, un vrai chef-d'œuvre !

🍴 *La place des Martyrs (zoom C2) :* la bien nommée ! Difficile de savoir pourquoi la plus belle place néoclassique de Bruxelles fut laissée si longtemps en état de décomposition avancée avant d'entamer sa réhabilitation en logements et bureaux. Elle abrite à présent les institutions du gouvernement de la communauté flamande. La technique choisie est celle du façadisme, technique très bruxelloise qui consiste à tout détruire sauf la façade et à reconstruire derrière selon les impératifs de fonctionnalité. Cette rénovation lui a restitué l'éclat qui fut le sien à sa création à la fin de la période autrichienne. Au centre, une crypte et un mémorial rendant hommage aux combattants de la révolution belge de 1830.

🍴🚶🚶 *Le Centre belge de la bande dessinée (CBBD ; plan C2) :* rue des Sables, 20, 1000. ☎ 02-219-19-80. ● cbbd.be ● Ⓜ *De Brouckère. Tlj sf lun 10h-18h. Fermé à Noël et le Jour de l'an. Entrée : 8 € ; réducs. Avec le billet d'entrée, accès gratuit à la bibliothèque sf dim (16 ans min). Attention, ni vestiaire ni consigne.*
Il est aussi familièrement appelé le « cébébédé ». Un lieu passionnant... du moins pour les passionnés, divisé en sections didactiques, rendant bien hommage, de façon très consensuelle, à ce 9e art dont la Belgique a été le fer de lance, à défaut d'en être le berceau. Partie prenante de l'économie belge, *Tintin* et *Bob et Bobette* ont été respectivement vendus à plus de 100 millions d'exemplaires. Ça valait bien un musée. Mais avant de faire la visite, quelques mots sur l'édifice : c'est en 1905 que Victor Horta réalise, pour le compte d'un important grossiste en textile, ce superbe édifice Art nouveau. Les nouveaux magasins *Waucquez* étaient nés. La fonte, alliée au verre, permet des mariages architecturaux inouïs pour l'époque. Façade légèrement incurvée, vaste hall, omniprésence du verre, escalier monumental et balustrade aux ferronneries végétales. En 1970, *Waucquez* ferme ses portes, le bâtiment est abandonné et tombe en décrépitude. Il faudra attendre 1983 et un gros déploiement d'énergie pour sauver ce lieu et le transformer en ce magnifique temple de la bande dessinée. On note évidemment dès l'entrée, dans le hall, l'étonnant lampadaire central, la fusée d'Hergé, réalisée en bois par une classe de menuiserie et offerte au musée, le buste de Tintin et la 2 CV de Boule et Bill, qui fut offerte par l'éditeur à Roba pour la 1 000e page de ses histoires parues dans *Spirou.*

Ironie de l'histoire, la B.D. est née à peu près à la même époque que l'Art nouveau. En 1896 pour être précis, aux États-Unis, avec *The Yellow Kid,* première association véritable de textes et d'images. Cependant, avec le temps, la muséographie a mal vieilli : présentation devenue démodée, planches mal éclairées dans certaines salles, etc. Le musée est donc entré dans un processus de rénovation totale. Déjà, aujourd'hui, les expos temporaires, fort bien réalisées, apportent un bon coup de jeune aux collections.

– **Au rez-de-chaussée :** la *boutique,* une *salle de lecture* avec 4 000 B.D. en accès direct et la *bibliothèque,* une des plus, voire LA plus fournie au monde, puisqu'elle recèle quelque 70 000 titres en une quinzaine de langues. La salle de lecture est accessible à tous pour 0,50 € par jour, sans obligation de visiter le musée. Pour la bibliothèque (fermée dimanche et lundi), il faut avoir au moins 16 ans et s'acquitter d'un droit d'entrée de 1,20 € par jour. Toutes deux ouvrent à 12h et ferment à 17h (18h vendredi et samedi). Au même niveau, l'*espace Horta* explique l'histoire du bâtiment et accueille une petite expo sur l'Art nouveau ; il est prolongé par une brasserie-restaurant.

– **L'escalier :** monumental, évidemment. Attention, en montant les marches (ou plutôt en les descendant), de ne pas tomber comme le fait Haddock dans *Les Bijoux de la Castafiore* car – l'avez-vous remarqué ? – une des marches est cassée, comme à Moulinsart... Cela n'a même pas été fait exprès mais on a conservé ce clin d'œil.

– **À l'entresol :** expo sur la naissance d'une B.D., où toutes les phases d'élaboration d'une B.D. sont minutieusement passées en revue. Scénario, colorisation, marketing, produits dérivés... Dans la salle Saint-Roch, on expose par roulement 200 des 6 000 planches originales d'artistes internationaux que conserve le musée. On s'aperçoit notamment que la plupart des planches sont réalisées sur un grand format (voisin du A3) et qu'elles sont réduites seulement après, afin de conserver la qualité du détail. Petite salle où l'on projette un document en rapport avec l'expo temporaire du 1er étage.

– **Au 1er étage :** on y trouve, autour du puits de lumière, une expo temporaire sur un artiste et, plus loin, le *musée de l'Imaginaire,* dédié aux grands de la B.D., ceux qui ont commencé à être publiés en Belgique avant 1960. Chacun possède son petit univers recréé pour lui autour de son personnage phare. À tout seigneur... tout honneur, Hergé est servi en premier : éditions originales de *Tintin,* nombreux portraits du petit reporter, le capitaine Haddock dans tous ses états, une réplique de la statue en bois de *L'Oreille cassée*... Concer-

VOTRE NOM, MON CAPITAINE ?

Tiens, au fait, savez-vous pourquoi le capitaine Haddock s'appelle ainsi ? Au moment de choisir son nom, Hergé n'avait pas d'idée. Il entra dans la cuisine où il demanda à sa femme ce qu'il y avait à manger à midi. « Du haddock ! », répondit Madame. « C'est le nom qu'il me faut », répondit le dessinateur. Heureusement que ce jour-là Mme Hergé n'avait pas acheté du maquereau !

nant Tintin, quand on y réfléchit bien, on s'aperçoit que notre héros est un type assez lisse, plutôt neutre, sans défaut, sans travers... bref, assez ennuyeux. Certains disent que c'est cette neutralité qui le rendit universel. Tintin est une enveloppe dans laquelle tout le monde peut facilement se glisser, grâce à un dessin simplifié à l'extrême (à peine une bouche). Ceux qui l'entourent sont plus « vivants » que lui. Haddock, par exemple, hurle, jure, se met en colère, picole... Tournesol est un chercheur passionné et sourd, les Dupondt se rendent sympathiques par leurs maladresses et leurs limites... À l'entrée de cette section, voir aussi les portraits de ce qui n'était à l'époque que Totor. Tiens, une petite anecdote au passage sur la houppette de Tintin ! En relisant *Tintin au pays des Soviets* (son premier album), on s'aperçoit que la mèche relevée sur la tête n'arrive qu'après quelques pages. Hergé lui dessine d'abord une mèche qui tombe. Mais, au cours de l'histoire, notre héros chute au bout de quelques pages dans une voiture décapotable qui roule à vive allure. Sa mèche se relève naturellement, à cause de la vitesse. Ça plaît à Hergé... qui ne la fera jamais retomber.

D'autres sections nous font également découvrir Jijé, le père de *Spirou*, qui fit faire à Will, Morris et Franquin leurs premiers pas. Une planche du premier *Spirou* de 1938 présente la création du personnage, dans laquelle le dessinateur se met lui-même en scène en train de créer son petit groom avec beaucoup d'humour. Jijé sera sans doute le premier dessinateur à mettre en scène un héros noir avec Cirage, dans *Blondin et Cirage*. En plus, Cirage est intelligent, ce qui n'était pas très bien vu en 1939 ! Le personnage dut disparaître durant l'Occupation, sur ordre des Allemands. Un autre truc marrant : regardez de près la planche où Jijé se voit accusé par Hergé de plagier Tintin avec son personnage de Jojo. Il répond simplement en faisant trois dessins qu'il envoie à son accusateur. On vous laisse découvrir. Morris et Franquin, juste après la guerre, suivirent Jijé aux États-Unis, où ils dormaient dans son garage ! Ce qui n'empêchait pas Franquin de continuer à envoyer régulièrement des planches au *Journal de Spirou*...

Tiens, à propos du *Journal de Spirou*, saviez-vous que c'est parce que la B.D. américaine était interdite par les Allemands pendant la guerre que le fameux magazine recruta parmi les auteurs belges ? Et que cela expliquerait – en partie – l'essor du 9e art en Belgique... Bien sûr, il y a d'autres tentatives d'explication, notamment celle du phénomène Hergé ou encore celle selon laquelle le peuple belge, ne sachant plus à quelle langue se vouer suite au grand nombre d'occupations étrangères, se serait finalement rabattu sur le dessin, jugé plus efficace, pour exprimer ses idées... Ce qui est sûr, c'est que le pays compte aujourd'hui un dessinateur professionnel pour 30 000 habitants. Un record... probablement mondial.

Mais revenons à notre visite, avec Jacobs, créateur de *Blake et Mortimer*, ancien baryton qui faisait de la B.D. « en plus ». Dans la vitrine reconstituant son atelier, on voit la célèbre *marque jaune* peinte sur sa table de travail. Et encore Bob de Moor, collaborateur d'Hergé pendant plusieurs décennies. Franquin possède également son petit coin où l'on voit le célèbre Gaston Lagaffe, parfait anti-héros, premier du genre dans la B.D. européenne. Personne ne croyait à son succès. Vandersteen, papa de *Bob et Bobette*, Jacques Martin, Tibet (*Ric Hochet*), Roba (*Boule et Bill*) et, bien sûr, Peyo, dont les mondialement célèbres petits êtres bleus ne furent, au départ, qu'une émanation passagère des aventures de Johan et Pirlouit. Les lecteurs en redemandèrent (voir la vitrine d'objets schtroumpfs) ! Tiens, un petit mot sur Morris, qui, mauvais élève, caricaturait ses profs pendant les cours. Il conserva tous ses dessins d'enfant et les réutilisa dans *Lucky Luke* pour ses personnages... de croque-morts.

– *Au 2e étage :* la B.D. moderne. Présentation de l'évolution des grands courants esthétiques de la B.D. européenne. Cet étage renouvelle régulièrement les thèmes d'exposition. Plein de choses encore à découvrir, en tout cas, à dénicher. Vraiment passionnant, même si le musée, pour ceux qui le visitent souvent, ne se renouvelle pas toujours assez. À suivre...

|●| 🍸 On peut grignoter un bout ou boire un verre à la *cafétéria Horta* du rez-de-chaussée ou au *café du Meyboom* en face.

– Également en face, la **Fondation Marc Sleen,** du nom de l'un des dessinateurs les plus populaires en Flandre grâce à *Néron,* son personnage fétiche. La Fondation, gérée par le CBBD, se situe dans des locaux des anciennes *Presses socialistes* à quelques mètres seulement des bâtiments des éditions Standaard à l'endroit où son personnage a été créé !

➤ Pour revenir vers le centre, après la visite du Centre belge de la bande dessinée, on peut emprunter la *rue du Marais*, puis la rue *Montagne-aux-Herbes-Potagères.* À l'angle de la rue **Fossé-aux-Loups,** bel immeuble d'angle abritant la *Caisse générale d'épargne et de retraite,* dont l'arrondi adoucit la dureté du placage de bronze qui le recouvre. Juste en face, un immeuble qui mérite un coup d'œil pour son style paquebot. À côté, l'hôtel *Radisson-SAS,* qui emprunte avec une certaine réussite à la grammaire de l'architecture Art déco. Dans le vaste hall, un pan de l'enceinte médiévale de la ville, menacé par les pioches, a été finalement conservé. Curieux effet que ce choc des siècles en ce lieu.

Le choc des siècles est encore plus évident lorsque, en remontant la rue d'Assaut, on aperçoit la façade de la cathédrale.

🎭🎭 *La cathédrale Saints-Michel-et-Gudule* (plan C2) : pl. Sainte-Gudule. Visite libre lun-ven 7h-18h, sam 8h30-18h, dim 8h30-18h (visites après 14h). Accès payant à la crypte (2,50 €, sur rdv au ☎ 02-219-75-30), au musée du trésor (1 €) et aux vestiges archéologiques (1 €) ; billet combiné 3 €, on s'en doutait ! ● cathedralest michel.be ●

Elle a été remise à neuf après 20 ans de travaux ininterrompus. Anciennement collégiale Saint-Michel, l'église fut à moitié débaptisée pour faire un peu de place à sainte Gudule. Pour rendre hommage à sainte Gudule, disons simplement qu'elle était une sainte carolingienne qui défia le Diable et dont les reliques furent conservées dès le Xe s. Son statut de cathédrale est récent.

Bien bel édifice, planté au sommet d'une colline et malheureusement flanqué aujourd'hui de bâtiments insipides, ce qui l'isole du cœur de la cité. Du fait de la durée de la construction, les styles se mélangent allègrement, sans trop se bousculer : roman, gothique primaire puis tardif, et même baroque. Les deux grandes tours du XVe s, très épurées, mais restées sans flèches, s'élancent en façade, bien symétriquement. On y retrouve les marques du gothique brabançon.

À l'intérieur, vaste nef élancée aux élégantes proportions, séparée des bas-côtés par de lourdes colonnes où s'adossent 12 apôtres baroques et massifs. Noter la différence de facture entre les piliers sud du XIVe s et ceux du nord réalisés un siècle plus tard. Les chapiteaux de ces colonnes massives sont ornés de feuilles de chou typiques du style brabançon. Parmi les autres chefs-d'œuvre, voir l'élégant triforium aux arcatures trilobées et la lourde chaire « baroque naturaliste », qui repose sur un *Adam et Ève*. La mort rôde sous la forme d'un élégant squelette (noter le souple mouvement du pied). Le chœur, partie la plus ancienne, participe du style gothique primaire. Le chevet a conservé des éléments romans. La chapelle du Saint-Sacrement abrite un admirable autel de chêne sculpté de style gothique tardif très ouvragé.

Les autres chefs-d'œuvre auxquels il vous faudra jeter un œil sont *les vitraux,* réalisés par Bernard Van Orley, peintre au service de Marguerite d'Autriche qui en réalisa les cartons. Parmi ceux-ci, les remarquables vitraux du XVIe s de la chapelle du Saint-Sacrement qui narrent l'histoire du vol des hosties et du « miracle » (voir encadré). En tournant le dos à l'autel, au-dessus de la tribune, un autre superbe vitrail, *Le Jugement dernier*, avec ses beaux bleus, ses verts éclatants et son jaune lumineux. Ceux du transept sont également remarquables. Ils mettent en scène d'un côté Charles Quint et Isabelle de Portugal et, dans le bras sud, Marie de Hongrie, sœur de Charles Quint et gouvernante des Pays-Bas, avec son mari

> ### UNE TÉNÉBREUSE AFFAIRE
> *Nombre de vitraux et de peintures de la cathédrale évoquent des épisodes de la sinistre affaire du « miracle du Saint-Sacrement », où des juifs, au XIVe s, auraient dérobé et profané des hosties consacrées. C'était, comme chacun sait, leur passe-temps préféré, lorsqu'ils ne mangeaient pas des petits enfants chrétiens ! Mais voilà, de ces hosties, du sang se serait écoulé, constituant le « miracle ». Les juifs accusés furent condamnés au bûcher. Nous étions en pleine épidémie de peste et, comme toujours, les juifs trinquaient les premiers. Bien que le vol n'eût jamais été prouvé, cette légende donna l'occasion à différents artistes de narrer l'affaire sur vitraux, tapisseries et toiles.*

À VOIR. À FAIRE

défunt, Louis II, roi de Hongrie. Une anecdote : des trous dans les vitraux laissent passer les rayons du soleil au moment du solstice d'été. Le déambulatoire donne accès à la chapelle de la Vierge, baroque.

On peut également visiter, dans la *crypte,* les vestiges de l'église romane, sous la cathédrale. Caveau de Jean II, orné de calligraphies de l'époque de Philippe le Bon et graffitis remontant vraisemblablement au XIIe s.

Nombre des œuvres d'art furent offertes par Charles Quint au XVIe s. On célébra longtemps le miracle des hosties (voir encadré) lors d'une procession annuelle dite du « Saint-Sacrement ». Après bien des tergiversations historico-religieuses, on décida en 1977 d'apposer une plaque remettant en cause la véracité de l'histoire et du miracle afin de « réparer » les dommages causés aux juifs de l'époque et pour qu'aujourd'hui les vitraux cessent de choquer la communauté juive et d'alimenter le ressentiment. On trouve cette plaque sur le mur de la chapelle du Saint-Sacrement, dans la partie payante de la cathédrale.

À signaler pour les ornithologues : un couple de faucons pèlerins a élu domicile dans une des tours et l'éclosion de quatre œufs avec des petits fauconneaux a été observée en avril 2011. Grand branlebas chez les *birdwatchers* !

➤ Retour vers la Grand-Place, par la rue de la Montagne *(zoom C2).*

VERS LE QUARTIER DU SABLON ET DU PALAIS ROYAL *(plan C3)*

➤ Pour gagner ce quartier depuis la Grand-Place, prendre la rue Charles-Buls entre l'Étoile et l'hôtel de ville. À l'angle de la rue des Brasseurs, une plaque rappelle le site où s'élevait l'hôtel dans lequel Verlaine blessa Rimbaud au poignet après avoir acheté son revolver dans les galeries royales Saint-Hubert. Ah ! l'amour...

Au-delà de la rue du Lombard, le petit bonhomme le plus célèbre du monde :

🚶🚶 **Le Manneken-Pis** *(zoom B2) : à l'angle de la rue de l'Étuve et de la rue du Chêne.*

La carte postale la plus vendue de Belgique ! Eh oui ! Comme tout le monde, vous vous direz : « Oh, comme il est petit ! » 55,5 cm, pas un de plus, mais c'est un grand monument ! De plus, par rapport à la taille, la longueur du jet est infiniment respectable. Si la petite statue date du XVIIe s, il existait depuis le XIVe s une fontaine de pierre, la *fontaine du Petit-Julien,* où les femmes venaient puiser l'eau, tout simplement. On y adjoignit en 1619 ce petit bonhomme de bronze, sculpté par Jérôme Duquesnoy. Il symbolise l'irrévérence et une certaine indépendance d'esprit en faisant devant tout le monde ce que d'habitude l'on fait en cachette. En effet, c'est le seul « petit bonhomme » *(Manneken)* qu'on connaisse qui pisse dos au mur. Au rayon des anecdotes, avez-vous remarqué qu'il est gaucher ?

Depuis toujours, la tradition veut que les hôtes de la ville lui offrent un costume. Le premier fut Maximilien de Bavière, vainqueur du tir au *papegai* en 1698, qui lui fit cadeau d'un beau costume bleu et blanc. On rappelle que la plupart de ses panoplies (dont un costume de *Routard*) sont visibles au musée de la Ville de Bruxelles, dans la maison du Roi, sur la Grand-Place. C'est, en fait, le plus petit top-model du monde.

Le Manneken possède une grâce et un sourire espiègle qui le rendent particulièrement sympathique. Bien sûr, sa vie fut mouvementée. L'original fut conservé intact jusqu'à ce que les armées de Louis XV l'amputent d'un bras (on ne sait pas si c'est la main qui tient son jésus ou l'autre). Pour s'excuser, Louis XV lui-même lui offrit un superbe costume de style... Louis XV. En 1817, il fut brisé par un ancien forçat qui voulait se venger des institutions. Celui-ci se retrouva au violon pour 20 ans et se fit marquer au fer rouge en place publique. Régulièrement chahuté par les étudiants, il fut même enlevé par des Anversois en 1963. Il continue vaillamment, depuis, son petit bonhomme de pipi et n'est jamais à court de liquide. Il faut dire qu'il possède une vraie nounou en la personne de son habilleur officiel, qui le change régulièrement. Sur la droite de la fontaine, sa petite échelle.

Sachez encore que son débit est réglable et parfois, lors de certaines fêtes, il arrose jusqu'au milieu de la chaussée. De temps à autre, on lui fait même uriner de la bière.

En 2007, il a même servi à une campagne de sensibilisation contre le cancer de la prostate : il ne pissait plus qu'au goutte à goutte !

Et puis les nostalgiques et nos lecteurs aux cheveux blancs se rappelleront peut-être la chanson de Maurice Chevalier, *Manneken-Pis, petit homme de Bruxelles*.

Le petit garçon a aujourd'hui une petite compagne, *Jeanneke-Pis*, dans une impasse de la rue des

> ### QUI ÉTAIT LE MANNEKEN-PIS ?
>
> *Deux légendes circulent à propos des origines du petit arroseur. L'une raconte qu'un enfant aurait éteint, à sa manière, la mèche d'une bombe avec laquelle les ennemis voulaient faire sauter la muraille de la cité ; l'autre, qu'un enfant perdu aurait été retrouvé par son père, un riche bourgeois de Bruxelles, dans la position qu'on lui connaît.*

Bouchers, de toutes pièces créée à des fins commerciales, et on leur a adjoint un petit chien leveur de patte : le *Zinneke-Pis,* du côté de la rue des Chartreux. Tout ça ne pisse pas bien loin !

➤ *Du Manneken-Pis à la place du Grand-Sablon* : remonter la rue du Chêne *(zoom B2)*. Au n° 27, vénérable maison du XVIIᵉ s. Au bout de la rue, charmante place triangulaire de la Vieille-Halle-aux-Blés avec ses quelques façades romantiques et ses vieux pignons décrépis. Plutôt calme aujourd'hui, alors qu'un relais de poste l'animait autrefois. Du côté des toits, vers la rue du Lombard, on aperçoit la piscine de verre de l'hémicycle du Parlement de la région bruxelloise qui est venu coiffer le bâtiment néoclassique de l'ancien Palais provincial. Une réussite architecturale incontestable... De la terrasse qui surplombe la rue, les élus bruxellois ont une vue imprenable sur les tours du paysage urbain. Certains d'entre eux se sont promis d'en faire raser les plus choquantes.

🎤 *Les Éditions Jacques Brel (zoom B2, 219)* : pl. de la Vieille-Halle-aux-Blés, 11, 1000. ☎ 02-511-10-20. ● jacquesbrel.be ● *Mar-dim 12h-17h30 (dernière entrée), tlj en juil-août 10h-18h. Entrée : 8 € ; réducs.* Un petit musée consacré au grand Jacques, qui présente une expo sur un thème particulier (elle change chaque année et parfois tous les 2 ans) : projections vidéos et images d'archives (témoignages, interviews, morceaux de chansons filmés lors de galas ou shows télé...). Des objets personnels, manuscrits, agendas et extraits de films viennent compléter l'expo. Pour plus d'infos sur l'expo en cours, il sera utile de consulter le site internet avant de débourser les 8 € de l'entrée. À ce sujet, deux impératifs pour ne pas être déçu : être vraiment motivé et accepter d'y passer du temps (au minimum 45 mn-une heure). Dans ce cas, suivre scrupuleusement le timing imposé par le musée, car il y existe une cohérence du parcours. Possibilité également d'effectuer une balade « *J'aime l'accent bruxellois* » de 2h40 à travers les lieux que Brel a aimés (et 22 chansons)... Réserver !

➤ De la place de la Vieille-Halle-aux-Blés, les trekkers urbains impénitents et amoureux d'histoire ancienne feront un crochet par la *rue de Villers* où s'élève un gros bout de muraille avec tour et vestiges de la première enceinte longue de 4 km qui ceinturait la ville au XIIIᵉ s. À sa gauche, une belle maison rénovée qui se pare d'un porche au-dessus duquel est enchâssé l'un des boulets du bombardement de Bruxelles en 1695.

Plus haut, on aboutit à la *place de Dinant* où le charme du centre-ville se rompt tout net, coupé par le large boulevard de l'Empereur, qui couvre en fait le passage souterrain des voies de chemin de fer reliant la gare du Midi à la gare Centrale. De l'autre côté du boulevard, voir la *tour Anneessens,* autre vestige de la première enceinte de la ville.

Ceux qui préféreront passer de la place Saint-Jean au Sablon en empruntant la *rue de l'Hôpital* et la *rue Lebeau*, par le passage sous le boulevard de l'Empereur, croiseront une curieuse forêt de 89 mâts de drapeaux aux cinq nuances de bleu plantés sur l'insignifiant espace appelé *place de la Justice*. Il ne s'agit pas d'une quelconque implantation destinée à annoncer un événement culturel, mais bien d'une œuvre commandée à Daniel Buren par la Ville de Bruxelles. Une façon intelligente de réhabiliter un espace urbain défiguré.

🏛 *L'église Notre-Dame-de-la-Chapelle* (plan B3) : *sur la place du même nom. Tlj 9h-19h (sf pdt les offices).* Postée à la frontière entre les Sablons et les Marolles, elle se situait en dehors de la première enceinte, et donc dans le faubourg. C'est un bel exemple de gothique brabançon, caractérisé par sa grosse tour-porche carrée. Au-dessus de la porte, une *Sainte-Trinité* de Constantin Meunier, sculpteur talentueux du XIXe s. Construite au XIe s et maintes fois remaniée, l'église abrite un mémorial dédié à Bruegel l'Ancien, situé dans la quatrième chapelle du collatéral de droite. Rappelons que Bruegel peignit essentiellement des scènes paysannes et qu'il fut un observateur précis des traditions populaires de son époque. Il vécut un temps aux Marolles, juste à côté, dans la rue Haute. À l'intérieur toujours, belle chaire baroque représentant Élie au désert, avec palmiers tenant le baldaquin et arbres exotiques. À gauche du porche, le sous-sol de la place triangulaire recèle un ancien cimetière médiéval. En sortant, passer derrière l'église pour en observer le chevet, parfaite transition entre le roman et le gothique, architecture rare en Belgique. Le dimanche matin, l'église est le rendez-vous de la très religieuse communauté polonaise de Bruxelles.

🏛🏛 *La rue de Rollebeek* (plan C3) : lit d'un ancien ruisseau qui dévalait vers la Senne. Charmante comme tout, pavée et piétonne, bordée de belles maisons occupées par des antiquaires et de petits restos, elle fait la jonction jusqu'à la place du Grand-Sablon. Au n° 7, deux adorables maisons siamoises, toutes de briques vêtues et surmontées de pignons à redans.

🏛🏛🏛 *La place du Grand-Sablon* (plan C3) : cette jolie place bourgeoise de forme triangulaire, bordée de demeures anciennes, s'impose peu à peu comme l'un des symboles du charme et de l'art de vivre bruxellois. C'est le coin tranquille et chic de la ville, où se sont installés des boutiques d'antiquités, des restos et le célèbre *pâtissier Wittamer*, l'un des meilleurs fournisseurs de la Cour. Sans oublier le désormais incontournable *Pierre Marcolini (qui fut apprenti chez Wittamer),* le chocolatier « Haute Couture » au comptoir aussi sélectif qu'une vitrine de joaillier.
Au départ, il y avait des marais sablonneux (d'où le nom de Sablon), puis un cimetière. Il fallut attendre le XVIIIe s pour que la bourgeoisie s'y installe. Aujourd'hui, c'est un centre animé où le samedi toute la journée et le dimanche matin se tient un marché aux antiquaires. Attention, il ne s'agit pas de brocante ni de puces mais d'antiquités, chères, voire fort chères.
Au centre, une fontaine offerte par un exilé écossais en remerciement de l'hospitalité qu'il reçut de la part de la ville au XVIIIe s.

🏛 *L'église Notre-Dame-du-Sablon* (plan C3) : *ouv en sem 9h-17h, sam 9h30-17h et dim 13h-17h.*
Ancien oratoire qui se transforma en une église importante à cause d'une légende, au XIVe s. L'histoire met en scène Béatrice Soetkens, une sorte de Jeanne d'Arc locale, qui entendit des voix lui imposant d'aller à Anvers pour voler la *Vierge à la branche* située dans l'église Notre-Dame. Elle vola donc la statue et fila en barque sur l'Escaut jusqu'à Bruxelles. Des arbalétriers, voyant la Vierge, protégèrent Béatrice et décidèrent de transformer l'oratoire en une vraie église capable d'accueillir des pèlerins. La statue fut détruite mais l'église fut conservée et embellie. De là naquit une procession annuelle menée par les arbalétriers, qui se transformera en *Ommegang,* impressionnant cortège historique qui se perpétue encore de nos jours et qui part toujours de cette église.
– *L'extérieur :* élégante façade de style gothique flamboyant avec sa rosace bien équilibrée. Ravalée, elle brille comme un sou neuf. Caractéristique du gothique brabançon, une tourelle à la croisée des transepts. C'est d'ailleurs à son sommet qu'on accrochait un perroquet lors du concours annuel du meilleur arbalétrier. En l'an 1615, l'archiduc Albert, souffrant de goutte, ne put y participer et c'est son

épouse Isabelle qui le remplaça. Et elle gagna le concours ! Nombreux furent les serments (corporations militaires) à vénérer leur saint patron dans cette église : arbalétriers bien sûr, mais aussi arquebusiers, archers, escrimeurs... Entrée par le transept sud.

– *L'intérieur :* de style gothique brabançon, avec ses chapiteaux ornés de feuilles de chou frisé que supportent 12 apôtres, comme à Saints-Michel-et-Gudule. Beau triforium aveugle et voûte de la nef très marquée par ses croisées d'ogives. La chaire baroque (et un peu lourde) évoque les quatre évangélistes : Luc (le bœuf), Marc (le lion), Matthieu (l'ange) et Jean (l'aigle). Devant le chœur, côté gauche, une copie de la fameuse *Vierge à la branche* et, au-dessus de la porte sud, une sculpture évoquant la légende, où apparaît Béatrice dans sa barque, rapportant la Vierge d'Anvers. Dans le transept nord, la chapelle des **Tour et Tassis,** famille célèbre chargée par Charles Quint de mettre en place le service postal de l'empire. L'église était appréciée de Paul Claudel, alors ambassadeur de France à Bruxelles, qui venait y prier chaque matin. Près de la chaire baroque, une inscription rappelle sa dévotion.

> ## LE PREMIER ATLAS DU MONDE
>
> *Abraham Ortelius est un cartographe et géographe né à Anvers, en 1527. Il travaille tout d'abord comme libraire et vendeur de cartes, s'intéressant plus encore à la cartographie. Il publie en 1570* Theatrum Orbis Terrarum, *un recueil de cartes géographiques réunies dans ce qui est le premier atlas du monde et ce vingt ans avant la parution de l'atlas de Mercator. L'ouvrage a tant de succès qu'il doit déjà être réimprimé quatre fois la première année de sa parution. En totalité, l'atlas paraît en 42 éditions et en 7 langues différentes.*

– *Le chœur :* un vrai chef-d'œuvre avec ses fines colonnes, ses nervures très marquées et son ensemble de vitraux ravissants qui font penser à ceux de la Sainte-Chapelle à Paris.

🛠 **La place du Petit-Sablon** *(plan C3) :* si la place du Grand-Sablon est en partie transformée en parking, celle du Petit-Sablon est un vrai jardin agréable, petit parc clos par une grille dont les colonnes sont surmontées de superbes statues de bronze rendant hommage à toutes les corporations du XVIᵉ s. On y voit en vrac chaisier, chaudronnier, menuisier, forgeron... tous représentés avec leurs outils. Travail remarquable. Coquetterie suprême, chaque colonne est agrémentée d'un motif géométrique différent. De même, chaque portion de grille entre les colonnes propose un dessin original. Tout cela fut réalisé au XIXᵉ s, pour rendre une sorte d'hommage au XVIᵉ s, période particulièrement difficile de l'histoire. L'ensemble est très bien mis en valeur par un éclairage nocturne, contemporain et plutôt audacieux. Dans le haut du parc, au-dessus de la fontaine, les **comtes d'Egmont et de Hornes,** décapités en 1568 sur la Grand-Place. La personnalité d'Egmont a inspiré Goethe et Beethoven. Tout autour, parmi les savants et humanistes du XVIᵉ s sculptés dans la pierre, on reconnaît Henri de Brederode (portant la besace des gueux) ainsi que les géographes Gérard Mercator et Abraham Ortélius. Derrière, le palais de la famille d'Egmont, affecté aux réceptions du ministère des Affaires étrangères. Joli parc qui permet de rejoindre le boulevard de Waterloo, derrière le *Hilton,* et orangerie magnifiquement restaurée. Le *passage Yourcenar* relie le parc d'Egmont à la rue aux Laines et rend hommage à l'écrivaine par 14 citations tirées de l'*Œuvre au noir.* La rue de la Régence, artère percée au XIXᵉ s, mène au palais de justice.

🛠 **Le Musée juif** *(plan C3, 237) : rue des Minimes, 21, 1000.* ☎ *02-512-19-63. Tlj sf lun 10h-17h. Entrée : 5 € ; réducs.* Expo permanente présentant tous les aspects de la tradition juive : récits de vies, rituels, objets du culte, etc. Expos temporaires intéressantes.

🛠🛠 **Le palais de justice** *(plan B-C3-4) : pl. Poelaert.* Le rêve délirant commandé par le gouvernement de Léopold Iᵉʳ. Il reçut rapidement le surnom mérité de « Mam-

mouth », vu l'ampleur de l'édifice. C'est l'architecte Poelaert qui « commit » cette chose colossale, monstrueuse même à certains égards. Imaginez : 2,6 ha de surface ! Rappelons que Saint-Pierre de Rome ne couvre que 2,2 ha. C'est bien simple, il fut le plus grand édifice construit en Europe jusqu'à l'édification du palais de Ceaușescu à Bucarest. Inauguré en 1883 en grande pompe, il devait symboliser la grandeur de Bruxelles, que Léopold II voulait instaurer en rivale de Paris. Résultat : une étrange mixture de styles, avec du néoclassique, de l'assyro-babylonien, quelques références au gothique et bien d'autres influences indéfinissables. Le chantier a vu son budget dépasser les 50 millions de francs de l'époque (ce qui équivalait à une année entière de travaux publics dans le royaume) pour une estimation initiale de 4 millions à peine !
Cette démesure et la liberté laissée à l'architecte d'outrepasser presque toutes les règles initialement imposées restent encore un grand mystère. Savoir aussi qu'il a fallu amputer en partie le quartier des Marolles pour édifier la bête ! Voyez ce porche démesuré qui s'élève à plus de 40 m, et puis cette coupole, bien plus haut, presque riquiqui par rapport à l'ensemble. Une pyramide devait coiffer l'ensemble, on préféra une coupole pour ne pas encore alourdir les frais. Le palais s'organise autour du vide central de la salle des pas perdus, culminant à 100 m sous la coupole. Pendant l'Occupation, les Allemands avaient entreposé des bouteilles de bon vin et de champagne dans les caves du palais. Les habitants des Marolles en volèrent beaucoup à la Libération. Les nazis mirent le feu à la coupole pour détruire leurs archives. Toute la statuaire évoque évidemment la Justice sous toutes ses formes. On vous passe les détails, vous allez vous endormir. Pour finir, sachez qu'Orson Welles voulut y tourner *Le Procès* et qu'un de ses plus fervents admirateurs fut Hitler lui-même, de même que Sigmund Freud, mais pour des raisons différentes...

🦋 À la hauteur du palais de justice débute le **quartier de l'avenue Louise** (qui relie le centre au bois de la Cambre). Avec l'avenue de la Toison-d'Or, c'est le coin des commerces chic du haut de la ville. Plusieurs galeries commerçantes jusqu'à la porte de Namur. Depuis la place Poelaert, à droite du palais de justice, un ascenseur permet de rejoindre le quartier des Marolles, en contrebas, à la hauteur de la rue de l'Épée. Une passerelle métallique offre un panorama de la ville assez spectaculaire. Mais faisons demi-tour pour revenir vers le parc de Bruxelles par la rue de la Régence et aborder le quartier de la place Royale désormais le vrai pôle muséal de la ville.

🦋 **La place Royale** *(plan C3) :* en haut de la « montagne Froide » *(Coudenberg)*, aménagée dans un style parfaitement néoclassique – et à vrai dire un peu ennuyeux – à la fin du XVIIIe s, rappelant le style Louis XVI de la place Stanislas à Nancy et la place Royale de Reims. Ce sont d'ailleurs des architectes français qui la réalisèrent, menés par Guimard et Barré. Tout fut bâti à l'initiative de Charles de Lorraine, gouverneur des Pays-Bas sous les Autrichiens de 1749 à 1780. En son centre, une statue équestre de Godefroy de Bouillon, l'illustre croisé et autoproclamé « roi de Jérusalem ». Il remplaça la statue de Charles de Lorraine, descellée par les sans-culottes. Côté est, l'église Saint-Jacques-sur-Coudenberg au style néogrec avec colonnades. C'est sur une estrade devant l'église que Léopold Ier prêta le serment constitutionnel le 21 juillet 1831.
– Sous la place, en face des bureaux d'accueil de *Visit Brussels,* une plaque rappelle l'existence de fouilles effectuées à partir des années 1990. Elles ont permis de dégager le **site archéologique du Coudenberg** (voir plus loin), vestiges du palais des ducs de Bourgogne, incendié en 1731. Lorsqu'on voit les reproductions de ce que fut ce magnifique palais, on se plaît à rêver du visage qu'aurait présenté Bruxelles si ce drame ne s'était pas produit.

LES MUSÉES DU MONT DES ARTS

🦋🦋🦋 **Les musées royaux des Beaux-Arts** *(plan C3) : entrée par la rue de la Régence, 3, et par la pl. Royale, 1-2.* ☎ *02-508-32-11.* ● *fine-arts-museum.be/site/*

fr ● Ⓜ *Parc ou Gare-Centrale ; trams n°^{os} 92 et 94 ; bus n°^{os} 27, 29, 38, 71 et 95. Tlj sf lun et j. fériés 10h-17h ; attention, une moitié des salles est fermée 12h-13h et l'autre moitié 13h-14h. Entrée : 8 € ; réducs ; gratuit pour les moins de 13 ans et pour ts le 1er mer du mois à partir de 13h. Expositions temporaires en supplément. Loc d'audioguides. Billet combiné avec le musée Magritte : 13 €.*

Avec 20 000 œuvres (mais « seulement » 2 000 exposées), c'est le grand musée de peinture du pays. Impossible donc de passer en revue chaque salle, on se contentera de mettre en avant les courants les plus importants et d'en dire quelques mots, à partir d'un artiste ou d'une toile.

Et puis, le musée propose (et c'est sa grande fierté) toujours des expositions temporaires de grande envergure.

C'est un vrai dédale, demandez le plan à l'entrée, on y voit à peu près clairement où trouver chaque époque. Cafétéria et resto très chic au rez-de-chaussée, ainsi qu'une belle boutique.

La partie art ancien (XVe et XVIIe s)

Dans le grand hall tout d'abord, bel ensemble statuaire, reflet des goûts du XIXe et du début du XXe s. C'est de là qu'on accède aux étages consacrés à la peinture du XVe au XVIIIe s.

Les primitifs flamands sont évidemment à l'honneur. Leur travail se caractérise par un grand souci du détail mais aussi par la qualité même des huiles utilisées, qui ont permis aux couleurs de passer les siècles. On peut admirer entre autres :

– *L'Annonciation* du maître de Flémalle, où le cadre de vie est décrit avec précision. De Roger Van der Weyden (XVe s), admirable *Pietà* où l'on retrouve tout l'amour de la mère et sa douleur.

– Un superbe diptyque de Thierry Bouts (XVe s), *La Justice de l'empereur Othon* (nuances des drapés, expression des visages... et réalisme du fer rouge).

– Le *Martyre de saint Sébastien* de Hans Memling.

– Portraits de Philippe le Beau et de Jeanne la Folle, les parents de Charles Quint.

– Un triptyque de l'atelier Jérôme Bosch, *La Tentation de saint Antoine,* dont le dos est réalisé en « grisaille » (on refermait le tableau durant le carême). Les sujets où se mêlent monstres hybrides et humains furent souvent traités par Bosch, qui influença fortement Bruegel. À noter, toujours ce même souci du détail et la charge symbolique.

– *Vénus et Amour* de Lucas Cranach, impudique, appartenant à l'école allemande. Ce type de tableau fut très critiqué par Luther ; c'est pourtant beau une aristo nue.

– De l'école flamande du XVIe s, on notera *La Fillette à l'oiseau mort,* tableau poignant et révélateur du doute qui commençait à planer sur la question de la vie et de la mort, à laquelle l'Église n'apportait plus de réponses satisfaisantes comme jadis. Ce tableau anodin (et superbe) pose là un problème crucial pour l'époque.

– Une *Vierge à l'Enfant* de Quentin Metsys, reflétant avec beaucoup de douceur l'amour maternel.

– De Peter Huys un *Jugement dernier* nettement inspiré de Jérôme Bosch.

– La *Mine de cuivre* de Lucas Gassel, manifestement l'une des premières représentations de l'univers industriel.

– Plusieurs natures mortes, style qui prend de l'importance au XVe s, toujours avec ce souci de la lumière, des reflets, le rendu minutieux des matières...

– Une salle est consacrée au maître des Flamands, Bruegel l'Ancien, ainsi qu'à son fils, Bruegel le Jeune. Voir *La Chute des anges rebelles,* du père, où l'influence de Bosch est particulièrement notable, avec une foison de monstres que les bons anges sont bien en peine de combattre. On peut s'amuser des heures à observer les monstruosités invoquées par le pinceau de l'artiste. Aujourd'hui encore, toute la symbolique utilisée ici n'a pas été décryptée. Le style en mouvement perpétuel annonce la venue du baroque. Dans la même salle, *Le Dénombrement de Bethléem,* toujours de Bruegel l'Ancien, frappe par son incongruité. Le peintre n'a pas hésité à déplacer cette scène biblique au cœur d'un village flamand, ce qui lui permet de pratiquer une sorte de réalisme social (paysans, enfants jouant à la luge dans des mâchoires de porc...). À quelques mètres, le même tableau réalisé par

À VOIR. À FAIRE

Bruegel le Jeune, qui copia son papa avec beaucoup moins de génie. Dans *La Chute d'Icare,* la symbolique peut se résumer ainsi : la charrue ne s'arrête pas pour l'homme qui meurt ! Icare se noie et tout le monde s'en fout. Pauvre humanité vaniteuse.

Les XVIIᵉ et XVIIIᵉ s
Le plan de circulation est encore plus difficile à comprendre. Pour en faire le tour, on passe et on repasse dans les mêmes salles. Difficile dès lors de vous proposer un sens de visite. Voici une petite sélection de ce que vous y verrez :
– les premières salles sont dédiées en grande partie à Rubens. Dans la 1ʳᵉ, les petits tableaux ; dans la 2ᵉ, les grands tableaux. Parmi les petits, citons *Têtes de nègres,* qui tire toute sa puissance du mouvement. Nous sommes en plein baroque, caractérisé par l'action tournante dans la toile, les drapés qui s'enroulent et l'évocation des grands thèmes mythologiques. Dans la salle suivante (les grands retables), la célèbre *Montée au calvaire* et *L'Assomption,* avec ses anges tournoyants et cette lumière qui semble frapper la toile par endroits ;
– petite section d'art hollandais, avec des Ruysdael, des Hals et un Rembrandt ;
– un amusant paysage anthropomorphe de la fin du XVIᵉ s ;
– vues panoramiques de villes belges. On remarquera surtout le vaste *Panorama de Bruxelles au XVIIIᵉ siècle* de Jean-Baptiste Bonnecroy, daté d'avant le bombardement de 1695 puisqu'on y aperçoit, à côté de la tour de l'hôtel de ville, celle du beffroi abattu par les boulets et, plus loin, l'ensemble du palais des ducs de Bourgogne ravagé par un incendie en 1731 ;
– les dernières salles sont consacrées en partie à Van Dyck et à Jordaens, deux maîtres anversois.

Le musée d'Art moderne
Prolongement naturel du précédent, ce musée s'est ouvert dans les années 1980 et s'organise merveilleusement autour d'un vaste puits de lumière. **Le musée d'Art moderne est fermé pour travaux jusque dans le courant de l'année 2012. Les textes qui suivent risquent de ne plus correspondre au nouvel accrochage.**
➢ *Le XIXᵉ s (niveaux - 5 et - 6)*
Ça commence avec les **paysages** de Vogels et d'Hippolyte Boulenger, l'un des seuls représentants d'une école paysagiste dite *de Tervueren* (voir *L'Allée des vieux charmes*).
Vient ensuite le **néoclassicisme,** illustré entre autres par Ingres, Delacroix et surtout David, qui vécut à Bruxelles en exil. Son *Marat* est une de ses œuvres majeures. Toute la lumière est concentrée sur le visage et le corps. Peu de sang, le visage est reposé, la plaie nette, profonde. Organisation incroyablement moderne de l'espace, couleur parfaitement maîtrisée. Une œuvre signée de manière ostensible par David, sur l'écritoire même de Marat. En Belgique, le mouvement était représenté par des artistes comme Van Brée *(Victimes destinées au Minotaure)* et Navez, qui fut l'élève de David.
L'**orientalisme** est également présent avec, par exemple, *Le Simoun, souvenir de Syrie* de Portaels, où une caravane est surprise par la tempête. Vision occidentale de l'Orient, magnifié à l'extrême. Voir aussi les **portraits,** un mouvement qui gagna la Belgique dès 1883 avec la constitution du Groupe des XX puis de la Libre esthétique. Théo Van Rysselberghe, déjà influencé par les orientalistes français, innove avec son *Madame Charles Maus.* Noter du même, juste à côté, le *Portrait d'Octave Maus,* peint à 5 ans d'écart, au style fort différent. Sans oublier Navez, Gallait, De Winne et Evenepoel *(Henriette au grand chapeau,* où le manteau noir fait ressortir le visage pâle et plein de vie du modèle).
On passe alors à l'**art social** et à la **vie contemporaine.** Nées de la volonté de toucher la réalité de la vie du peuple, ces tendances sont particulièrement bien représentées en Belgique, où les mouvements ouvriers furent spécialement virulents à la fin du XIXᵉ s. Exemples : Eugène Laermans avec *Un soir de grève/Le Drapeau rouge* ou *Les Émigrants,* triste troupeau humain témoignant des grands déplacements dus à la crise. Ou encore Léon Frédéric, qui brosse un tableau déchirant de la pauvreté avec son monumental *Marchands de craie,* traité sous forme de

triptyque, où la misère sociale est criante, tandis que le monde industriel est en marche (cheminées à l'arrière). Tiens, encore une toile touchante et terrible : *À l'aube*, de Charles Hermans, où le bourgeois aviné qui sort d'une nuit de fête, entouré de femmes légères, est confronté aux regards des petites gens. L'homme pauvre détourne le regard, de honte. La société à deux vitesses est brutalement dépeinte.

En continuant, on tombe sur de belles toiles *impressionnistes* et *luministes.* De Henri de Braekeleer, *L'Homme à la fenêtre.* Ce placement du personnage près d'une fenêtre fut souvent utilisé par les primitifs flamands afin de fournir de la perspective et de la lumière au tableau. Gauguin s'illustre avec une toile singulière : *Conversation dans les prés.* Quelques vues de villes aussi, avec Émile Claus, un des tenants du luminisme « dématérialisant » leur sujet grâce à la lumière comme dans *Le Pont de Waterloo.* Ce dernier, utilisant une palette ensoleillée et vigoureuse, magnifie aussi la nature en Flandre dans *Vaches traversant la Lys.*

Plus loin, le *symbolisme.* En Belgique, c'est un mouvement important qui s'oppose au modernisme bourgeois et tente d'exprimer l'élévation de l'âme en cherchant ce qu'il y a derrière l'apparence du sujet montré. Fernand Khnopff en est le chef de file. Ses joueuses de tennis de *Memories* semblent se mouvoir dans un monde crépusculaire étrange, à la limite du malaise d'un songe éveillé. En fait, il s'agit là de la sœur de l'artiste, peinte sous des angles différents. Aucun des personnages ne se regarde ni ne nous regarde. Le regard est intérieur. Voir aussi les *Paons,* où Degouve de Nuncques plonge dans l'onirisme et annonce le surréalisme.

Enfin, bel espace consacré à James Ensor, où une dizaine de toiles retracent l'évolution de son travail. Ensor est l'un des précurseurs de l'expressionnisme flamand. Il utilise une palette très vive et organise ses tableaux de manière très crue, comme s'il jetait sur la toile la violence de ses sentiments. *Les Masques scandalisés* où, par l'entremise d'un carnaval, il dénonce l'hypocrisie de la société en est un exemple fort. Dans *Les Masques singuliers,* certains pensent qu'il représente ses parents (la femme a un bâton, l'homme est ivre !). Noter, en revanche, que ses premières toiles sont plus académiques *(Le Lampiste, La Musique russe).*

➤ *Le XXe s (niveau - 8)*

On retrouve tout d'abord Rick Wouters, avec notamment *Le Flûtiste* où l'influence de Cézanne est flagrante (fenêtre ouverte sur un paysage de toits, cerne coloré). Et puis, en vrac, des toiles *cubistes,* abstraites, avec Flouquet *(Composition no 37)* et Servranckx, qui élaborèrent un langage simple et direct (à l'image du monde mathématique et scientifique), libre de toute représentation de la nature. L'*expressionnisme flamand* se défend bien, avec plusieurs œuvres de Constant Permeke dont *Le Mangeur de pommes de terre,* assourdissant de tristesse et de misère, où seules les dents du personnage semblent accrocher un peu de lumière. Ce peintre, particulièrement attaché aux traditions flamandes, produisit des œuvres très sombres, pour lesquelles il utilisait du noir de fumée. Les personnages sont simplifiés à l'extrême, sans souci du détail (pas d'yeux). *Les Fiancés,* terriblement tristes, donnent le contraire de l'image du bonheur. Inutile de nous inviter à leur mariage, on n'ira pas ! Plus loin, quelques œuvres de Chagall *(Clair de lune),* Matisse, Gustave De Smet et Frits Van den Berghe, qui peignit entre autres *Dimanche.* Cette dernière toile semble à cheval entre l'expressionnisme et le cubisme, avec sans doute quelque chose de Chagall dans la naïveté et l'organisation de l'espace. Voir aussi d'autres œuvres cubistes (déstructuration des volumes par leur mise à plat) et *Exaltation du machinisme* de Servranckx, qui s'annonce comme une dénonciation de l'industrialisation et de l'absence de l'homme dans les rouages modernes du monde.

Pour le *surréalisme,* deux ou trois Paul Delvaux, comme le célèbre *Musée Spitzner* (où une femme nue est opposée au squelette), *Train du soir* et le très fameux *Pygmalion.* Un remarquable Dalí aussi *(La Tentation de saint Antoine),* où les éléphants à jambes d'insectes trimbalent des symboles phalliques et des femmes se pelotant, auxquels saint Antoine tente de résister. Ernst *(L'Armée céleste)* et De Chirico *(Mélancolie d'une belle journée,* au traitement proche de Delvaux) viennent compléter la section.

À VOIR. À FAIRE

S'ensuit l'évocation de l'éphémère groupe de la **Jeune Peinture belge,** qui développa un nouveau langage de formes et de couleurs conduisant de la figuration à l'abstraction. Dans la foulée, hommage au **mouvement CoBrA** créé par Christian Dotremont et Joseph Noiret en 1948. Le mot « Cobra » renvoie à la diversité des origines géographiques des artistes : Copenhague (Co), Bruxelles (Br), Amsterdam (A). Karel Appel et Asger Jorn mènent la barque. Quelques-unes de leurs œuvres sont présentées, comme *Extase inquiétante* ou *Les Trois Sages.* Pierre Alechinsky étudie, quant à lui, le graphisme et la calligraphie. Voir son *Parfois c'est l'inverse* qui ne néglige pas la dimension humoristique.

Et, pour terminer, un peu d'**art contemporain.** Marcel Broodthaers, qui comme chacun sait s'exprimait surtout à travers les œufs et les moules, est évidemment de la partie *(Panneau avec œufs et tabouret, Panneaux de moules)...* De Flavin, une *Série de néons.* Dans cette œuvre, l'artiste se contente d'organiser les objets (en l'occurrence d'aligner les néons), puis lui confère le titre d'œuvre d'art. Et comme critiques et collectionneurs suivent, son travail devient effectivement une œuvre d'art. Plusieurs travaux relevant de cette démarche sont présentés ici. On a beau être ouvert à tout, certaines œuvres nous laissent un peu sur le flanc. C'est ça aussi sans doute l'art. Enfin, ne pas louper, juste avant de prendre l'ascenseur pour remonter vers la sortie, le troublant *Pape aux hiboux* de Francis Bacon, violet sur fond noir, où l'immatérialité de la chaise, non achevée, concentre le visiteur sur le regard papal un peu fou.

➢ Au coin de la rue de la Régence et de la place Royale, dans le prolongement du musée des Beaux-Arts et à gauche du musée Magritte, jeter un coup d'œil sur l'entrée de **l'hôtel Gresham,** ancien siège d'une compagnie d'assurances britannique, remis récemment à neuf, qui abrite le *Museum Brasserie* et la boutique du musée des Beaux-Arts. La rénovation a restitué magistralement le style Art nouveau de l'entrée du bâtiment avec mosaïques et cage d'ascenseur d'époque.

|●| **Museum Café :** ☎ 02-508-35-80. *Mêmes heures d'ouverture que le musée. Plats jusqu'à 15 €.* Belle grande salle disposant aux volumes généreux, avec une terrasse donnant sur le jardin des sculptures. Pas de carte mais une formule self-service où l'on fait son choix entre 2 plats du jour, 4 salades (qui changent régulièrement), des plats de pâtes (demi-portion possible), des sandwichs, des soupes, des quiches ou encore un cornet de frites maison. Rien à redire, on en a pour son argent, le service est sympa et, pour ceux qui visitent le musée, c'est indéniablement pratique.

🐾🐾🐾 **Musée Magritte Museum** (MMM ; plan C3, **223**) : *rue de la Régence, 3, au coin de la pl. Royale et de la rue Ravenstein, dans l'hôtel Altenloh.* ● musee-magritte-museum.be ● Ⓜ *Gare-Centrale ou Parc. Trams n°s 92 et 94 ; bus n°s 27, 29, 38, 71 et 95. Tlj sf lun et j. fériés 10h-17h (20h mer). Tarif : 8 € ; réducs. Résas : ☎ 02-508-32-11. L'entrée pour ceux qui disposent d'un billet pré-réservé via Internet (hyper recommandé le w-e) se fait par le musée des Beaux-Arts. Audioguide recommandé pour 4 € pour profiter des explications sur un peintre et une œuvre qui ne sont*

LE SECRET DE MAGRITTE ?

La mère de Magritte s'est suicidée en se jetant dans la Sambre. Le jeune René découvre alors son cadavre, le visage caché par sa robe de chambre. Si le terrible choc influença sans doute certains thèmes de sa peinture : personnages mystérieux, visages cachés (par une pomme, un rideau, un bouquet de fleurs)... Magritte a toujours tenu à réfuter cette interprétation. Nous, on y croit.

pas aussi aisés à comprendre qu'il n'y paraît à première vue. Un atelier de création est à la disposition des enfants en haut du 3e étage.

Le nouveau musée consacré exclusivement au peintre belge a ouvert ses portes en 2009 et expose quelque 200 œuvres et archives du peintre sur cinq niveaux. Ceux qui connaissaient les collections de la section art moderne du musée des Beaux-Arts ne découvriront qu'une petite proportion d'œuvres nouvelles ; la plupart viennent du legs d'Hélène Scutenaire-Hamoir et bien sûr de celui de Georgette Magritte. Mais ce qui change et fait la valeur du musée, c'est le travail qui a été accompli pour les mettre en valeur et éclairer une œuvre passablement complexe. Le partenariat avec le groupe Suez a permis de réussir ce pari technologique en utilisant des techniques d'éclairage de pointe.

Pour comprendre Magritte, il faut partir d'une évidence : Magritte est un peintre moyen, d'ailleurs il n'aimait pas trop peindre et encore moins la peinture des autres. Magritte est en revanche un poète de génie et un théoricien de la pensée surréaliste qui pouvait tenir la dragée haute à André Breton. Magritte peignait en costume dans un coin de son salon et remplaçait régulièrement son loulou de Poméranie par un autre, blanc ou noir, appelé invariablement Toutou. Il habitait une petite maison banlieusarde avec trois brins de gazon sur le devant et des géraniums en pot, mais ce qu'il aimait par-dessus tout c'était se retrouver toutes les semaines avec ses copains du mouvement surréaliste belge (créé en 1926 avec, dans le désordre, Dotremont, Goemans, Scutenaire, Mesens, Servais, Lecomte, Mariën...) pour discuter des titres de ses dernières productions, mettre en scène des gags de potache et les filmer, puis explorer avec eux pour des revues confidentielles, mais ô combien subversives, les concepts les plus extravagants de l'après-dadaïsme, et accessoirement résoudre des problèmes d'échecs.

On ne comprend rien à Magritte si on ne l'inscrit pas au sein de cette mouvance ancrée dans le paysage belge des années 1925-1940. Le groupe connut bien sûr ses dissensions et ses raccommodages mais resta toujours très indépendant du mouvement cornaqué avec autorité à Paris par Breton. Magritte était quasi le seul peintre du groupe et il est normal que ce soit son œuvre qui ait été la plus diffusée. Elle a d'ailleurs influencé tous les mouvements d'avant-garde, du pop art à l'art conceptuel en passant par l'hyperréalisme ; pas étonnant que l'Amérique l'ait plébiscité.

Magritte donne l'image d'un petit bonhomme tranquille et routinier, mais sous le chapeau melon s'est toujours trouvé un cerveau en ébullition. Avec lui les pommes dilatent les murs, les rochers défient la gravitation, les trombones prennent feu, les girafes tiennent dans un verre et le jour se confond avec la nuit. Magritte est un sémioticien de la peinture.

Les tableaux sont exposés par ordre chronologique et répartis sur trois étages. Dans l'ascenseur, mise en condition avec une déconstruction, au fil des étages, d'une œuvre célèbre du peintre.

– *Au niveau supérieur,* les premiers tableaux, illustrés par les principes qui ont fondé toute son œuvre. « Il est défendu sous peine d'imbécillité de rien prévoir... ce que je fais et je ferai dans tous les domaines est imprévisible tout autant que l'apparition d'une image poétique. » Beau credo qui ouvre l'exposition. Magritte n'a jamais cru à la spontanéité de l'inconscient, bien que certains événements de sa vie, comme le suicide de sa mère, aient joué un rôle important. Tout ce qu'il a produit a toujours été le résultat d'une longue réflexion. Dessinateur et peintre précoce, il s'essaie à divers genres avant d'éprouver le choc déclencheur à la découverte d'un tableau de De Chirico. À cette époque Magritte, jeune marié à Georgette, doit faire bouillir la marmite. C'est l'époque de ses « travaux imbéciles » où il travaille comme publiciste et notamment dessiner des pochettes de disques avec son frère Paul. Il qualifie lui-même cette période aux tableaux de tonalités sombres de « fantomatique » ; il est vrai qu'il était fan de Fantomas.

Pour lui et ses potes surréalistes, ce qui compte dans l'art c'est de faire passer une idée, peu importe le média : « Être surréaliste c'est bannir de l'esprit le *déjà-vu* et rechercher le *pas-encore-vu.* » Dès lors, si vous cherchez à établir une corrélation entre l'image du tableau et son titre, vous allez vous casser les méninges : il n'y en a aucune, et c'est voulu.

– *Le 2e étage* lève le voile sur des thèmes moins connus : Magritte à Bruxelles, face à la guerre (il s'est exilé quelques mois à Carcassonne), Magritte et le communisme (il a pris trois fois sa carte et a dessiné pour les syndicats du textile), la période du « surréalisme au soleil », dès la Libération, où il veut mettre de la dorure et du vichy à carreaux dans ses compositions néoimpressionistes à la Renoir. Le public ne suit pas, il redouble de provocation avec la « période vache » où les personnages peinturlurés de manière criarde ressemblent aux Pieds Nickelés, où le lapin semble mû par une pile Duracell... Quel pied-de-nez aux conventions ! « On met les pieds dans le plat et on va leur en foutre plein la gueule », s'écrie Scutenaire, son vieux complice... Les critiques sont déroutés, dégoûtés et hurlent à la provoc. Magritte se marre. De son passé il a fait table rase : il refuse que le surréalisme s'institutionnalise, mais Georgette, qui aspire à un peu de confort, voudrait bien qu'il se remette à une production plus commerciale. Retour aux recettes qui font vendre et qui rapportent. Magritte se copie lui-même, multiplie les variations sur un même thème, décore les casinos et accepte une commande pour la Sabena, le sublime « oiseau de ciel » dont on remarque à peine qu'il survole les pistes d'un aéroport. Suivent les années de succès : Magritte voyage, découvre le Texas, Israël et l'Italie, photographie, filme et perd quelques amis qui ne voient en lui qu'un commerçant madré qui ne rechigne pas à la production en série.

– On termine par *le 1er niveau* qui éclaire quelques temps forts de sa vie avec quelques-uns de ses plus grands chefs-d'œuvre : *L'Empire des lumières* avec deux versions, le *Vautour*, ou les *Shéhérazade* dont il exploita 20 fois le thème. Son portrait d'Anne-Marie Gillion-Crowet (prêté par celle-ci pour trois ans), éclairé d'une bougie sombre, révèle un talent de portraitiste. Pour finir *La Page blanche*, son dernier tableau à peine ébauché juste avant sa mort en 1967. Mais arrêtons là de bavasser et laissons-nous nous imbiber de la magie des images.
– Au sous-sol se trouvent encore un espace multimédia, une boutique et une librairie.

LA PIPE EN QUESTION

La peinture de Magritte joue sur le décalage entre un objet et sa représentation. Parmi les plus célèbres, l'image de la pipe sous laquelle figure le texte « Ceci n'est pas une pipe ». Il s'agit en fait de considérer l'objet comme une réalité concrète et non pas selon le terme à la fois abstrait et arbitraire qui le désigne. Pour expliquer ce qu'il a voulu représenter, Magritte a déclaré : « La fameuse pipe, que me l'a-t-on assez reprochée ! Et pourtant, pouvez-vous la bourrer, ma pipe ? Non, n'est-ce pas, elle n'est qu'une représentation. Donc, si j'avais écrit sous mon tableau "Ceci est une pipe", j'aurais menti ! » CQFD.

🎨🎨 *BIP Expo* (plan C3, **1**) : rue Royale, 2-4, 1000. Tlj 10h-18h, sf le 1er janv et le 25 déc. Située à l'étage du Visit Brussels, le bureau d'informations touristiques de la pl. Royale. Gratuit. Cette petite expo vraiment amusante et interactive peut constituer une bonne introduction aux réalités de la capitale. Elle présente la région de Bruxelles-Capitale sous toutes ses coutures. Comment et pourquoi la région est née, quelle a été l'histoire de la ville, quel est son mode de fonctionnement, comment elle assume son statut de ville internationale et de capitale de l'Europe, comment s'organise l'urbanisation bruxelloise, quelles sont les composantes du melting-pot bruxellois (jolie galerie de photos), qui y travaille, quelle est l'offre culturelle, quelles sont ses spécificités, ses coutumes, ses particularités, ses excentricités... ? Tout au long du parcours vous serez suivi par écrans interposés d'un personnage jovial qui vous fera découvrir les saveurs du parler bruxellois. Au dernier étage, grande maquette lumineuse en relief pour se familiariser avec la topographie et les principaux centres d'intérêt.

🎨🎨 *Le musée BELvue* (plan C3, **215**) : pl. des Palais, 7, 1000. ☎ 02-545-08-00. ● belvue.be ● Ⓜ Gare-Centrale ou Parc. Bus nos 71, 95 et 96 ; trams nos 92 et 94. Tlj *sf lun et j. fériés 10h-17h (18h w-e). Entrée : 5 € ; réducs. Ticket combiné avec le site archéologique du Coudenberg : 8 € (voir plus loin).*

Installé dans l'ancien hôtel Bellevue, l'aile droite du palais royal, le musée a été rénové en 2005 pour les 175 ans d'indépendance du pays. Autrefois plus axé sur la dynastie belge que sur l'histoire de la Belgique, il retrace maintenant, par le menu, l'histoire moderne du pays tout en passant en revue les différents ***souverains belges***, de Léopold Ier jusqu'à Baudouin (Albert II n'a pas encore droit au chapitre car il est d'usage de ne jamais parler du règne en cours). Ce musée s'attache donc plus à l'histoire générale de la nation qu'à la vie de ses différents souverains. Et c'est tant mieux ! Une riche iconographie (vidéos, gravures, photos, documents sonores...) et une muséographie remarquable donnent vie à l'ensemble. Cela dit, pour bien situer chacun d'entre eux dans son contexte historique, il peut être bon, cher lecteur, de (re)lire l'excellente partie sur la dynastie belge dans la rubrique « Personnages » du chapitre « Hommes, culture et environnement » ; c'est le moment ou jamais ! L'exposition commence au 1er étage et comprend huit salles en tout.

– *La 1re salle* porte tout naturellement sur la naissance de l'État, avec pour pilote Léopold Ier de Saxe-Cobourg-Gotha (c'est le nom de la famille royale), prince au chômage en 1830 mais au carnet d'adresses suffisamment étoffé pour se dégoter une couronne et garantir la neutralité du nouveau pays. Documents et images de la révolution belge face aux Hollandais.

– *Salle 2* : l'industrialisation de la Belgique, qui, rappelons-le, fut le premier pays au monde à s'équiper d'un réseau de chemin de fer. À l'époque (1846), il fallait 2h pour relier en train Bruxelles et Anvers ! Évocation des charbonnages, hauts fourneaux et autres sites majeurs d'activité qui firent du jeune État une puissance industrielle de premier plan dans la seconde moitié du XIXe s.

– Vient ensuite la Belle Époque (dans la *salle 3*), avec Horta et l'Art nouveau, les grandes réalisations architecturales, les expositions universelles (sept avant la Première Guerre mondiale !), l'exportation des technologies du pays et le Congo, exploité jusqu'au trognon pour enrichir le royaume. Ne pas manquer, à ce sujet, l'article d'un journal américain dénonçant les sévices infligés aux populations noires, où l'on voit des Africains auxquels on a tranché les mains !

– Dans la *salle 4*, naissance des grands mouvements sociaux, des syndicats, mais aussi de la lutte pour le suffrage universel.

– Puis c'est l'invasion allemande de 1914, dans la *salle 5*. Nombreuses photos montrant l'exode de plus de 1 million de Belges vers les pays voisins, l'Occupation, la pénurie et, surtout, la résistance, incarnée par Albert Ier qui, avec son armée, se cramponne dans les plaines de l'Yser pour tenir un petit bout de sol national.

– La *salle 6* est dédiée à l'entre-deux-guerres et la *salle 7* à la période 1940-1945, de nouveau à travers moult photos et images filmées.

– *Dernière salle*, la question royale, causée par l'attitude de Léopold III pendant la guerre et qui divisa le pays à la capitulation allemande. Le roi fut finalement écarté du pouvoir et la régence assurée par le prince Charles jusqu'en 1950, année où Baudouin Ier reprit le flambeau, pour 43 ans. La visite se termine par la reconstruction du pays et son entrée de plain-pied dans la société de consommation, la naissance de l'Europe, l'adieu au Congo, les *golden sixties,* les premières autoroutes, la multiplication des postes de télévision et la revendication du droit à l'avortement, pour ne citer que ça.

Un musée très bien fait, ludique, clair et agréable, bref, incontournable pour toute personne qui s'intéresse un tant soit peu à l'histoire belge ou européenne. Le règne des différents souverains est également évoqué entre les salles par de nombreux portraits.

🍽 Restaurant ***Green Kitchen*** pour une pause déjeuner entre deux musées.

🍴 ***Le site archéologique du Coudenberg*** *(ancien palais de Bruxelles)* : entrée par le musée BELvue (voir ci-dessus). ☎ 070-22-04-92. ● coudenberg.com ● Mar-ven 10h-17h ; w-e 10h-18h. Visites guidées le lun à partir d'un groupe de 15 pers. Entrée : 5 € ; gratuit pour les moins de 18 ans accompagnés ; réducs. Audioguide 2,50 €. Ça n'en a pas l'air mais ce sont les vestiges de la première enceinte et,

À VOIR. À FAIRE

surtout, du palais des *ducs de Brabant* édifié au XVe s et transformé par ceux de Bourgogne, puis par les Habsbourg au XVIe s, puis fignolé sous le règne des Autrichiens. En 1731, un incendie le ravagea et il fallut attendre plus de 40 ans pour que les ruines soient rasées et le terrain remblayé pour créer une nouvelle place horizontale bordée d'immeubles néoclassiques (l'actuelle place Royale). Un petit film de 7 mn offre un bon aperçu général du site et de son histoire, et des panneaux explicatifs permettent de bien se repérer à l'intérieur. Le palais du Coudenberg était bordé d'imposants hôtels particuliers appartenant à des conseillers et des nobles de la Cour, dont l'hôtel d'Hoogstraeten qui sert d'entrée

LE PARIA DE LA FAMILLE ROYALE

Charles de Flandre, cadet de Léopold III, était un enfant turbulent. Ses parents, Albert Ier et Élisabeth chouchoutaient plutôt l'héritier du trône. Vivant en marge, on lui refusa d'épouser une roturière. En pétard avec son frère, lorsqu'en 1942, celui-ci épousa une non-noble, il accepta le poste de Régent (« pour sauver le bazar » selon ses propos) quand le Roi fut emmené en Allemagne à la Libération. Son intérim dura jusqu'en 1951, date de l'accession de son neveu Baudouin au trône. Éjecté du Palais comme un malpropre, en exil à la côte, entre ses conquêtes féminines et ses toiles, il ne renoua jamais avec sa famille. Son frère n'assista même pas à ses obsèques.

au musée. Ce bâtiment fut la résidence d'Antoine de Lalaing, qui était un des conseillers de Charles Quint, et de sa tante, Marguerite d'Autriche. En 1515, il y fait construire une galerie de style gothique. Cette galerie, qui sert de promenoir, subsiste encore et a été entièrement restaurée. On voit les *caves du corps de logis,* les soubassements de la *chapelle palatine,* ainsi qu'un tronçon de l'*ancienne rue Isabelle* qui menait à la cathédrale (autrefois à l'air libre mais qui fut couverte au XVIIIe s). On peut aussi visiter ce qui reste de la *grande salle d'apparat du palais* (l'Aula Magna) construite sous Philippe le Bon, où Charles Quint abdiqua en 1550.

🍗 Avec la place Royale, on aménagea la place des Palais, grande esplanade où se situe le **palais royal** *(plan C-D3 ; ouv au public fin juil-début sept, tlj 10h30-16h30),* toujours d'un style très, très classique (début du XXe s), et juste en face le beau **parc de Bruxelles.** Le parc de Bruxelles, appelé autrefois *Warande,* fut en 1830 le théâtre des combats qui opposèrent les partisans de l'Indépendance aux troupes hollandaises. D'avion, on s'aperçoit que les allées du parc et toute sa composition recèleraient la panoplie quasi complète des outils maçonniques : équerre, compas, truelle. Mais comme vous n'avez pas d'avion... il ne vous reste qu'à jeter un coup d'œil à notre plan pour vous forger une opinion. Pour être complet, précisons que cette interprétation ésotérique du dessin du parc est contestée par les historiens sérieux...

Au fronton du palais royal, un bas-relief symbolisant la Belgique avec les deux fleuves, la Meuse et l'Escaut. Visite du grand corridor, de la salle du Trône, de la salle Empire... Dorures, lustres énôôrmes et *tutti quanti*... Ennui et bâillements garantis, sauf dans la grande salle des glaces où les plafonds et le lustre monumental ont été recouverts de 1,4 million de scarabées (voir encadré). L'iconoclaste artiste gantois Jan Fabre et son équipe de 29 personnes ont eu besoin de près de 3 mois pour réaliser ce travail de fourmi.
À l'opposé du palais royal, de l'autre côté du parc, le palais de la Nation abritant le Parlement. Sur la gauche, dos au palais royal, l'ex-siège de la Société générale, vénérable vieille dame de l'économie belge qui se trouve désormais sous le contrôle du grand capital français (Suez-Veolia Environnement).

🍗🍗 De la place Royale *(plan C3),* on redescend la rue de la Montagne-de-la-Cour. Sur la droite, au n° 2, il n'y a que les aveugles qui ne lèveront pas les yeux devant la magnifique structure de fer et de verre de l'ancien **magasin Old England,** chef-d'œuvre Art nouveau de l'architecte Paul Saintenoy, avec sa fière tourelle d'angle ajourée en encorbellement et ses larges baies vitrées. Il accueille le musée des Instruments de musique, qui n'est autre que l'un des plus riches du genre au monde !

🎭🎻🎹 *Le musée des Instruments de musique* (plan C3) : rue Montagne-de-la-Cour, 2, 1000. ☎ 02-545-01-30. ● mim.be ● Ⓜ *Parc* ou *Gare-Centrale* ; trams nᵒˢ 92 et 94 ; bus nᵒˢ 27, 29, 38, 71, 95 et 96. Mar-ven 9h30-17h ; w-e 10h-17h (dernier billet 45 mn avt). Fermé lun et certains j. fériés. Entrée : 5 € ; réducs ; gratuit le 1ᵉʳ mer de chaque mois à partir de 13h.

Le « MIM » s'est donc installé dans ce magnifique bâtiment (voir ci-dessus) conçu en 1899 comme

une ode Modern Style à l'industrie métallurgique (il faut dire que le financier du projet n'était autre que le patron des forges de Clabecq !).

Sur 3 000 m² et 4 niveaux, il peut depuis exposer quelque 1 500 pièces rares, que le visiteur découvre avec surprise et ravissement à travers plusieurs parcours thématiques. Le plaisir n'est même pas seulement visuel puisque, grâce aux casques à infrarouge remis à l'entrée, les instruments se dévoilent aussi à travers leurs sonorités... donnant ainsi véritablement vie à la visite. Bref, on passe en sons et en images de l'Opéra de Pékin au carnaval de Binche, ou encore des gamelans indonésiens aux synthétiseurs chers à Jean-Michel Jarre. En gros, on retrouve les instruments populaires du monde entier au rez-de-chaussée, un circuit historique de l'Antiquité au XXᵉ au 1ᵉʳ niveau, les instruments à cordes et à clavier (étonnante collection !) au 2ᵉ, et les pièces mécaniques (carillons, boîtes à musique et orgues de Barbarie) au niveau - 1. Un regret cependant : aucune explication historique ou technique ne vient véritablement étayer la visite. Ce manque de pédagogie est un peu frustrant. On a parfois l'impression de passer à côté de l'essentiel, à savoir ce qui lie tous ces instruments entre eux. Reste l'opportunité de les voir ici tous rassemblés.

À signaler encore, de nombreux concerts, soit dans une salle de 200 places, soit au beau milieu des collections, pour mettre en valeur l'un ou l'autre instrument rare restauré ou reconstitué (un régal pour les mélomanes) et un superbe panorama de Bruxelles depuis la brasserie tout en haut, dont la déco de sycomore et de marbre blanc fait très Sécession viennoise. Demandez le ticket d'accès (gratuit) à l'accueil.

🕯 Sur la gauche, en face du MIM, surplombant le puits de lumière du musée d'Art moderne, l'élégante façade classique du *palais de Charles de Lorraine,* dont les appartements, rénovés et désormais visitables *(13h-17h mar-sam),* abritent un ensemble décoratif élégant (mobilier, vaisselle, sculptures, tapisseries et gravures) représentatif du Siècle des lumières.

🕯 *L'hôtel de Clèves-Ravenstein* (plan C3, **217**) : dans la descente, à l'angle de la rue Ravenstein vers le Bozar, c'est le seul vestige du XVᵉ s, de la période des ducs de Bourgogne. Façade ouvragée en brique. Noter la présence d'un escalier des juifs et d'un balcon couvert (une bretèche).

🕯 *BOZAR* (ex-palais des Beaux-Arts ; plan C3) : à l'angle des rues Ravenstein et Baron-Horta. ☎ 02-507-82-00. ● bozar.be ● Tlj sf lun 10h-18h (21h jeu). Visite du

À VOIR. À FAIRE

bâtiment dim à 12h. Entrée : 9 € ; réducs. Horta réalisa là en 1928 un édifice Art déco, style qu'il adopta après son voyage aux États-Unis. Œuvre tardive donc, qui abrite aujourd'hui un centre culturel de grandes dimensions : huit niveaux, 30 000 m^2 de surface, quatre salles d'expos et trois de concert accueillent manifestations temporaires de grande qualité, concerts, festivals, théâtre, films et conférences. On y organise notamment tous les 2 ans (années impaires) l'expo de prestige « Europalia ». Dans la grande salle de concert (une des meilleures du monde du point de vue acoustique) se déroule, tous les ans, le concours musical *Reine Élisabeth* (alternativement piano, chant et violon).

⚜ Boutique *Bozarshop* bien achalandée.

|●| Excellente table à la **BOZAR Brasserie** ouverte fin 2010 par le chef étoilé David Martin. ☎ 02-503-00-00. *Ouv tlj 12h-23h. Plat du jour 13 € et lunch 23 €.*

🎥 **Cinematek** *(plan C3, 226)* : *rue Baron-Horta, 9, à côté de l'entrée du BOZAR.* ☎ *02-551-19-19.* • *cinematek.be* • *Ouv dès la 1re projection de films, normalement à partir de 16h30 (12h30 jeu et 14h30 sam-dim). Entrée : 3 €.*
Un passage obligé pour les inconditionnels du 7e art. Avec quelque 110 000 copies en réserve, la cinémathèque de Bruxelles possède une collection de films à faire pâlir d'envie d'autres institutions du genre, et pas seulement les plus petites... Tous les jours, plusieurs films choisis autour d'un thème (qui dure 2 mois) sont projetés, dont certains muets, accompagnés au piano, comme au bon vieux temps ! Mais également des grands thèmes classiques (cinéma italien de l'après-guerre, science-fiction...). L'intérêt des projections, la qualité des copies et la modestie du prix d'entrée en font un lieu de référence.
Voir aussi le petit musée, dans le hall d'entrée, qui présente non seulement l'histoire mais aussi la « préhistoire » du cinéma (salle *Wunderkammer*), à savoir toutes les tentatives et façons de montrer, avant l'invention de la caméra, des images en mouvement (des ombres chinoises aux lanternes magiques et thaumatropes, en passant par les feuilleteurs, les praxinoscopes et les boîtes optiques). En bref, un joli condensé d'innovations techniques que l'apparition du cinéma a totalement occultées, et donc à redécouvrir. Également dans le hall, quatre écrans liés à une partie du fonds de la cinémathèque (surtout des films historiques sur la Belgique), où l'on peut chercher, choisir et visionner le film de son choix sur écran individuel.

🎥 Par la galerie Ravenstein, on rejoint *la gare Centrale* située sur la jonction souterraine qui relie les gares du Nord et du Midi. C'est la plus fréquentée de Belgique avec 140 000 passagers par jour bien qu'elle ne possède que six voies. Tous les trains utilisant la jonction Nord-Midi s'arrêtent ici sauf les *Thalys* et les *ICE* allemands.
La construction de la gare en centre-ville était déjà prévue avant 1914 par Horta. Après sa mort, l'architecte Maxime Brunfaut poursuivit son travail, rendu compliqué par les différents niveaux de sortie. L'entrée principale sur le coin de la Putterie et de Cantersteen se situe sous une façade en coin avec neuf fenêtres symbolisant les neuf provinces belges de l'époque. En face, l'hôtel *Méridien* et derrière, la silhouette de la tour de l'hôtel de ville.

Extension de la balade vers le Jardin botanique

🎥 Ceux qui veulent vraiment tout visiter de ce secteur (les courageux) remonteront depuis l'entrée du *BOZAR* la volée d'escaliers qui mène à gauche à la rue Royale et au-delà du parc de Bruxelles et de la rue de la Loi. Arrêt obligatoire au n° 13 de la rue Royale pour admirer la *vitrine en acajou dessinée par Paul Hankar* pour une chemiserie (c'est à présent celle d'un fleuriste).
Remonter jusqu'à la *place du Congrès (plan C-D2)* où est érigée une haute colonne d'où un Léopold Ier, premier roi des Belges, regarde vers les faubourgs. Cette colonne, une œuvre de jeunesse de Poelaert, rappelle la promulgation par le Congrès national en 1831 de la première Constitution belge (les quatre libertés

constitutionnelles fondamentales), après l'Indépendance. À l'arrière, la froide et désolante architecture de la cité administrative, terrasse gigantesque et jardins suspendus quasi déserts et ouverts à tous les vents. Désertée par les fonctionnaires du fait de la régionalisation des institutions, cet échec urbanistique notoire fait l'objet d'une réhabilitation. Ne vous y aventurez que muni d'un cache-nez, sous peine d'attraper la crève...

🚶 *Le musée du Jouet* (plan D2, **221**) **:** rue de l'Association, 24, 1000. ☎ 02-219-61-68. ● *museedujouet.eu* ● *Tte l'année, tlj 10h-12h, 14h-18h. Entrée : 5,50 € ; enfants : 4,50 €.* Dans une maison de maître du nord-est du Pentagone. Le mot d'ordre de ce musée : « s'a-musée ». Tout l'univers de l'enfance avant la vogue des consoles de jeux : poupées, magasins, automates, maquettes, trains électriques, jeux de société... à regarder avec les yeux du mioche qu'on a tous été et qu'on est parfois resté. On peut manipuler certains jouets, les autres sont sous vitrines. À noter en particulier pour les mômes : le tram grandeur nature, un bus, des voitures de pompiers, une fausse cuisine et un toboggan à billes. Également une ludothèque *(ouv mar et jeu 12h-15h, mer 14h-18h, sam 14h-17h)* et des expos temporaires à thème. Théâtre de marionnettes.

🌿 *Le Jardin botanique* (plan D1) **:** tout au bout de la rue Royale, au niveau de la porte de Schaerbeek, avec la perspective à l'horizon du dôme byzantin de l'église royale Sainte-Marie. Les vastes serres du Jardin botanique (conçues par Balat, comme celles du palais de Laeken) sur la gauche sont devenues le centre culturel de la communauté française de Belgique – théâtres, cinémas, expos, rencontres artistiques... Dans le jardin, illuminations nocturnes du plus bel effet sur fond de *skyline manhattanienne* du quartier Nord. Toujours de beaux arbres et également d'intéressantes sculptures, notamment de Constantin Meunier et de Charles Van der Stappen.

Retour de la place Royale à la Grand-Place

🌿 Tout ce quartier a subi bien des chamboulements lors des travaux de la jonction ferroviaire entre les gares du Nord et du Midi. C'est après ces grands travaux, qui durèrent près d'un demi-siècle, qu'on édifia le *Mont des Arts* dans les années 1960. Rebaptisé *Square*, l'ancien palais des congrès a rouvert ses portes après transformations en 2009 et a été doté d'une entrée spectaculaire en forme de cube de verre. Doté de 13 000 m² d'espaces de conférences, le *Square* ambitionne d'attirer 250 000 visiteurs par an. Deux salles de réception sont décorées de fresques murales de Magritte et Delvaux datant des années 1960, mais ne sont pas accessibles au public.

Plus bas, sous une arcade, une horloge monumentale avec carillons et automates. Toutes les 15 mn, elle chante alternativement en français et en néerlandais. Pas de jaloux ! On descend le jardin du Mont des Arts jusqu'à la place de l'Albertine où, sur la gauche, se trouve le bunker mussolinien de la *bibliothèque royale Albert-Ier*. On y a enclavé une belle chapelle gothique, seul vestige du château des Nassau (XVe s). *Musée du Livre et de l'Imprimerie*. De part et d'autre du boulevard de l'Empereur, Albert Ier (à cheval) et sa femme, la reine Élisabeth, servent de perchoirs aux pigeons. Amateurs de vieux livres, faites un petit crochet par la jolie *galerie Bortier,* repaire des bouquinistes. On n'est plus loin de la Grand-Place que l'on rejoint par la place Saint-Jean, fin de notre deuxième balade.

🌿 *La maison de la Bande dessinée* (zoom C2, **225**) **:** bd de l'Impératrice, 1, 1000. ☎ 02-502-94-68. ● *jije.org* ● *Tlj sf lun 10h-18h. Entrée : 2 € ; réducs.* Occupant un coin du bâtiment de la gare Centrale, ce petit musée privé présente dans une salle des planches originales de Franquin, Morris, Roba, Peyo, Tilleux et d'autres de ces grands dessinateurs qui collaborèrent, sous la houlette de Jijé au célèbre journal *Spirou*. Expos temporaires. On y trouve aussi une librairie et un salon de lecture.

À VOIR. À FAIRE

LES FAÇADES B.D.

🔖 En complément à votre visite au Centre belge de la bande dessinée et de la maison de la Bande dessinée, nous vous proposons de vous faire découvrir les façades B.D. qui garnissent de plus en plus les murs de Bruxelles avec l'appui, bien sûr, du CBBD. Pas d'itinéraire suivi, parce que les façades en question sont très dispersées à l'intérieur (et à l'extérieur) du Pentagone et qu'il serait un peu idiot de vous faire parcourir des kilomètres rien que sur ce thème. En revanche, au cours de vos pérégrinations, vous repérerez aisément ces façades (marquées d'une bulle de B.D. sur notre plan détachable). Elles vous renvoient à la petite notice explicative ci-dessous, qui vous indique leur auteur et leurs personnages. Rien que sur le territoire de Bruxelles, on en compte aujourd'hui une bonne quarantaine puisque le circuit s'étend jusqu'aux communes de Laeken, Etterbeek, Uccle... Il est régulièrement mis à jour sur ● *brusselsbdtour.com* ● *http://bdmurales.skynetblogs.be* ● Depuis le retour triomphal de Tintin débarquant du pays des Soviets à la vieille gare du Nord, la B.D. belge s'est nourrie des paysages urbains bruxellois. De Quick et Flupke fuyant le courroux de l'agent 15 jusqu'aux architectures oniriques de François Schuiten, ce n'est qu'un juste retour des choses que celle-ci égaye à présent les rues, pour le plus grand plaisir de ses habitants. Suivez le guide, en route pour le parcours B.D. !

– *Le Passage* (zoom B2) **:** pignon latéral de François Schuiten. Rue du Marché-au-Charbon, en face du commissariat central. Hommage au « Brüsel » de la série des *Cités obscures.*

– *Broussaille* (zoom B2) **:** par Frank Pé. Rue du Marché-au-Charbon, à hauteur du *Plattesteen.* Une invitation au trekking urbain, presque une couverture du *Guide du routard* !

– *Victor Sackville* (zoom B2) **:** par Francis Carin. Rue du Marché-au-Charbon et bas de la rue du Lombard. Un personnage d'espion au service du roi d'Angleterre à la Belle Époque.

– *Ric Hochet* (zoom B2) **:** rue de Bon-Secours, entre la rue du Marché-au-Charbon et le boulevard Anspach. Le célèbre détective à l'imper mastic en train de se livrer à ses habituelles acrobaties sous les yeux du commissaire Bourdon et de sa nièce. Le dessinateur Tibet, mort en 2010, a vécu dans le quartier en débarquant de son Marseille natal.

– *Isabelle* (zoom B2) **:** par Will. À l'angle de la place Anneessens et de la rue de la Verdure. La très jolie magicienne Calendula nous fait entrevoir ses charmes et un monde à l'imaginaire foisonnant au-delà de la destruction des immeubles.

– *Le Chat* (plan B3) **:** par Philippe Geluck. Boulevard du Midi, à l'angle de la rue des Tanneurs. L'ineffable félin qui philosophe tous les samedis dans le supplément du *Soir* semble étonné de voir défiler tous les trains de la gare du Midi.

– *Tintin* (zoom B2) **:** d'Hergé. Rue de l'Étuve. Le plus célèbre reporter du monde sur des escaliers de secours, en compagnie de son inséparable petit chien blanc et du capitaine Haddock.

– *Lucky Luke* (plan B2) **:** de Morris. Rue de la Buanderie. Le cow-boy le plus rapide de l'Ouest et les exploits criminels des incorrigibles frères Dalton.

– *Astérix* (plan B2) **:** de Goscinny et Uderzo. Un peu plus loin, dans la même rue. Le petit Gaulois, ou plutôt le village gaulois... en visite dans un camp retranché romain.

– *L'Archange* (zoom B2) **:** d'Yslaire. Rue des Chartreux. Un ange veillera désormais sur ces Chartreux qui n'étaient pas des chats.

– *Néron* (zoom B2) **:** de Marc Sleen. Place Saint-Géry. Le héros le plus populaire de la B.D. flamande, à la truculence bruxelloise pleine d'optimisme et de bon sens.

– *Cubitus* (plan B1) **:** de Dupa. Rue de Flandre, 109. La grosse boule de poils du sympathique chien du loup de mer Sémaphore a trouvé naturellement un piédestal à sa condition canine.

– *Bob et Bobette* (plan B1) **:** de Vandersteen. À l'angle de la rue de Laeken et de la rue du Canal. Toute la tribu chère au public flamand, à proximité, comme il se doit, du Théâtre flamand.

– **Gaston Lagaffe** (plan C2) : d'André Franquin. Boulevard Pachéco. Le plus célèbre des anti-héros en compagnie de sa mouette rieuse et de son pirate de chat, une sculpture en résine en trois dimensions cette fois. Au bas des escaliers, le CBBD, pour retrouver tous ces héros. Également (zoom C2) une fresque peinte pour les 50 ans de Gaston Lagaffe sur le côté de l'entrée d'un parking, rue de l'Écuyer à droite de la Monnaie.

– **Olivier Rameau** (zoom B2) : de Dany. Rue du Chêne. À deux pas du Manneken-Pis, un hommage tonitruant et étoilé à l'univers

LES ESPADRILLES DE LAGAFFE

Lorsqu'il devient employé au courrier du Journal de Spirou, Gaston porte un pull à col roulé vert trop court, un jean et des espadrilles orange usées jusqu'à la corde. Franquin reçoit un jour une lettre de Mauléon-Licharre, petite ville du Pays basque connue pour être la capitale de l'espadrille. L'auteur de la lettre, estimant les espadrilles de Gaston en trop mauvais état, avait décidé de lui en fournir des neuves et, à cette fin, avait joint deux paires : une noire et une bleue. Franquin ayant choisit la bleue, Gaston ne les quittera plus.

disneyen du pays de Rêverose, à la demande du marchand de pyrotechnie voisin.

– **Quick et Flupke** (plan B3) : d'après Hergé. Rue Haute, au coin de la rue des Capucins. Les *ketjes* de Bruxelles aux prises avec l'agent 15 dans leur quartier d'élection : le cœur des Marolles.

– **Odilon Verjus** (plan B3) : d'après Verron et Yann. Un peu plus bas, au n° 13 de la rue des Capucins. Un brave missionnaire qui a fort à faire pour ne pas perdre son latin quand le Vatican lui confie les tâches les plus ingrates, compliquées par les gaffes de son assistant, le jeune Père Laurent.

– **Boule et Bill** (plan B3) : de Roba. Rue du Chevreuil. À deux pas du marché aux puces, une délicieuse évocation du foisonnement de la vie du quartier. Peut-être la plus réussie des façades B.D.

– **Le petit Jojo** (plan B4) : d'André Geerts. Rue Pieremans, 43. L'univers familial, tendre et drôle d'un petit garçon, de sa mamie et de Gros-Louis, son copain préféré.

– **La patrouille des Castors** (plan B4) : d'après Mitacq. Au coin de la rue Blaes (n° 200) et de la rue Pieremans (à proximité, donc, de la précédente). Poulain, Faucon, Mouche, Tapir et Chat, les cinq scouts éternellement jeunes et courageux qui firent le bonheur des lecteurs en culottes courtes du *Journal de Spirou* depuis les années 1950.

– **Cori le Moussaillon** (plan B2) : de Bob de Moor. Rue des Fabriques, 21. L'épopée des « gueux de mer » opposés à l'armada espagnole traitée par l'un des piliers de l'école belge.

– **Blondin et Cirage** (plan B3) : d'après Jijé. Rue des Capucins, 15. Un duo humoristique et multiethnique où le plus futé n'est pas celui qu'on croit, créé dès 1939 par ce maître à dessiner que fut Joseph Gillain.

– **Les Rêves de Nic** (plan B2) : d'après Hermann. Rue des Fabriques, 40. Tout près de *Cori le Moussaillon* et de *Lucky Luke*. Une façade qui invite le passant à pénétrer dans le rêve de Nic, où l'aventure commence...

– **Le Jeune Albert** (plan B3) : d'Yves Chaland. Rue des Alexiens, 49. Une nos préférées. Un tram et un cinéma, dans une rue plongée dans les années 1950.

– **Billy the Cat** (plan B1) : de Colman et Desberg. Rue d'Ophem, 24. Billy, petit garçon changé en chat, se retrouve pirouettant avec un compagnon sur le pavé de Bruxelles...

– **Le Scorpion** (plan C2) : de Marini et Desberg. Rue Treurenberg, 14. Le fier bretteur italien à un jet de pierre de la cathédrale.

– **Passe-moi l'ciel** (plan B3) : de Stuf et Janry. Rue des Minimes, 91. Série humoristique qui traite du paradis et de l'enfer, des bons et des méchants (un clin d'œil au palais de justice, situé en contre-haut).

À VOIR, À FAIRE

– *Monsieur Jean* (zoom B2) : d'après Dupuy et Berberian. Rue des Bogards, 28, coin rue du Midi. M. Jean, le quidam de service, passe devant une brasserie typiquement... bruxelloise. Petit hommage à la Edward Hopper rendu à la ville par deux auteurs parisiens.

– *XIII* (zoom B3) : d'après William Vance. Le baroudeur amnésique imaginé par Jean Van Hamme sort d'un taxi dans cette petite rue tranquille du vieux Bruxelles.

– *Caroline Baldwin* (plan A2) : d'après André Taymans. Place de Ninove, 10. Belle, intelligente, sportive et célibataire, Caroline Baldwin est chargée de résoudre les énigmes les plus difficiles qui mêlent souvent à la fiction de ses aventures un soupçon d'actualité.

– *La vache* : de Johan de Moor. Dans le hall de l'*Espace du Sleep-Well (plan C1, 13),* une composition burlesque du fils de Bob de Moor sur le thème de la capitale avec ses symboles incontournables : Woltje, l'agent 15, le Chat, l'Atomium, Magritte et le tram n° 33, cher à Brel, qui emmène Madeleine manger des frites chez Eugène.

– *L'agent 15* (plan B1) : d'après Hergé. Place Scaintelette. Une statue d'agent de police (sculptée par Frantzen) accrochée au pied par un voyou dans un égout. Au départ, rien à voir avec le personnage des Aventures de Quick et Flupke, mais une représentation de l'autorité que fait vaciller l'esprit rebelle aux abords d'un canal où s'affrontaient autrefois les bandes de Molenbeek venues narguer celles de Bruxelles.

– *Corto Maltese* (plan B1) : d'après Hugo Pratt. Au croisement des quais des Péniches et de la voierie au bord du canal. Assis dans le sable, le marin légendaire s'étale avec sa nonchalance coutumière sur près de 80 m de long.

– Pour les inconditionnels, signalons d'autres personnages qui se retrouvent en façade sur notre plan Nord de Bruxelles : citons *Titeuf,* de Zep, dessiné sur l'Atomium, boulevard Émile-Bockstael, au coin de la rue D.-Lefevre ; la pulpeuse hôtesse de l'air *Natacha,* dessinée par Walthéry, rue Thys-Van-Haam, au coin de la rue Léopold Ier, à Laeken (plan Nord de Bruxelles, A2) ; *Gil Jourdan,* d'après Tillieux, rue Jean-Bollen, pas loin de la place Bockstael (plan Nord de Bruxelles, B2), une des séries policières des plus talentueuses de la B.D. belge ; et aussi l'ineffable *Martine,* dessinée par Marlier, avenue de la Reine ; *Lincoln,* dessiné par Jouvray, rue des Palais ; *Mezzo,* rue Siernet, pas loin des deux précédents ; sur le mur de brique d'une école rue Van-Bergen à Koekelberg, une référence à Magritte avec les personnages dessinés par Dino Attanasio : *Spaghetti, Modeste et Pompon, Bob Morane* et, pour finir, le petit *Spirou,* de Tome et Janry, à Brupark, près de l'Atomium.

– À Saint-Gilles, le petit indien *Yakari* (Derib et Job) fait la ronde avec ses copains sur le coin de la *maison des Enfants,* rue Dethy.

– Également d'autres fresques dans quelques stations de métro : *Porte-de-Hal* (le *Passage Inconnu* de Schuiten), *Ribaucourt* et *Stockel,* cette dernière s'adressant tout particulièrement aux tintinophiles pour sa multitude de personnages d'Hergé (peints sur toute la longueur de la station).

– Pour finir en beauté avec le personnage le plus connu de la B.D. belge, *les gares* : d'abord le *hall de la gare du Midi* (plan A3-4), où *Tintin* occupe tout un mur en s'accrochant à une loco tirée de sa première aventure *Au pays des Soviets.* Ensuite, pour commémorer ses 80 ans en 2009, la rénovation de *la gare de Luxembourg* (plan D3) a réservé une place de choix à une fresque en noir et blanc de Hergé datant de 1932, où, au milieu des personnages accueillant saint Nicolas, on peut apercevoir Quick et Flupke, un des Dupond et Dupont (qui s'appelaient à l'époque X33 et X33 bis). La gare de Luxembourg sera le point de départ des visiteurs qui se rendront à *Louvain-la-Neuve* en train pour visiter le musée Hergé.

En 2009, la plus ancienne des représentations de *Tintin et Milou* dans la ville, l'enseigne lumineuse qui coiffe l'immeuble des Éditions du Lombard (qui abrite aujourd'hui la Fondation Leblanc, *plan A3*), s'est remise à tourner. L'emblème connu de tous les bédéphiles a été imaginé en 1958 par Raymond Leblanc, fondateur avec Hergé du journal *Tintin.*

LE QUARTIER DES MAROLLES *(plan B3-4)*

Les Marolles constituent certainement le quartier où l'on retrouve le plus l'esprit populaire de Bruxelles, une certaine gouaille, un zeste de fronde. Ce n'est pas un « beau quartier », c'est plus. On le visite presque plus avec le nez et les oreilles qu'avec les yeux ! Bruegel qui y a vécu trouverait encore matière à peindre parmi les trognes des *zatteculs* (poivrots) qui fréquentent les derniers cafés populaires.

Il n'y a pas si longtemps encore, la tenancière d'un de ces estaminets tendait une corde en travers de la salle pour que ses clients *scheil zat* (ivres-morts) puissent s'y assoupir... À la fermeture, elle n'avait plus qu'à détacher la corde !

LE MELTING-POT MAROLLIEN

Ce quartier a toujours été celui d'une population pauvre et étrangère (successivement juifs d'Europe centrale, Espagnols, Marocains, Turcs) et l'on peut encore entendre des vieux Marolliens converser en dialecte brabançon, le brusseleir, *parfois parsemé de mots wallons, espagnols et même yiddish. En attestent les plaques des rues : bilingues en bleu, mais aussi flanquées d'une plaque blanche en marollien pur jus ! Une initiative de la confrérie du Bloempanch pour imposer le trilinguisme français-flamand-marollien !   C'est aussi cela l'humour bruxellois.*

UN PEU D'HISTOIRE

Au XIIIᵉ s, le quartier se trouvait à l'extérieur de l'enceinte qui fermait la ville. Quand résonnait la cloche du soir, la population ne résidant pas à l'intérieur de celle-ci devait regagner les faubourgs. Le quartier accueillait alors une population « marginale » de paysans qui montaient en ville.

Les Marolles se développèrent autour de trois lieux : un lieu de culte (Notre-Dame-de-la-Chapelle), un lieu de soins (une léproserie) et un lieu de justice puisque, à l'emplacement du palais de justice actuel, se trouvait le *Galgenberg*, le « mont des Potences ». Et ce n'est évidemment pas un hasard si, au milieu du XIXᵉ s, c'est cet emplacement qui fut choisi pour installer l'imposant palais de justice. Les Marolliens n'avaient plus qu'à se tenir à carreau.

Du Moyen Âge au XIXᵉ s

Mais revenons un peu en arrière, lorsque tisserands et tanneurs peuplent le quartier. Cette dernière activité, réputée sale, devait se tenir à l'écart. C'est au XVIᵉ s que s'installent ici les frères Minimes. Ils choisissent ce quartier pour aller à la rencontre des plus pauvres. Grâce à la construction de la deuxième enceinte au XVᵉ s, plus large que la première, les Marolles sont intégrées à la ville. Le niveau social s'améliore et la population demande qu'on installe des grilles au bas de certaines rues pour empêcher les prostituées de « déborder » dans tout le quartier. C'est à l'arrivée, au XVIIᵉ s, des sœurs Apostolines de la communauté Mariam Colentes que le quartier doit son nom. Mariam Colentes devint rapidement Mari-Cole pour finir en Marolles. Au XIXᵉ s, la paupérisation du prolétariat rend le quartier insalubre et plus pauvre que jamais. On y compte jusqu'à 40 000 habitants (10 000 aujourd'hui). Malgré les loyers chers, les proprios laissent les familles s'entasser dans des appartements exigus.

En 1866 débute la construction de l'œuvre architecturale la plus mégalomaniaque commandée par l'État belge : le *palais de justice.* On mettra près de 20 ans à l'achever. Pour cela, on n'hésite pas à raser des blocs de logements dans les Marolles. Il faut remblayer des centaines de mètres cubes de terrain pour élever la chose qui, de fait, surplombe et écrase le quartier de sa masse. La rue Blaes est tracée. C'est à cette période que le Parti ouvrier belge fait construire, rue Joseph-Stevens, la *maison du Peuple* par Horta en 1899. Jean Jaurès assiste même à son inaugu-

À VOIR, À FAIRE

ration. Elle sera malheureusement détruite en 1965 pour laisser la place à une tour de bureaux, sorte de donjon morose et lamentable. Son absence fait encore mal.

L'« hygiénisme » et le XXᵉ s

La naissance du XXᵉ s voit le développement d'idées urbanistiques nouvelles : l'« hygiénisme » dicte de nouvelles normes de vie. En 1913, on édifie les premiers « blocs » d'immeubles, ancêtres de nos cités, comme la *cité Pieremans (plan B4),* au décor de *West Side Story* bruxellois. En hygiénisant, malheureusement, on déshumanise. Les blocs sont froids même si une rénovation les a rendus plus riants. Entre eux, c'est le royaume des courants d'air. Les relations entre citadins se meurent. Les républicains espagnols exilés après 1936 y trouvent refuge.

Durant la guerre, les Marolles deviennent célèbres pour le marché noir de la rue des Radis. C'en est, de fait, le centre national. Les juifs viennent également s'y réfugier, et les SS opèrent des rafles régulières. Dans les années 1950, l'influence de Le Corbusier et de sa Cité radieuse se fait sentir. Parallèlement, heureusement, des associations de quartier s'organisent autour de l'abbé Van der Biest. En 1969, ces associations s'allient contre un délirant projet d'agrandissement du palais de justice et créent le Comité général d'action des Marolles. Après meetings et manifs, le projet est finalement remis dans les cartons et fait place à plusieurs projets de réhabilitation du quartier, basés sur le respect de l'histoire et de l'architecture. C'est une vraie victoire des comités de quartier contre la destruction de l'habitat.

Les Marolliens organisent alors l'enterrement symbolique du « Promoteur » et de la « Dame Bureaucratie », sa fidèle épouse (plaque commémorative au coin de la rue Monserrat).

Les Marolles aujourd'hui

Mutation sociologique oblige, les Marolles possèdent désormais leur petit côté branché. La rue Haute et la rue Blaes alignent en façade leur lot de brocantes sympathiques, alternant avec restos ou bars à la mode. Pas de quoi déstructurer le coin, plutôt de quoi lui insuffler un petit coup de jeune. C'est un quartier qui vibre surtout le matin, en particulier le dimanche, au rythme, non pas de la messe, mais de son célèbre marché aux puces, authentique en diable, qui se tient tous les jours sans exception depuis plus d'un siècle de 6 h à 14 h.

Petit circuit marollien pour trekkeurs urbains...

Tout le quartier s'organise autour des rues parallèles, rue Haute et rue Blaes. Cette dernière mène à la place du *Jeu-de-Balle,* où l'on trouve le marché aux puces. Curieusement, en flamand, la place porte le nom de *Vossenplein,* la place des Renards.

Ce petit tour est surtout réservé aux amateurs d'insolite, de détails, de « petits pas-grand-chose » qui font aimer une ville, et surtout un quartier. Les pressés ou ceux qui ne jurent que par les chefs-d'œuvre laisseront de côté notre parcours. Pour les autres, en avant ! **On indique les différentes haltes par des petits carrés.**

Pas mal de façades B.D. jalonnent le parcours ; elles sont mentionnées par une bulle sur notre plan. Reportez-vous plus haut à la rubrique « Les façades B.D. » pour en avoir le détail.

➤ Départ à l'angle de la *rue Haute* et de la rue des Renards. On trouve là, en fin de semaine, une marchande ambulante de *caricoles,* bulots et bigorneaux cuits au court-bouillon et vendus en barquette, spécialité bruxelloise qui, malheureusement, a tendance à se perdre.

➤ Descendre la *rue des Renards,* qui a conservé son profil ancien et ses modestes petites maisons. Plusieurs brocanteurs, restos et troquets (voir « Où manger ? »).

➤ Sur la *place du Jeu-de-Balle* (sur la gauche), tous les matins, qu'il pleuve ou qu'il vente, que le soleil donne ou qu'il se terre, de 8h à 14h, le *marché aux puces*, appelé aussi *vieux marché* par les autochtones • *marcheauxpuces. org* •, répond présent. Bien sûr, c'est le dimanche que l'ambiance est à son comble. Un jour d'hiver rigoureux où il faisait un froid à congeler une frite, on n'a vu qu'un seul vendeur... mais c'est rare. Nombreux cafés autour de la

> ### BÉNÉDICTION À QUATRE PATTES
>
> *Sur la place, la très laide église N-D-de-l'Immaculée-Conception est néanmoins la seule de Belgique où l'on puisse entrer en compagnie d'un animal. Sur son parvis, le premier dimanche d'octobre, à 15h, on y bénit nos « frères inférieurs », même ceux en peluche ! On y a même vu un cirque de passage y conduire ses éléphants.*

place : *Le Marseillais*, *Le Chineur*, *La Clef d'Or*, où on sert la soupe dès 4h du matin...

La place fut dessinée au milieu du XIXe s, en vue d'assainir le quartier. On devait originellement la destiner au jeu de balle-pelote mais, en 1873, on l'affecta au marché aux puces. Il s'agit d'un marché « au carreau », c'est-à-dire un marché où les marchandises sont exposées à même le sol et censées être de vraies occasions (marchandises neuves interdites). On y trouve ainsi toutes sortes de vieilleries, des ensembles d'objets hétéroclites et de valeurs très diverses. Un vrai poème à la Prévert : tableaux, chaises, bouquins, vieux téléphones, bibelots, petites cuillères... et relisez vos classiques : c'est ici que Tintin trouve la première maquette du navire, dans *Le Secret de la licorne*. Descendez sur quelques mètres la rue des Chevreuils pour ne pas rater la fresque B.D. consacrée à Boule et Bill, une des plus sympas de toutes les façades B.D. de la ville.

Côté rue Blaes, une ancienne caserne de pompiers a été transformée en logements. Le rez-de-chaussée est occupé par de nombreux brocanteurs.

🍷 Le dimanche, en fin de matinée, allez donc siffler une bière à notre santé à *La Brocante* : rue Blaes, 170, à l'angle de la place et de la rue des Renards. ☎ 02-512-13-43. Tlj 10h-17h (11h-15h hors saison). Menus 17 €. CB refusées. | Un des bistrots musicaux les plus animés des Marolles. C'est ce jour-là que vous pourrez profiter de la prestation musicale (du jazz). Sert à boire et à manger (tartines, sandwichs, chicons au gratin...).

➤ Remonter la *rue de la Rasière* sur la gauche. Tout au début de la rue, sur la droite, la première cité de logements sociaux du début du XXe s. Rythmes de briques brunes et claires, avec des décrochements de la façade et un passage sous arcades qui relie les différents blocs.

➤ On reprend la rue Blaes et ses magasins de brocante, qu'on remonte un peu, puis on récupère à droite la *rue des Capucins.* À 50 m sur la gauche, école de style Art nouveau.

➤ On retrouve la rue Blaes puis, à gauche, on prend la rue Saint-Ghislain. Au n° 40, un *jardin d'enfants* qu'on doit à Horta. Du pur Art nouveau, avec un clocheton, une entrée sous un auvent élégant et plein de détails amusants si l'on observe bien. On y trouve également un mont-de-piété, à l'origine rue des Lombards et, en fait, la première initiative de ce type en dehors de l'Italie.

➤ Prendre à droite la *rue de Nancy.* Au n° 18, petit immeuble à caractère social, avec au centre les termes « Hygiène-Sécurité » en sgraffite, de la fin du XIXe s. Avec cet édifice, c'est le début de l'« hygiénisme ». Au n° 6, l'ancienne demeure d'un médecin accuse un style Art nouveau mais avec moins de concessions aux courbes. La volonté de changer l'architecture, de la faire bouger, se traduit par l'asymétrie et la rupture des rythmes.

À VOIR. À FAIRE

➢ Dans la rue des Tanneurs, juste en dessous, au n° 60, l'ancien *palais du Vin*, rebaptisé *Ateliers des Tanneurs,* qui présente une longue façade digne d'intérêt, caractérisée par un large fronton surmonté d'une grappe. Chaque travée est ornée dans la partie supérieure du blason en sgraffite des différentes régions vinicoles de France et d'Europe en général. S'y organisent à présent diverses activités artisanales et un marché bio s'y tient mercredi et dimanche.

➢ On reprend à droite la rue du Miroir puis à gauche la rue des Visitandines, où une barre des années 1960 témoigne des tentatives de relogement des habitants des Marolles dans de tristes HLM. Le quartier, exemple emblématique d'une cacophonie urbaine consternante, fait enfin l'objet d'un plan de réhabilitation. Rescapée d'une autre époque, la petite *chapelle des Brigittines* est un parfait exemple du baroque brabançon, alternance de brique et de pierre. C'est aujourd'hui un théâtre et un centre d'art contemporain à la programmation variée.
Sur le terre-plein couvrant les voies de la jonction Nord-Midi, une piste de skate permet aux jeunes du quartier de se défouler un peu. Dans le même espace, sous la gare de *La Chapelle,* le laboratoire artistique à vocation sociale *Recyclart,* lieu étonnant et multifonctionnel qui s'efforce de redynamiser ce quartier déstructuré et regroupe un ensemble de lieux polyvalents ouverts aux arts et à la fête : un café-resto, des espaces de création, des ateliers artistiques et artisanaux gravitent autour de cette surprenante « *place de la gare* », ouverte aux concerts et événements en plein air. Toute l'âme du Bruxelles *underground* se concentre autour de cette ancienne gare.

➢ Reprendre à droite la *rue Notre-Seigneur.* Si c'est l'heure du petit creux, faites donc halte à *La Grande Porte (plan B3, 89),* un classique des Marolles (voir « Où manger ? »). À côté, une porte baroque. Remonter et prendre à droite la *rue Haute.* Au n° 118, pignon ancien. Au n° 132 vécut le peintre Pieter Bruegel l'Ancien, dans cette maison en brique. Au n° 148, la brasserie *Ploegmans,* l'un des plus vieux troquets du coin devenu bistrot. On y servait autrefois le faro au tonneau, et les enfants du quartier venaient y chanter le jour de l'Épiphanie. Au n° 164, maison dite « espagnole », car édifiée au temps des Pays-Bas espagnols. On peut remonter la rue de l'Épée et prendre l'ascenseur gratuit jusqu'à la place du palais de justice ou bien, à gauche, la rue des Minimes et regagner la place du Grand-Sablon.

➢ Ceux que ça intéresse pourront redescendre de l'autre côté, vers le sud et le bien nommé boulevard du Midi, jusqu'à la *porte de Hal,* vestige de la seconde enceinte de Bruxelles, datant du XIVᵉ s mais en grande partie reconstruite selon le style néogothique au XIXᵉ s et récemment rénovée.

🎒 *Le musée de la Porte de Hal (plan B4) :* bd du Midi, 1000. ☎ 02-533-34-50. ● kmkg-mrah.be/fr/la-porte-de-hal ● Ⓜ *Porte-de-Hal. Mar-ven 9h30-17h ; w-e 10h-17h. Entrée : 5 € ; réducs.* Au travers de ce monument unique, les visiteurs découvrent sur quatre niveaux non seulement l'histoire du bâtiment (ce fut une manufacture et une prison) mais également un aperçu de celle de la ville elle-même. Maquettes, reconstitutions virtuelles, matériel visuel et sélection d'œuvres d'art (peintures, colliers des guildes, armes...). On plonge dans le contexte historique de l'époque de sa construction à des fins défensives (mécanisme astucieux du pont-levis). Un étage complet du bâtiment est consacré aux expositions temporaires. Le grenier féerique, à la magnifique charpente, est réservé aux événements et aux animations pour enfants. Enfin, au sommet du bâtiment, une promenade sur le chemin de ronde offre un joli panorama sur Bruxelles et ses alentours.

QUELQUES BALADES INTÉRESSANTES HORS DU PENTAGONE

LA COMMUNE D'IXELLES *(plan D-E4-5)*

Située au sud-est du Pentagone, entre la place Louise et la porte de Namur, c'est une commune riche et vivante, bourgeoise et populaire, jeune et métissée (presque autant de nationalités répertoriées qu'à l'ONU) et qui possède sa propre vie, indépendante de celle du centre de Bruxelles. L'artère principale, qui appartient, elle, à la ville de Bruxelles sur toute sa longueur et est la plus fréquentée, reste l'avenue Louise, bordée de demeures cossues et de boutiques de luxe. Près de la porte de Namur, autour de la chaussée de Wavre, et plus précisément dans la galerie d'Ixelles, s'est développé un secteur animé et coloré, une sorte de microsociété, appelé Matongé, du nom d'un quartier de Kinshasa au Congo. On y trouve une petite communauté congolaise bien vivante et pas trop mal intégrée. Le quartier Saint-Boniface *(plan D4)*, autour de son église et de quelques maisons Art nouveau, constitue un îlot de bonnes adresses culinaires.

La longue chaussée d'Ixelles, quant à elle, mène à la vaste place Flagey, où l'on voit émerger l'*ancienne maison de la Radio* rebaptisée *Flagey (plan D5)*, un drôle d'immeuble des années 1930, vieux « paquebot » de style moderniste, avec sa tourelle à gradins en guise de cabine de pilotage. Après 20 ans de désaffection, le « navire » a été complètement rénové et constitue désormais un lieu culturel important à Bruxelles, en proposant au public non seulement des mini festivals de jazz et de musique (contemporaine ou traditionnelle), mais aussi toute une programmation cinématographique en rapport avec ceux-ci *(rens : ☎ 02-641-10-20 ou ● flagey. be ●)*. Tout ce quartier est en train de prendre un nouvel élan. Y aller le matin pour son marché *(sam-dim 7h-13h30)*.

☗ Au rez-de-chaussée, un grand café populaire : le *Café Belga* (voir plus haut « Où boire un verre et rencontrer des Bruxellois(es) ? »).

🏃🏃 *Le musée des Beaux-Arts d'Ixelles (plan D4, 227)* : rue Jean-Van-Volsem, 71. ☎ 02-515-64-21 ou 22. ● museedixelles.irisnet.be ● Tram n° 81 ; bus nos 71, 95, 96, 38, 54, 59 et 60. Mar-dim 9h30-17h. Fermé lun et j. fériés. Entrée : 7 € ; réducs. Réorganisé suite à des travaux en 2010. Installé dans un ancien abattoir, voici un excellent petit musée dynamique, principalement centré sur la peinture des XIXe et XXe s. Connu pour ses remarquables expos temporaires où, le dimanche, des historiens d'art accueillent les visiteurs pour répondre à leurs questions et leur faciliter la compréhension des œuvres. Cela étant, le fonds propre du musée possède aussi quelques raretés dignes d'intérêt. Par exemple, la collection complète d'affiches de Toulouse-Lautrec, visible une partie de l'année, ainsi qu'un ensemble de 1 000 lithos d'époque, dont de superbes affiches publicitaires, exposées par roulement.

À voir encore, des toiles flamandes (*Le Carnaval à Anvers,* de De Bie) et des salles consacrées aux (néo)impressionnistes, comme Van Rysselberghe (*Le Thé au jardin*) et Jan Toorop (*La Dame à l'ombrelle*). Un peu de sculpture aussi, avec Rik Wouters (*La Vierge folle*), du fauvisme brabançon et de l'expressionnisme, avec des œuvres de Constant Permeke *(Éclaircie)* et de Gustave De Smet *(Parade)*. Enfin, on signale que les amateurs de Magritte ne seront pas en reste. Le bâtiment abrite aussi quelques Delvaux et de nombreux artistes contemporains. Un musée à découvrir !

➤ Plus au sud, les *étangs d'Ixelles (plan D5)*, bucoliques et romantiques, bordés de maisons de rêve. Ces anciens viviers de l'abbaye de la Cambre, aménagés en style romantique anglais, sont actuellement d'agréables buts de promenade et un lieu de pêche très prisé par les taquineurs de goujon du dimanche. Parmi les sept étangs qui s'égrenaient jadis le long de la vallée de Maelbeek, il n'en reste que deux. Pas si mal.

➤ Encore un peu plus loin, l'*abbaye de la Cambre (plan D-E6)* dont il ne reste plus grand-chose d'origine à part l'église gothique. Le monastère cistercien fut détruit lors des guerres de Religion, puis reconstruit aux XVIIe et XVIIIe s : on y voit encore la cour d'honneur et le cloître. S'y trouve à présent la prestigieuse *École supérieure des arts visuels*, fondée en 1926 par l'architecte Henry Van de Velde. Parmi les disciplines enseignées : le graphisme, la photo, le design, la mode, l'urbanisme, la conservation, la restauration des œuvres d'art... et bien d'autres.

À VOIR. À FAIRE

Circuit Art nouveau (plan C-D5)

Pour une explication de l'Art nouveau, voir le chapitre « Patrimoine architectural et artistique » dans « Hommes, culture et environnement » en début de volume.

C'est à Ixelles qu'on trouve les plus belles réalisations et surtout la plus grande concentration d'*édifices Art nouveau.* Les édifices construits par Horta font désormais partie du Patrimoine mondial de l'Unesco. Pour les fans de ce style, voici un petit circuit original, à la recherche des plus belles façades.

Cette balade de 1h30 à 2h sinue dans les petites rues d'Ixelles et du haut de Saint-Gilles à la recherche des plus belles façades Art nouveau. C'est dans ce quartier que Victor Horta définit le vocabulaire de ce nouveau style. Octave Van Rysselberghe, Paul Hankar et Henry Van de Velde mirent leurs pas sur le chemin tracé par le maître. Résultat : un joli bouquet de demeures de toute beauté dans ce quartier bien sympathique et plutôt résidentiel. Certaines, sans vraiment menacer ruine, avaient, il y a peu encore, fort mauvaise figure. Peu à peu, on constate une volonté fière de leur rendre leur lustre d'antan. Peu à peu, les façades sont frottées, les sgraffites restaurés et c'est toute la vie du quartier qui s'en ressent. Bistrots, restos et terrasses accueillantes fleurissent à chaque coin de rue. On conseille de faire la promenade plutôt en fin de matinée ou dans l'après-midi car l'itinéraire se termine par la visite du *musée Horta (ouv slt 14h-17h30 ; fermé lun et j. fériés).*

➤ Notre promenade débute aux étangs d'Ixelles *(plan D5)* ; **on indique les différentes haltes par des petits carrés.** Pour y aller, bus n° 38 depuis la place De Brouckère ou bus n° 71 depuis la gare Centrale ou la porte de Namur (arrêt Flagey). Vous pouvez aussi arriver par l'avenue Louise toute proche grâce au tram n° 94, vers laquelle le circuit bifurque assez vite, et adapter votre itinéraire en fonction. En illustration à notre commentaire, vous pouvez vous procurer l'excellente carte *Bruxelles, vivre l'Art nouveau* (3 €). Pas mal d'infos aussi sur le site de l'association consacrée à Ernest Blérot : ● *ernestblerot.be* ●

➤ **Au n° 36, avenue du Général-de-Gaulle :** la **Cascade,** construction Art déco, version paquebot. Juste à côté, deux maisons (jumelées) Art nouveau aux ferronneries végétales, signées Ernest Blérot, l'un des architectes emblématiques du quartier. Continuer sur l'avenue du Général-de-Gaulle qui borde les charmants étangs d'Ixelles, lieu de sérénité et de promenade. Puis tourner à droite, rue de Belle-Vue.

➤ **Rue de Belle-Vue :** joli alignement de cinq maisons presque identiques avec leur petit oriel. Trois d'entre elles sont du même Ernest Blérot. Remonter vers l'avenue Louise et tourner à droite, contourner le rond-point.

➤ **Au n° 346, avenue Louise :** cet hôtel de maître réalisé par Horta est une œuvre tardive, un peu rigide. Façade en fait assez banale. Prendre à droite la rue du Lac.

➤ **Au n° 6, rue du Lac :** maison d'habitation avec atelier d'artiste, construite par Léon Delune. Bow-window au 2e étage, porte à l'arrondi complet et décalé (règle de l'asymétrie), verrière à vitraux décorée de motifs végétaux. Tous les éléments de l'Art nouveau sont là. Tourner rue de la Vallée.

➤ **Rue de la Vallée,** ensemble incroyablement homogène de petites maisonnées. Elles sont l'œuvre d'un seul et même architecte : Ernest Delune (le frère de Léon). Dans l'une d'elles vivent toujours les descendants de l'architecte. Sympathiques et intarissables, il n'est pas rare qu'ils sortent raconter l'histoire de leur grand-père aux visiteurs qui se montrent curieux ! La rue de la Vallée croise en son milieu la rue Vilain-XIIII.

➤ **Aux n°s 7, 9 et 11 de la rue Vilain-XIIII** (oui quatorze, vous avez bien lu, d'ailleurs vous n'avez qu'à vérifier la plaque de rue !), trois maisons très différentes les unes des autres mais toutes axées sur la verticalité. On regagne l'avenue Louise qu'on reprend sur la droite. Cette avenue a subi de plein fouet la bruxellisation, à savoir une destruction quasi systématique des anciens édifices pour faire du neuf. Jadis grande artère qui servait de lieu de promenade aux calèches et fiacres, bordée d'hôtels de maître, elle reliait le centre au bois de la Cambre, ce beau parc de plaisance, prélude esthétique et civilisé à la forêt de Soignes qui le prolonge. C'est à présent une enfilade de tunnels et de voies rapides.

➤ *Au n° 224, avenue Louise : l'hôtel Solvay,* l'une des grandes réalisations d'Horta, considérée comme l'une des plus achevées du maître, bâtie pour le neveu du magnat de l'industrie chimique. Pour sa construction, Horta a bénéficié d'un budget illimité. D'une symétrie parfaite (ce qui n'est pas l'habitude de l'Art nouveau), elle est agrémentée de mille et un détails dans les finitions (extrémité des tubulures métalliques, arrondi discret des fenêtres, absence d'angles cassants...). Superbe. À noter la présence de trois balcons : qu'il devait faire bon jadis prendre l'air de l'avenue Louise du temps de son allée cavalière. Traverser et prendre à gauche.

➤ *Au n° 6 de la rue Paul-Émile-Janson : l'hôtel Tassel,* la maison manifeste du mouvement Art nouveau, édifiée par Horta en 1893, la toute première à combiner les nouveaux matériaux dans un dialogue aussi poussé : utilisation du fer dans la structure portante, mariage pierre-fer, bow-window surmontant une entrée centrale alors que les maisons bruxelloises possédaient une entrée latérale...

➤ Prendre à droite la *rue de Livourne.* Au n° 83, une maison sobre, demeure personnelle de l'architecte *Octave Van Rysselberghe,* dessinée par lui-même, typique de l'Art nouveau tardif. Elle conserve ses formes tout en rondeur mais s'est débarrassée de son ornementation végétale caractéristique.

➤ À l'angle des *rues de Livourne et Florence,* au n° 13, *l'hôtel Otlet,* encore une œuvre d'Octave Van Rysselberghe. Prendre la rue Veydt à gauche. Au bout, la rue Defacqz.
Avant de poursuivre dans cette rue, un petit crochet s'impose par la *rue Faider,* à gauche ; jeter un œil sur les superbes sgraffites dorés de la maison du n° 83, à l'intersection de la rue Janson. Sa voisine, au n° 85, mérite aussi toute votre attention.

➤ Revenir vers la *rue Defacqz.* Au n° 48, une réalisation de *Paul Hankar,* caractérisée par ses sgraffites dans la partie supérieure et ses fenêtres arrondies. Un peu plus loin, au n° 71, la résidence personnelle de l'architecte, remarquable par la facture massive et quasi féodale de son soubassement de pierre, qui s'allège à mesure que le regard s'élève. Sgraffites à motifs végétaux et animaliers, un peu japonisants. Prendre à gauche la rue Simonis et à droite la *rue du Bailli.* À l'angle du parvis de l'église de la Trinité (façade baroque), noter la maison d'angle tout en arrondis, couverte de brique vernissée et d'hirondelles qui s'envolent (au rez-de-chaussée, une halte s'impose pour siroter un thé au *Passiflore*). Pour la petite histoire, la façade de cette église de la Sainte-Trinité (qui date de 1625) a été déménagée du centre-ville (place De Brouckère) à la suite du percement des grands boulevards. On contourne par la droite l'église pour gagner la rue Africaine.

➤ *Au n° 92, rue Africaine :* maison pur Art nouveau, d'inspiration Sécession viennoise, caractérisée par la rondeur des fenêtres d'où pendent des verticales de pierre et de ferronneries travaillées. Poursuivre tout droit la rue Africaine et prendre dans le prolongement l'avenue Brugmann.

➤ À l'angle de l'*avenue Brugmann* et de l'*avenue de la Jonction,* le clou, le joyau, le célèbre *hôtel Hannon (plan B5-6, 234),* l'une des plus belles réalisations Art nouveau. Il abrite l'*espace photographique Contretype :* ☎ 02-538-42-20. ● contretype.org ● *Accès :* trams n°s 81 et 97, bus n° 54. Mer-ven 11h-18h ; w-e 13h-18h. Entrée : 2,50 €, mais parfois, on vous laisse jeter un rapide coup d'œil à l'intérieur.

À VOIR, À FAIRE

Cet espace expose le travail de photographes contemporains belges et étrangers. Et ce n'est pas un hasard car, de son vivant, M. Édouard Hannon, industriel de son état, était un photographe averti. Hannon fit appel en 1902 à l'architecte **Jules Brunfaut,** absolument pas spécialiste de l'Art nouveau mais qui en réalisa malgré tout l'un des fleurons. L'extérieur se caractérise par un jeu entre la brique et la pierre, et par un grand balcon d'angle qui semble s'ouvrir comme une fleur. Un petit jardin d'hiver en bow-window complète ce tableau harmonieux. Ceux qui voudront visiter l'intérieur auront l'occasion d'admirer le splendide escalier orné d'une fresque de Baudouin, peintre rouennais qui, ici, réalisa une allégorie sur le thème des joies de la vie. Superbe. Mosaïque végétale au sol et pièce d'angle couverte de fresques où s'illustrent de jolies femmes.

On revient en arrière dans l'avenue Brugmann qui devient la chaussée de Charleroi. Puis à droite dans la rue Américaine, pour conclure la balade en beauté.

🖐🏃‍♀️🧍 ⦿ **Le musée Horta** *(plan C5) : rue Américaine, 25.* ☎ *02-543-04-90.* • *hortamuseum.be* • *Trams n°^{os} 81, 91, 92 et 97. Bus n° 54. Tlj sf lun et j. fériés 14h-17h30. Entrée : 7 € ; réducs. On déconseille vraiment de venir le w-e car il y a beaucoup de monde et l'attente est parfois longue, sinon, arriver avant l'ouverture.*

Résidence et atelier du plus célèbre des architectes belges, cette double demeure est née de la volonté d'Horta de lier intimement sa vie privée et sa vie professionnelle. Considéré comme un dingue du travail, il était surnommé « l'archisec », à cause de son caractère entier et cassant. Pour en savoir plus sur Horta, lire plus haut le paragraphe qui lui est consacré dans la rubrique « Personnages » du chapitre « Hommes, culture et environnement ».

L'extérieur est en avancée, orné d'une structure métallique, avec verrerie et fenêtres arrondies. Ce n'est pas vraiment spectaculaire mais, une fois la porte franchie, c'est l'enchantement : harmonie, élégance, douceur des coloris, grâce des courbes... Toute la maison s'organise autour d'un escalier surmonté d'un puits de lumière couvert. À noter que ce qui frappe aussi ici, outre la beauté des décors dont Horta est le seul et unique responsable (des boutons de porte à la forme des gonds), c'est l'agencement des pièces les unes par rapport aux autres, comme ces quelques marches qui, chaque fois, les séparent, aérant ainsi les espaces.

Entre autres coquetteries (celles qui caractérisent les grands artistes), voir la rampe d'escalier, basse dans les parties inférieures, mais qui va en s'élevant au fur et à mesure qu'on monte, protégeant ainsi l'utilisateur. De même, l'escalier se rétrécit au fil de l'ascension, libérant un espace conique qui permet d'accueillir plus de lumière. Encore un détail : la rampe d'escalier dans le salon (côté droit), qui donne naissance à l'accoudoir du canapé.

Dans la salle à manger, briques vernissées et mosaïque au sol qui, sous les pieds des convives, se mue en parquet, c'est plus chaleureux. Au 1er étage, la chambre d'Horta. Savez-vous de quel côté il dormait ? Côté jardin ! Car il s'y était fait aménager un petit placard et un urinoir escamotable pour la petite commission. La chambre se prolonge par un dressing où, là encore, tout a été dessiné par Horta. Tout en haut de l'escalier, pour éclater l'espace, deux miroirs dialoguent à l'infini. Fin de la visite au sous-sol, qui lui servait d'atelier et de cuisines, et où l'on peut voir quelques maquettes de ses œuvres (palais des Beaux-Arts, maison du Peuple).

🖐🏃‍♀️ **Musée des Enfants** *(plan E5, 233) : rue du Bourgmestre, 15, 1050.* ☎ *02-640-01-07.* • *museedesenfants.be* • *Ouv slt mer, sam et dim 14h30-17h (tlj durant les vac scol belges). Entrée : 7,50 € ; réducs.* Sympathique musée interactif, où parents et enfants font de multiples découvertes sur un thème qui gravite toujours autour de la personne humaine (psychologie et physique). Les différentes salles de cette jolie maison du siècle dernier, aménagée de manière chaleureuse et intelligente, présentent des ateliers variés, simples et pédagogiques, qui enchantent petits et grands. Animations régulières, à découvrir sur leur site.

Où manger ? Où boire un verre durant cette promenade ?

Comme on le disait précédemment, le quartier ne manque pas d'adresses sympas, un tantinet branchées, exotiques pour la plupart et dans toutes les gammes de prix. Attention, pas mal sont fermées le soir et le week-end.

▼ **Tea for Two** (plan C5) : chaussée de Waterloo, 394, 1060. ☎ 02-538-38-96. ● info@t42.be ● À 100 m à peine du musée Horta. Tlj sf lun 11h (12h dim)-18h. Une halte s'impose dans ce délicieux salon aux parfums d'encens, pour découvrir une centaine de variétés de thés de toutes provenances, du Darjeeling aux montagnes du Yunnan. Terrasse aux beaux jours. Petite restauration à midi et douceurs pour le *teatime*, *of course* !

I●I Sans oublier, bien sûr, nos autres bonnes adresses du quartier : *Raconte-moi des Salades, La Quincaillerie, Rouge Tomate* ou même *Le Café des Spores,* bien que ce dernier se situe légèrement à l'écart du circuit (voir plus haut la rubrique « Où manger ? »).

LA COMMUNE DE SAINT-GILLES (plan B4-5)

La partie la plus intéressante du quartier se situe entre la porte de Hal et la place Louise, en remontant. Autrefois couverte de cultures maraîchères (dont le fameux chou de Bruxelles), c'est depuis la fin du XIXe s, un réseau agréable de rues tranquilles, bourgeoises souvent, branchées de plus en plus. Atmosphère étudiante, saupoudrée de gens comme il faut et d'artistes. Le parvis de Saint-Gilles *(plan B4)* emblématique de la multi-culturalité de Bruxelles, de plus en plus en vogue, constitue également un point de chute pour prendre un verre ou s'attabler dans un resto qui mitonne de fameux couscous. Un marché s'y tient tous les matins sauf le lundi. *Accès direct par le métro (Ⓜ Horta).*

Pour les fans d'Art nouveau, il faut jeter un coup d'œil sur la portion de la **rue Vanderschrick** *(plan B4, 222)*, entre l'avenue Jean-Volders et la chaussée de Waterloo. L'architecte Blérot y a bâti vers 1900 un ensemble remarquable de 17 maisons (du n° 1 au n° 25). Parti d'un plan commun, il a réussi à les différencier par un jeu subtil d'éléments décoratifs distincts. Une vraie partition architecturale.

En remontant la chaussée de Waterloo, on aboutit sur un rond-point à la circulation intense nommé **barrière de Saint-Gilles.** En son centre, la petite statue de la **Porteuse d'eau.** Un peu plus loin, par l'avenue Dejaer, autour de **l'hôtel communal de Saint-Gilles** (plan B5) en style *Renaissance française,* quelques cafés populaires, anciens ou modernes, qui font bon ménage. Un vrai quartier avec toutes sortes de gens, de commerces et de vibrations, même si certains trouvent qu'il se « boboïse » un peu vite. Et en plus, dans un rayon de 200 m autour de la place Van Meenen, une brassée de façades qui rappellent par maints détails l'influence de l'Art nouveau dans ce quartier.

AU TEMPS DE LA TRACTION HIPPOMOBILE

Pour sculpter la fière Porteuse d'eau en 1900, *l'artiste s'inspira d'un personnage réel : une jeune fille qui puisait l'eau du Bocq, aux environs de la barrière de Saint-Gilles, pour abreuver les chevaux qui tiraient l'omnibus depuis le centre-ville, jusqu'au terminus. On comprend qu'après avoir grimpé la côte plutôt raide, les canassons avaient besoin d'être désaltérés.*

À VOIR. À FAIRE

AU SUD DE BRUXELLES, LE BOIS DE LA CAMBRE
(plan D-E6)

Accès : trams n°s 23 et 94. Terminant majestueusement l'avenue Louise, c'est un « bois de plaisance » de 124 ha aménagé pour la promenade du dimanche : allées plantées de fleurs, bassins où faire de la barque, étangs de pêche, sentiers... Il constitue une excroissance de la forêt de Soignes, acquise au milieu du XIXe s par la Ville pour en faire ce que c'est devenu aujourd'hui. La forêt de Soignes, quant à elle, est une splendide forêt de hêtres de 4 000 ha (autrefois 12 000), ancien domaine des chasses royales, entretenue avec amour depuis Charles Quint. Des hêtres furent très régulièrement replantés pour lui conserver son aspect dense et cohérent. À l'orée du bois de la Cambre, on trouve la célèbre ULB *(université libre de Bruxelles)*, avec ses bâtiments néo-Renaissance brabançonne.

🕊 Un peu plus loin, au n° 67 de l'avenue Franklin-Roosevelt, la *villa Empain (hors plan d'ensemble par Z9, 238)*, siège de la Fondation Boghossian, accueille depuis 2010 un nouvel espace muséal. ● *villaempain.com* ● *Tlj sf lun 10h-18h30. Entrée : 10 € ; réducs.* Il s'agit d'une des plus belles maisons Art déco de Bruxelles, construite en 1931. À l'époque, le jeune baron Empain avait fait appel à l'un des architectes les plus en vogue, le Suisse Michel Polak. Magnifiques marbres, boiseries et ferronneries. Expos et conférences sont axées sur les cultures orientales et les liens qu'elles ont tissés ou tissent toujours avec l'Occident.

🕊 *Le musée Constantin-Meunier (plan D6, 229) : rue de l'Abbaye, 59, à Ixelles.* ☎ 02-648-44-49. *Trams n°s 23, 90 et 94 ; bus n°s 38 et 60. Mar-ven 10h-12h, 13h-17h. Entrée gratuite.* Le musée est installé dans la maison-atelier du peintre-sculpteur. Constantin Meunier (1831-1905) est certainement l'un des artistes se retrouvant le mieux sous l'étiquette du « réalisme social ». À l'avènement de l'ère industrielle, Constantin avait du pain sur la planche. Et c'est avec beaucoup de talent qu'il sculpta, peignit et dessina les réalités ouvrières de son époque. On est frappé par la manière dont il cherche et parvient à rendre noble l'acte de travail. Il ne s'agissait nullement pour l'artiste d'endosser la cause du peuple (à la mode à cette époque), mais plus simplement de tenter d'élaborer un dialogue entre la condition de l'homme « laborieux » et l'expression artistique. Il y a quelque chose d'héroïque dans ses personnages. Certains sont si beaux qu'on dirait des dieux à l'élégance légèrement féminine. Beaucoup de sculptures et de peintures autour des mêmes thèmes. Voir l'élégant *Homme qui boit* ou le *Retour des mineurs*. Tout au fond, l'atelier de l'artiste, qui accueille les plus grosses pièces. Voir la beauté de ce *Débardeur*, puissant et fin. Admirer encore cette merveilleuse *Maternité*, d'une grande douceur, d'une simplicité parfaite, tout en force et en fierté. On aimerait être bercé sur ce sein-là. Et puis le beau *Semeur*, puissant lui aussi. Les visages semblent apaisés, comme bien au-delà de la tâche qu'ils accomplissent. C'est en cela qu'ils s'approchent des dieux. Et on aime. On peut aussi voir plusieurs réalisations de Constantin Meunier au Jardin botanique.

LA COMMUNE D'UCCLE *(plan B-C6)*

Une des communes les plus étendues de l'agglomération. Essentiellement résidentielle et tranquille, elle recèle de magnifiques artères bordées d'immeubles éclectiques, Art nouveau et Art déco, notamment le long des avenues Brugmann et Molière. Parcs, zones vertes et petits quartiers commerciaux du côté de *La Bascule* ou de la maison communale en font une commune très prisée.

🕊🕊 🚶 *Musée et jardins Van-Buuren (plan d'ensemble Y9, 207) :* av. Léo-Errera, 41, 1180. ☎ 02-343-48-51. ● *museumvanbuuren.com* ● *Tram n° 23 ; bus n° 60, arrêt Churchill. Tlj sf mar 14h-17h30. Entrée : 10 € (7 € sur présentation de ce guide) ; réducs. Jardins seuls : 5 €. Prendre le livret explicatif à l'entrée.* Cette superbe maison-musée de 1928, construite dans le style de l'école d'Amsterdam, est une des rares maisons Art déco (pur jus !) que l'on puisse voir telle qu'elle était à l'époque. Les amateurs apprécieront, forcément. Mais il faut ajouter qu'elle recèle une étonnante (par sa richesse, mais monsieur était banquier avant de devenir mécène) collection privée de toiles du XVIe au XXe s, ainsi que quelques petites merveilles décoratives : mobilier en sycomore et palissandre du Brésil, ébène de Macassar, tapis d'Aubusson, argenterie Wolfers, laques japonisantes, coussins de Sonia Delaunay et piano d'Erik Satie. Entre autres trésors artistiques inestimables, une des versions de la *Chute d'Icare* de **Bruegel l'Ancien** (la différence est qu'il n'y a pas de Dédale ailé dans la version du musée des Beaux-Arts de Bruxelles) et des toiles, d'époques diverses, de Fantin-Latour, Guardi, Ensor, Rik Wouters, Van Gogh, Permeke, Max Ernst, Van Dongen, Foujita, Signac et Van de Woestyne, ainsi que deux sculptures de Georges Minne. Magnifiques jardins, accessibles tous les après-midi, où sont organisées des expos de sculpture (allez vous perdre dans le labyrinthe). Parcours enfants.

LA COMMUNE DE FOREST *(plan A5-6)*

Au sud-ouest de Bruxelles. Populaire et industrielle, mais dotée d'un beau quartier résidentiel, elle se love autour de son grand parc Duden et fait culminer Bruxelles à l'altitude 100 en la coiffant d'une église Art déco tout en béton.

🍴 **Wiels** *(plan d'ensemble Y9, 209)* : av. Van-Volxem, 354, 1190. ☎ 02-340-00-50. ● wiels.org ● Ⓜ Gare-du-Midi ; tram : Wielemans (lignes n°s 82 et 97 – et 32 après 20h) ; bus n°s 49 et 50. Mer-dim 11h-18h et jusqu'à 20h les 1er et 3e mer du mois. Entrée : 7 € ; réducs ; gratuit ts les 1er mer du mois. Nouvel espace aménagé dans une ancienne brasserie. Accueille des expos d'art contemporain. Consulter le site pour connaître le programme. L'avenir du musée pourrait s'avérer précaire, faute de financement suffisant.

À L'EST DE BRUXELLES, LE QUARTIER DE L'EUROPE *(plan D-E3)*

Au début des années 1960, ce quartier mixte d'habitations, de commerces et de bureaux comptait plus de 25 000 habitants ; il en reste moins de la moitié ; 50 % de sa surface de logements et 65 % de ses commerces ont disparu au profit des locaux affectés à l'administration européenne, des représentations étrangères et des sociétés de lobbying.

Des comités de quartier se sont battus pour s'opposer au cannibalisme des promoteurs. Ce ne fut pas un succès total, mais cette résistance a tout de même porté ses fruits. Le plan d'affectation du sol a tenu compte d'une indispensable mixité des fonctions. On peut dire que la cacophonie architecturale qui a présidé à la conception de ce quartier est un peu à l'image de la construction européenne : quelques réalisations méritent l'attention mais l'ensemble donne l'impression d'un empilage d'immeubles ajoutés les uns aux autres dans la précipitation. L'axe principal en est la **rue de la Loi,** qui aboutit au rond-point Robert-Schumann (Ⓜ Schumann). Cette rue « courant d'air », sinistre à mourir, est raide comme la justice. Son nouvel éclairage nocturne l'a déjà rendue un peu plus riante. De plus l'architecte Christian de Portzamparc (déjà choisi pour le musée Hergé à Louvain-la-Neuve) a été chargé de lui concevoir un nouvel habillage qui devrait lui ôter son aspect de canyon urbain. Début des travaux en 2011.

L'édifice symbolisant l'Europe avec un grand « E » fut longtemps le **Berlaymont,** surnommé le « Berlaymonstre », ancien siège de la Commission de l'Union européenne, en forme de croix, rénové à coups de milliards après désamiantage. Aujourd'hui, il est détrôné par le nouveau Parlement européen, qui a reçu le doux surnom de « Caprice des Dieux » à cause de sa forme rappelant la boîte d'un célèbre fromage et surtout de son coût. Tous les édifices du secteur abritent des institutions, principalement entre la rue de la Loi et la rue Belliard. C'est par là qu'on trouve le nouveau « Mammouth », le *Juste-Lipse,* bunker à Eurocrates flanqué d'un « petit frère » de 80 000 m² tout aussi imposant, le *Lex 2000.* De part et d'autre de la gare Bruxelles-Luxembourg (ex-quartier Léopold bien rénovée), sont sortis de terre le *Paul-Henri Spaak* (qui abrite le grand hémicycle du Parlement) et l'*Altiero Spinelli,* du nom de deux fondateurs de la construction européenne. Le nouveau Conseil de l'Union européenne sera abrité en 2013 dans un tout nouvel édifice à l'architecture surprenante. De la rue de la Loi, le bâtiment apparaîtra comme un grand cube, avec, sur sa façade, un patchwork de châssis en bois et de verre cristallin. Au travers de ce grand volume, on apercevra une forme d'amphore géante abritant les salles de conférence. En verre sablé, éclairée pendant la nuit, elle évoquera une lanterne déposée dans une boîte. Elle symbolisera également la transparence... tout un programme pour cette institution.

Au milieu de ce capharnaüm de béton on trouve quelques bâtiments préservés et presque incongrus comme la *bibliothèque Solvay,* dans le parc Léopold, le singulier *couvent* néogothique, rue Van-Maerlant, reconverti en centre de documentation, et ce qui reste du *Résidence-Palace,* une merveille Art déco qu'avait conçue l'architecte suisse Michel Polak reconverti en centre de presse pour l'UE.

Heureusement, à l'initiative de la région bruxelloise, la chaussée d'Etterbeek qui serpente au creux de la vallée du Maelbeek doit se doter dans les années à venir de logements et de commerces pour réinsuffler un peu de vie à ce no man's land impersonnel. Mais vraiment, tout cela ne respire pas la joie de vivre.

🏃 *Le Parlement européen (plan D-E3) :* rue Wiertz, 47 (entrée visiteurs), 1050. ☎ 02-284-34-57. ● *europarl.europa.eu* ● *Visite gratuite (avec audioguide) lun-jeu 10h et 15h, ven slt 10h. Durée : 40 mn. Attention, pas de visites les j. de séances plénières (il y en a 10 par an et elles durent 2 j.) ; se renseigner à l'avance par tél pour ne pas se casser le nez.*

Avant de le visiter, ne manquez pas d'aller jeter un coup d'œil à l'entrée de la gare (à droite du bâtiment d'origine en pierre bleue) où une fresque d'Hergé en noir et blanc, datant de 1932, décrit avec pas mal d'humour l'arrivée par le train de saint Nicolas à Bruxelles. On peut y voir Quick et Flupke et un moustachu suspicieux qui préfigure les Dupont et Dupond.

Les jours de beau temps, on pourrait dire que ce « Caprice des Dieux » a fière allure ! Les matins de pluie et de grand vent, ça ne donne pas envie d'être fonctionnaire européen !

« L'Europe, l'Europe ! », comme disait de Gaulle. Qu'est-ce que c'est au juste ? D'où ça vient et ça sert à quoi ? À ces difficiles et délicates questions, les Européens

> **LE DRAPEAU EUROPÉEN, SYMBOLE MARIAL ?**
>
> *Le drapeau de l'Europe est celui du Conseil de l'Europe, créé en 1949, qui rassemble la totalité des pays européens. Il fallait lui donner un emblème fort. Plusieurs projets se focalisent alors sur le chiffre 12 qui évoque la plénitude dans la tradition judéo-chrétienne. Un nombre symbolique comme les douze mois de l'année, les douze heures de l'horloge, ou les signes du zodiaque. Certains y ont vu également, un peu caché, un symbole de la chrétienté, en référence aux douze étoiles entourant la tête de la Vierge Marie, d'autant plus que son adoption officielle eut lieu le 8 décembre 1955, jour de la fête de l'Immaculée Conception.*

eux-mêmes sont souvent bien incapables de répondre. Oh, cette visite ne lèvera pas le voile sur tous les mystères, mais c'est vrai que, lorsqu'on voit la salle où se réunissent les parlementaires (seule salle qu'on visite véritablement), on se dit que l'Europe n'est pas simplement une lourde machine qui pond des réglementations pour emm... les gens mais aussi l'œuvre d'hommes et de femmes qui s'efforcent de créer les conditions d'un développement commun.

Historique de la communauté, organisation des commissions, préparation des rapports, réunions de groupes, présentation en séances plénières, élection du président, débats sur la nouvelle constitution, l'audioguide présente (trop vite évidemment) tout ce qui fait l'Europe d'aujourd'hui. Qu'on soit partisan de l'Europe ou eurosceptique, il aidera peut-être le quidam à mettre quelque chose de concret sous ce mot, cette idée, ce concept.

On pourra sans doute approfondir bientôt la question puisqu'un *musée de l'Europe* devrait à terme ouvrir ses portes sur le site de *Tour et Tassis,* ou dans le quartier européen. Le projet est ambitieux puisqu'il s'agit pour le parcours permanent comme pour les expositions temporaires d'offrir « à tous les Européens (et à leurs hôtes) une histoire raisonnée de l'Union, entendue comme une civilisation diverse mais unique ». Affaire à suivre.

🐾🐾🐾 🏃 *Le muséum des Sciences naturelles (plan E4, 231) :* rue Vautier, 29, 1000 ; dans le parc Léopold, en bordure du quartier européen. ☎ 02-627-42-38. ● sciencesnaturelles.be ● Ⓜ Maelbeek. Bus nos 34 et 80 (arrêt Muséum), 95 et 96. Mar-ven 9h30-17h ; sam-dim 10h-18h (pdt les vac scol belges, 10h-18h tlj sf lun). Fermé lun. Entrée : 7 € ; réducs ; gratuit le 1er mer de chaque mois à partir de 13h. Petit supplément pour les expos temporaires.

Excellent musée d'Histoire naturelle, le quatrième au monde (avec 37 millions de spécimens), niché dans un bâtiment que garde un dinosaure en bois grandeur nature. D'importants travaux de rénovation viennent de s'achever, et l'on peut de nouveau admirer ce qui fait depuis toujours la notoriété de ce musée, à savoir la plus grande galerie de dinosaures d'Europe. Celle-ci, tout en bénéficiant d'une scénographie contemporaine et interactive, a gardé son charme rétro avec ses galeries suspendues et ses escaliers en fer forgé. Une totale réussite ! Les innombrables fossiles et squelettes (authentiques pour la plupart) sont très bien mis en valeur et semblent encore plus impressionnants.

Le clou de la collection, unique au monde, sont les charmants *iguanodons,* découverts à Bernissart, près de Mons, en 1883 par des mineurs. Pour la petite histoire, ceux-ci croyaient avoir touché un tas d'or. Ce ne fut finalement qu'un tas d'os, sauf pour les paléontologues de l'époque, pour qui ce type d'os valait bien de l'or. Rendez-vous compte, il s'agissait des tout premiers squelettes complets de dinosaures découverts sur notre planète ! Une reconstitution de ces fouilles historiques est visible au sous-sol et bon nombre de vitrines relatent l'épisode.

Dans une salle annexe à la galerie, les enfants peuvent s'initier tout en s'amusant à la géologie et à la paléontologie dans le tout nouveau *PaleoLAB (accès payant et sur rdv).* De manière générale, le musée a beaucoup misé sur l'aspect ludique et pédagogique.

La galerie de l'évolution

La partie la plus moderne et sans doute la plus captivante pour le visiteur est la *galerie de l'évolution (au 4e étage).* Elle fait parcourir en six étapes principales les millions d'années de la vie sur la planète au moyen de 600 fossiles et 400 animaux naturalisés, depuis les premières manifestations du vivant jusqu'à aujourd'hui. L'évolution étant un processus permanent, une grande partie de la salle est consacrée au présent et à l'avenir. Tous les êtres vivants (animaux et hommes) descendent d'un ancêtre unique apparu il y a 4 milliards d'années, et qui a évolué en formes très variées... Est-ce un hasard si les cellules de l'embryon de l'homme, de la tortue et du poulet sont quasi identiques ?

Cette galerie est aussi une illustration de la solidité de la théorie de Darwin sur l'origine des espèces et de leur évolution par la sélection naturelle, les variations, les modifications, les adaptations pour la survie. Dans cette étonnante galerie, on nous apprend que les animaux marins en colonisant les terres ont perdu leurs nageoires qui sont devenues des pattes, et parfois des ailes (insectes). Les arthropodes (crabes, acariens, araignées...) furent les premiers animaux de l'univers terrestre à s'être aventurés en masse hors de l'eau...

À quoi ressembleront les êtres vivant sur terre dans 50 millions d'années ? Peut-être à ces créatures bizarres que vous rencontrerez à la fin du parcours. Quand

À VOIR. À FAIRE

dans toutes les galeries de ce type, c'est l'évolution qui est expliquée par la science, mais jamais les origines de la vie, celle-ci reste encore une grande énigme.

Les autres salles

Elles s'avèrent tout aussi passionnantes, même si la présentation date un peu. En plus des excellentes expositions temporaires proposées, on peut voir de belles collections d'insectes sans vie, de minéraux, de coquillages (voir la *pinna*, moule géante autrefois utilisée pour sa soie), un vivarium qui renferme des mygales aussi vivantes que poilues, des phasmes, une ruche (cherchez la reine !) et d'autres curieux invertébrés tel l'axolotl. L'étage consacré aux mammifères est tout aussi surprenant, avec un classement des espèces par famille. On y apprend contre toute attente que le yack est un cousin de l'antilope et non de la vache, et que le bœuf musqué appartient en réalité aux caprins ! Sans oublier la remarquable salle des **baleines**, qui compte pas moins de 18 squelettes de cétacés. On en redemande !

Salle de la biodiversité

C'est la toute dernière, ouverte fin 2010. Ici, il s'agit de faire découvrir l'insolite et insoupçonnée vie animale et végétale subsistant dans les espaces urbains. Éloge, donc, des friches et de toutes ces failles, toutes ces anfractuosités, ces zones oubliées dans le béton et où s'engouffre à nouveau la vie... À commencer par les oiseaux dans les villes, dont on ne pensait pas que certains s'acclimateraient aussi bien... Tels le faucon crécerelle ou pèlerin, le martinet noir et la corneille, les mouettes, etc. Même chose pour les animaux : en plus de ceux vivant traditionnellement dans les parcs (biches, écureuils, fouines...), aux portes des villes, on assiste aux curieuses intrusions de touristes inhabituels : renards roux, sangliers, hérissons, etc. Sans oublier les animaux du sous-sol (acariens divers, cloportes, grillons du métro)... Tous sont resitués dans leur contexte, avec leurs habitudes. Vidéo pour les enfants « Faites votre jardin », jeux ludiques et pédagogiques, plus des sections sur la gestion des eaux de pluie, l'aménagement de l'espace public, les potagers de ville, les écoquartiers dans une présentation claire et didactique.

🏛 *Le musée Antoine-Wiertz (plan E3, 230) : rue Vautier, 62, 1050 ; au cœur du quartier européen, presque à côté du muséum des Sciences naturelles. ☎ 02-648-17-18. Ⓜ Maelbeek. Bus nᵒˢ 34, 38, 54, 59, et 95. Tlj de la sem sf lun 10h-12h, 13h-17h, w-e slt sur rdv pour groupes. Entrée gratuite.*

Là, on a affaire à un artiste bien singulier. Ce cher Antoine, bien que né au début du XIXᵉ s, avait tendance à se prendre pour Rubens ou Michel-Ange. Mais il n'en avait pas, loin s'en faut, le génie. Certainement était-il conscient de ses limites, puisqu'il négocia fort intelligemment avec le gouvernement belge pour que celui-ci lui offre sa villa-atelier (dans laquelle nous sommes) en échange d'un legs de sa production à sa mort. Plutôt que de compter sur son unique talent pour vivre et se faire connaître, il devint donc, à sa propre

demande, un « artiste-fonctionnaire » payant son emprunt (sa maison) en tableaux. Curieuse manière d'envisager l'art, en se bordant de tous côtés... Sous prétexte qu'elles n'étaient jamais terminées, Wiertz refusait de vendre ses œuvres... Cela dit, il serait injuste de ne pas lui reconnaître un trait original : celui d'avoir abordé tous les formats ! Du plus petit au carrément gigantesque. Vous comprendrez quand vous serez face à *La Révolte des enfers contre le ciel*, son œuvre la plus imposante. Presque cocasses aussi sont quelques-unes de ses toiles comme

L'Inhumation précipitée, où le patient encore vif est mis en bière par des médecins pressés, ainsi que *Faim, folie et crime,* empreint d'un réalisme à la fois macabre et cynique.

LES MUSÉES DU PARC DU CINQUANTENAIRE
(plan F3)

Vaste parc situé à l'est du centre-ville, au-delà du quartier européen. Dessiné à la demande de Léopold II pour le cinquantenaire de l'Indépendance de la Belgique en 1880, sur d'anciens champs de manœuvres, il s'étale sur 30 ha autour d'un **arc de triomphe** monumental édifié au début du XXe s dans un style néoclassique par l'architecte français Girault. Celui-là (l'arc, pas l'architecte) se poursuit de chaque côté par de grandes colonnades en hémicycle, décorées de mosaïques en l'honneur du pays. Les deux vastes halles métalliques situées derrière furent construites pour accueillir les grandes expositions de 1888 et de 1897. Aujourd'hui, elles abritent les musées royaux d'Art et d'Histoire, le musée royal de l'Armée et l'Autoworld. Tout le quartier aux abords du parc du Cinquantenaire est truffé de superbes demeures bourgeoises aux styles très variés, pour la plupart édifiées au début du XXe s (voir, par exemple, l'étonnante **maison Cauchie,** au 5, rue des Francs). Dans le parc même, près de l'avenue de la Joyeuse-Entrée, on pourra aller jeter un œil au **pavillon des Passions humaines** *(accès au public mar-ven 14h30-15h30 et sur rdv – rens à l'office de tourisme ; prix : 2 €),* première réalisation de Victor Horta en 1889, conçu pour abriter l'œuvre de Jef Lambeaux, un relief sur les *Passions humaines* qui fit couler beaucoup d'encre et rougir (d'envie ?) beaucoup de dames. Le bâtiment n'est ouvert à la visite que quelques jours. Aujourd'hui encore, il s'agit du trou de serrure le plus regardé de la capitale.

🦟🦟 ⅋ **Les musées royaux d'Art et d'Histoire** *(musée du Cinquantenaire ; plan F3) :* parc du Cinquantenaire, 10. ☎ 02-741-72-11. ● kmkg-mrah.be ● Ⓜ Mérode. Trams et bus n°s 22, 27, 61, 80 et 81, arrêt Gaulois. Mar-ven 9h30-17h ; w-e et j. fériés 10h-17h. Fermé lun. Entrée : 5 € ; réducs ; gratuit le 1er mer de chaque mois à partir de 13h (sf pour les expos temporaires). Audioguide (compris dans le prix).
Cet immense bâtiment du XIXe s, qui occupe 4 ha et compte 140 salles visitables, regroupe les témoignages des différentes civilisations du monde (sauf l'Afrique noire, qui a son propre musée) dans la plupart des disciplines artistiques (excepté la peinture qui a aussi le sien et les instruments de musique, désormais exposés au MIM). Sa visite vous prendra une bonne demi-journée, et encore, avec des patins à roulettes !
Le musée est divisé en quatre grands blocs thématiques : l'archéologie nationale (préhistoire, Gallo-Romains, Mérovingiens), l'Antiquité (Égypte, Grèce, Proche-Orient et Iran, Rome), les arts décoratifs européens (un des plus gros morceaux avec l'Art nouveau belge, la céramique, le circuit XVIIe-XVIIIe s, dinanderie et ferronnerie, le circuit gothique-Renaissance-baroque, etc.) et les civilisations non européennes (un autre gros morceau : Amérique, art chrétien d'Orient, Asie du Sud-Est, Chine-Corée-Japon, Inde-Pakistan-Afghanistan, ainsi que l'art du monde islamique, etc.). La visite peut tout à fait suivre une autre logique, d'autant plus que les « départements » transcendent le plus souvent ce découpage thématique. Comme il y a peu de chance que vous ayez le temps d'admirer les 650 000 pièces que compte la collection (bien que, pour être honnête, une bonne part se trouve dans les réserves), à vous de zapper et de concocter votre circuit en fonction de vos goûts. Demandez à l'accueil le plan du musée, cela vous permettra de vous y retrouver.
– **Les arts décoratifs :** tout un complexe de salles dédiées aux arts décoratifs européens, du baroque au XXe s. Sans doute la plus belle partie du musée. L'un des fleurons en est la reconstitution de la *bijouterie Wolfers* conçue par Horta.

À l'intérieur, il faut vraiment découvrir les sculptures chryséléphantines (mélange d'ivoire et métaux précieux). Voir le splendide **Sphinx mystérieux** (1897), absolument remarquable. L'*Orchidée* est également une œuvre saisissante, où toute la féminité est concentrée en un fragile objet. Non loin et dans un autre genre, on peut admirer la **salle des carrosses,** ayant appartenu aux souverains belges du XIXe s.

– **Le circuit gothique-Renaissance-baroque** se trouve de l'autre côté de l'accueil mais appartient toujours à la section consacrée aux arts décoratifs. Remarquable pour son exceptionnelle collection de retables et de tapisseries, et pour ses superbes cabinets d'apparat. Salle 15, un incroyable retable relate le **martyre de saint Georges,** imperturbable malgré tous les supplices que ses bourreaux lui font subir. D'une grande force et d'une grande naïveté tout à la fois. Splendide !

– **Océanie et île de Pâques :** au rez-de-chaussée, à gauche quand on entre dans la salle d'accueil. Voici une collection d'une grande importance ethnographique et archéologique, provenant de Polynésie et Micronésie, avec des pièces allant du XIVᵉ au XIXᵉ s. Quelques points forts à ne pas rater : une statue colossale d'un **moai de l'île de Pâques,** « dieu des pêcheurs de thon », offerte par le Chili et rapportée par une équipe de scientifiques franco-belges en 1935. Elle date du XIVᵉ s et pèse six tonnes. Toujours de l'île de Pâques, en vitrine, la sculpture en bois d'un homme squelettique. Il s'agit d'un *kawa-kawa* du XIVᵉ s, très bien conservé (noter les longues oreilles et les côtes apparentes). Autre pièce exceptionnelle : un couvre-chef gigantesque, provenant des îles australes (XIXᵉ s). Intéressantes cartes de navigation des îles Marshall, particulièrement sommaires (et pourtant l'ancêtre du GPS).

– **L'Amérique :** une dizaine de salles donnent un aperçu assez complet des différentes civilisations du continent américain, allant de l'Alaska à la Terre de Feu. Du nord au sud donc, on verra notamment un très ancien **kayak inuit** (fin XVIIᵉ s), absolument splendide, épuré, effilé, réduit à sa simple expression pour pouvoir glisser sur l'eau avec la plus grande aisance. On s'aperçoit qu'on n'a pas changé grand-chose à son dessin depuis cette époque. Belle collection de pipes du début de

> ## HERGÉ AU MUSÉE
> *Le créateur de Tintin s'est inspiré d'une statuette précolombienne en bois, appartenant aux collections des musées royaux d'Art et d'Histoire de Bruxelles, pour en faire le fétiche arumbaya tant convoité dans* L'Oreille cassée. *La momie de Rascar Capac, dans la section « Amérique », est elle à l'origine de l'effrayante apparition qui hante les rêves de Tintin dans* Les Sept Boules de cristal.

notre ère, provenant de l'ethnie *Hopewell* (vivant sur le territoire actuel des États-Unis). Du Mexique, noter cette grosse femme de la région de Veracruz, en terre cuite, en position de scribe. On verra encore l'étonnante momie péruvienne de *Rascar Capac,* datant du XVᵉ s. Remarquable collection de parures à plumes provenant pour la plupart de différentes ethnies d'Amazonie. Observer notamment le manteau de plumes d'Amazonie, rapporté par les Conquistadores et qui a plutôt pas mal traversé le temps. Têtes réduites (vraiment fort réduites !).

– **L'art du monde islamique :** récemment aménagée, cette longue salle, claire et équilibrée, présente un intéressant panorama de l'art du monde islamique. Particulièrement notables sont les collections de textiles couvrant tout le monde islamique, aussi bien géographique (de l'Afrique du Nord jusqu'en Iran, en passant par tout l'Empire ottoman) qu'à travers le temps, avec une production s'étalant du VIIᵉ au XIXᵉ s. Pièce maîtresse, un « **velours à motifs** » ottoman du XVᵉ s, représentant trois boules et des nuages. Voir le casque mameluk du XIIIᵉ s, portant le nom du sultan Ibn Qalawun (acier incrusté d'or). Également une belle série de céramiques, de la verrerie, des armes et quelques enluminures provenant d'Inde (sous domination musulmane à l'époque). Beaux fragments de structures de bois sculptés, provenant d'une mosquée.

– **L'Asie :** au 2e étage, avec des choses étonnantes comme ce lit-alcôve chinois ou ce monumental métier à la tire. Ne pas négliger non plus le **bodhisattva,** statue en bois autrefois polychrome qui représente un personnage « parvenu au stade ultime de la perfection bouddhique » (noter son regard). Et puis, bien d'autres sculptures indiennes et tibétaines, des tambours vietnamiens, des reproductions de maison batak (Sumatra), etc.

– **L'Antiquité :** dans cette partie, on trouve l'Égypte en haut (voir la **momie de la « brodeuse »,** qui a conservé ses ongles) et la Grèce et Rome en bas (belle maquette de la Ville Éternelle). Encore plus bas, ne surtout pas manquer l'immense mosaïque de chasse qui ornait, au Ve ou VIe s, la salle de réception du gouverneur romain d'Apamée, en Syrie.

– **Le département d'archéologie nationale :** superbement restauré il y a quelques années. Une salle avec des vitrines à demi cylindriques explique la vie des premiers Belges. Ne pas manquer non plus le **cimetière mérovingien,** qu'on découvre sous nos pieds à travers des dalles de verre. Tout au bout, une nouvelle salle présente des céramiques et objets en bronze de la civilisation d'El Argar (sud-est de l'Espagne), qui fleurit entre 2300 et 1600 av. J.-C.

– **La salle des arts romans et mosans (ou salle aux Trésors) :** on peut y admirer les plus beaux exemples d'arts religieux roman et mosan, tels ce reliquaire d'ivoire en forme de basilique romane (la toute première pièce inventoriée du musée, sur le million, à peu près, que compte ce dernier !) ou le phylactère de Marie et la croix-reliquaire à double traverse, tous deux attribués à l'orfèvre **Hugo d'Oignies.** Remarquable aussi l'autel portatif de Stavelot (XIIe s), représentant les martyres des différents apôtres. Mais la pièce la plus spectaculaire reste sans conteste le chef-reliquaire du pape Alexandre Ier, où trône une tête de bronze antique sur un socle de laiton et argent doré orné de saints et de vertus et serti d'émaux, de cristal de roche et de pierres précieuses. Amusant, on vient de retrouver les reliques qu'il contenait dans l'église Saint-Jean-Baptiste de Herve !

– Trois nouvelles salles sont consacrées depuis 2010 à l'**Art nouveau et l'Art déco belge** et présentent essentiellement du mobilier remarquable signé, entre autres, par Victor Horta, Oscar Van de Voorde, Philippe Wolfers, Gustave Serrurier-Bovy et Léon Sneyers.

|●| **Le Midi Cinquante :** ☎ 02-735-87-54. Tlj sf lun 9h30-17h (accès libre, indépendamment du musée). Plat du jour 10 €, sinon plats 12-17 €. La cafétéria des musées royaux constitue un bon choix pour manger dans un quartier excentré, où les restos sont rares mais où il y a beaucoup à voir. Elle se trouve près de l'entrée, là où commence le parcours entre les quatre sections. Un lieu clair et plaisant, où le personnel reste affable malgré l'affluence. Cuisine soignée et savoureuse, ce qui est en soi une excellente surprise, rien de vraiment bon marché malheureusement. Belle terrasse donnant sur le parc aux beaux jours.

À VOIR. À FAIRE

🎖🎖 **Le musée royal de l'Armée et d'Histoire militaire** (plan F3) : parc du Cinquantenaire, 3. ☎ 02-737-78-33. ● klm-mra.be ● Accès : voir « Les Musées royaux d'art et d'histoire » plus haut. Tlj sf lun 9h-12h, 13h-16h45. Gratuit. Audioguide : 3 €.
Situé de l'autre côté des arcades par rapport au précédent. Vénérable et vaste musée répertoriant par le menu tout ce qui rappelle la guerre et les mille et une manières de combattre. Des épées du XVIIIe s aux blindés de la Seconde Guerre mondiale en passant par les avions de chasse, la panoplie est aussi complète que variée. Tout est encore présenté un peu en vrac, mais l'ensemble des salles est progressivement rafraîchi, et de nouveaux espaces sur l'histoire des grands conflits viennent de s'ouvrir.
Voici les différentes sections repérables : belle salle des **armes et armures** datant du VIIIe au XVIIIe s (épées, arbalètes, lances, hallebardes, arquebuses...). Les **Pays-Bas autrichiens** (illustrés par des dizaines de portraits), la **période française** (souvenirs de Waterloo), puis la **Belgique au XIXe s,** avec des tableaux, objets, docu-

ments... Amusant : les uniformes des soldats belges en service à l'étranger, très différents de ceux d'aujourd'hui car, à l'époque, le but de l'uniforme n'était pas de camoufler l'homme mais plutôt de le mettre en valeur ! Voir ensuite la grande salle consacrée à la **Première Guerre mondiale,** pleine de pièces d'artillerie souvent uniques car la Belgique, qui avait fait figure de martyr en 1914, bénéficia d'un nombre impressionnant de dons au sortir de la guerre. À côté, une cour rassemble **chars d'assaut** et **blindés.**

À l'étage, de nouvelles sections traitent de façon très interactive et pédagogique les conflits majeurs de la **période 1917-1944,** avec une insistance particulière sur la **Seconde Guerre mondiale.** Aucun des grands épisodes de celle-ci n'est laissé de côté, de la guerre en Méditerranée au **D-Day,** en passant par la bataille de l'Atlantique et la campagne de Russie. Ainsi par exemple, on peut voir, reconstitués ou non, la passerelle de commandant d'un navire de guerre britannique, la chambre d'écoute d'un sous-marin allemand, l'intérieur d'un bunker, la tourelle d'un bombardier Whitley, les obstacles de plage qui garnissaient le littoral français avant le débarquement de Normandie, un uniforme d'Eisenhower, en plus, bien sûr, d'une multitude de documents, cartes, schémas et images d'archives commentées. Sur la même mezzanine, une autre section couvre la **vie en Belgique sous l'Occupation.** Là encore, beaucoup de force dans l'évocation de la résistance et de la déportation, parfois dans des décors plus vrais que nature : une boutique de cordonnier juif, une librairie collabo, une épicerie où l'on peut lire « ce jour à 16h30, vente de 100 citrons au prix de 1 F pièce ». Lettres de dénonciation ou de condamnés à leur famille... Vraiment poignant.

Enfin, dans l'immense halle de fer et de verre, le clou du musée : plus de **130 avions** retraçant l'histoire de l'aviation, depuis la montgolfière jusqu'aux avions à réaction. Collection unique, vraiment impressionnante. Premiers coucous de la guerre de 1914, superbes biplans à hélice en bois, nacelles de ballons, De Havilland Mosquito de 1945, Spitfire, célèbre Fairchild C 119, qui transportait jusqu'à 50 parachutistes... et puis des chasseurs américains, français, allemands, russes des années 1950-1960, un Mac Donnell F 4 utilisé pendant la guerre du Golfe... et même un avion de ligne de la Sabena. Assez incroyable de voir réuni un tel arsenal sous un même toit. À ne pas manquer, d'autant que c'est gratuit. Cette section doit faire l'objet de travaux de rénovation. Cafétéria au milieu des avions.

Pas loin de l'entrée, un ascenseur permet aussi d'accéder à deux salles situées dans la partie supérieure de l'arc de triomphe, où sont exposés des objets napoléoniens. À quelques pas de là, les terrasses surplombant les arcades sont accessibles et offrent une vue plongeante sur l'avenue de Tervueren en direction de la forêt et, de l'autre côté, sur la rue de la Loi filant vers le centre-ville.

🎎 **Autoworld** (plan F3) : toujours dans le parc du Cinquantenaire, en face du précédent. ☎ 02-736-41-65. ● autoworld.be ● Avr-sept 10h-18h ; oct-mars 10-17h. Entrée : 6 € ; réducs. Un musée privé exceptionnel, qu'aucun amateur de voitures ne peut décemment manquer. Abrité sous la halle du Cinquantenaire en face du musée royal de l'Armée, ce vaste espace présente, dans un état remarquable, des véhicules rares et superbes, depuis les débuts de l'automobile jusqu'aux années 2000. Une collection d'une grande

UN BRUXELLOIS SPEEDÉ

Fils du propriétaire d'une importante usine de caoutchouc qui fabriquait également des pneus, Camille Jenatzy était ingénieur en électricité et pilote automobile. Le 29 avril 1899, il fut le premier à franchir les 100 km/h sur route, dans les Yvelines, à bord de son bolide électrique en forme de torpille nommée la « Jamais Contente ». En 1909, il fut aussi le premier à dépasser les 200 km/h, à Ostende au volant d'une Mercedes.

diversité, absolument magistrale, et couvrant toutes les époques, de la voiturette de Léon Bollée de 1896 à la DS de Citroën en passant par le camion Opel de 1914, la Tatra tchécoslovaque de 1951, les Lincoln des années 1960, les véhicules de pompiers des années 1930 et même les voitures belges... Car il y en eut ! Et pas qu'une maigre poignée : ce fut même, avant la Seconde Guerre mondiale, un des fleurons de l'industrie du royaume, avec des marques comme **Minerva, Nagant, Imperia, FN** (voir le beau modèle en bois sculpté de 1930) et **Belga Rise,** jadis considérée comme la Rolls du plat pays ! Sinon, que dire du tricycle Aster de 1899, de la De Dion-Bouton de 1901 ou de l'Oldsmobile de 1904, avec son manche-guidon pour unique volant ? Un peu plus près de nous, une Packard de 1946, une BMW Isetta riquiqui de 1952 (dans laquelle on entrait en ouvrant l'avant du véhicule), une voiture Vespa (à trois roues) de 1959, une 2 CV ou encore le Toyota peint par Folon... Un musée passionnant, on le répète.

|●| Restaurant avec plat du jour.

🎬 **La maison Cauchie** (plan F3) : rue des Francs, 5, 1040. ☎ 02-673-15-06. ● cauchie.be ● *En bordure du parc du Cinquantenaire. Visite guidée le 1ᵉʳ w-e de chaque mois 10h-13h, 14h-17h30 (dernière visite 1h avt). Soirées d'été, mai-août, ts les mar 18h-21h (dernière visite à 20h30). Entrée : 5 €.*
Si vous n'êtes pas présent le week-end (jours de visite) et que vous passiez devant cette maison, jetez-y au moins un œil ! C'est Paul Cauchie qui, en 1905, réalisa pour lui-même cette demeure, dans laquelle il installa son atelier. Cauchie est un des architectes emblématiques de l'Art nouveau bruxellois. Il excellait dans l'art du sgraffite. Sur la façade, véritable vitrine de son travail, il avait fait indiquer ses spécialités et avait inscrit la devise de cette maison « Par nous, pour nous ». Comme ça, les choses étaient claires.
La maison, menacée de destruction dans les années 1970, fut sauvée in extremis par l'actuel propriétaire, Guy Dessicy (ancien collaborateur d'Hergé), qui en était tombé passionnément amoureux. Des années de restauration furent nécessaires pour lui redonner toute sa splendeur et la remeubler (certaines parties du mobilier étaient tout bonnement cachées au fond de la cave !). Si vous faites la visite guidée (passionnante), vous vous apercevrez que Cauchie utilisa également le sgraffite à l'intérieur de sa maison, puisqu'il y recevait ses clients.
Il est curieux de voir à quel point Cauchie se démarque de l'univers d'Horta. À commencer par ses inspirations, ses influences qui le rapprochent beaucoup plus de l'Écossais **Charles-Rennie Mackintosh,** avec une priorité donnée à la verticalité, aux motifs dépouillés, géométriques, symétriques. Mais aussi par un esprit plus bohème, plus voluptueux, avec une omniprésence de la femme (à commencer par ses femmes-muses en façade) qui, là encore, s'apparente à l'école de Glasgow. On retrouve évidemment toutes sortes de motifs végétaux, sans lesquels l'Art nouveau ne serait pas tout à fait ce qu'il est, sans oublier certaines influences japonaises (utilisation du bois pour les colonnes du porche, importance du symbolisme, stylisme du balcon...).
La visite guidée se limite au séjour (compter au moins une heure malgré tout), mais le sous-sol accueille librement les visiteurs et propose une expo sur le couple Cauchie et la restauration de la maison...

🎬 Pas loin du Cinquantenaire, au nord du rond-point Robert-Schuman, les **squares Marie-Louise et Ambiorix** *(plan E2)*, chef belge du début de notre ère, constituent les noyaux durs d'un secteur résidentiel de bon aloi, propice à la balade. L'ensemble respire le XIXᵉ s cossu. Dans l'avenue Palmerston qui relie les deux squares, quelques œuvres notables d'Horta, surtout au nº 4, l'*hôtel Edmond Van Eetvelde.*
Au nº 11 (côté nord) du square Ambiorix, vous ne pourrez échapper à l'un des plus beaux édifices Art nouveau qui soient : l'***hôtel du peintre de Saint-Cyr,*** réalisé

À VOIR. À FAIRE

en 1903 par Gustave Strauven. À tous les étages, malgré les 4 m de largeur de la façade, on s'en met plein les mirettes mais le pompon reste la fenêtre circulaire du dernier étage, où le fer, le verre, le bois et la brique sont mis au service de la rondeur et des volutes. Quelle virtuosité !

AU NORD-OUEST DE BRUXELLES

🏃🏃 *Le site de l'ancien entrepôt des douanes de Tour et Tassis* (plan Nord de Bruxelles A3, **211**) : ● tour-taxis.com ● Ⓜ Yser. Compter 10 mn de marche depuis la station de métro.
Sans doute l'un des plus ambitieux projets de rénovation urbaine à Bruxelles. L'origine du nom provient de la famille Thurn und Tassis, fondatrice, en 1501, du réseau postal de l'Empire germanique. En effet, Charles Quint souhaitait disposer d'un réseau de messageries rapides pour communiquer d'un bout à l'autre de son vaste empire, et Bruxelles était un des lieux de carrefour de ce réseau de relais de poste. Mais la fin de l'Empire germanique en 1806 mit un terme au monopole de la famille. Ensuite, avec la prospérité économique de la Belgique, un ensemble de bâtiments industriels vit le jour sur les 37 ha du site, associant en un même lieu les fonctions complémentaires d'acheminement des marchandises, d'entrepôts et de services de douane. Mais la suppression des barrières douanières fit perdre progressivement au lieu sa raison d'être et, en 1987, il est mis en vente. Plusieurs projets de réhabilitation sont alors avancés (comme, aussi, sa démolition) pour sauver ce joyau d'architecture industrielle et, finalement, en 2001, grâce au travail d'associations comme *La Fonderie,* une société, Project T & T, se voit confier la rénovation du site en collaboration avec la Commission royale des monuments. Depuis, on peut considérer que la réussite est au rendez-vous, puisque d'ores et déjà des entreprises y ont installé leurs locaux et que des manifestations aussi prestigieuses que la Foire du livre y ont trouvé un lieu idéal pour y accueillir des dizaines de milliers de visiteurs. Si vous en avez l'occasion, en passant dans le coin, n'hésitez pas à venir admirer les imposantes façades de brique et de pierre bleue, magnifiquement mises en valeur par l'éclairage de nuit.
Depuis l'avenue du Port qui mène à l'entrepôt, on peut admirer, de l'autre côté du canal (quai des Péniches), l'immense fresque rendant hommage à *Corto Maltese* (plan B1).

🏃 *La basilique du Sacré-Cœur de Koekelberg* (hors plan d'ensemble par Y7) : 1080 Koekelberg. Ⓜ Simonis. Ouv 8h-17h. Surnommée ironiquement la « Koekelique de Baselberg ». Pas de malentendu : si on vous signale cet édifice religieux, c'est surtout pour la vue sur la ville qu'on a de la coupole, la plus intéressante, nous semble-t-il, de Bruxelles (3 € pour y accéder). Pour le reste, on se contentera de préciser que c'est un édifice néobyzantin assez indigeste, né de la volonté du grand bâtisseur Léopold II, à l'occasion du 75ᵉ anniversaire de l'Indépendance. Cependant, le projet initial ne vit jamais le jour, et c'est en 1926 qu'on entama la réalisation du nouveau chantier, qui ne s'acheva qu'en... 1969. Enfin, pas grand-chose de remarquable donc, si ce n'est ses dimensions faramineuses (c'est le quatrième plus grand édifice chrétien au monde) et quelques vitraux modernes à l'intérieur.

🏃 *Le musée René-Magritte* (plan Nord de Bruxelles A2, **208**) : rue Esseghem, 135, 1090. ☎ 02-428-26-26. ● magrittemuseum.be ● À une bonne dizaine de mn à pied de la station de métro Belgica. Mer-dim 10h-18h. Entrée : 7 € ; réducs.
À ne pas confondre avec celui de la place Royale. Dans la commune de Jette, ce petit musée s'est ouvert en 1999, dans la maison même où a habité, de 1930 à 1954, le peintre René Magritte. Attention vous n'y verrez pas ses œuvres mais plutôt des objets qui évoquent son univers.

Au rez-de-chaussée de cette modeste maison de banlieue, reconstitution très fidèle de l'univers du peintre surréaliste. Rien de très spectaculaire au premier abord, si ce n'est un décor repeint dans les tons chers à l'artiste, une poignée d'originaux et des meubles que l'on retrouvera sur quelques-unes de ses plus célèbres toiles, comme le poêle à charbon, la cheminée, la baignoire et le piano. Au fond, la salle à manger-atelier où Magritte réalisa près de la moitié de ses tableaux. Aux 1er et 2e étages, quelques œuvres de ses copains surréalistes, ainsi que des documents et objets plutôt rares (près de 400), comme cette lettre de la Sabena assurant le peintre que son loulou Toutou serait traité avec les meilleurs égards à bord d'un de leurs avions, ou encore ce télégramme de condoléances envoyé par Baudouin et Fabiola à sa veuve après son décès. Très beau catalogue du musée.

Petite balade « magrittienne », miraculeuse et prolétaire !

Autour du musée Magritte s'étend un quartier tranquille où il fait bon flâner le nez au vent pour découvrir quelques clins d'œil, quelques signes insolites. À deux pas du musée, sur la rue Léopold Ier, une immense **grotte de Lourdes** (plan Nord de Bruxelles A2, **238**) affublée d'un monumental chemin de croix d'un kitsch réjouissant, dans le style rocaille et faux troncs d'arbre en béton. À côté de la petite église Notre-Dame-de-Lourdes, une crèche (façade jaune) remplace désormais le café local favori de Magritte. En redescendant la rue Léopold Ier, on trouve à main gauche, la **rue Émile-Delva.**
À partir du croisement des rues Delva et Fineau, une longue série de réverbères tous différents les uns des autres... En fait, une expo de modèles d'éclairages urbains s'étalant sur un siècle, ce qui en fait un insolite **musée du Réverbère** (plan Nord de Bruxelles A2, **239**) gratuit et bien inséré dans son tissu urbain !
Autre intérêt de cette rue, les logements sociaux qui la bordent. Pas d'uniformité, tous différents, une architecture assez élaborée qui montre que les architectes des années 1920-1926 ne se foutaient pas des masses populaires. Joli travail de décor sur les façades, les fenêtres, les balcons... De là, on peut ensuite rejoindre rapidement la basilique et le cimetière de Laeken (voir plus loin le chapitre « Au nord de Bruxelles... »).
En revanche, si vous redescendez vers le métro Belgica et êtes d'humeur vagabonde, suivre alors la rue de Rotterdam jusqu'au carrefour avec les rues de Sambre et Laekenveld. Là encore, de beaux exemples d'habitat ouvrier (1922-1923) alternant pierre blanche et brique rouge dans un beau rythme chromatique. De là également, un intéressant panorama sur les friches immenses de l'ancienne gare maritime. Au loin, le grand château d'eau (destiné, dit-on, à devenir une crèche). Autre point de vue différent depuis le pont qui enjambe les voies de chemin de fer, boulevard Bockstael... Boulevard bordé de bourgeoises demeures menant jusqu'à l'ancienne maison communale de Bockstael et son élégante architecture (aujourd'hui c'est une école).

LA COMMUNE D'ANDERLECHT (plan A3-4)

Anderlecht, commune populaire de Bruxelles bien connue des amateurs de foot, était déjà habitée à l'époque romaine ; on y a trouvé les restes d'une villa du IVe s. Elle a longtemps eu une vocation industrielle avec des abattoirs renommés et de nombreuses manufactures. Son centre historique se concentre autour de l'église Saint-Guidon.

À VOIR. À FAIRE

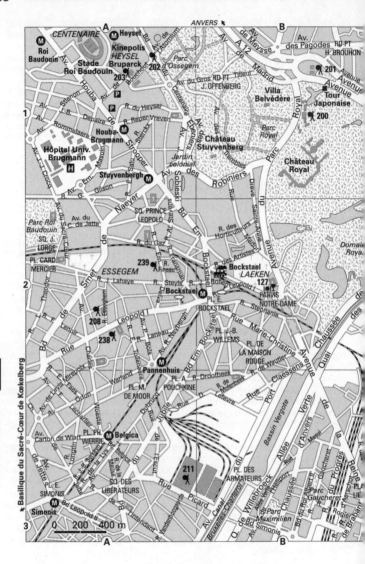

|●| Où manger ?	🎭 À voir
126 Brasserie Cochaux	**200** Serres royales
127 Brasserie Le Royal	**201** Musées d'Extrême-Orient
	202 Atomium
	203 Mini-Europe

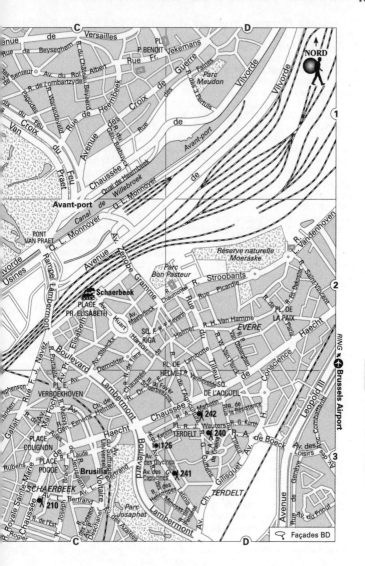

NORD DE BRUXELLES

🦌 *La maison d'Érasme (hors plan par A3)* : rue du Chapitre, 31, 1070 Anderlecht. ☎ 02-521-13-83. • *erasmushouse.museum* • Ⓜ *Saint-Guidon. Tlj sf lun 10h-18h. Visite guidée sur rdv. Entrée : 1,25 €.*

Ceux qui connaissent (ou ont lu) l'*Éloge de la folie* feront le détour par cette maison où Didier Érasme de Rotterdam séjourna 5 mois en 1521. La grosse bâtisse de brique rouge où il habita, jouxtée d'un jardin propice à la réflexion, date de 1515 (Marignan) et fut transformée en un petit musée agréable dans les années 1930. L'objectif humaniste d'Érasme était fondamentalement positif : sélectionner chez les Anciens les idées conciliables avec le message évangélique. Il estimait que la révélation n'était pas l'apanage des érudits et devait être accessible au plus grand nombre. La foi ne pouvant être vécue qu'en ayant une vraie connaissance des textes. Ses voyages, ses échanges avec tous les grands esprits de son époque, son ouverture et son goût de la recherche critique en ont fait le patron d'un des programmes d'échanges estudiantins européens les plus connus : *Erasmus.* Quelques souvenirs de ce grand humaniste : dans son ex-bureau, un moulage de son crâne, une lettre à un pote écrite en latin. La maison, merveilleusement restaurée, abrite une collection de meubles, de livres, de gravures et de tableaux des XVe et XVIe s. Les pièces maîtresses de ce programme restent les deux gravures d'Albrecht Dürer, dans le cabinet de travail d'Érasme, et un triptyque de Jérôme Bosch de 1510 (*L'Adoration des Mages*). Sur le volet gauche de ce triptyque (quand il est fermé), on pouvait voir saint Jérôme, mais comme l'œuvre fut longtemps conservée dans la collégiale Saint-Pierre-et-Guidon, son curé a cru bon, 120 ans après le travail de Bosch, de transformer Jérôme en Pierre, par l'adjonction d'une clé grossièrement plaquée devant le saint. Un coup de pinceau maladroit, et hop, ni vu ni connu, voilà mon saint Pierre gardien du Paradis (et à ce titre possesseur de clés, rappelons-le). La visite peut se poursuivre au *Jardin philosophique*, situé derrière la maison. Cet îlot de verdure a été conçu pour permettre au visiteur de se laisser aller à des rêveries ou à des réflexions que doivent susciter, notamment, des adages inscrits sur les parterres en forme de feuilles et sélectionnés – par Érasme – dans la sagesse antique et le savoir populaire. À l'entrée de cet espace vert, arrêtez-vous un instant au « jardin des maladies », planté des différentes espèces botaniques qu'utilisaient les médecins de l'humaniste.

– Si vous avez le temps, à côté du musée, près de la collégiale, vous pourrez visiter le *béguinage* d'Anderlecht, charmant ensemble de maisons, certaines du XVIe s, ordonné autour d'un puits et d'un jardin. Petit musée sur l'histoire d'Anderlecht. Horaires d'ouverture identiques à ceux de la maison d'Érasme.

🦌 *Fondation Leblanc (plan A3, 235)* : av. Paul-Henri-Spaak, 7, 1070 Anderlecht. ☎ 02-520-70-09. • *fondationleblanc.be* • Ⓜ *Gare-du-Midi ou Clemenceau. Merven et 1er w-e du mois 12h-18h. Entrée : 4 €.* Pas difficile à trouver, la silhouette de Tintin et Milou coiffe l'immeuble. Du nom de Raymond Leblanc, éditeur et fondateur avec Hergé du journal *Tintin* en 1946. Sur un étage, quelques salles servent de vitrine permanente pour rappeler aux fans de B.D. la carrière d'un pionnier du 9e art. Des expos temporaires souvent intéressantes y sont organisées deux fois par an. Issu de la Résistance, Leblanc a servi de caution morale à Hergé qui avait collaboré durant l'Occupation au journal *Le Soir,* aux mains de l'occupant.

Leur entreprise allait être couronnée de succès. Une ligne du temps illustre clairement le parcours de cet entrepreneur rigoureux et sympathique qui en plus de publier les albums de la collection du Lombard parmi lesquels les œuvres de nombreux collaborateurs d'Hergé. Leblanc utilisa aussi une agence de presse et de publicité (Publi-Art) pour commercialiser les personnages de B.D. de son écurie. Sa réussite la plus spectaculaire fut bien sûr le journal *Tintin* qui diffusa en France jusqu'à 350 000 exemplaires en collaboration avec Georges Dargaud mais aussi les studios Belvision en partenariat avec Télé-Hachette.

Une autre publication de son groupe *Line,* destinée aux jeunes filles, fut rachetée par Daniel Filipacchi qui en fit *Mademoiselle Âge Tendre.* Belvision produisit en 1968 le premier *Astérix et Cléopâtre* en dessin animé avec un gag toutes les secondes !

On peut voir le matériel sophistiqué pour monter les dessins animés à une époque où le numérique n'existait pas.

🍴 *Le musée bruxellois de la Gueuze (plan A3, 228) : rue Gheude, 56, 1070 Ander-lecht.* ☎ 02-521-49-28. ● *cantillon.be* ● Ⓜ *Gare-du-Midi ou Clemenceau. Tram n° 81. Tlj sf dim et j. fériés 9h (10h sam)-17h. Entrée : 6 €, dégustation comprise ; réducs.* Dans ce coin populaire en partie transformé en quartier de la fripe, on trouve la toute dernière brasserie familiale à fabriquer le lambic, et ce depuis plus de 100 ans. Comme au temps des Sumériens, ce sont les « ferments célestes », apportés par l'air, qui « inoculent » le moût : c'est la « fermentation spontanée ». Babylone comptait 150 brasseries et les Égyptiens, Romains et Gaulois connais-saient, sans l'expliquer, ce miracle de la bière. Aujourd'hui, tous les ferments sont préparés en laboratoire. Ici, non : on conserve la magie et on ne brasse que d'octo-bre à mars, quand le moût peut refroidir tout seul. Seul le lambic (2/3 d'orge, 1/3 de froment) est fabriqué de cette façon.

À partir du lambic, on fait d'autres bières : la gueuze (jeune et vieux lambic), la kriek (avec griottes), la framboise (avec framboise) et le faro (avec sucre candi). Une visite unique en son genre donc, où une bonne partie du matériel utilisé date encore du XIXe s. La bière Cantillon y est brassée depuis quatre générations. La visite est libre mais un document vous permettra de comprendre les différentes phases de l'éla-boration du breuvage. On rend visite à la cuve de cuisson et, dans le grenier, au grand bassin de 7 500 l, en cuivre rouge, tout plat, entièrement riveté, où se produit l'inoculation.

La salle de futaille rappelle les caves à vin, pleine de tonneaux et de pipes (650 l) remplis à ras bord et laissés ouverts durant 3 jours pour permettre les déborde-ments. La dégustation vient clore la visite de cet univers, à mille lieues de la bras-serie industrielle. Pour nos lecteurs parisiens : on trouve cette bière bien sympathi-que chez *Acti bulles,* rue Quincampoix, 75004 (Ⓜ Châtelet ou Les Halles).

AU NORD DE BRUXELLES, LE DOMAINE ROYAL DE LAEKEN (plan Nord de Bruxelles A-B1-2)

Il s'agit d'un vaste parc, situé au nord du Pentagone, composé d'espaces verts, de petites forêts, de pièces d'eau, le tout soigneusement aménagé dans un style anglais.

🍴🍴 Au milieu du parc trône le *château royal,* œuvre de la fin du XVIIIe s, ancienne résidence des gouverneurs autrichiens. Napoléon en fit même l'acquisition en 1804. Puis l'édifice devint château royal sous le régime hollandais puis dès l'accession de Léopold Ier au trône. Au début du XXe s, il reçut de nombreux aménagements. Plus à l'ouest, un belvédère (beau pavillon du XVIIIe s), un monument à Léopold Ier en néogothique et bien sûr les admirables *serres royales (plan Nord de Bruxelles B1, 200)* qu'on ne peut visiter que quelques jours par an *(de mi-avr à début mai ; pour infos : ☎ 02-513-89-40 ; trams n°s 19 et 23 ; entrée : 2,50 €).* De l'extérieur, par l'avenue du Parc-Royal, les serres sont déjà un ravissement. Il s'agit d'une série de dômes lumineux de tailles différentes, qui dialoguent entre eux comme des notes de musique.

Cette remarquable structure est due à l'architecte Alphonse Balat, avec la partici-pation d'un certain... Victor Horta. Chef-d'œuvre parmi les chefs-d'œuvre : la grande rotonde, aérienne, élégante et délicate. Si vous êtes à Bruxelles fin avril, ce serait une faute que de ne pas passer par là. On y fait alors la queue en rangs serrés pour se balader dans ces extraordinaires ensembles de végétation tropicale sous verre. En dehors de cette période, le domaine royal ne se visite pas.

🍴 Au sud du domaine, l'*église Notre-Dame de Laeken,* bâtie pour l'épouse de Léopold Ier, la reine Louise-Marie, et dont le dessin fut confié à Joseph Poelaert, l'architecte du palais de justice. Encore une fois, il rata plutôt son affaire et mit le

À VOIR. À FAIRE

gothique à la sauce Poelaert, mixture bien lourde à digérer. On y trouve la crypte royale. Derrière, dans le cimetière, on peut encore voir le chœur de la première église du XIIIe s et, non loin, un *Penseur* de Rodin, qui n'en pense pas moins.

À l'entrée du cimetière, *l'atelier du sculpteur Ernest Salu* qui exécuta de nombreuses statues pour le cimetière. *Visite sur résa 11h-16h30 le dernier dim du mois (sf juil)*. L'atelier de trois générations de sculpteurs de 1876 à 1983. Rien n'a changé depuis, totalement dans son jus, comme si on l'avait abandonné d'un seul coup... Charme et émotion assurés !

🔖 *Les musées d'Extrême-Orient (plan Nord de Bruxelles B1, 201)* : tt au nord du domaine royal, av. Van-Praet, 44, 1020. ☎ 02-268-16-08. ● kmkg-mrah.be ● Trams nos 3 et 7, arrêt Araucaria ; bus no 53, arrêt De Wand. Tlj sf lun 9h30 (10h w-e)-17h. Entrée : 4 € ; réducs ; gratuit le 1er mer de chaque mois à partir de 13h.
Votre esprit curieux et vos yeux fouineurs n'auront pas manqué de s'étonner de la présence, quasiment face à face, d'un « pavillon chinois » et d'une « tour japonaise ». Ces édifices furent « récupérés » par Léopold II à l'expo universelle de Paris en 1900 pour symboliser le début des relations commerciales (et amicales) entre la Belgique, le Japon et la Chine.

– *Le pavillon chinois :* hormis les boiseries extérieures réalisées à Shanghai, c'est un Français qui créa ce pavillon. Amusant ! Les salles intérieures, aménagées en styles Louis XIV et Louis XVI avec force dorures et miroirs, recèlent de belles collections de porcelaines chinoises. Depuis peu, il y a aussi un très beau petit musée d'Art japonais, juste derrière le pavillon chinois.

– *La tour japonaise :* dans un tout autre style que sa voisine d'en face mais conçue par le même architecte français que le pavillon chinois ! Seul le pavillon d'entrée, présenté à l'Expo internationale de Paris en 1900 et acheté par Léopold II, est de facture nippone. Selon la tradition, elle a été entièrement assemblée sans clou. Là encore, l'intérieur n'a pas grand-chose d'oriental mais vous y découvrirez de superbes vitraux représentant des scènes d'Orient ainsi que des objets d'art décoratif japonais.

– *Le musée d'Art japonais :* dans l'ancienne dépendance superbement rénovée du pavillon chinois. Il présente par rotation la très riche collection d'art japonais de l'époque Edo (1603-1868) que possède le musée du Cinquantenaire. Peintures, laques, textiles, porcelaines, estampes, sculptures et armures, les œuvres montrées constituent un ensemble très complet qui ravira vraiment les amateurs du genre.

LE PLATEAU DU HEYSEL (plan Nord de Bruxelles A1)

Le Heysel est un quartier qui se situe à quelques kilomètres au nord du Pentagone, non loin du domaine de Laeken. Tristement rendu célèbre pour son stade qui, en mai 1985, lors d'une finale de Coupe d'Europe de football, fut le théâtre de bagarres suivies d'un mouvement de panique où la foule s'entassa contre les grilles. Une tragédie qui fit 40 victimes.

🔖 Le stade a été rénové et porte désormais le nom de *stade Roi-Baudouin :* visite mar-sam 10h-17h. Entrée : 6 € ; réducs.
Un parcours dans les coulisses a été inauguré en 2005 avec la rétrospective des 70 ans d'existence d'un stade qui a connu son lot d'exploits mais aussi le drame que l'on sait. Il évoque les exploits du sport belge et en particulier ceux des « Diables Rouges », l'équipe nationale de football, l'ambiance fervente du Mémorial Van Damme, le meeting d'athlétisme et des aspects plus problématiques du monde sportif : le dopage, la violence des hooligans... sans oublier que le stade a servi d'écrin à des concerts mémorables : Johnny Hallyday, U2... En fin de parcours, des écrans vidéo sont là pour rappeler aussi la fonction du sport : un jeu qui doit épanouir ses pratiquants et réjouir ses spectateurs. Est-ce encore du domaine du possible ?

Le *Heysel* est un vaste espace culturo-sportivo-commercialo-industriel, comprenant un stade (ça, on l'savait), un grand parc des expositions, un complexe récréatif *(Bruparck),* le cinéma *Kinépolis,* un planétarium et évidemment le fameux *Atomium.* C'est surtout pour ce dernier, d'ailleurs, qu'on visite ce secteur.

Avant de découvrir l'Atomium, vous passerez sans doute devant le *Grand Palais,* vaste halle d'exposition réalisée en 1935 dans un pur style Art déco, surmontée de quatre statues monumentales. L'Atomium est à deux pas. Faudrait d'ailleurs être plutôt bigleux pour ne pas le remarquer.

🏃🏃🏃 *L'Atomium (plan Nord de Bruxelles A1, 202) :* sq. de l'Atomium, 1020. ☎ 02-475-47-75. ● atomium.be ● Ⓜ Heysel. Tlj 10h-18h. *Entrée : 11 € ; réducs ; gratuit pour les moins de 6 ans.* Vous vous trouvez à présent, les yeux ébahis et le cou tordu, devant la maille élémentaire du fer (et non pas une molécule ou un atome) grossie 165 milliards de fois. Imaginez votre guide favori grossi à la même échelle : il mesurerait 33 millions de kilomètres ! Difficile de le glisser dans sa poche... La plus haute des neuf boules culmine à 102 m et la vue de là-haut est... panoramique, c'est le moins qu'on puisse dire (par beau temps, on aperçoit le beffroi de Malines). Cet édifice incroyable fut créé pour l'Exposition universelle de 1958. Comme tous les ouvrages du genre (la tour Eiffel, entre autres), il devait être détruit et ne le fut pas. On lui a même, en 2005, redonné son lustre d'antan en remplaçant l'aluminium des boules par de l'inox ! Avec la Grand-Place et le Manneken-Pis, il reste un symbole fort de la ville.

Tout d'abord, un ascenseur vous projette en 23 secondes dans la boule supérieure pour embrasser une vue exceptionnelle (compter jusqu'à 40 mn d'attente le week-end !). Là, possibilité de manger (au resto, qui occupe la moitié supérieure de la boule) ou de redescendre tout en bas pour partir à la découverte d'autres parties de la « molécule », liées entre elles par des escalators. Petites expos – permanente et temporaire – dans deux des cinq autres boules accessibles mais, globalement, cette deuxième partie de la visite a moins d'intérêt. N'empêche, le monument, lui, mérite vraiment le détour, surtout lorsqu'il surgit de la nuit comme un vaisseau spatial clignotant, style « Rencontres du 3ᵉ type ».

– *Bruparck :* judicieusement installé au pied de l'Atomium, ce grand parc récréatif accueille plusieurs attractions, dont *Mini-Europe* et le complexe aquatique *Océade* (☎ 02-478-43-20), avec ses vertigineux toboggans. Droit d'accès à ce dernier assez cher mais ticket combiné avec *Mini-Europe.*

🏃🏃 🏃 *Mini-Europe (plan Nord de Bruxelles A1, 203) :* à côté de l'Atomium, donc dans le complexe multiloisirs de Bruparck. ☎ 02-478-05-50. ● minieurope.com ● *De mi-mars à sept, tlj 9h30-18h (20h juil-août) ; oct-début janv, tlj 10h-18h. Fermé de début janv à mi-mars. Les sam de fin juil à fin août, nocturne jusqu'à minuit et feu d'artifice musical à 22h30. Entrée : 13,40 € ; réduc enfants de moins de 12 ans et seniors. Sur présentation de ce guide, 2 € de réduc. Billets combinés avec ceux de l'Atomium et du complexe aquatique Océade.* Sur 2,5 ha, Mini-Europe regroupe quelque 300 maquettes de monuments évoquant plus de 75 villes ou sites d'Europe. D'une précision remarquable, la plupart de ces maquettes sont réalisées en polyester à l'échelle 1/25, ce qui donne, entre autres, une tour Eiffel de plus de 12 m. La tour de Pise, elle, est en vrai marbre et le château de Chenonceau en pierre de France. Véritable travail d'orfèvre, le coût moyen de ces maquettes avoisine les 75 000 € et certaines ont demandé l'équivalent du travail d'une personne pendant 13 ans ! Ainsi, l'arc de triomphe de l'Étoile répertorie, comme l'original, les noms des 600 généraux de l'épopée napoléonienne et des 150 lieux de bataille, excepté, bien sûr, Waterloo. L'illusion est aussi parfaite avec Big Ben, qui sonne à l'heure, le Vésuve, qui tremble lors des éruptions, les 6 000 spectateurs des arènes de Séville (tous peints à la main !) qui crient « Olé ! » comme dans une vraie corrida, les moulins à vent du Kinderdijk en Hollande, qui contribuent à assécher un minipolder, ou encore *Ariane V,* qui décolle toutes les 7 mn dans un nuage de fumée artificielle...

Le parc n'a pas négligé non plus les derniers pays à être entrés dans l'Union avec, entre autres, le manoir d'Artus de Gdansk (Pologne), le théâtre du Kourion à Chypre, le Mnajdra de Malte (considéré comme le plus vieux temple de pierre du monde !), l'université de Vilnius (Lituanie), l'horloge astronomique de Prague (République tchèque), l'église Bleue de Bratislava (Slovaquie), la Grosse Margareta de Tallinn (Estonie) ou encore les bains de Szécheny à Budapest (Hongrie).

Enfin, Mini-Europe propose aussi un espace ludique et interactif *(Spirit of Europe)* dédié à l'histoire, aux objectifs, aux défis et au fonctionnement de l'Union européenne. Où ailleurs qu'à Bruxelles, décidément, pouvait-on espérer visiter une telle attraction ?

– À côté, le *Kinépolis* (☎ 02-474-26-00) est, avec ses 27 salles, l'un des plus grands complexes cinématographiques au monde. Nous, on préfère les petits cinémas de quartier... Cela dit, c'est le seul à Bruxelles à posséder un écran Imax, irremplaçable, comme on sait, pour la projection de certains films ou documentaires.

AU NORD-EST, LA COMMUNE DE SCHAERBEEK
(plan E-F1-2 et plan Nord de Bruxelles C-D3)

Au nord-est du Pentagone, avec 110 000 habitants, Schaerbeek (prononcez Skarbék) est la 5e commune la plus peuplée de Belgique. Ses quartiers très différenciés sont à la fois très populaires et cosmopolites mais aussi résidentiels. Autrefois, elle était considérée comme la commune des artistes, qui y occupaient de nombreux ateliers. Elle compte quelques sites remarquables, comme le parc Josaphat, l'église néobyzantine Sainte-Marie, les halles, ainsi que de nombreuses maisons Art nouveau et Art déco particulièrement bien préservées. Dans ce quartier, qui fut autour des années 1900 un des faubourgs les plus huppés de Bruxelles, vous ne manquerez pas de jeter un coup d'œil sur la majestueuse perspective de l'avenue Louis-Bertrand, se glissant dans une belle courbe descendante vers le parc Josaphat. De chaque côté se déploient de magnifiques façades inspirées par l'Art nouveau, rivalisant entre elles d'originalité. Rue Josaphat, toute proche, le complexe scolaire et le gymnase dus à l'architecte Henri Jacobs livrent un décor de verrières, de sgraffites et de ferronneries du plus bel effet.

Son *hôtel communal*, place Colignon, entourée de maisons éclectiques de la fin du XIXe s, est un magnifique édifice néo-Renaissance. De là, vers le sud, part la *rue Royale-Sainte-Marie*. Au n° 241, la *maison des Chats*. Aux n°s 237-235, superbe décor des années 1886-1887.

🐾🐾 **La maison Autrique** *(plan Nord de Bruxelles C3, 210) :* chaussée de Haecht, 266, 1030. ☎ 02-215-66-00. • autrique.be • Tram n° 92. Mer-dim 12h-18h (dernière admission à 17h30). Entrée : 6 € ; réducs. Visite contée sur résa certains dim et mer.

La maison de l'ingénieur Autrique fut une des premières réalisations (1893) d'un jeune architecte de 32 ans nommé Victor Horta. Délaissée depuis 1986, elle avait attiré l'attention du dessinateur de B.D. François Schuiten et de son compère, le scénariste Benoît Peeters. Après 7 années d'efforts et après que l'architecte Francis Metzger avait reçu la mission de « faire parler » la maison pour en retrouver le caractère originel (au travers des matériaux notamment), tel que l'avait conçu Horta, elle est à présent offerte à l'admiration des visiteurs comme une sorte de voyage dans le temps qui restituerait la vie de la bourgeoisie de la Belle Époque. La maison, tel un organisme vivant, revit littéralement à l'aide de la scénographie imaginée par les deux complices.

Ses habitants vous apparaissent au détour de la salle de bains, dans la cuisine on s'apprête à servir le repas du soir, les draps sèchent dans la buanderie, des cartes postales du vieux Schaerbeek s'échappent d'un meuble... Dans la bibliothèque, un film muet évoque les transformations architecturales de Bruxelles. On découvre également le cabinet de travail de l'ingénieur, avec ses innombrables cartes, et l'atelier d'un peintre français, Augustin Desombres, qui aurait travaillé pendant ses dernières années à Schaerbeek.

Le grenier se révèle être la caverne d'Ali Baba d'un personnage curieux : Axel Wappendorf, dont on nous dit qu'il fut l'inventeur méconnu de prototypes de moyens de transport insolites... Bref, on navigue, comme souvent à Bruxelles, entre rêve et réalité sans toujours bien discerner la frontière entre les deux mondes parallèles et c'est là le grand mérite de cette re-création de la maison Autrique : entraîner le visiteur là où il ne s'imaginait pas pouvoir être mené...

Petite balade architecturale et florale à l'est de Schaerbeek

Toujours pour nos trekkeurs urbains impénitents, une petite dérive sympathique hors des sentiers battus. Reprendre l'itinéraire au niveau de la *maison Autrique* (voir plus haut). À deux pas, *l'école communale n° 1,* la plus belle école de style Art nouveau de Bruxelles (1907). Aux 229-241, rue Josaphat (et 30, rue de la Ruche), œuvre de l'architecte Henri Jacobs (disciple d'Horta). Puis on suit la majestueuse avenue Louis-Bertrand, vers le *parc Josaphat* (plan Nord de Bruxelles C3). De chaque côté, magnifiques façades inspirées par l'Art nouveau. Notamment aux n°s 59-61 et au n° 65. Certaines portent la marque de Gustave Strauven.

À l'arrivée, passé le parc, douce plongée en milieu floral. Toutes les rues de ce quartier résidentiel portent d'ailleurs un nom de fleur : rues des *Héliotropes,* des *Capucines,* des *Glycines...* Celle des *Mimosas,* aux n°s 97-99, fut l'avant-dernière demeure de Magritte (ne se visite pas). Plantées de cerisiers du Japon, ces rues, au moment de la floraison (fin mars-début avril), se transforment en tapis roses ! Ensuite, le *boulevard Lambermont* possède également son pesant de belles demeures bourgeoises. Puis, avenue G.-Latinis, jeter plus qu'un œil sur l'architecture Art déco intrigante de *l'église Sainte-Suzanne (plan Nord de Bruxelles D3, 241),* construite en béton en 1928. À l'intérieur, assez inhabituel, c'est un vaisseau unique sans colonnes, ce qui génère un très grand espace. Beaux vitraux.

Pour une légitime petite pause gastronomique, l'excellente *brasserie Cochaux,* angle Latinis et Guillaume-Kennis (voir chapitre « Où manger ? »). À trois pas, *la cité-jardin du quartier Terdelt (plan Nord de Bruxelles D3, 240).* Des maisons individuelles toutes construites par le même entrepreneur... Si les plans intérieurs étaient les mêmes pour tout le monde, les futurs proprios avaient cependant la possibilité de demander « sur catalogue » fenêtres, portes, toits de formes différentes, avec ou sans balcon, avec des matériaux et des couleurs différents... Atmosphère villageoise garantie !

À deux pas, par la *rue Marbotin,* on parvient *rue de l'Agriculture,* au **Foyer Schaerbeekois** *(plan Nord de Bruxelles D3, 242),* typique des grandes cours ouvrières des années 1920-1922, construites après la Grande Guerre (architecte *Roulet,* celui de la cité-jardin). Construction assez raffinée qui fait songer à l'architecte français Sauvage (au début du XXe s) qui, tout en édifiant pour les riches, consacrait également temps et énergie pour réaliser de beaux ensembles ouvriers. Il abrite 1 231 logements (joliment rénovés en 2010). Schaerbeek possède d'autres exemples d'ensembles populaires de ce type, notamment au n° 2, rue du Foyer Schaerbeekois (précisément !)...

À voir encore

🔎 *Musée de l'Art spontané (plan d'ensemble Z8, **204**) :* rue de la Constitution, 27, 1030. Trams n°s 92, 93, 94 et 90. Bus n°s 65 et 66. ☎ 02-426-84-04. ● musee-art-spontane.be ● Mar-sam 13h-17h. Entrée : 2 €. Un petit musée qui jouxte les halles de Schaerbeek et qui fait découvrir à travers 800 œuvres exposées par roulement les différentes formes non codifiées d'expression artistique, de l'art naïf à l'art brut. En dehors de tout académisme, les artistes, souvent autodidactes, peignent et sculptent sans à priori et sans retenue avec une profusion de matériaux différents. La valeur de leurs œuvres étonnantes et souvent attachantes découle de leur caractère authentiquement personnel.

🕯 *Le Clockarium* (plan G2, **232**) : bd Reyers, 163, 1030. ☎ 02-732-08-28. ● cloc karium.com ● Tram n° 23, arrêt Diamant ; bus n°s 21 et 28. Visite (guidée) le dim slt à 15h05 (résa conseillée, arriver 1/4h à l'avance). Coût : 6 € ; réducs. Après 12 années de fréquentation assidue des marchés aux puces, Jacques de Selliers nous livre le fruit de ses efforts dans une petite maison Art déco de Schaerbeek. Son butin ? Facile : quelque 3 000 horloges de cheminée en faïence, de formes, factures et couleurs très diverses. Seul un bon millier est exposé mais qu'importe, leur variété est suffisante pour nous balader à travers cette époque où, l'industrialisation aidant, l'heure se fit jour dans les foyers belges et du nord de la France... Une visite plutôt originale donc, qui nous révèle les goûts esthétiques de nos arrière-grands-parents et, parfois même, l'évolution de la société en ce temps-là.

VERS L'EST, LES COMMUNES DE WOLUWE-SAINT-LAMBERT ET WOLUWE-SAINT-PIERRE
(hors plan d'ensemble par Z8)

Communes résidentielles, encore rurales il n'y a pas si longtemps, elles s'étendent au-delà du square Montgomery dans un environnement vallonné (la vallée de la Woluwe) traversé de part et d'autre par l'avenue de Tervueren voulue par Léopold II et qui conduit à la forêt de Soignes. L'avenue longe le parc de Woluwe, doté de magnifiques étangs. C'est un endroit de promenade très apprécié des Bruxellois.

🚶🚶 Ⓖ *Le palais Stoclet* (hors plan d'ensemble par Z8, **205**) : av. de Tervueren, 281, Woluwe-Saint-Pierre 1150. Ⓜ Montgomery. Trams n°s 39 et 44. Bien qu'il soit fermé à la visite, on peut voir de l'extérieur une partie de cet incroyable édifice, symbole de l'Art nouveau viennois mais déjà préfigurateur de l'Art déco, réalisé en 1910 par l'Autrichien **Josef Hoffmann.** Il rompait définitivement avec les canons habituels de l'Art nouveau. Emblématique du concept de l'« œuvre d'art totale », le bâtiment ainsi que sa décoration intérieure et extérieure, son mobilier, sa vaisselle et ses jardins ont été classés en 2006 afin d'éviter la dispersion de l'ensemble. Conception anguleuse, très saccadée, terminée par une tour à gradins encadrée de fières sculptures de bronze. L'une des caractéristiques originales de l'édifice est d'avoir été totalement conçu le dos à la rue. La superbe façade se révèle tournée vers l'intérieur. Côté rue, c'est vrai, façade d'une grande banalité, mangée d'ailleurs par un immense auvent. À l'intérieur (qu'on ne peut visiter), une salle à manger est décorée entièrement de fresques de Klimt. C'est là qu'aurait dû trôner son célèbre *Baiser,* s'il n'avait pas été vendu entre-temps !
L'Unesco a classé en juin 2009 le palais Stoclet au Patrimoine mondial. Espérons que cette consécration permette de l'ouvrir au public sous peu.

🚶🚶 *Le musée du Transport urbain bruxellois* (hors plan d'ensemble par Z8, **206**) : av. de Tervueren, 364, 1150 Woluwe-Saint-Pierre. ☎ 02-515-31-08. ● tram museumbrussels.be ● Trams n°s 39 et 44 depuis le métro Montgomery. Ouv 3e w-e de mars-1er w-e d'oct, les sam, dim et j. fériés 13h-19h. Entrée : 5 ou 8 € avec l'aller-retour en tram jusqu'à Tervueren (voir plus loin) ; réducs ; gratuit jusqu'à 12 ans.
Le grand intérêt de ce musée, en plus des collections présentées, est que l'on peut vraiment faire un trajet dans un vieux tram de la ville du début du XXe s. Deux trajets possibles : entre le musée et le parc du Cinquantenaire ou du musée vers la forêt de Soignes. On conseille ce deuxième itinéraire, qui permet de s'arrêter au *musée royal de l'Afrique centrale*, de le visiter et de revenir, toujours en vieux tram. Vrai-

ment sympa. Départ toutes les heures environ le samedi et toutes les 40 mn le dimanche. Trajet en 25 mn environ. Il suffit de descendre et de s'enquérir des horaires pour prendre le tram retour depuis Tervueren.

Nouveauté, le **Brussels Tourist Tramway** : le dimanche (avr-oct), on peut découvrir Bruxelles et son histoire en parcourant 40 km dans un tram historique datant de 1935. Un guide fait découvrir les trésors parfois bien cachés de la capitale et raconte une foule de petites anecdotes à son sujet. Départ 10h, retour 13h45. Tarifs et résas sur le site web.

Le musée est en fait un vaste dépôt encore pour partie en exploitation. Il rassemble une étonnante collection de tramways et d'autobus de toutes sortes, ayant tous servi au transport dans l'agglomération de Bruxelles. « Omnibus de pavé », puis tramways hippomobiles, sympathiquement appelés « moteurs à crottin », utilisés avant l'ère électrique. Intéressants tramways vicinaux (à vapeur). Puis une sélection de bus urbains, dont le premier fut mis en service en 1923. Nombreux trams de 1900 à 1950 permettant d'analyser l'évolution pas à pas de ce beau moyen de transport. Les premiers sont charmants comme tout, avec leurs plates-formes ouvertes, leurs jolies banquettes et leurs formes si esthétiques... Puis le tram évolue, devient plus confortable, moins beau aussi, bien que le « standard » soit entré dans l'imagerie populaire de Bruxelles.

Voir encore quelques réalisations impressionnantes, comme cette « balayeuse de neige » américaine de 1904, cette motrice « Chocolat » de la même époque ou cette « baladeuse » (wagon ouvert pour l'été). Beaucoup de références historiques, des bijoux de trams donc, un coin-cafétéria au fond de la halle et, pour finir, une balade à ne pas manquer, avec le personnel en costume d'époque.

QUITTER BRUXELLES

EN TRAIN

Il existe **4 gares** à Bruxelles : **du Nord** (plan C1 et plan d'ensemble Y8), **Centrale** (plan C2 et plan d'ensemble Y8), **du Midi** (plan A4 et plan d'ensemble Y8) et **Bruxelles-Luxembourg** (plan d'ensemble Z8). Sachez que vous pouvez rejoindre la gare qui vous intéresse en montant dans n'importe quel train sur l'axe Nord-Midi. Exemple : pour prendre le train à destination de Paris qui part de la gare du Midi, il est possible de monter dans un train à la gare du Nord ou à la gare Centrale, puis de descendre au Midi pour changer de quai. Le billet est à acheter au guichet de la gare. Avec un billet international, on peut monter dans n'importe quel train au départ de n'importe quelle gare bruxelloise.

Où prendre votre train pour sortir de Bruxelles ?

➤ **Pour Paris :** uniquement à la gare du Midi.
➤ **Pour Anvers et Amsterdam :** gare du Midi, Centrale ou du Nord.
➤ **Pour Gand, Bruges et Ostende :** gare du Nord, Centrale ou du Midi.
➤ **Pour Liège et Cologne :** gare du Midi, Centrale ou du Nord.
➤ **Pour Namur et Dinant :** gare du Midi, Centrale, du Nord ou Bruxelles-Luxembourg.
➤ **Pour Mons :** gare du Nord, Centrale ou du Midi.
➤ **Pour Nivelles et Charleroi :** gare du Nord, Centrale ou du Midi.
➤ **Pour Namur et Luxembourg :** gare du Midi, Centrale, du Nord ou Bruxelles-Luxembourg.

EN BUS

➤ **Pour Paris :** Eurolines assure jusqu'à 8 liaisons/j. (voir le chapitre « Comment y aller ? » en début de guide).

■ *Eurolines à Bruxelles :* Coach Station CCN, gare du Nord. ☎ 02-274-13-50. ● eurolines.be ● Tlj 5h45-23h. Un autre bureau à la gare du Midi : pl. de la Constitution, 10. ☎ 02-538-20-49. Lun-ven 9h30-17h30 ; sam 9h15-14h15.

➢ *Pour circuler dans le Brabant wallon :* TEC, ☎ 010-23-53-53.
➢ *Pour circuler dans le Brabant flamand :* De Lijn, ☎ 016-31-37-11.

EN AVION

Pas vraiment une bonne solution au nord de la Loire, étant donné la rapidité du train.
➢ Air France assure des liaisons de Brussels Airport vers *Bordeaux, Lyon* et *Marseille.*
➢ Brussels Airlines dessert, depuis Brussels Airport, *Paris-CDG, Lyon, Marseille, Nice, Strasbourg, Toulouse* et *Genève.*

LES ENVIRONS DE BRUXELLES

LES PROVINCES DU BRABANT FLAMAND (VLAAMS BRABANT) ET DU BRABANT WALLON

En 1995, la Belgique, qui comptait neuf provinces depuis 1830, s'en est dotée d'une dixième : le Brabant – flamand ou wallon, peu importe, puisqu'il s'agit de la scission de l'ancien Brabant, seule province bilingue du pays. Son chef-lieu de toujours, Bruxelles, est devenu une région à part entière mais limitée aux 19 communes de son agglomération. Il a donc fallu recourir une fois de plus au partage du patrimoine commun : Louvain est devenu chef-lieu du Brabant flamand (à l'intérieur duquel Bruxelles est géographiquement enclavée) et Wavre a été choisi pour le Brabant wallon. La frontière entre les deux nouvelles entités, respectant la « frontière linguistique » née des accords de 1963, est scellée pour l'éternité.

Cette province inclut également les six communes « à facilités » de la périphérie de Bruxelles, incorporées administrativement dans le fameux arrondissement de Bruxelles-Hal-Vilvorde (BHV) et qui constituent une pomme de discorde à la peau particulièrement coriace dans le conflit communautaire.

Cette décision de scission politique fait peu de cas de l'histoire et des réalités géographiques : aucune frontière naturelle n'existe dans ce découpage transversal, la ligne de démarcation passe entre deux villages que rien ne distinguera jamais. L'histoire retiendra que ce Brabant fut en son temps un duché parmi les plus puissants des Pays-Bas et que son territoire s'étendait jusqu'en Hollande en englobant Breda, Anvers, Malines, Bruxelles et Louvain.

À la suite de la scission politique de l'ancien Brabant, le Brabant wallon s'est vu doté de son autonomie et constitue depuis l'une des 10 provinces belges.

LA FORÊT DE SOIGNES (ZONIËNWOUD)

Magnifiée par les souvenirs d'Auguste Rodin, poumon vert de Bruxelles, ceinturée de charmants villages et à cheval sur les trois régions, la forêt de Soignes couvre à présent 4 300 ha. C'est la présence massive du hêtre qui lui donne cet aspect majestueux de cathédrale végétale. Le domaine actuel est tout ce qu'il reste de la grande forêt charbonnière qui, au temps de Charlemagne, s'étendait sur une très grande superficie.

Réservée à la chasse pour le bon plaisir des souverains successifs, elle était aussi exploitée pour fournir le bois de chauffage, le charbon de bois et aussi du minerai de fer. Elle apparaît souvent comme décor au XVIe s sur des tapisseries qui s'appellent *Les Belles Chasses de Maximilien* et qui montrent la cour des Habsbourg à Bruxelles chassant dans la forêt. Assez tardivement, des abbayes, des ermitages et des châteaux de villégiature entamèrent son caractère forestier exclusif. Sous les Autrichiens au XVIIIᵉ s, le reboisement intensif de hêtres en futaies lui donna son aspect actuel. Pour permettre aux dames de suivre les chasses, Charles de Lorraine fit tracer ces grandes allées rectilignes qui portent le nom de drèves. Au début du XIXᵉ s, la Société générale, qui avait acquis 11 000 ha de forêts, procéda à des ventes successives qui accélérèrent le déboisement au profit de l'agriculture. Depuis, malgré les saignées autoroutières et les appétits des promoteurs, les organisations de protection de l'environnement s'emploient à lui conserver son intégrité de sanctuaire naturel aux portes de la capitale. De récentes tempêtes ont abattu nombre de hêtres plus que centenaires, et le renouvellement des parcelles se fait avec des essences plus diversifiées, notamment le chêne.

La forêt de Soignes est habitée par de nombreuses espèces sauvages : daims, chevreuils, renards, blaireaux, faucons crécerelles et éperviers.

TERVUEREN (3080)

À un petit bouquet de kilomètres au sud-est du centre de Bruxelles, situé en Brabant flamand, Tervueren est accessible depuis le parc du Cinquantenaire en suivant tout simplement l'avenue de Tervueren, longue artère percée au XIXᵉ s. Elle mène au musée qui a rendu Tervueren célèbre : le musée royal de l'Afrique centrale. Agréable parcours qu'on réalise soit en voiture, soit en transports en commun. Dans un cas comme dans l'autre, on vous conseille de vous arrêter avant le musée royal,

LE VOLEUR DU SABRE ROYAL

En juin 1960, le Congo accède à l'indépendance. À Léopoldville, le roi Baudouin parcourt les avenues en voiture décapotable. Un homme surgit de la foule et arrache le sabre à la ceinture du souverain. Le petit homme en costume-cravate est arrêté, il sera libéré à la demande du roi et retombera dans l'anonymat, mais la photo du sabre dérobé (mais restitué) deviendra le symbole de la liberté conquise par les Congolais.

au musée du Transport urbain bruxellois (voir plus haut). Si vous êtes en voiture, faites donc halte quelques minutes sur l'avenue de Tervueren.

🎖🎖 *Le musée royal de l'Afrique centrale :* Leuvensesteenweg, 13. ☎ 02-769-52-11. ● africamuseum.be ● Tram nᵒ 44, terminus après un parcours dans la forêt de Soignes. Tlj sf lun 10h-17h (18h w-e). Entrée : 4 € ; réducs ; gratuit jusqu'à 12 ans. Supplément pour les expos temporaires.

Ce musée imposant, posé au milieu d'un vaste parc, fut conçu à la fin du XIXᵉ s par l'architecte français du Petit Palais à Paris, Charles Girault, à la taille de l'imagination de Léopold II pour accueillir le musée du Congo. Rappelons au passage que « l'État libre » du Congo était la propriété privée du roi, rien que ça ! Les historiens s'accordent à présent à penser que 10 millions d'habitants de cet État du Congo périrent à la suite de cette phase de la colonisation des territoires et de l'exploitation de ses immenses richesses. Le souverain légua son domaine, en 1900, à son pays d'origine. **Une refonte complète de l'exposition est en cours depuis 2010.** Outre la grande richesse de ses collections (1 600 objets exposés en permanence, mais plus de 200 000 en réserve, montrés lors d'expos temporaires), l'intérêt du musée réside dans son côté pluridisciplinaire : y sont traitées tant l'ethnologie, l'archéologie et l'histoire coloniale que la zoologie... Ainsi par exemple, salle 4, on peut voir de superbes masques du Congo (et même provenant d'autres pays africains), dont un masque *mbangu* étrangement similaire au visage d'une des demoiselles d'Avignon de Picasso ! Les salles 7 et 9, refaites il y a peu, retracent l'histoire de l'Afrique centrale et, surtout, de la colonisation par la Belgique certes empreinte de paternalisme, mais non entachée d'erreurs (les bons pères formaient des catéchumènes et non des cadres moyens ou supérieurs) et de ségrégation. Le Congo acquit son indépendance en 1960 dans un climat chaotique. Plus loin, de nom-

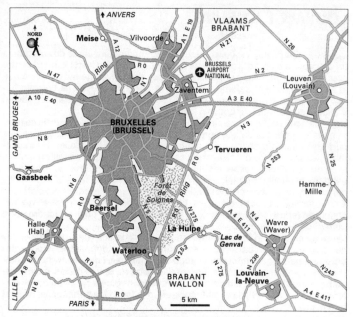

LES ENVIRONS DE BRUXELLES

breux animaux naturalisés, de l'éléphant au paon du Congo en passant par le crocodile du Nil et le cœlacanthe, véritable fossile vivant, dans la salle 16, la seule à être restée telle qu'en 1910. Également une impressionnante pirogue de 22 m de long, des peintures coloniales belges et la tombe du Kisalieh, un squelette encore doté, dans sa tombe, de toutes ses parures.

Certes, le musée est encore vieillot et manque parfois de notes explicatives, mais il permet de bien replacer dans son contexte l'histoire commune de la Belgique et de l'Afrique, notamment par l'entremise d'un roi passionné d'aventures mais surtout avide d'argent.

I●I Possibilité de manger un morceau à la petite *cafétéria* du musée (bon sandwich chaud *simba* au *saka-saka,* servi dans une sorte d'écuelle en bois).

※※ À l'extrémité ouest, aux abords de Tervueren, l'*arboretum (libre accès)* inclus dans le *bois des Capucins* rassemble les espèces forestières des climats tempérés. On peut y voir des spécimens des hautes tiges de la côte pacifique, tels le pin de Douglas et le séquoia.

※ *Le prieuré du Rouge-Cloître :* encore sur le territoire d'Auderghem, donc en région bruxelloise, un chapelet d'étangs borde les bâtiments de ce couvent augustinien (à l'origine du XIVᵉ s). Il accueillit le peintre Hugo Van der Goes qui y mourut en 1482. L'ensemble abbatial du XVIIIᵉ s, fermé en 1784 par Joseph II, fait l'objet d'une rénovation après avoir été successivement une manufacture, une champignonnière et une brasserie. C'est aussi le point de départ de nombreux sentiers de promenade dans la forêt. *Centre d'information de la forêt :* ☎ 02-660-64-17.

※ *L'église Notre-Dame-au-Bois* (Jesus-Eik) *: au départ de l'E 411.* Halte obligée des promeneurs du dimanche pour déguster, en contemplant la façade baroque de l'église, une tartine de *plattekees* (fromage blanc) arrosée de Kriek.

LOUVAIN-LA-NEUVE   (1348)   24 000 hab.

Couplée à Ottignies, une bien curieuse ville, entièrement sortie du sol comme un champignon après la pluie dans les années 1970. Ce sont les heurts entre communautés flamande et wallonne au sein de l'université qui ont provoqué la « sécession ». Littéralement fichus à la porte de Leuven (la Louvain flamande), les francophones ont donc pris la décision de battre en retraite en Wallonie et de créer leur Louvain à eux.

Une ville neuve donc, la première en Belgique depuis Charleroi, sortie de terre et posée au-dessus du sol, comme sur des échasses, ce qui lui donne une curieuse allure de soucoupe volante toujours prête à décoller. Heureusement, les architectes ont eu la sagesse de concevoir une ville à taille humaine, avec des structures respectant une certaine simplicité. Dire que l'ensemble est riant, c'est aller trop loin. Beaucoup de béton certes, mais la plupart des constructions sont parées de brique et d'ardoise. La ville entière est piétonne. Toutes les voitures sont reléguées dans de grands parkings situés en rez-de-chaussée (entre les échasses de la soucoupe volante, pour reprendre notre métaphore).

L'arrivée en ville est un peu curieuse. On cherche des rues, un centre, des gens, et on ne rencontre que des panneaux nous donnant le choix entre plusieurs parkings. On tourne en rond un bon paquet de fois avant de comprendre comment ça marche. Passerelles, places, unités de vie, facs, commerces... tout cela est intimement lié, répondant bien à l'idée de mixité des fonctions. On ne voit pas la différence entre la fac et les habitations, et c'est tant mieux.

La ville peut également surprendre sur le plan humain. Il semble, à première vue, que la seule tranche d'âge qu'on y croise soit celle, très mince, des 18-30 ans. Et puis, en se promenant et en rencontrant les Néo-Louvanistes, on s'aperçoit que des représentants des classes d'âge moins jeunes ont choisi aussi de s'installer ici, attirés par le bouillonnement intellectuel, les bibliothèques, l'université des Anciens et la riche vie associative. Pour eux, L-L-N est la ville où l'on ne vieillit pas ! Les statistiques révèlent d'ailleurs que sur environ 24 000 habitants (le

LES 24H VÉLO DE LOUVAIN-LA-NEUVE

Depuis 1976, chaque année en octobre, les Néo-Louvanistes se mettent en selle pour un marathon cycliste de... 24h ! Comme ces coureurs ne sont pas des surhommes, ils se relaient au sein d'équipes. Et c'est l'équipe qui, au bout des 24h, a totalisé le plus grand nombre de tours qui remporte la course. Au tout début, il s'agissait d'un véritable défi sportif mais, très vite, le folklore estudiantin a pris le dessus et les vélos se sont mués en véhicules à pédales au look complètement fou !

double en journée) la moitié désormais ne sont pas des étudiants. Plus de 1 300 maisons unifamiliales ont été bâties et 130 entreprises se sont installées dans le parc scientifique, générant près de 4 500 emplois. Quelques fermes sont également intégrées dans le tissu urbain. Enfin, le théâtre Jean-Vilar attire des spectateurs de Bruxelles.

Bref, la mayonnaise a bien pris, les urbanistes et les architectes qui avaient fait le pari de créer *ex nihilo*, en quelques années, une vraie communauté urbaine sont contents... et peuvent mettre en chantier de nouveaux projets de développement. Car, on s'en doute, Louvain-la-Neuve ne compte pas s'arrêter en si bon chemin et, d'ailleurs, c'est à L-L-N que la Fondation Hergé a choisi d'installer le musée Hergé conçu par Christian de Portzamparc.

Adresses utiles

🚆 *Gare SNCB :* *sous la dalle, entrée par la rue des Wallons.* Pour Bruxelles, 2 possibilités : le train vers Ottignies puis celui, direct, pour Bruxelles (l'option la plus rapide) ou le train omnibus (sans changement à Ottignies). Un coup d'œil aux quais : fresque pseudo-Renaissance de Thierry Bosquet sur le thème de la connaissance. En face, 25 reproductions de toiles de Paul Delvaux qui fut chef de gare honoraire de Louvain-la-Neuve.

🛈 *Office de tourisme :* *dans la gare, à côté des guichets (pratique !).* ☎ 010-47-47-47. ● olln.be ● *Lun-ven 9h-17h, sam 11h-17h ; juil-août, ouv également dim 11h-15h.* Infos générales sur L-L-N et les environs. Projection aussi d'un petit film sur la ville dans un espace audiovisuel (où se trouve une maquette de L-L-N) et expos d'art temporaires.

Où manger ? Où boire un verre ? Où déguster une glace ?

Ville estudiantine, Louvain-la-Neuve regorge de snacks, friteries, *pita-houses,* pizzerias et autres brasseries où l'on peut tout aussi bien se sustenter d'un plat simple que s'envoyer une Gueuze...

De bon marché à prix moyens

|●| 🍷 ♦ *Crêperie bretonne La Mère Fillioux :* *pl. des Brabançons, 1.* ☎ 010-45-15-85. *Tlj 9h-1h. Fermé pdt les vac de Noël. Crêpes 3-20 €. Café offert sur présentation de ce guide.* Un petit délire culinaire. Avant tout pour la variété proposée : quelque 200 sortes de crêpes salées et 150 de crêpes sucrées ! Une formule qui appâte du monde. Exemples : crêpes au poulet sylvestre, au bœuf aux marrons, au saumon à l'orange, au crabe créole, aux champignons savoyards, il y en a vraiment pour tous les goûts ! Ce n'est pas tout : côté glaces, on a compté 80 coupes différentes et, au rang des boissons, pas moins de 250 sortes de bières ainsi que des thés et cafés de toutes provenances ! Les indécis passeront leur chemin. Cadre banal.

|●| *Le Respect Table :* *terrasse des Ardennais, 20.* ☎ 010-45-89-58. *Presque en face de la crêperie. Lun-sam 12h-14h, mer-sam 19h-21h. Formule déj entrée + plat ou plat + dessert 12 € et menu 3 services le soir 22 €.* Possibi- lité aussi de ne prendre qu'un plat, 9 € le midi et 12,50 € le soir. Une adresse qu'on aime beaucoup pour son cadre gai (salle toute colorée avec fourneaux intégrés) et la qualité de sa cuisine... tendance bio, équitable et respectueuse de l'environnement ! Tous les jours, choix entre 2 ou 3 entrées, plats et desserts, pas plus, mais c'est sain, copieux, savoureux et inventif. Pourquoi, mais pourquoi se priver ? Bons petits vins bio. Il y a même du *coca équitable de Bretagne !* Service très aimable.

🍷 *Le Brasse-Temps :* *pl. des Brabançons, 4.* ☎ 010-45-70-27. *À côté de la crêperie. Tlj sf sam ap-m et dim 10h-1h.* Une microbrasserie où vous pourrez tremper vos lèvres dans 5 bières de fabrication maison : la Blanche Neuve, l'Ambrasse-Temps, la Cuvée des Trolls, la Brasse-Temps des Cerises (fameuse !) et, dernière en date, la Brune des Temps. Si c'est votre anniversaire, faites-le savoir, on vous offrira, si vous payez la première, une « Rafale ».

Un peu plus chic

|●| *Empreintes Nomades :* *rue Rabelais, 26.* ☎ 010-45-61-60. ● empreintes nomades@gmail.com ● *En plein centre. Tlj 8h-2h. Résa conseillée le soir. Lunch*

LES ENVIRONS DE BRUXELLES

14-18 € ; plats 11-18 €. Si vous cherchez un resto où l'on mange bien et dans une ambiance agréable : *Empreintes Nomades* ! Toujours du monde, et pour cause : le personnel est hyper sympa, le cadre aussi (plafond tendu de tissus, bons gros fauteuils, petites loupiotes et tableaux ou photos noir et blanc aux murs...), et les assiettes sont bien remplies de mets succulents. Que dire de plus ? À la carte, spécialités de grillades, couscous et tajines mais il y a aussi des plats plus classiques comme l'onglet de bœuf, le steak d'espadon ou les pâtes (aux jambon et poireaux, aux pleurotes et à la pancetta...). Sans oublier les suggestions, genre *fusion*, comme le tajine de daurade farcie aux herbes... Possibilité aussi d'y prendre le petit déj (café, croissant et jus d'orange pressée) ou, l'après-midi, d'y savourer une gaufre de Bruxelles ou une mousse au chocolat maison... La bonne adresse qu'on vous dit ! Terrasse aux beaux jours.

I●I *Nulle Part Ailleurs* : Grand-Rue, 9. ☎ 010-45-61-60. *Dans la rue principale. Tlj 12h-15h, 18h-23h. Résa conseillée. Lunch 13,90 €, menu à partir de 20 €. À la carte, plats 12-18 €. Apéro offert si vous réservez par Internet au moins 24h à l'avance !* Un autre excellent resto de Louvain-la-Neuve. Ici encore, décor très chaleureux, un peu arabisant, avec des tables en bois joliment dressées. Accueil extra. La carte affiche ici aussi des couscous et des tajines mais également de délicieux plats de poisson.

À voir

🍴 *Le musée de L-L-N :* pl. Blaise-Pascal, 1. ☎ 010-47-48-41. ● muse.ucl.ac.be ● *Mar-ven 10h-18h, w-e 14h-18h. Fermé lun. Entrée : 3 € ; réducs.* Installé dans un bâtiment de la faculté de philosophie et de lettres (dont la bibliothèque surplombe les salles d'expo). Il abrite aussi bien des statues anciennes à caractère religieux et des collections ethnographiques (surtout d'Afrique et d'Océanie) que des œuvres d'art naïf et contemporain. Belles gravures de Dürer aussi, de Goya, Picasso ou Rembrandt, et peintures, dessins, estampes et sculptures belges du XXe s, exposées par rotation. Seule une salle est réservée à une expo permanente : la « salle du dialogue », avec des œuvres de même thème mais traitées par des artistes d'époque et d'origine très différentes. Enfin, le musée propose des expositions temporaires venant d'ailleurs, tous les 2 ou 3 mois.

🍴 Si vous avez un peu de temps, allez jeter un œil au ***quartier de la Baraque,*** au nord-est du centre. C'est l'une des « zones résidentielles » (si on peut appeler ça comme ça) les plus étranges de Belgique, rien que ça !

🍴🍴🍴 *Le musée Hergé :* rue du Labrador, 26. ☎ 010-45-57-77. *Tlj sf lun et j. fériés 10h30-17h30 ; w-e 10h-18h. Dernière entrée 1h avt la fermeture.* ● museeherge. com ● *Entrée : 9,50 € ; réducs.*

« À force de croire à ses rêves, l'homme en fait une réalité », disait un jour le créateur de Tintin à l'astronaute Neil Armstrong. Le musée qui lui est consacré est sans aucun doute à la hauteur de ses rêves. Les familiers du petit reporter auront tout de suite remarqué le clin d'œil dès la lecture de l'adresse : la rue du Labrador a été créée à Louvain-la-Neuve en hommage à celle où Tintin habitait, dans une ville ressemblant à s'y méprendre à Bruxelles, avant de s'installer entre deux voyages au château de Moulinsart, acheté par le capitaine Haddock après l'épisode du *Trésor de Rackham le Rouge.* Moulinsart qui, comme tout bédéphile le sait, est inspiré du château de Cheverny, est entouré de paysages de la campagne brabançonne, servant à juste titre à présent d'écrin au musée Hergé, conçu par l'architecte **Christian de Portzamparc.**

Depuis la plate-forme qui coiffe la ville universitaire, on accède à cet étrange vaisseau suspendu par une longue passerelle, comme pour un embarquement portuaire vers l'aventure. La façade se présente comme les deux pages d'un livre ouvert : à gauche, la silhouette de Tintin de dos, à droite comme une page blanche, la signature d'Hergé.

La construction, d'une légèreté étonnante, est un hommage stylistique évident à la « ligne claire », avec ses volumes suspendus disposés en quinconce, ses murs obliques sans angles droits entre lesquels s'articulent huit salles d'exposition, reliées entre elles par des passerelles et des escaliers. Aux murs, dans des tons pastel, des thèmes décoratifs, comme du papier peint, inspirés par l'œuvre d'Hergé (les murs des buildings américains, les vagues de la mer...).

Les huit salles thématiques nous plongent immédiatement au cœur de l'œuvre : tout en haut, la première est consacrée aux débuts de ce garçon modeste, mais très tôt griffonneur compulsif, né à Bruxelles en 1907, qui s'appelait Georges Rémi et qui trouva son pseudo en inversant les initiales de son nom. Ses premiers dessins sont publiés dans *Le Boy-scout belge* où il crée le personnage de Totor, qui ressemble déjà étrangement au futur Tintin, mais sans la houppe.

Les aventures de Tintin et Milou, publiées à partir de 1929 dans le *Petit XXe* – annexe pour jeunes du très catholique et conservateur *Vingtième Siècle* –, occupent évidemment une grande place dans le musée. On découvre 80 planches originales (qui seront renouvelées au fil des mois), le processus de leur élaboration, mais aussi les autres facettes d'Hergé : affiches, publicité, cinéma et caricatures. De 1940 à 1944, Hergé a collaboré au journal *Le Soir,* alors aux mains de l'occupant. Cela n'en faisait pas pour autant un pro-nazi : preuve en est cette caricature publiée en 1939 dans un journal satirique, où une de ses créatures, monsieur Bellum, lance un mur d'un « *Hitler est un fou* » sans ambiguïté.

Tout ce parcours foisonne de citations souvent pleines d'humour qui ajoutent encore au plaisir d'un parcours passionnant, lorsqu'on découvre l'extraordinaire galerie de portraits de tous les personnages qui peuplent les aventures dessinées par Hergé. Cette identification à ses personnages, il la revendiquait haut et fort : « Tintin, et tous les autres, disait-il, c'est moi ! » Suit encore une salle passionnante où l'on met en évidence les rapports étroits entre l'œuvre d'Hergé et le cinéma, tant du point de vue du découpage scénaristique que des influences du 7e art sur les aventures de Tintin (King Kong pour *L'Île noire*, Charlot, Tom Mix, les frères Marx, etc.)

Dans la salle du *Laboratoire,* l'influence de la science (jusqu'au paranormal) apporte la preuve de la rigueur avec laquelle la vulgarisation scientifique était traitée, afin de créer des engins aussi sophistiqués que la fusée lunaire ou le jet privé de *Vol 714 pour Sidney*. Le *Musée imaginaire* rassemble plusieurs collections de passionnés qui ont accumulé des centaines d'objets, réels ou fictifs, évoquant les mondes lointains et les civilisations mystérieuses (le fétiche Arumbaya, la momie de Rascar Capac, etc.). *Les studios Hergé* sont une autre facette de sa carrière : durant 21 ans, Hergé fut à la tête d'une entreprise florissante qui faisait vivre de nombreux collaborateurs et où il rencontra une jeune coloriste, Fanny Vlamynck, qui deviendra sa seconde épouse et, à sa mort, la gestionnaire parfois controversée des droits d'auteur liés à l'œuvre.

À la fin de sa vie, Hergé s'est littéralement passionné pour l'art contemporain, preuve en sont les esquisses de son dernier album, *L'Alph Art,* où un personnage apparaît sous les traits du marchand d'art Fernand Legros.

En fin de parcours, d'éminents personnages tels que Michel Serres, Haroun Tazieff, le dalaï-lama ou Alain Resnais rendent hommage à Hergé ; mais l'hommage le plus durable n'est-il pas celui de la Société belge d'astronomie, qui a baptisé un corps céleste découvert entre Mars et Jupiter du nom d'Hergé ?

« Tintin m'a rendu heureux, disait-il. Je me suis beaucoup amusé, et, en plus, on m'a payé pour le faire ! » Une vie bien remplie...

LE LAC DE GENVAL
••

Faire un petit tour au sud de Bruxelles et ne pas s'arrêter à Genval serait bien dommage. Genval, lieu de villégiature, est bien connu des Bruxellois puisqu'ils viennent y flâner le dimanche, au bord de son charmant lac, entouré de coquettes demeures et aménagé pour les sports nautiques.

Où manger ?

Nombreux restos, chers évidemment, mais le cadre champêtre et bourgeois à la fois donne bien envie de prendre place en terrasse, au bord de l'eau, pour un bon repas arrosé. À part ces restos assez cossus, en voici un à prix moyens dans le centre du village.

Prix moyens

I●I *La Clé :* rue de la Station, 39, 1332. ☎ 02-654-17-20. ● *lesclefs@skynet. be* ● *Juste en face de la gare. Tlj sf lun soir et dim 12h-14h30, 19h-22h30. Fermé la dernière sem d'août et la 1ʳᵉ de sept. Plat du jour 9 € ; à la carte, compter 30-35 €. Apéro maison offert sur présentation de ce guide.* Bistrot- brasserie sympa avec coin véranda ou bien, au fond, une salle garnie de miroirs. Honnête cuisine saisonnière affichant salades, pâtes, grillades et quelques plats moins classiques comme le waterzooi de poussin ou la lasagne de Saint-Jacques et crevettes grises. Plats à emporter.

À voir

🕯 *Le musée de l'Eau et de la Fontaine :* av. Hoover, 63, 1332. ☎ 02-654-19-23. *Juste en retrait du lac. Lun-ven 9h30-12h, 13h30-16h30 ; w-e et j. fériés 10h-18h. Entrée 3,50 € ; réducs.* En visitant ce musée, vous saurez enfin tout sur l'eau, son origine, ses différents usages, sa nécessité et la manière de l'amener jusqu'à nous. Ouf ! Une section est également consacrée aux fontaines et aux pompes à eau, dont vous découvrirez enfin le fonctionnement. Visite instructive et plaisante. Devant le musée, jeter un œil à la *Sirène échouée sur un rocher,* véritable cri d'alarme contre la pollution aquatique.

En bordure de la forêt de Soignes

Prendre le ring vers le sud et tourner à gauche au pont de Groenendael qui surplombe le tunnel.

🕯 *Le domaine de La Hulpe :* traversée par la charmante rivière Argentine, l'ancienne propriété de l'industriel Ernest-John Solvay est un superbe parc de 220 ha qui appartient à la Région wallonne. Des pelouses bordées de massifs d'azalées et de rhododendrons, des étangs, des collines plantées d'essences rares (séquoias notamment) en font un lieu de promenade particulièrement apprécié. Un grand lac servait autrefois de source d'approvisionnement en eau aux fabricants papetiers de la région. Le domaine et le château au milieu ont servi de décor pour le tournage du film *Le Maître de musique.*

🕯🕯 *La Fondation Jean-Michel-Folon :* drève de la Ramée, dans la ferme du château de **La Hulpe,** 1332. ☎ 02-653-34-56. ● *fondationfolon.be* ● *Accès fléché depuis le carrefour des Trois-Colonnes du village de La Hulpe. Parking à 400 m de la ferme, petite trotte. Tlj sf lun 9h-17h, w-e 10h-18h (la caisse ferme à 17h). Entrée : 8 € ; réducs.* ♿ : *visite entièrement accessible et gratuite pour les pers handicapées.*
Tout l'univers de l'artiste est évoqué au travers d'un parcours très joliment aménagé dans d'anciens bâtiments agricoles disposés autour d'une cour carrée. La visite s'ouvre sur une projection où glisse le pinceau de l'aquarelliste sur la feuille blanche, puis on pénètre, page à page, dans un porte-livre, dans l'imaginaire poétique et onirique de Jean-Michel Folon. Dans un accrochage plus ou moins chronologique, ses aquarelles, peintures, sérigraphies, vitraux, tapisseries et ses illustrations d'œuvres

littéraires (Prévert, Kafka, Apollinaire) évoquent un monde d'intimité et de douceur, où les thèmes récurrents sont la défense de l'environnement et la place de l'homme, souvent seul, dans la ville. À noter, le mur d'affiches encadré de miroirs produisant une vertigineuse mise en abîme.

Remarquable collection de timbres et de correspondance illustrée, envoyée à son ami Soavi. Dans la *Tête de l'homme bleu,* une salle des glaces diffuse le célébrissime générique d'Antenne 2 en compagnie de sa contribution publicitaire à la prospection gazière. Avec ses sculptures en bois, ses marbres et bronzes patinés, ses eaux-fortes et une étonnante série de petits personnages aux têtes toutes différentes, on découvre une œuvre moins connue, détournant les objets de leur usage courant et qui ne cache pas sa parenté avec la thématique surréaliste si présente dans l'univers artistique belge. Reconstitution de l'atelier du sculpteur et commentaires de Folon en vidéo. On a vraiment bien aimé aussi, dans une courette, le parapluie d'eau qui protège un personnage debout à la Magritte, la salle où un bonhomme assis rappelle celui qui résiste aux marées de la plage de Knokke-Heist et surtout, surtout, dans une autre pièce, l'élégant ballet d'un petit automate acrobate, sous une voûte étoilée. Magnifique !

☸ |●| ☗ La visite se termine par la *boutique* du musée. À côté se trouve la *Taverne de l'Homme Bleu,* cafétéria avec table dehors aux beaux jours, où l'on peut se régaler d'une tartine de fromage blanc aux radis et aux oignons, arrosée d'une Kriek. À signaler aussi une « assiette de l'homme bleu » pour 2, particulièrement copieuse.

WATERLOO
(1410) 29 000 hab.

Poétisé par Victor Hugo au XIXe s, chanté par le groupe Abba au XXe s, victoire pour les uns, débâcle pour les autres, Waterloo est devenu au fil des temps un lieu mythique. Situé en lisière de la forêt de Soignes, à une petite vingtaine de kilomètres de la capitale, c'est une excursion de quelques heures, facile à inclure dans la visite de Bruxelles. La petite ville de Waterloo n'a pas un grand intérêt en soi, mais c'est juste un peu au sud que s'est déroulée la bataille décisive, où les armées anglaises, hanovriennes et hollando-belges commandées par Wellington, alliées aux Prussiens de Blücher, mirent définitivement en déroute l'impérialisme napoléonien. Les Belges, eux, ont un peu de mal à se situer dans tout ça. Ils avaient des soldats dans les deux camps ! Curieusement, en Belgique, la bataille de Waterloo a engendré un véritable culte du souvenir napoléonien : dans certains endroits, notamment dans le Hainaut, des processions religieuses sont organisées régulièrement, avec grognards en costume, fifres, tambours et tout le tralala.

UN PEU D'HISTOIRE

> « Waterloo Waterloo Waterloo, morne plaine.
> Comme une onde qui bout dans une urne trop pleine.
> Dans ton cirque de bois, de coteaux, de vallons.
> La pâle mort mêlait les sombres bataillons... »
>
> Victor Hugo.

Au matin du 18 juin 1815, tout est calme. Le mauvais temps empêche la bataille de s'engager avant 11h30. Sur le terrain, deux armées : celle des alliés, menée par Arthur Wellesley, duc de Wellington, maréchal de sept armées, alliée à celle de Blücher, maréchal de l'armée prussienne et à celle de Guillaume-Frederick-Georges-Louis, prince d'Orange-Nassau, commandant en chef des troupes hollando-belges et qui sera (légèrement) blessé au combat. En face, celle dirigée par Napoléon Bonaparte, empereur des Français, qui a repris le pouvoir après son exil à l'île d'Elbe.

Les hostilités étaient déjà engagées depuis quelques jours. Le 14 juin, Napoléon avance rapidement à la rencontre des armées alliées dans le but de les combattre séparément, avant qu'elles ne se rejoignent. Le 16, à Ligny, l'armée française arrache une victoire sur Blücher. Le 17, Napoléon arrive à la plaine du Mont-Saint-Jean. Il passe la nuit à la ferme du Caillou (devenue un musée). De son côté, Wellington s'installe dans une auberge au village de Waterloo qu'il a transformée en quartier général. Les deux hommes dorment à quelques kilomètres de distance.

Le 18, un dimanche, à 11h30, la bataille s'engage ; elle durera toute la journée. Les deux camps s'affrontent d'abord à la ferme d'Hougoumont, où des rangs entiers d'hommes tomberont. C'est à 13h30 que la principale attaque française prend forme, tandis que les combats redoublent à la ferme de la Haie-Sainte, puis à celle de la Papelotte. Sur l'aile gauche, Ney n'en fait qu'à sa tête et les Français sont contraints d'abandonner leurs positions. Napoléon attend les renforts de Grouchy, qui ne viennent pas. À 16h, c'est la grande canonnade. Un peu plus tard, le bruit court que les troupes prussiennes arrivent. Napoléon abat ses dernières cartes et envoie

LE GROS MOT LE PLUS CÉLÈBRE

La réponse de Cambronne est passée à la postérité. Certains disent qu'il aurait plutôt dit : « La garde meurt mais ne se rend pas. » Le général survécut à la bataille. Blessé, il fut emmené comme prisonnier en Angleterre. Revenu en France en 1830, il fut à plusieurs reprises interrogé sur le sujet et a toujours prétendu n'avoir jamais dit ni le mot ni la phrase. Néanmoins, en 1862, Victor Hugo, dans Les Misérables, écrit qu'au général anglais qui exhorte la garde : « Braves Français, rendez-vous ! », Cambronne aurait bien rétorqué : « Merde ! »

la garde impériale. C'est le va-tout. Les canons sont pointés, les troupes en place. Elles avancent, lentement mais sûrement. Les bombardements sont terribles, la garde impériale passe de front mais est attaquée sur son flanc. Au passage du chemin creux, la bataille devient tangente. À 20h10, Wellington ordonne une avancée générale. La garde impériale s'effondre. À la nuit tombante, tout est perdu, l'Empire est défait. Sur les 180 000 soldats qui ont pris part au combat, 48 000 sont blessés ou morts. Une partie de ceux-ci gisent sur la plaine, morne plaine...

Comment y aller de Bruxelles ?

➢ **En voiture :** c'est de loin la manière la plus pratique de visiter les trois points importants de Waterloo, situés sur la même route en partant de Bruxelles (la chaussée de Waterloo qui devient, à Waterloo, la chaussée de Bruxelles) ; on rencontre successivement le musée Wellington, la butte du Lion et la maison du Caillou, à quelques kilomètres les uns des autres.

➢ **En bus :** plus compliqué, surtout si l'on veut voir tous les sites. Le bus W, pour Waterloo et la butte du Lion, quitte la gare du Midi à Bruxelles ttes les 30 mn env. Si vous voulez voir le musée Wellington, le hameau du Lion puis revenir sur Bruxelles, on conseille de prendre la carte 1 j. à 6 €.

Adresse utile

🛈 *Maison du tourisme de Waterloo :* chaussée de Bruxelles, 218. ☎ 02-352- | 09-10. ● waterloo-tourisme.be ● *En face du musée Wellington. Avr-sept, tlj 9h30-*

18h30 ; le reste de l'année, tlj 10h30-17h. Plan de Waterloo, liste des chambres d'hôtes et accès à Internet. Vend aussi le petit guide Le Champ de bataille de Waterloo pas à pas.

Où manger ?

I●I **L'Amusoir :** chaussée de Bruxelles, 121. ☎ 02-354-82-33. ● info@amusoir. be ● Ouv 364,5 j./an, midi et soir ! Lunch 9 €, plats 7,50-18 €, menu-enfants. Apéro maison offert sur présentation de ce guide. Le resto de Waterloo qui désemplit rarement. C'est même un peu l'usine à vrai dire, mais bon, le décor rustique est agréable (ancienne ferme), le lunch fort intéressant et la viande rouge belle et tendre (7 façons d'accommoder le filet pur). Service vire-voltant, à défaut d'être toujours souriant.

I●I **La Sucrerie :** chaussée de Tervueren, 198. ☎ 02-352-18-18. ● ghw@martins-hotels.com ● Fermé à midi le w-e.

Business lunch 19 €. Menus nettement plus chers le soir. Plats à la carte 20-25 €. Également un menu-enfants. Apéro offert sur présentation de ce guide. Sis dans une ancienne sucrerie de betteraves à côté d'un hôtel très chic, ce bâtiment industriel offre un cadre spectaculaire (splendides voûtes de brique subtilement éclairées) à une cuisine de brasserie à la fois classique et sophistiquée. Spécialité de homard et foie gras. La carte, elle, change tous les 2 mois mais on y trouve toujours la sole, le filet pur et le tartare. Pour ne pas trop écorner son budget, on peut s'en tenir au lunch, qui ne laisse que de bons souvenirs.

À voir

– **Conseil :** pour mieux sentir ce que fut cette terrible bataille qui scella le sort de l'Europe pour plus d'un siècle, on vous conseille de commencer par la visite du musée Wellington, un rien vieillot mais très bien fait, puis de vous diriger vers le **hameau du Lion,** 5 km plus au sud (en partie sur le territoire de Braine-l'Alleud), qui regroupe la butte du Lion, l'impressionnante fresque circulaire de la bataille, un intéressant musée de Cire et, installé dans le Centre du visiteur, un spectacle audio-visuel. Le tout est désormais géré par l'entreprise Culturespaces, qui propose un billet combiné à 8,70 € pour l'ensemble des attractions du Hameau. Si vous faites le musée Wellington avant, mieux vaut toutefois prendre à l'office de tourisme le **Pass 1815** à 12 €, qui inclut aussi le dernier QG de Napoléon près de Genappe (à 5 km au sud de la Butte).

🎎 **Le musée Wellington :** chaussée de Bruxelles, 147. ☎ 02-354-78-06. ● museewellington.be ● Au centre de Waterloo, face à l'église. Mêmes horaires d'ouverture que l'office de tourisme. Entrée (audioguide inclus) : 5 € ; réducs.
Le quartier général de Wellington, ancienne auberge-relais, a été transformé en un passionnant musée, riche en souvenirs d'époque. De plus, la visite se fait avec un excellent audioguide dispensant, outre un commentaire très complet sur l'exposition, un tas d'explications annexes qui replacent véritablement le visiteur dans ce que devait être l'atmosphère de l'époque. 18 salles en tout, chacune donnant un éclairage particulier. Voici quelques points forts.
– Salle 2 : schéma général de la bataille. Voir l'avis de recherche des déserteurs lancé par l'armée britannique !
– Salle 4 : consacrée aux victimes de Waterloo, dont le colonel Gordon, l'aide de camp de Wellington, mort le 18 juin pendant la bataille.
– Salle 6 : c'est là que Wellington passa la nuit du 17 au 18 juin et qu'il reçut, à 2h du matin, la confirmation de la participation à la bataille des armées prussiennes. Dans une armoire vitrée reposent 2 des 247 pièces du service en porcelaine que

Louis XVIII offrit au duc de Wellington pour le remercier d'avoir réduit la dette de guerre et fait évacuer, après 3 ans d'occupation, ses troupes du territoire français.

– *Salle 8 :* gravures sur la rencontre entre Wellington et Blücher, chef des forces prussiennes âgé de 73 ans lors de la bataille (qu'il se contenta, du coup, de suivre à cheval).

– *Salle 10 :* consacrée à Napoléon et à ses généraux. Peintures et aquarelles rappelant ses batailles et son exil à Sainte-Hélène, belle gravure de l'Empereur sur son lit de mort.

> **UNE JAMBE QUI VOYAGE SEULE**
>
> *Une vitrine de la salle 4 expose la jambe de bois de Lord Uxbridge, commandant en chef, qui perdit sa vraie jambe gauche au combat. Détail macabre et cocasse : la jambe emportée par un boulet fut retrouvée sur le champ de bataille et Lord Uxbridge assista plus tard à l'enterrement de celle-ci ! Lorsqu'il mourut en 1854, la jambe fut exhumée, ramenée en Angleterre et placée dans la tombe du grand cavalier. La prothèse fit le chemin inverse et se trouve donc au musée de Waterloo !*

– *Salle 14 :* la grande salle, qui retrace la bataille par des plans lumineux, le tout accompagné d'excellentes explications et de morceaux choisis de textes. Armes, récits, costumes... Très bien fait.

Détails historiques : c'est parce que Wellington signa ici, à Waterloo, et non sur une autre entité, le soir du 18 juin, son communiqué de victoire que le nom de Waterloo resta attaché à la bataille. On trouve depuis des « Waterloo » un peu partout dans le monde anglo-saxon (pas moins de 35 aux États-Unis !). Pour les Français, le lieu de la bataille resta longtemps Mont-Saint-Jean, pour les Prussiens Belle-Alliance (du nom de la ferme où Wellington et Blücher se congratulèrent) et pour les Hollando-Belges, Quatre-Bras. C'est aussi à Waterloo qu'est né, après 1815, le tourisme en rapport avec la bataille : pendant des décennies, une malle-poste a conduit, de Bruxelles, des voyageurs désireux de se tremper dans le fleuve de l'Histoire. Le descendant du duc de Wellington vient une fois par an inspecter les 2 000 ha de fermes qui furent attribués à son ancêtre après la bataille et toucher son pactole de droits de fermage. C'est Bonaparte qui a perdu et ce sont les Belges qui trinquent.

Le hameau du Lion

À 5 km au sud du musée Wellington par la chaussée de Bruxelles, il regroupe les 4 attractions citées plus bas. Tlj 9h30-18h30 (10h-17h nov-mars). Billet pour ttes les attractions : 8,70 € ; réducs. Rens complémentaires au ☎ 02-385-19-12 et sur les sites ● culturespaces.com ● ou ● waterloo1815.be ●

🐾🐾 **La butte du Lion :** *entrée : 6 € (inclut le panorama de la bataille) ; réducs.* Élevée entre 1823 et 1826 à l'endroit précis où fut blessé le prince d'Orange-Nassau lors des combats. Son ascension par un escalier de 226 marches gratifie le visiteur d'un panorama sur la campagne où Français et alliés eurent à en découdre. C'est le gouvernement des Pays-Bas qui fit édifier cette colline pour y percher, à 45 m, cet énorme lion de fonte de 28 t, emblème des Orange-Nassau. En fait, le jeune prince n'y subit qu'une blessure légère mais on en fit tout un fromage. Quoi qu'il en soit, la hauteur de la butte est inversement proportionnelle au rôle joué par le fils du roi des Pays-Bas. La bête, elle, regarde vers la France, pour protéger le pays de l'envahisseur (les *Frenchies, of course !*).

🐾🐾 **Le panorama de la bataille :** *entrée : 6 € (la butte incluse) ; réducs.* La peinture retrace un épisode crucial de la bataille vers 17h : une des charges de la cavalerie : le 3ᵉ corps de Kellermann, les survivants du 4ᵉ corps de Milhaud, la division de cavalerie légère de Lefèvre-Desnoëttes et lourde de la garde impériale (Guyot). Même si cette technique de représentation appartient à un autre âge (1912), on ne peut qu'être impressionné par la facture de ce panorama de 110 m de long et de

12 m de haut. De plus, il y a maintenant une sonorisation très appropriée. Les peintres ont réussi à restituer, par la perspective et le foisonnement des personnages, l'extrême confusion de la bataille, la rage de vaincre des combattants et la détresse des mourants. Une œuvre traversée par le souffle de l'épopée.

🎭🎭 **Le musée de Cire :** *accessible slt avec le billet combiné à 8,70 €.* Annexe du *Bivouac de l'Empereur* (la taverne rustique du site), ce petit musée ravira les spécialistes de l'histoire napoléonienne par la précision des détails et la valeur de collection des pièces présentées. Il évoque surtout deux moments : la veille et le lendemain de la bataille. Les visages de cire sont l'œuvre d'artistes du musée Grévin. L'endroit faisait déjà fonction d'hôtel et de musée vers 1825, lorsque le sergent-major Edward Cotton, rescapé des combats, décida d'y installer la collection d'armes et d'objets qu'il avait ramassés sur le champ de bataille pendant plusieurs années. Parmi les touristes anglais de l'époque, il y eut la reine Victoria.

🎭 **Le spectacle audiovisuel :** *dans l'auditorium du centre du visiteur. Accessible slt avec le billet combiné à 8,70 €.* Une maquette électronique relate à grand renfort d'effets sonores le mouvement des troupes au cours de la journée du 18 juin 1815, tandis qu'un écran diffuse des images de la bataille. Utile pour visualiser le déroulement des combats. En 2e partie, un montage de fiction où des enfants jouent à la guerre sur le site et sont emportés dans un maelström d'images effrayantes tirées du film *Waterloo,* de Bondartchouk. Les enfants aimeront... peut-être.

– Enfin, d'avril à octobre, ceux qui veulent tout faire feront aussi la nouvelle activité proposée par *Culturespaces* : le **Battlefield Tour,** un tour du champ de bataille à bord d'un vieux camion militaire anglais tout-terrain, avec commentaires en trois langues. Sympa s'il fait beau. *Durée : 45 mn. Coût : 5,50 € ; réducs.* Possibilité de billets combinés avec le Pass 1815.

À voir encore

🎭 **Le dernier QG de Napoléon :** *chaussée de Bruxelles, 66.* ☎ 02-384-24-24. À 5 km au sud de la butte, côté gauche de la route en allant vers Genappe. Tlj 10h-18h30 (13h-17h nov-mars). Entrée : 4 € ; réducs. C'est dans cette demeure champêtre que Napoléon passa sa dernière nuit... à régner sur l'Europe. Quelques salles (bien moins complètes que le musée Wellington) où l'on peut voir le lit de l'Empereur, un masque mortuaire (tiens, de profil il ressemble à Mitterrand), des plans de bataille ainsi que le curieux

> ## BONAPARTE SENTAIT LA COCOTTE !
>
> *C'est à l'arrivée des Français en Allemagne en 1801 que le commerce de l'eau de Cologne se mondialisa. Son plus célèbre utilisateur était Napoléon, qui en versait un flacon dans ses bottes avant de monter à cheval. Il s'en frictionnait tous les jours et en consommait jusqu'à 43 litres par mois. À Sainte-Hélène, privé de son eau favorite, il parvint à en retrouver la recette artisanale en faisant appel aux souvenirs de ses compagnons d'infortune.*

squelette d'un hussard français trouvé en 1910 sur le champ de bataille. Armes, médailles, souvenirs de campagne. Dans la dernière salle, dioramas de la campagne de juin 1815. Petit ossuaire dans le jardin derrière.

🎭 **La chapelle royale :** *en face du musée Wellington.* Beau dôme du XVIIe s. Érigée en style baroque à la fin du XVIIe s par le gouverneur espagnol des Pays-Bas dans l'espoir de voir enfin le roi Charles II engendrer un héritier (peine perdue). Après 1815, les Anglais en firent un lieu de commémoration et financèrent la construction de la nef rectangulaire. On peut y voir des plaques gravées par des familles ou des régiments britanniques et hollando-belges. Une plaque mentionne que l'église a été aussi financée par les compagnons d'armes du prince d'Orange, une autre, à la gloire de Napoléon, apposée récemment dans ce lieu dédié aux vainqueurs, aurait pas mal irrité la reine Élisabeth II lors d'une visite.

Manifestations

– *Week-end de reconstitution de la bataille de Waterloo :* les 17 et 18 juin. Des soldats en costume d'époque bivouaquent et recréent l'atmosphère de la bataille à travers des mouvements de troupes !
– *Animations historiques :* ts les w-e de juil-août. Démonstrations d'infanterie, de cavalerie et de tir d'artillerie.

LE CHÂTEAU DE BEERSEL

Au sud de Bruxelles, un étonnant château fort édifié au début du XIVe s et qui a subi des modifications à la fin du siècle suivant, après une destruction partielle. C'est aujourd'hui l'un des derniers vestiges de l'architecture militaire de la fin du Moyen Âge. Entouré d'eau et autrefois de marécages, c'était un poste de défense avancé qui protégeait Bruxelles. Ce qui le caractérise, c'est son étonnante conception, avec trois tours joufflues reliées entre elles par un chemin de ronde. La partie intérieure des tours est curieusement toute plate et ornée d'un pignon à redans. Plus tard, au XVIIIe s, on a ajouté les toits pointus, en ardoise. Le château perdit alors sa fière allure de forteresse. Toute la panoplie défensive est encore bien lisible : créneaux, archères, pont-levis, mâchicoulis, échauguettes.

Infos utiles

➢ À une dizaine de km au sud de Bruxelles. Prendre l'E 19 direction Mons, sortie Beersel ; bien indiqué.
– Rens : ☎ 02-331-00-24. De mars à mi-nov, tlj sf lun 10h-12h, 14h-18h ; de mi-nov à fév, ouv slt le w-e. Fermé en janv. Entrée : 2,50 €. Visite libre. Dans un cadre bucolique et mignon, petite aire de jeu avec poules et canards.

La visite

Les salles du château sont vides, et d'ailleurs celui-ci est peu entretenu. N'empêche, il a du charme. On déambule sans déplaisir de tour en tour, découvrant ici la fente qui laissait choir la herse, là une belle charpente... Noter comme le château se compose en fait de trois parties distinctes, autonomes. Les pièces, assez exiguës, se superposent curieusement. Dans la 3e tour, voir les voûtes et, au rez-de-chaussée, la salle de justice. On y découvre un étrange cachot grillagé, fiché dans le mur, absolument minuscule, et un sympathique instrument de torture. On allongeait le supplicié sur cette croix pour mieux lui casser les jambes. Ah ! le raffinement du XVIe s !

LE CHÂTEAU DE GAASBEEK

Gaasbeek se trouve à l'ouest de Bruxelles, au cœur d'une petite région appelée Pajottenland. Ce nom fut proprement inventé par un avocat un peu farfelu du milieu du XIXe s, qui décrivit ce coin sous cette appellation. Au fil du temps, le terme trouva sa place dans le langage courant jusqu'à gagner le langage officiel. Bruegel l'Ancien vint souvent peindre la verte campagne et les villages environnants.

Cet énorme château, dont les origines remontent au XIIIe s, présente aujourd'hui les allures massives d'une néoforteresse du XIXe s, époque à laquelle il fut complètement reconstruit après avoir subi les assauts classiques des siècles : incendies, guerres, abandon et inversement... Au XIVe s, l'édifice appartenait au seigneur de Gaasbeek qui fit assassiner Evrard 't Serclaes, personnage célèbre (voir à Bruxelles dans la rubrique « À voir », « La Grand-Place. Les plus belles façades de la Grand-Place »). Les Bruxellois, pour le venger, vinrent faire le siège du château et le détruisirent. C'est ici également que le célèbre comte d'Egmont vécut à la fin de sa vie, avant d'aller perdre la tête à Bruxelles.

Infos utiles

➤ Situé au sud-ouest de Bruxelles, à une petite quinzaine de km. Accès possible en bus De Lijn, ligne LK, au départ de la gare du Midi à Bruxelles.
– Rens : ☎ 02-531-01-30. ● kasteelvangaasbeek.be ● D'avr à mi-nov, tlj sf lun 10h-18h. Parc ouv jusqu'à 20h (18h en hiver). Entrée : 7 € ; réducs. Visite accompagnée avec audioguide.

La visite

Si le château a un petit côté pâtisserie d'opérette, il est merveilleusement situé dans un parc de 40 ha dont une partie aménagée en jardins à la française. Les collections qu'il abrite sont d'une grande valeur ; elles furent offertes par la marquise d'Arconati, la dernière châtelaine, à sa mort.

Visite accompagnée toutes les 20 mn (durée : 45 mn). Accompagnée, ça veut dire muette. Les gardiens se contentent de surveiller que vous ne volez rien, fripons que vous êtes. D'ailleurs, ils sont fort peu avenants. Pas question de leur demander une précision.

Pour visiter les 16 salles aménagées en musée, les malins achèteront la brochure vendue à l'entrée. Les autres devront se contenter de passer en revue l'admirable mobilier, les tableaux, les tapisseries qui ornent les murs, le tout étant compris entre les XVe et XVIIIe s.

On ne va pas vous ennuyer avec une description fastidieuse et exhaustive de chaque pièce, mais voici les plus belles : dans les deux premières chambres, mobilier Renaissance flamande. Salle des chevaliers néogothiques. Dans la bibliothèque, au-dessus de la cheminée, portrait d'Érasme. La salle des archives abrite quatre tapisseries admirables, clou de la visite, réalisées à Bruxelles au XVIe s. Elles évoquent l'histoire de Tobie. Dans une vitrine, voir le contrat de mariage de Rubens ainsi que son testament. Suivent plusieurs chambres. Dans celle d'Egmont, sculptures des XVe et XVIe s, dans un beau style flamand. La salle de la galerie regorge d'objets d'art, coffre gothique, cheminée néo-Renaissance, lits de justice avec trône gothique, panneaux polychromes... Plusieurs salles encore avant d'atteindre les cuisines. Au-dessus de la cheminée, la devise de la famille : « Tout à temps ». Ça doit être en crypté parce que nous, on n'a pas compris. Dans les dernières chambres, quelques belles toiles, notamment une Tour de Babel et un tableau grisaille du comte de Hornes présentant sa thèse. Dans celle de l'Infante... tableau de l'infante Isabelle.

Ouf ! Après cela, balade digestive quasi obligatoire dans l'immense parc.

Où manger ? Où boire un verre ?

|●| Ⓨ *Auberge Oud Gaasbeek : Kasteelstraat, 37, Lennik 1750.* ☎ *02-569-84-19. À proximité du parking. Fermette blanche traditionnelle qui propose, de mars à octobre, l'incontournable tartine de pain cuit sur bois garnie de fromage blanc, radis et petits oignons. Arrosée de Kriek, cela s'entend.*

LE JARDIN BOTANIQUE NATIONAL (NATIONALE PLANTENTUIN) DE MEISE

Infos utiles

➤ *Le Nationale Plantentuin, à 3 km du village de Meise, est facilement accessible de Bruxelles, dont il est distant d'une quinzaine de km vers le nord. En voiture, prendre le ring, puis l'A 12 direction Anvers, sortie Meise. Ensuite, c'est fléché. En bus, avec la compagnie SNCV (☎ 02-269-39-05), ligne L au départ de la gare ferroviaire du Nord ; arrêt Nationale-Plantentuin, à Meise.*
– *Tlj 9h30-18h30 (17h oct-mars). Le palais des plantes et les expositions ferment plus tôt que le reste du jardin. Infos : ☎ 02-260-09-70. ● br.fgov.be ● Entrée : 5 € ; réducs. Si vous pouvez venir un jour d'ouverture des serres, c'est préférable évidemment. Demander le plan à l'entrée.*

La visite

Le Jardin botanique national, une petite merveille, a élu domicile dans le domaine de Bouchout, parc de 93 ha superbement entretenu. Les amoureux de jardins fleuris, de plantes exotiques et d'arbres séculaires trouveront ici de quoi se régaler. C'est l'un des jardins botaniques les plus riches d'Europe. Les Bruxellois y viennent en famille pour une balade dominicale. Le château de Bouchout, d'allure médiévale, trône au milieu du domaine. L'impératrice Charlotte, sœur du roi Léopold II et veuve de Maximilien d'Autriche, empereur du Mexique, fut la dernière habitante du château ; elle y résida de 1881 à 1927 en proie à la démence après la fin tragique de son mari.

Le Jardin botanique est non seulement un site enchanteur mais surtout un lieu de recherche scientifique, qui abrite un nombre impressionnant d'espèces rares. On y trouve une orangerie, un château, un herbier (collection de plantes ligneuses) et évidemment les admirables serres (palais des plantes), complexes de plantations des cinq continents sur plus d'un hectare. Une serre est consacrée à la végétation des zones désertiques. Toutes les plantes tropicales et subtropicales. Une belle promenade en perspective.

|●| Petite *cafétéria* avec terrasse près du château, pour un en-cas après la visite.

Resto = p. 101 - La Mer du Nord

transport : p 86 ? acheter une
carte pour la journée

LES GUIDES DU ROUTARD
2012-2013

(dates de parution sur **routard.com**)

France

Nationaux

- Nos meilleures chambres d'hôtes en France
- Nos meilleurs campings en France
- Nos meilleurs hôtels et restos en France
- Nos meilleurs produits du terroir en France
- Petits restos des grands chefs
- Tourisme responsable

Régions françaises

- Alsace
- Ardèche, Drôme
- Auvergne
- Berry
- Bordelais, Landes, Lot-et-Garonne
- Bourgogne
- Bretagne Nord
- Bretagne Sud
- La Bretagne et ses peintres
- Champagne-Ardenne
- Châteaux de la Loire
- Corse
- Côte d'Azur
- Dordogne-Périgord
- Franche-Comté
- Guadeloupe, Saint-Martin, Saint-Barth
- **Isère, Hautes-Alpes (mai 2012)**
- Languedoc-Roussillon
- Limousin
- Lorraine
- Lot, Aveyron, Tarn

- Martinique
- Nord-Pas-de-Calais
- Normandie
- La Normandie des impressionnistes
- Pays basque (France, Espagne), Béarn
- Pays de la Loire
- Picardie
- Poitou-Charentes
- Provence
- Pyrénées, Gascogne et Pays toulousain
- Réunion
- **Savoie, Mont-Blanc (avril 2012)**

Villes françaises

- Lyon
- Marseille
- Nantes et ses environs
- Nice

Paris

- Environs de Paris
- Junior à Paris et ses environs
- Paris
- Paris à vélo
- Paris balades
- Paris la nuit
- Paris, ouvert le dimanche
- Paris zen
- Restos et bistrots de Paris
- Le Routard des amoureux à Paris
- Week-ends autour de Paris

Europe

Pays européens

- Allemagne
- Andalousie
- Angleterre, Pays de Galles
- Autriche
- Baléares
- Belgique
- Catalogne (+ Valence et Andorre)
- Crète
- Croatie
- Danemark, Suède
- Écosse
- Espagne du Nord-Ouest (Galice, Asturies, Cantabrie)
- Finlande
- Grèce continentale
- Hongrie, République tchèque, Slovaquie

- Îles grecques et Athènes
- Irlande
- Islande
- Italie du Nord
- Italie du Sud
- Lacs italiens
- Madrid, Castille (Aragon et Estrémadure)
- Malte
- Norvège
- Pologne
- Portugal
- Roumanie, Bulgarie
- Sardaigne
- Sicile
- Suisse
- Toscane, Ombrie

LES GUIDES DU ROUTARD
2012-2013 (suite)

(dates de parution sur **routard.com**)

Villes européennes

- Amsterdam et ses environs
- Barcelone
- Berlin
- Bruxelles
- Florence
- Lisbonne
- Londres
- Moscou, Saint-Pétersbourg
- Prague
- Rome
- Venise

Amériques

- Argentine
- Brésil
- Californie
- Canada Ouest et Ontario
- Chili et île de Pâques
- Équateur et les îles Galápagos
- États-Unis Nord-Est
- Floride
- Guatemala, Yucatán et Chiapas
- Louisiane et les villes du Sud
- Mexique
- New York
- Parcs nationaux de l'Ouest américain et Las Vegas
- Pérou, Bolivie
- Québec et Provinces maritimes

Asie

- Bali, Lombok
- Birmanie (Myanmar)
- Cambodge, Laos
- Chine
- Inde du Nord
- Inde du Sud
- Istanbul
- **Israël, Palestine (mai 2012)**
- Jordanie, Syrie
- Malaisie, Singapour
- Népal, Tibet
- **Sri Lanka (Ceylan ; mai 2012)**
- Thaïlande
- Tokyo, Kyoto et environs
- Turquie
- Vietnam

Afrique

- Afrique de l'Ouest
- Afrique du Sud
- Égypte
- Kenya, Tanzanie et Zanzibar
- Maroc
- Marrakech
- Sénégal, Gambie
- Tunisie

Îles Caraïbes et océan Indien

- Cuba
- Guadeloupe, Saint-Martin, Saint-Barth
- Île Maurice, Rodrigues
- Madagascar
- Martinique
- République dominicaine (Saint-Domingue)
- Réunion

Guides de conversation

- Allemand
- Anglais
- Arabe du Maghreb
- Arabe du Proche-Orient
- Chinois
- Croate
- Espagnol
- Grec
- Italien
- Japonais
- Portugais
- Russe

Et aussi...

- G'palémo (conversation par l'image)

Cour pénale internationale :
face aux dictateurs et aux tortionnaires,
la meilleure force de frappe,
c'est le droit.

L'impunité, espèce en voie d'arrestation.

Fédération Internationale des ligues des droits de l'homme.

fidh
www.fidh.org

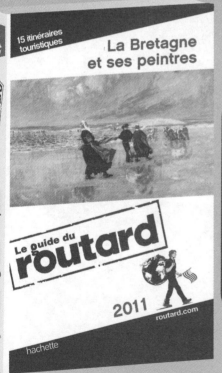

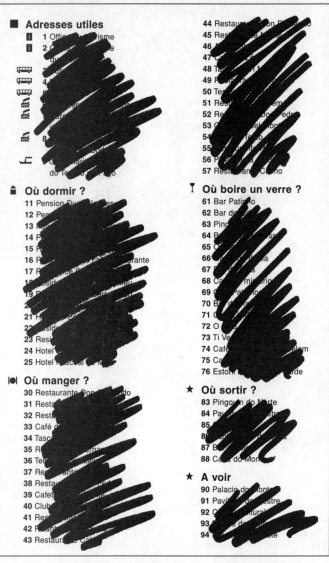

■ **Adresses utiles**
- ℹ 1 Offic... ...risme
- ℹ 2 ...

🚌
🚌
🚌
🚌

🚢

⚓

- 8 ...
- ... do Te...

🏠 **Où dormir ?**
- 11 Pension Du... ...es
- 12 Pen...
- 13 ...
- 14 P...
- 15 ...
- 16 R...
- 17 R...
- 18 ...
- 19 P...
- 20 ...
- 21 H...
- 22 ...
- 23 Resi...
- 24 Hotel ...
- 25 Hotel ...

🍴 **Où manger ?**
- 30 Restaurante Don ... ...do
- 31 Resta...
- 32 Resta...
- 33 Café ...
- 34 Tasc...
- 35 R...
- 36 Ter...
- 37 Re...
- 38 Resta...
- 39 Cafe...
- 40 Club...
- 41 Res...
- 42 R...
- 43 Restaur...

- 44 Restaur... ...on ...
- 45 Res... ...el ...
- 46 ...
- 47 C...
- 48 Ta...
- 49 R...
- 50 Te...
- 51 Res... ...em
- 52 Re... ...Don ...eda
- 53 C... ...el ...op...
- 54 ... Te...o
- 55 ...
- 56 P...
- 57 Restaurante Como

🍷 **Où boire un verre ?**
- 61 Bar Patin...o
- 62 Bar do ...
- 63 Pinc...
- 64 B... ...s...
- 65 C...
- 66 ... ...na
- 67 ... ...a
- 68 Ca... ...mi...rio
- 69 C... Pat...o
- 70 B... ...
- 71 C...
- 72 O ...
- 73 Ti Ve...
- 74 Café ... ...lem
- 75 Ca...
- 76 Estor... ...de

★ **Où sortir ?**
- 83 Pingo...n do Norte
- 84 Pav... ...estre
- 85 ...
- 86 ...
- 87 B...
- 88 Casa do Mon...

★ **A voir**
- 90 Palacio do ...ont...
- 91 Pavill... ...estre
- 92 C... ...tural
- 93 ... ...d...
- 94 ... ...te

Espace offert par le guide du Routard

SAATCHI & SAATCHI

www.rsf.org

N'attendez pas qu'on vous prive de l'information pour la défendre.

LE DON
CHANGE
LA DONNE

Pour faire un don à Handicap International
www.ledonchangeladonne.org
Handicap International - 16 rue Etienne Rognon - 69363 Lyon Cedex 07

HANDICAP
INTERNATIONAL

Tout pour partir*

*bons plans, concours, forums,
magazine et des voyages à prix routard.

> www.routard.com

routard com

Chacun
sa route

"Qui **sauve un enfant,** sauve le **monde"**

routard assurance light
Voyage de moins de 8 jours
exclusivement en Union Européenne

routard WEEK-END & VOYAGES

AVi INTERNATIONAL L'Assurance Voyage

BULLETIN DE SOUSCRIPTION

❏ M.   ❏ Mme   ❏ Mlle

Nom : I_I_I_I_I_I_I_I_I_I_I_I_I_I_I_I_I_I_I_I_I_I_I_I_I_I_I_I_I_I

Prénom : I_I_I_I_I_I_I_I_I_I_I_I_I_I_I_I_I_I_I_I_I_I_I_I_I_I_I_I_I

Date de naissance : I_I_I / I_I_I / I_I_I_I_I (jusqu'à 65 ans)

Adresse de résidence : I_I_I_I_I_I_I_I_I_I_I_I_I_I_I_I_I_I_I_I_I_I_I_I

I_I_I_I_I_I_I_I_I_I_I_I_I_I_I_I_I_I_I_I_I_I_I_I_I_I_I_I_I_I_I_I

Code Postal : I_I_I_I_I_I

Ville : I_I_I_I_I_I_I_I_I_I_I_I_I_I_I_I_I_I_I_I_I_I_I_I_I_I_I_I

Pays : I_I_I_I_I_I_I_I_I_I_I_I_I_I_I_I_I_I_I_I_I_I_I_I_I_I_I_I

Nationalité : I_I_I_I_I_I_I_I_I_I_I_I_I_I_I_I_I_I_I_I_I_I_I_I_I

Tél. : I_____I Portable : I_____I

Email : I_____I@I_____I

Pays de départ : I_I_I_I_I_I_I_I_I_I_I_I_I_I_I_I_I_I_I_I_I_I

Pays de destination principale : I_I_I_I_I_I_I_I_I_I_I_I_I_I_I_I_I_I

Date de départ : I_I_I / I_I_I / I_I_I_I

Date du début de l'assurance : I_I_I / I_I_I / I_I_I_I

Date de fin de l'assurance :   I_I_I / I_I_I / I_I_I_I = I_I_I jours

(Calculer exactement votre tarif en jour selon la durée de votre voyage)

COTISATION FORFAITAIRE (Tarifs valable jusqu'au 31/03/2012)

❏ De 1 à 3 jours	8,25 € TTC
❏ De 4 à 5 jours	8,80 € TTC
❏ De 6 à 8 jours	9,90 € TTC
TOTAL À PAYER = I_I_I_I_I I € TTC	

PAIEMENT

❏ Carte Bancaire (Visa / Eurocard / Mastercard / American Express)   Expire le I_I_I / I_I_I

N° I_I_I_I_I_I_I_I_I_I_I_I_I_I_I_I_I   Cryptogramme I_I_I_I

❏ Chèque (sans frais en France) à l'ordre d'AVI International à envoyer au 106-108, rue la Boétie 75008 Paris

❏ Je reconnais avoir pris connaissance et accepté l'ensemble des dispositions contenues dans les conditions générales Pass'port Sécurité Routard Assurance ou Séniors, disponibles sur le site www.avi-international.com, avec lesquelles ce document forme un tout indivisible.

❏ Je déclare être en bonne santé et savoir que toutes les conséquences de maladies et accidents antérieurs à ma date d'assurance ci-dessus, ne sont pas assurés, ni toutes les suites et conséquences de la contamination par des MST, le virus HIV ou l'hépatite C. Je certifie ne pas prévoir de traitement à l'étranger et ne pas voyager pour des raisons médicales.

❏ Je dispose d'un droit d'accès, de modification, de rectification et de suppression des informations me concernant figurant dans les fichiers d'AVI International dans les conditions prévues par la loi n° 78-17 du 6 janvier 1978 modifiée en contactant AVI International par courrier ou mail. Je reconnais que ces informations sont destinées à l'assureur, à AVI et à leurs partenaires pour les besoins de la gestion du contrat.

Date : I_I_I / I_I_I / I_I_I_I   SIGNATURE :

* Coût d'un appel local.

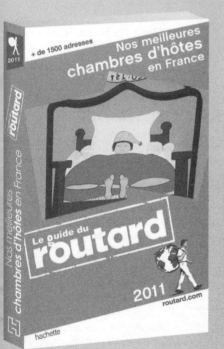

INDEX GÉNÉRAL

M

N

O

P-Q

T

U-V

W

Y-Z

OÙ TROUVER LES CARTES ET LES PLANS ?

— Les **Routards** *parlent aux* **Routards** —

Faites-nous part de vos expériences, de vos découvertes, de vos tuyaux.
Indiquez-nous les renseignements périmés. Aidez-nous à remettre l'ouvrage à jour.
Faites profiter les autres de vos adresses nouvelles, combines géniales... On adresse un exemplaire gratuit de la prochaine édition à ceux qui nous envoient les lettres les meilleures, pour la qualité et la pertinence des informations. Quelques conseils cependant :
– Envoyez-nous votre courrier le plus tôt possible afin que l'on puisse insérer vos tuyaux sur la prochaine édition.
– N'oubliez pas de préciser l'ouvrage que vous désirez recevoir.
– Vérifiez que vos remarques concernent l'édition en cours et notez les pages du guide concernées par vos observations.
– Quand vous indiquez des hôtels ou des restaurants, pensez à signaler leur adresse précise et, pour les grandes villes, les moyens de transport pour y aller. Si vous le pouvez, joignez la carte de visite de l'hôtel ou du resto décrit.
– N'écrivez si possible que d'un côté de la lettre (et non recto verso).
– Bien sûr, on s'arrache moins les yeux sur les lettres dactylographiées ou correctement écrites !
En tout état de cause, merci pour vos nombreuses lettres.

Les Routards parlent aux Routards :
122, rue du Moulin-des-Prés, 75013 Paris

e-mail : *guide@routard.com*
Internet : *routard.com*

Le Trophée du voyage humanitaire ROUTARD.COM
s'associe à VOYAGES-SNCF.COM

Ils ont aidé à la création d'un poste de santé autonome au Sénégal, à la reconstruction d'un orphelinat à Madagascar... Et vous ?
Envie de soutenir un projet qui favorise la solidarité entre les hommes ? Le Trophée du Voyage Humanitaire Routard.com est là pour vous ! Que votre projet concerne le domaine culturel, artisanal, écologique, pédagogique, en France ou à l'étranger, le *Guide du routard* et Voyages-sncf.com soutiennent vos initiatives et vous aident à les réaliser ! Si vous aussi vous voulez faire avancer le monde, inscrivez-vous sur
● *routard.com/trophee* ● ou sur ● *tropheesdutourismeresponsable.com* ●

— **Routard Assurance** *2012* —

Routard Assurance et Routard Assurance Famille, c'est l'Assurance Voyage Intégrale.
Dépenses de santé et frais d'hôpital pris en charge directement sans franchise jusqu'à 300 000 € + caution + défense pénale + responsabilité civile + tous risques bagages et photos. Assurance personnelle accidents : 75 000 €. Très complet ! Tarif à la semaine pour plus de souplesse. Tableau des garanties et bulletin d'inscription à la fin de chaque *Guide du routard* étranger. Pour les départs en famille (4 à 7 personnes), demandez le bulletin d'inscription famille. Pour les longs séjours, contrat Plan Marco Polo « spécial famille » à partir de 4 personnes. Pour un voyage éclair de 3 à 8 jours dans une ville de l'Union européenne, bulletin d'inscription adapté dans les guides villes avec des garanties allégées et un tarif « light ». Également un nouveau contrat Seniors pour les courts et longs séjours. Si votre départ est très proche, vous pouvez vous assurer via Internet ● *avi-international.com* ● ou par fax : 01-42-80-41-57, en indiquant le numéro de votre carte de paiement. Pour en savoir plus : ☎ 01-44-63-51-00.

Photocomposé par Jouve
Imprimé en Italie par L.E.G.O. S.p.A - Lavis (Tn)
Dépôt légal : septembre 2011
Collection n° 13 - Édition n° 01
24/5115/1
I.S.B.N. 978-2-01-245115-5